普通高等教育"十二五"应用型本科系列规划教材

电子商务概论

DIANZISHANGWUGAILUN

主 编 万 辉 魏 华

副主编 祈红涛

西安交通大学出版社
XI'AN JIAOTONG UNIVERSITY PRESS

内 容 提 要

　　本书按照电子商务内在逻辑分为"电子商务概况"、"电子商务基础设施"、"电子商务应用实践"等三篇共11章，介绍了电子商务的模式、技术基础及安全、电子支付与网络银行、网络营销、物流管理、网站建设、具体应用、相关的法律环境问题以及案例分析的模型和方法等内容。

　　本书旨在为学习者提供电子商务中的基本原理和方法，通过对本书的学习，使学习者能够掌握电子商务的一些基本规律，并运用这些基本规律，分析和解决在实际的电子商务活动中所遇到的问题。

　　本书是一本非常强调应用的教材，可作为应用型大学电子商务及相关专业的基础教材，也可作为相关从业人员的培训教材及对电子商务感兴趣的读者的参考资料。

前 言

　　《电子商务概论》是电子商务专业的基础课教材。本书旨在为学习者提供电子商务中的基本原理和方法,通过对本书的学习,使学习者能够掌握电子商务的一些基本规律,并运用这些基本规律,分析和解决实际的电子商务活动中所遇到的问题。

　　本书按照电子商务内在逻辑分为"电子商务概况"、"电子商务的基础设施"、"电子商务的应用实践"等三篇共11章。第一篇包括第1—2章,从整体上介绍了电子商务的基本概念和模式方面的基本知识,使学习者了解电子商务的基本概况;第二篇包括第4—8章,分别从电子商务技术基础、电子商务安全、电子支付与网络银行、网络营销、电子商务物流管理以及电子商务网站建设等几个方面对电子商务的基础设施进行了具体的阐述;第三篇包括第9—11章,研究了电子商务的一些具体应用、电子商务相关的法律环境问题以及电子商务案例分析的模型和方法。本书由武汉工商学院万辉、魏华担任主编,武汉工商学院祁红涛担任副主编。基中,第4、5、7章由魏华编写,第3、10章由祁红涛编写,其余各章由万辉编写。

　　本书在编写的过程中,始终将学习者放在第一位,尽量把电子商务的基本规律用一种易于接受的方式编写出来,力求做到深入浅出、生动活泼,满足学习者的需求。同时,本书是一本非常强调应用的教材,书中的绝大多数理论知识都配有相关的阅读材料和实际案例,方便学习者学以致用,快速掌握所学知识与规律,减少他们学习的时间成本。

　　教材的核心价值在于能否为学习者创造出价值。本书主要面向应用型大学的学生,同时,也面向那些对电子商务有极大兴趣,立志于今后从事电子商务实际工作的人。此外,本书对那些身在电子商务实践中进行具体业务操作的相关人员也会有所帮助。

　　本书在编写的过程中,参考了大量国内外的相关教材和专家的相关研究成果,在此向他们辛勤的劳动致以最诚挚的敬意。同时,我们也对相关媒体记者的辛勤劳动表示感谢,没有他们在第一线对大量真实的事件报道和分析,就不可能有我们丰富的案例资料来源。我们还要感谢我们的学生，没有在教学第一线与他们的近距离沟通，我们也无法准确把握用户的需求，本书可以说是生产者和消费者互动的产物。当然，我们也不会忘记其他热心的老师，正是他们对这本书的清晰定位，在体例编排上的独到见解，才使得本书得以顺利问世，他们在教材的修改过程中提出的建设性意见，也使本书增色不少。此外，我们还应该感谢西安交通大学出版社的编辑李逢国老师为本书出版所付出的辛勤劳动。

我们对电子商务基本原理的探索才刚刚开始，本书仅仅是我们的第一版，我们还将定期进行修订，把最新的电子商务领域的理论成果都体现在教材中。同时由于编者本身实力有限，错误和不足在所难免，我们也希望读者不吝赐教，以便本书再版时进行修正！

万辉

2014 年 4 月于武昌东湖之畔

目录

第一篇　电子商务概况

第二篇　电子商务基础设施

第三篇　电子商务应用实践

第一篇

电子商务概况

第1章

电子商务概述

学习目标

了解电子商务的概念、特征,信息流、资金流、物流的相互关系,电子商务给社会经济带来的变革

基本概念

电子商务　业务流程　交易成本　信息流　实物流　资金流　商流　电子商务系统

导入案例

电商赢利另类参考　小米手机成为观察样本

电商赚的是渠道扁平的钱,但是渠道扁平不等于一定赚钱,比如京东商城、当当网等。品牌厂商赚的是自主产品的钱,但是有自主产品不等于一定赚钱,比如诺基亚、摩托罗拉。渠道扁平且拥有自主产品,也不等于一定赚钱,比如凡客、当当都推出了自有品牌的产品,但也尚未达到妙手回春的功效。

截止到目前,只有小米公司实现了赚钱,而且还赚得风生水起,令人眼热。小米公司不是第一家做电商的,但却是目前做电商最成功的,如果把小米作为一家电商来看的话。

尽管多数观点把小米公司当做一家有着互联网基因的手机公司,但本质上,这个所谓的互联网基因其实就是电商基因。因为小米手机超过半数的产品销售是通过网络实现的。可以说,小米公司是一家不是为了电商而电商的电商。

在线购机用户七成来自线上

来自小米公司的数据显示,截止到 2012 年 8 月 16 日,小米手机上线销售十个月以来,销量已经突破 352 万台 MI1,其中通过小米网在线销售的约占七成。小米手机新一代升级版 MI1S 从 8 月 23 日开始经过两轮开放购买,已售出 40 万台。通过小米网在线购买的用户地域构成为:广东 17.5%,江苏 7.7%、浙江 7.7%、上海 5.0%、福建 4.0%、山东 4.9%。六省总量占小米网小米手机总出货量的 46.8%。此外,北京出货占比也达到了 11.0%。

将在线购买小米手机用户的区域构成与整体电商市场的用户构成对比后发现,网购活跃地区基本一致。据中国电子商务研究中心发布的《2012 年(上)中国电子商务市场数据监测报告》显示,截止到 2012 年 6 月,中国电子商务市场交易额达 3.5 万亿元,网络零售市场交易规模为 5119 亿元。在区域分布上,目前电商企业主要分布在长三角、珠三角一带以及北京、上海等经济较为发达的省市。浙江、广东、北京、上海、江苏分列前五。

由此可以看出,小米的客户群与地域分布,与绝大多数电商别无二致。小米手机完全可以归属到电商集群中去。此外,电商体系在整个小米公司运营环节中权重极高,小米网系统符合

电商公司的所有特质。据悉,其呼叫中心目前已有 140 个在线客服、450 个热线客服坐席。

网购 3C 有望超过网购服装

相比小米的风生水起,同样做自主品牌的凡客、当当却在惨淡经营,其主要原因就在于小米选对了"做什么"。

艾瑞发布的《2011—2012 年中国电子商务行业年度监测报告》显示,国内网购市场交易规模增势明显,虽然有放缓的趋势,但基本保证在 60% 以上的增速。报告还指出,美国网购市场中份额最大的品类为 3C 家电,而中国则为服装类。

随着中国消费者越来越习惯于在线消费,京东商城、苏宁、国美等在 3C 领域战备升级,"未来两年,3C 类产品有望超越服装类,成为中国网购市场的第一大品类",互联网专家刘兴亮认为。

调查机构 IDC《中国手机市场季度跟踪报告(2012 年第二季度)》显示,2012 年中国智能手机出货量超越美国,达到 1.85 亿台,与 2011 年相比实现翻番。同时,IDC 还预测,2016 年中国智能手机市场占整体手机市场份额将达 72%。这意味着,中国手机市场将迎来一波持续的换机潮,功能机将逐渐退出市场,为智能手机的普及让位。

电子商务相对成熟、智能手机正当时候,"小米赶上好时候了,我们今年会全面升级电商服务体系,"小米公司联合创始人副总裁黎万强透露。目前,小米公司已完成三轮共 3.47 亿美金的融资,估值达 40 亿美金。

分析人士指出,在 3C 产品超越服装成为中国网购第一大品类的过程中,小米网将是最佳的观察样本。

1.1 电子商务的概念和特征

➤ 1.1.1 电子商务的概念

或许对一般人来说,电子商务(e-commerce)就是在互联网上购物,或者说是在 WWW 上购物。虽然 2013 年中国网络零售市场交易规模超达 18851 亿元,成为世界上最大的网络零售市场,但电子商务的业务领域却远远超过网上购物,它还包括很多商业活动。实际上,2013 年中国电子商务市场交易规模达 10.2 万亿元人民币,电子商务服务在企业近 20 万家,电商服务业收入超过 2000 亿元。而相关权威机构统计数据显示,2012 年,世界网络零售交易额达到 1.09 万亿美元,比 2011 年增长了 21.1%。全球电子商务情况呈现各地区、各国家之间发展不平衡,但总体上升的趋势。

就好像网上拍卖、网络营销和电子采购与供应一样,网上购物不过只是电子商务的一个方面。电子商务致力于使用便利的、可以应用的、而且遍及世界的网络条件改造传统的商务,使之增强,或者创造一种新的虚拟业务。

从字面上看,电子商务指一切利用电子形式开展的商务活动;但实际上,电子商务更多时候特指借助计算机网络及与之相关的数字技术进行的商务活动。早在 20 世纪 70 年代,电子商务就已经在金融网络中很流行了。这些金融网络都使用了硬件和软件结合起来的电子化商务方案。电子数据交换(EDI)也在互联网使用很早以前就采用了。但是如果没有今天的计算机网络(尤其是互联网),电子商务就无法达到今天的规模。20 世纪七八十年代使用的私人网络,成本昂贵,只有少数企业才可能利用,根本难以普及。

很多专家和企业在谈到广义的电子商务时,会使用"e-business"(电子业务)这个词,这是IBM公司对电子商务进行定义时所用的词。然而,大部分人在使用"e-commerce"(电子商务)和"e-business"的时候是不加区分的,在这本教材中,我们更倾向于"e-business",但不对这二者进行严格的区分。因此,我们首先给出电子商务通俗的一个解释:利用现代通信技术(即我们常常听到的IT技术,IT是英语"information technology"的简称),通过互联网或者其他计算机网络进行的商务活动。

▶ 1.1.2 电子商务的特征

1. 共有的规律——梅特卡夫法则

每一个用于信息沟通的网络都遵循这样的规律,如果一个网络中有 n 个节点(所谓节点,就是网络中连接线与线的交点),那么网络对每个节点的价值与网络中其他节点的数量成正比,这样网络对于所有节点的总价值与 $n\times(n-1)$ 成正比。这就是著名的梅特卡夫法则,如图1-1为网络、节点和连线之间的示意图。

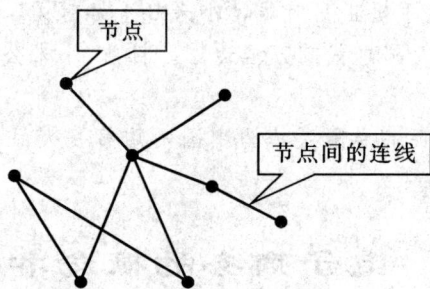

图1-1 网络、节点和连线

电子商务是依存于网络,或者更直接一点儿,是依存于梅特卡夫法则的商务。电子商务的首要特性在于它也是一张大网,这张网能够实现商务活动中的多方的共同参与,并且参与者越多,就越能使商务活动产生更高的价值。我们在后面将会看到,电子商务能够轻易地把原材料供应商、产品生产商、产品销售商、产品零售商、产品销售终端以及支持产品采购、生产或销售的第三方企业紧密地联系在一起,最后再同范围更广的消费者打交道。这是其他任何商务形式都无法达到的程度。

今天,如果我们还是仅仅认为电子商务只不过是电子化的商务活动那就太肤浅了,电子商务是一张无所不包的大网,我们的思想都必须为之改变,我们不是在利用"电子"进行商务,而是在"电子"中进行商务。"电子"就是网络,它为我们共有,并且包容我们,它不再是工具,它已经成为我们赖以生存的环境之一。

2. 标准化

电子商务的第二个重要特征是关于数据和信息的标准化。人类社会发展的轨迹是从无序到有序,从没有标准到逐步建立标准的过程。标准就是一套具有约束力的规则,在标准的控制下,人以及人类社会的行为更有序也更有力。即使那些看上去充满灵感和创造力的事物,如艺术作品在制作它们的时候同样会遵循一些基本的规则,画家作画所用的画笔和颜料都是标准化制作的,音乐家也有标准的五线谱。

那些成功的电子商务也如艺术般华美精巧,但它们同样无法离开标准化,或者说,电子商务活动必然是处处标准化的活动。电子商务的基础——IT技术和网络技术都是基于二进制的数字技术,因此二者都要求极为严格的标准化,无论是数据或信息的输入、传输还是接收中都必须如此;而商务活动,也是天生有就标准化需求的——签订的合同、传递的订单、技术的标准、数据的表报,乃至各种指令,等等,这些流转在商务活动中的数据和信息,也都必须标准化或者规范化,以保证商务活动的简便快速、有条不紊而又风险最小。

3. 优化、重新组合与创造

电子商务的第三个特征,来自于我们对电子商务的普遍误解。我们通常都认为,能称上商务活动的都是那些买和卖的交易(或者被称为贸易)活动,而电子商务,无非就是通过电子手段进行的买卖交易而已。

虽然这样的想法不无道理,但它的确是片面的。虽然交易活动往往是商务活动的关键部分,但商务活动包含的范围却极为广泛——简单地讲,一切实现产品或服务价值由买者购买或消费的活动都是商务活动。所以,即使那些不直接发生交易的活动,如谈判、市场调查和客户服务,也都是非常典型的商务活动。电子商务不仅在交易中发挥作用,在其他各种商务活动中也非常重要,如物料的流转、生产、销售、广告、财务管理、人力资源管理等。

另外一个误解是,电子商务不过是用电子化的手段替代了传统手工作业的办法罢了,它并没有什么"新鲜"的地方。虽然在实际中,用电子化手段替代传统手工作业仍然是少数企业没有实现的理想,但很多企业都早已超过了这个阶段。现在专家们和企业家们思考的已经不再是如何"电子化",而是如何"网络化",即如何通过IT技术和网络技术优化已有的某个商业活动,或是把已有的众多商业活动进行重新排序组合,甚至创造新的从前从未有过或者从未实现过的商务活动。

在二三十年前,我们不会想到要刷卡乘车,不会想到要坐在家里进行银行业务,也无法想象足不出户就能与众多商家进行实质性的接触,更无法要求企业为我们专门设计某种配置与众不同的产品。但今天,这些都已经司空见惯或是不足为奇。电子商务是网络对商务活动的优化、重新组合与创造——过去,人们为天才的想法不能实现而烦恼,今天,人们则为没有足够多的天才想法而苦恼,电子商务让世界真正开始进入一个"没有办不到,只有想不到"的社会。优化、重新组合以及创造已经是今天的电子商务最伟大的地方,而在未来,或许依然还是。许多人相信电子商务的永恒魅力,正是于此。

现在,在我们看来,不论电子商务采用何种令人无比诧异的办法,或者进行着让人难以想象的业务,它都带着这三个记号——以上三个特征。当然,我们必须明白的是,电子商务之所以被刻上这样的印记,离不开IT技术(尤其是网络技术)这把神奇的手术刀的改造,而传统商务之所以不能够拥有这些特征,则是因为它没有IT技术的帮助。因此,也有些人认为现代IT技术是电子商务的首要特征,这种说法从电子商务实现技术的角度看,也是正确的。

当然,仅仅这样描述电子商务对我们来说还是太抽象了,我们需要对电子商务的模样作进一步的刻画。很多人在进行"电子商务思维"的时候,首先了解企业在传统商务活动中涉及的业务,然后学习利用"电子"的方法如何开展这些业务,最后再考虑如何改造或是创造新的商务活动。这种思维方式同样能够帮助我们理解电子商务。

你能说出电子商务具有的三个特征吗?

1.2 传统商务活动

1.2.1 买方的主要业务

任何一种商务活动或许都能归结为买和卖,但绝大多数商务活动都远比进一家商店购买一瓶纯净水更复杂、更系统。

现在假设你要购买一辆跑车作为你父亲的生日礼物。显然,在购买这种商品前你会仔细斟酌,而不会武断地选择某一个你并不熟悉的品牌或车型。在传统商务中,你有很多方法寻找合你心意的产品。例如,你可以参考产品目录、请教朋友、阅读广告或者直接查找工商企业的名录。你也可以直接询问推销人员,让他们给你更专业的建议。

这些帮助使你获得到很多关于跑车的信息,不久之后,你逐渐明白自己真正的需要,你认为一辆红色的法拉利 360 Modena 更加适合父亲。于是你开始选择一个销售这种汽车的卖主。在传统的商务中,你可以通过很多途径跟卖家进行接触,包括实地考察、电话、邮件和贸易展览会。在这些接触的过程中,你会对各个卖家进行比较研究,或者尝试着跟他们讨价还价,直到最终确定一个合适的卖主。随后,你们之间的谈判开始了,包括很多内容,比如价格、交货日期、如何运输、质量保证和付款方式,等等,另外还常常包括产品交付或服务提供时要进行检查的各个细节问题等,整个过程如图 1-2 所示。

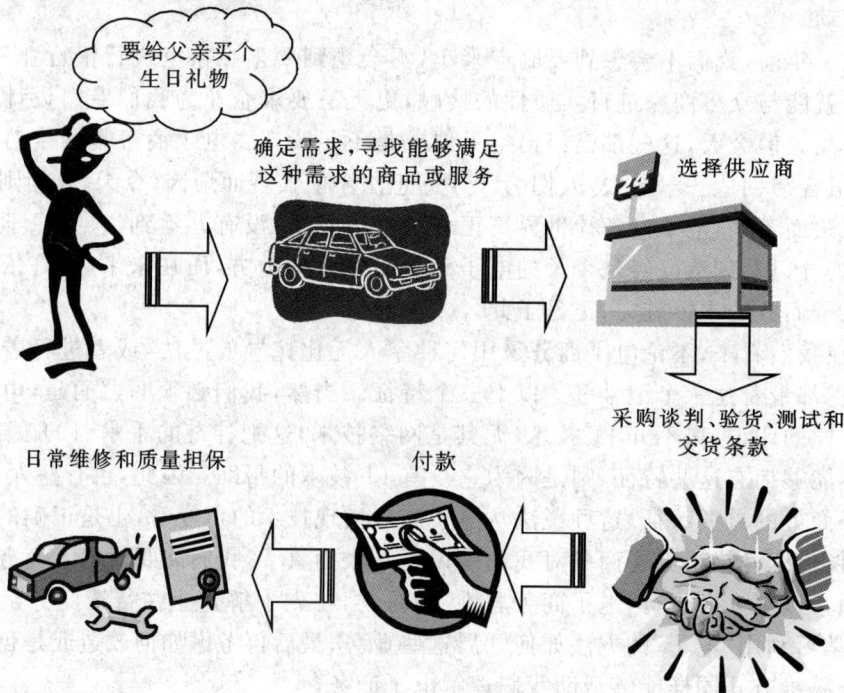

图 1-2 买方的主要业务

当你认为收到的汽车满足双方议定的条件时,你就应该支付货款了。到了这个时候,对你而言,一次传统的买卖活动就完成了。你可能在今后的日子里,还要就质量担保、产品更新和日常维护等问题继续和你的卖家接触。

➤ 1.2.2 卖方的主要业务

实际上,对于上面买方进行的每一项活动,卖方都有一个相应的业务与之对应。卖方通常进行市场调查来确定众多的潜在顾客的需要,并根据这些需要进行产品的开发。例如法拉利跑车开发的过程常常包括新产品的设计、测试、原料的采购和生产制造等过程。

卖方的下一步工作是让潜在顾客知道其新的产品或服务已经存在。这就需要开展广告、促销等活动,与众多潜在顾客沟通关于新的产品或服务的信息。

一旦买方对卖方的广告或促销有了响应,双方就开始对交易进行谈判,以便对跑车的价格、运输、检验、测试、付款以及质量担保达成协议。对买方而言,这种谈判可能并不麻烦,但有时候,某些交易需要进行艰苦漫长的谈判。

如上例,你和卖家达成了一致,你付款,而卖方则付给你一辆崭新的跑车。当然,卖家也要同时提供给你销售发票和质量保证书。最后,卖方要根据质量保证书中许下的承诺,在今后的日子里确保这部汽车能够为你的父亲正常地效劳。卖方的主要业务如图1-3所示。

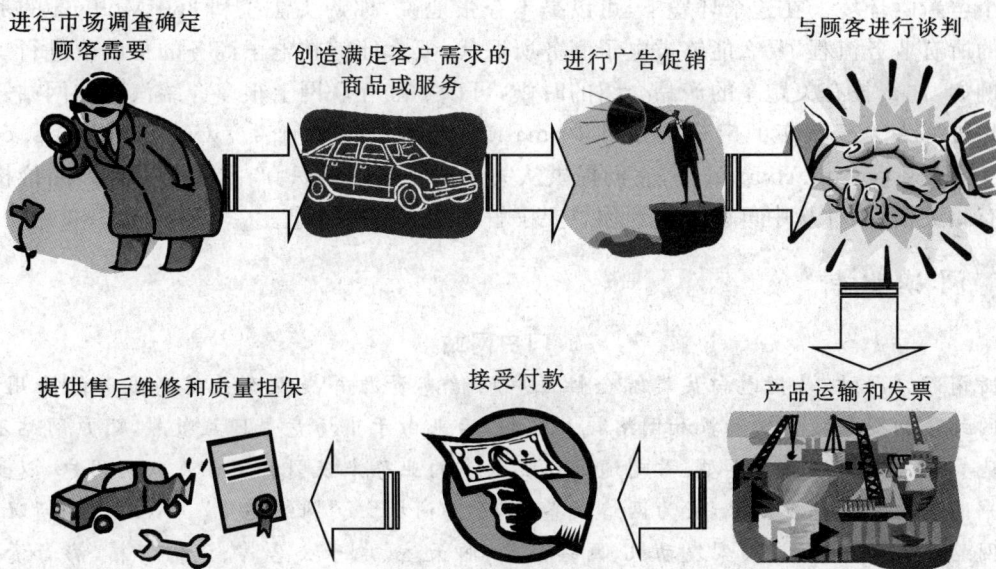

图 1-3 卖方的主要业务

➤ 1.2.3 商务活动和业务流程

根据上面的描述,看上去一次简单的购买,其后包含了大量不同的商务活动。也许你认为这些过程并不复杂。但实际上在很多时候,上面的这些商务活动,并非单独由某一个企业去完成。如同你在生活中需要他人的帮助一样,企业要实现自己盈利的目的,也会寻求许许多多其他的企业,甚至是寻求自己的竞争对手的帮助。比如,你能够在家门口收到卖方付给你的汽车,很可能是在某一家运输公司的帮助下才做到的。

另外一个例子是,你所看到的关于法拉利汽车的广告和宣传,肯定是出自某一个专业的广告代理商之手。

由于企业必须寻求其他企业的帮助,这就使上面那次看似简单的交易变得异常复杂。商务活动肯定会包含很多我们不容易看见的复杂过程,每一个过程都被称为一个业务流程。业务流程是商务活动中不能再进行分解的最小业务活动过程。资金转账、下订单、送发票、交货、客户服务等这些我们再熟悉不过的商务活动,都会包含很多的业务流程。例如,在你购买法拉利 360 Modena 的过程中,商家交货的业务流程就会包括诸如检验货物、包装、与运输公司谈判、打印运输单据、货物装车、运输,等等。

➤ 1.2.4　用电子商务改造传统商务

几千年的人类文明史,总是一个不断抛弃旧的工具和技术,代之以新的工具和技术的历史。例如,帆船的出现一下子拉宽了交易的舞台,而此后发明的印刷术、蒸汽机车、电话和电视等,也都显著地改变了人们的交易方式。

电子商务,毫无疑问,比上面任何一种发明都要更深刻地改造着传统意义上的商务活动。因为互联网不像印刷术、蒸汽机车、电话和电视那样仅仅是一个新事物的应用,而是商务活动的一个全新的环境。在这个环境下,可以毫不夸张地说,你购买法拉利 360 Modena 的那次交易中的所有业务流程,要么能够被电子商务所取代,要么能够在电子商务的帮助下进行。

例如,你查找有关跑车的产品介绍的时候,可以登陆互联网上很多介绍汽车的网站——这些网站被称为关于汽车的门户网站(information portal),如 http://www.chinacars.com 和 http://www.pcauto.com.cn 等,它们提供从关于产品基础知识、产品评测直到产品价格在内的所有相关信息,你从中可以了解到你想要了解的绝大部分信息。

📚 阅读材料

门户网站

所谓门户网站,是指通向某类综合性互联网信息资源并提供有关信息服务的应用系统。门户网站最初提供搜索发动机和网络接入服务,后来由于市场竞争日益激烈,门户网站不得不快速地拓展各种新的业务类型,希望通过门类众多的业务来吸引和留住互联网用户,以至于目前门户网站的业务包罗万象,成为网络世界的"百货商场"或"网络超市"。从现在的情况来看,门户网站主要提供新闻、搜索发动机、网络接入、聊天室、电子公告牌、免费邮箱、影音资讯、电子商务、网络社区、网络游戏、免费网页空间,等等。典型的门户网站有 Yahoo!、AOL、新浪、网易和搜狐等。

又如,你决定了购买这辆法拉利 360 Modena 之后,在付款给卖家时,完全不必取出现金亲自付给卖家,也不用专程到银行去进行转账业务,只需要坐在家里,利用与互联网连接的 PC 就可以把自己银行账户中的钱款安全准确地转移到卖家的账户中。

卖家的商务活动和业务流程也在被电子商务改造着。越来越多的卖家通过电子商务与其他企业进行着合作——从原材料的采购、制造、销售直到支持商务活动的任何需要其他企业帮助的领域。卖家内部的许多业务流程也可以借助电子商务的辅助,从而把人们从复杂、繁琐的脑力劳动中解脱出来,就如同工业化通过动力和机械把人们从繁重的体力劳动中解放出来一样。

因此,在认识电子商务这个事物的时候,你可以这么理解:电子商务是利用 IT 技术,特别是互联网技术对商务活动中业务流程所作的改造、优化或创造。

现在你一定明白了,我们前面提到的网上购物,不过是对你在街区商店里买东西这一传统商务的电子化改造罢了。由于商务活动以及其中的业务流程具有难以尽数的种类,可以改造、优化的部分数不胜数,再加上电子商务无穷的创造力,你从前认识的网上购物不过是其中的一个部分罢了。

阅读材料

是不是所有的业务流程都能被电子商务改造?

是不是所有的业务流程都能够被电子商务改造呢? 答案是否定的。例如,对那些必须进行亲身体验的商品或者容易腐坏的商品,目前还很难利用电子商务的方法进行销售。你不会在互联网上订购"全聚德"的烤鸭,同样,你也不会为给家人制作水果色拉而在网上购买水果。

在创造良好的购物环境和促使客户购买方面,很多零售商已经积累了多年的经验。店面的设计、商品的布局、销售人员的促销艺术等,都属于那些不可能通过点击鼠标来实现的部分。

另外有一些业务流程则可能需要电子商务和传统商务的结合,例如那些既具有很强的商品化特征(指具有标准化的并且为消费者所熟知的产品或服务),又需要消费者亲自体验的商品。

你购买的那辆法拉利 360 Modena 就是很好的例子,因为很多人在互联网上搜集汽车的信息,但几乎没有人不经过自己的亲自试驾就购买的。在这个例子中,电子商务向你提供了你需要的绝大多数信息,但由于各个汽车之间的差异,尤其是不同消费者在驾乘体验上的差异很难标准化地描述,因此在交易中必须通过传统商务为顾客提供亲身体验的机会。目前的电子商务还无法使顾客通过互联网或别的方式进行驾驶测试。

不过,电子商务总是在不断地创造着惊喜和奇迹。现在那些过去曾经完全无法想象的业务流程,都在电子商务的佐助下成为现实。你学习这门课程的目标之一,就是能够发现那些还没有被人意识到的,能够被电子商务改造的业务流程。

即问即答

怎样理解电子商务和传统商务业务流程之间的关系?

1.3　电子商务和新经济

新经济,或者称为网络经济(network economics)——无论是从它的提法还是它的内涵都是备受争议的领域。关于新经济我们必须接受下面一个事实:科学家在短短的年代中无论从硬件还是软件上给予了世界一个互联网络,给予了经济运行的电子商务平台,网络经济基于此迅猛在全球展开,并且日新月异地、持续地更新着其技术基础,然而经济学家几乎还没有来得及对其进行哪怕是粗浅的研讨。

但是,有一点是毫无争议的,那就是新经济的到来是与电子商务分不开的,或者可以肯定地说,是电子商务创造了新经济。本节学习电子商务如何颠覆传统经济,又建立了一个什么样的新的经济规则。通过这一节,我们能够更深入地理解电子商务是什么,它在社会生活的宏观层面上主要影响或者改变了什么。

▷ 1.3.1 划时代的互联网

我们认为,在人类经济发展史上,互联网及其网络经济,是继福特流水线发明为标志的工业革命之后最为重要的产业革命事件。以下四个角度概括了它对于新世纪经济影响的划时代意义。

(1)影响广度。在国际互联网上,无论你在地域上相距多么遥远,也无论你处于世界什么位置,网络都能将你尽揽其中。全世界有一个统一共享的网络,亿万个终端之间的沟通变得几乎没有障碍,这从技术上给予了世界统一的经济运营平台。全球一体化不仅变得简单,而且由于互联网作为全球人类共生的信息体系,经济一体化变得比以往任何时候都要彻底。

(2)影响速度。迄今为止,作为一种影响产业的技术革命,还没有如此迅速地得以普及。互联网虽然在前几年并没有给"dot com"公司,即以网站为平台的互联网内容提供商(以从事信息提供的互联网业务组织,简称 ICP)带来风险投资商(进行风险投资的金融机构,现在风险投资商投资的一个主要对象是互联网公司)期望的暴利,却因其固有的魅力以乘数乃至几何级数速度发展着。在中国,2012 年 7 月网民人数达到 5.38 亿人,2013 年 7 月则达 5.91 亿人。仅仅从用户数量的角度看,我们是世界上第一大"网络王国"。

(3)影响深度。因特网的影响力涉及经济、政治、生活、信仰、文化、教育及社会生活的各个方面,它在微观上改变着人类行为,在宏观上改变着现行社会体制与结构。

(4)影响长久度。基于计算机网络技术的经济,从根本上改变着传统的理论与制度,所以它的影响力必将是长期的、久远的。

从这四个方面来看,互联网的影响是划时代的,或者是"前无古人",它势必对经济也带来许多影响和改变。

▷ 1.3.2 电子商务与交易成本

普遍来看,交易成本是在商务活动的过程中,除直接发生在产品(劳务)生产过程之外的,买主为购买以及卖主为卖出此物品(劳务)所花费的所有成本的总和。最重要的交易成本是寻找和获得信息的成本,其次是为了获得(对买主而言)或为了供应(对卖主而言)产品(或劳务)所投入的设备或者人员的成本。

没有人能够对市场有百分之百准确的预见,所以进行市场活动时总会碰到许多不能确定的情况。在经济学中,这被称为"不确定性"。为了尽可能地减少市场的不确定性,生产商也总是想方设法地搜集更多的信息,这同样需要投入大量的成本,这对生产商而言也是典型的交易成本。交易成本越大,交易就越不可能进行,商务活动就会中止或根本不会发生。因此,在很多时候,交易活动没有实现,并不是交易本身不能为交易双方带来利益,而是因为达成交易的交易成本太高了。

电子商务是直接经济。直接经济是相对于传统工业迂回经济而言的,它集中表现在消解中间程序,使生产者与消费者直接进行经济互动。互联网络的本质就在于使时间和空间的距离为零,也就是使经济活动中的摩擦系数降低,接近于零。

电子商务引发出了以网络为纽带的新经济,这样一种经济会使"交易成本"大为降低,进而使价格结构发生深刻的变化。传统经济的稀缺资源是物资,网络经济的稀缺资源是时间,这样,只有更快地创新才能创造新的价值。

电子商务能够被人们青睐的一个重要的原因,是它可以改善信息的流动,进而协调买卖双方不同的活动、降低不确定性,从而使交易成本降低。由于电子商务能够降低交易成本,使人们达成交易的可能性空前增加,商务活动也更加多姿多彩。

现在我们来总结一下,电子商务在降低成本方面的优势,其具体体现在以下几方面:

1. 缩短时空

网络技术的发展极大地突破了现实世界的时空限制,信息在网上的传送十分迅速、便捷,缩短了时空差距,进而降低了时空成本。比如,网络可以帮助企业突破客户和供应商打交道时由于信息交流问题而产生的交易成本的制约。在传统经济条件下,由于信息交流的困难,企业要在大范围内采集客户数据并对其进行分析,这使"交易成本"很高,这样就很难针对个别用户的需要提供个性化服务,很难面对不同市场、不同消费者实施针对性的营销策略。在网络经济条件下,企业可以在网络上交流信息,而且信息传递和复制的成本又很低,信息传播的范围又很广,不会产生由于信息传递成本所造成的重大影响,因此企业可以广泛采集客户数据,可以制定并实施针对性的营销策略,提供个性化服务,等等。

2. 数字化

网络世界是"比特"世界,所有的网上信息都经过"数字化"、"编码化",都是以"比特"的形式存在于网络世界中。"比特"世界与"原子"世界有着极大的区别,一是比特没有重量、质量,而"原子"却有质量与重量,因此比特世界没有物理空间与重量的忧虑;二是"数字化"的比特信息可以进行无成本复制,而原子世界无论如何是无法做到这一点的,因此,比特信息永远是供适应于求,无论有多少需求都可以满足,因此,通过"比特"世界的网络,可以低成本地为更多的消费者提供服务。

3. 对业务流程的优化

电子商务可以简化业务流程,消除市场的中介组织,减少市场的中间环节,低成本地做到精确的经济行为的统计与分析。在传统经济环境中,许多经济行为不可能做到精确的统计分析,因此许多结论或对未来的期望都是十分不准确的。而在网络经济条件下的经济行为可以采用先进的电脑网络技术(尤其是先进的应用软件)对经济行为进行实时的统计、分析,并能借此作出总结,预测未来以及作出精确的决策。

4. 降低不确定性

网络可以减少交易双方之间信息不对称程度,从而降低不确定性,提高社会资源的配置效率。经济学理论认为,信息不对称会导致市场交易效率的低下,减少信息不对称意味着减少用于搜寻信息的时间、精力和财力,意味着社会运行成本的降低和社会净剩余的增加。总之,网络经济所具备的这一切特点是其具有大幅减少市场"交易费用"作用的重要原因所在。

即问即答

结合自己在网上购物的经验,谈谈为什么电子商务是"直接经济"。

1.4 电子商务的类型、架构和功能

1.4.1 电子商务的类型

电子商务是利用 IT 技术,特别是互联网技术对商务活动中业务流程所作的改造、优化或

创造。电子商务能够改造或创造的业务流程虽然难以计数,但对很多业务流程的改造或创造却具有共性。如同人与人之间没有完全相同的容貌却可以归为各个不同的民族一样,电子商务也能够被分为各具共性的几类。

1. 企业内的电子商务

企业内的电子商务,是指在一个组织尤其是企业的内部,即在企业内进行经营、管理或其他更多的商务活动时,使用内部的网络和 IT 系统对其中的业务流程进行改造或辅助。现在,很多企业内部如果没有电子商务的支撑,根本就无法开展商务活动。也有人称企业内的电子商务为企业信息化。

企业内的电子商务是今天如此广泛的电子商务应用的发轫。最早的企业内电子商务只是把一些手工作业电子化,但现在,越来越多的企业采用企业内部网(Intranet)和一些著名的企业管理软件类型如 MPR、MPRII 以及 ERP 来进行企业内部的运营和管理。随着跨区域甚至跨国公司的越来越多且规模越来越大,企业内的电子商务与企业间电子商务的界限开始变得模糊起来。

2. 企业间的电子商务

企业间的电子商务(business to business,B2B),即企业对企业之间的营销关系,它将企业内部网通过 B2B 网站与客户紧密结合起来,通过网络的快速反应为客户提供更好的服务,从而促进企业的业务发展。它是企业寻求其他企业帮助的活动,或者更准确地说是企业之间通过互联网或其他的 IT 手段进行的合作或交易。近年来 B2B 发展势头迅猛,趋于成熟,构成了电子商务的主要部分。

这种类型电子商务的早期应用最典型的是通过专用网或者增值网进行的电子数据交换(electrionic data interchange,EDI)。现在,随着互联网速度和安全性的提高,大多数的 B2B 商务都利用互联网来实现。企业间的电子商务是以消费者为中心的电子商务的基础,因为消费者的购买虽然是商务活动中直接创造利润的环节,但在消费者购买之前,产品和服务的产生还是要经过许多企业以及一个漫长的过程。

3. 以消费者为中心的电子商务

(1)企业与消费者间的电子商务(business to custom,B2C),即企业对消费者的业务,又称直接市场消费,主要包括有形商品的电子订货和付款,无形商品和服务产品的销售。其特点是能迅速吸引公众和媒体的注意力,它是最富于创造力的领域之一,也是竞争最为激烈的领域之一。最常见的 B2C 的电子商务是消费者通过互联网购买产品,它是对我们进入商店选购商品这类活动的取代。它的出色表现最为我们所熟悉,但遗憾的是,它并不是电子商务中分量最重的组成部分,因此它仍然极有潜力。

(2)消费者之间的电子商务(custorner to customer,C2C),即个人与个人之间的电子商务,其特点类似于现实商务世界中的跳蚤市场。其构成要素,除了包括买卖双方外,还包括电子交易平台供应商,也类似于现实中的跳蚤市场场地提供者和管理者。

C2C 的电子商务方兴未艾,这种模式使普通的消费者也能够摇身一变成为产品或服务的销售者。现在,最为炙手可热的 C2C 网站——"淘宝网"(www.taobao.com),已经成为中国最新的互联网奇迹。

(3)除了 B2C 和 C2C 外,以消费者为中心的电子商务还包括一些围绕"无形产品"的商业模式,例如"网上订阅""付费浏览"等模式,我们在后面的学习中也将了解。

4.其他的电子商务类型

除了企业内的电子商务、B2B电子商务和以消费者为中心的电子商务外,实际上还有一种电子商务形式——B2G电子商务(business to government,B2G),即企业到政府的电子商务。

这种电子商务包括政府采购、税收、商检、管理规则发布等在内的、政府与企业之间的各项事务。例如,政府的采购清单可以通过互联网发布,公司以电子的方式回应。随着电子商务的发展,这类应用将会迅速增长。不过,考虑到政府在经济活动中的特殊性,以及在目前阶段B2G电子商务仍属于起步和规范的阶段,因此在本教材中我们不再进行介绍。

对电子商务覆盖的商务主体的领域进行分类是一种很常见的辨识不同类型电子商务的办法,因此本书后面的部分内容也将按照这种分类逻辑进行介绍。除了这种分类办法以外,也有人对电子商务能够实现的应用分类,不过这种分类的困难在于,随着电子商务的不断更新,应用也是在不断扩展的,那么这种分类将没有止尽。表1-1是一些目前常见的电子商务应用类型。

表1-1 电子商务的应用类型

网络拍卖	网络拍卖是把现实生活中的拍卖活动搬到互联网上,拍卖规则也同现实生活中的拍卖类似,但拍卖的过程常常由计算机程序来组织。网络拍卖的好处是能够获得更多参与者,并且拍卖的成本非常低。
电子银行	电子银行也叫网上银行,是在互联网上开展的银行业务。
网上购物	网上购物是电子商务的典型应用,它利用网络进行商品的陈列和展示,并且提供"购物车"实现商品的选购,最后利用电子银行进行结算,网上购物的最大优势是交易的方便,但现在的问题是人们对它缺乏足够的安全信任以及货物不能即见即得。
电子结算	借助计算机或者其他电子化的工具通过网络同银行或交易的另一方进行结算。
电子赌博	通过网络进行赌博,具有很大的隐蔽性和便利性,但也存在很大的风险。电子赌博是公安部近几年重点打击的对象。
远程教育	远程教育也叫做网络教育,是通过互联网的方式实现的教育服务,虽然电视和广播同样可以进行远程的教育,但不具备互动性,定制和收费都很困难。远程教育则极大地扩展了受教育的空间和可能性。

▶ 1.4.2 电子商务的组成要素

勿庸置疑,电子商务的种类异常繁多,而不同的电子商务应用所涉及的具体对象也是各不相同的。但从最普遍的角度来看,电子商务包含着一些可以归结为共性的基本组成要素。从电子商务抽象的过程角度来看,这些要素可以分为信息流、资金流、实物流以及商流。从电子商务的参与者来看,这些要素又分为网络系统、软件系统、用户、银行、物流体系和认证机构。

1.信息流、实物流、资金流和商流

世界上所有的商务活动都是运动变化的,这种运动变化通常用"流动"或"流转"来形容。例如,订单从销售商流动到供应商,货物从一地流转到另一地,资金从甲方流转到乙方,等等。商务活动中不同事物的流转可以分为具有共性的三类。第一类,是各种商务信息在各个商务活动参与者之间或者在其内部的流动,被称为信息流。第二类,是商务活动中,原材料、设备以及产品等具体实物的流转,被称为实物流。第三类,则是资金在商务活动过程中常常伴随着交易所进行的流转,这种资金的流转,被称为资金流。

另外一个在各种书籍中常见的名词是"商流"。商流并不是一个新的名词,它是指我们前面学到的商务活动中商品或劳务发生所有权转变的那些过程或流程。因此,我们可以这样认为,"商流"中会包含信息流、实物流或者资金流。

在一次商务活动的过程中,只有信息流是贯穿始终的,因为无论是商务活动本身,还是其中的实物和资金,都需要在商务信息的指挥和协调下才能发生符合目的或要求的流转,因此,信息的流动是商务活动中人们关心的首要问题。

电子商务也毫不例外地包括信息流、实物流、资金流和商流。只是信息的流动不再是在传统的"管道"——纸张或者口头的授意中,而是大量流转在包容商务参与各方的电子化信息网络中,这一看似小小的改变是电子商务得以颠覆传统商务形式的主要原因。虽然电子商务不可能取代实物和资金在现实生活中的实际流转,但在电子商务信息流的指挥和协调下,二者却可以产生比在传统商务中更大的作用和更高的效率。因此,本门课程讨论的主要问题之一,是电子商务中的信息流以及信息流如何促使实物流、资金流乃至商流更富有效率。

即问即答

你在超级市场中购买了一瓶纯净水,这个过程中的信息流、物流和资金流都有哪些?

2. 电子商务的参与者

为了发起并维持电子商务活动中的信息流、实物流和资金流,以实现商务活动的目的,电子商务通常包含如下一些参与者。

(1)网络系统。电子商务的网络系统是信息流的主要载体,也是电子商务运行的基础和电子商务中"电子"二字得名的原因。电子商务网络系统主要包括互联网和其他计算机通信网络,但绝大部分电子商务都还是构建在互联网上,因此大多数人都不区分电子商务和互联网上商务的差别。

(2)软件系统。网络系统只是电子商务信息流的载体,而让信息流能够发生既定的作用,则需要电子商务软件系统的帮助。电子商务软件系统很多,有一部分是管理电子商务网络系统的软件,被称为网络软件系统或系统软件,另一部分则是实现信息流的某些具体功能的,被称为应用软件系统。

(3)用户。利用电子商务的用户当然是发生商务活动的个人或组织。一部分被称为消费者,就是消费最终产品和劳务的个人;另一部分则被称为企业。企业是个很大的概念,传统的企业概念包括提供原料的供应商、生产制造产品的制造商、销售产品的经销商、分销产品的分销商(经销商和分销商有时统称为销售商)以及直接面对消费者的终端。电子商务下,企业的概念被进一步拓展,还包括提供电子商务服务的各种服务提供商。由于在交易中,消费者和企业都可能成为买家或者成为卖家,因此用消费者和企业来区分电子商务的用户有时候显得过于模糊,因此在这本教材中,我们常常用买家表示购买商品和劳务的个人或组织,而用卖家表示出售商品和劳务的个人或组织。

(4)银行。在电子商务中,大部分的资金流是由银行来负责的。相对完整的电子商务过程应该有银行系统的介入来提供方便的支付方式和其他各种银行业务。此外,银行本身也是电子商务的受益者,因为银行也通过电子商务的办法来开展业务,以提高效率和效益。参与电子商务的银行可以是传统的银行,也可以是网络上的银行——网络银行。

(5)物流体系。电子商务中的实物流由物流体系负责,尤其在 B2C 的电子商务中,消费者购买的商品常常不是由他们自己带走,而必须经由商家配送。因此,物流体系是使电子商务从网络回到现实的关键性环节。

(6)认证机构(CA)。和传统商务一样,电子商务活动中也存在欺诈现象。认证机构的责任是提供信用以帮助电子商务的参与各方避免被欺诈,就如同现实社会中的公证机构一样。认证机构的全称为电子商务认证授权机构(certificate authority,CA),是受法律承认的权威机构,通过发放和管理数字证书(就如同现实生活中的身份证)的方式,对参与商务活动各方的身份及所提供的信息进行确认。

➤ 1.4.3 电子商务的基本构架

我们研究电子商务的基本构架,即是研究电子商务的内部系统和外设。电子商务的内部系统指构成电子商务的各种软硬件平台和管理体系,这些软硬件平台通常可以按层次从最低层到最上层分为:网络平台、服务平台和应用平台,其中上一层必须以相邻的下一层为基础。而电子商务的"外设"则是电子商务运行所在的外部环境,如图 1-4 所示。

电子商务外部环境

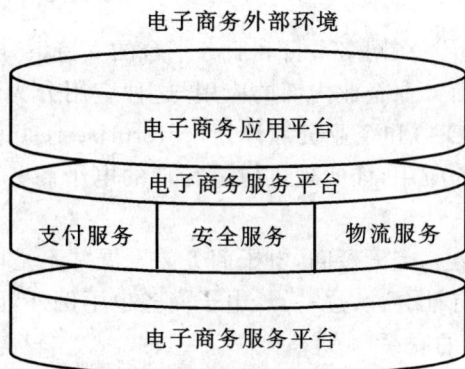

图 1-4　电子商务的架构

1. 电子商务的网络平台

电子商务在某种意义上是一座了不起的高楼大厦,它的容纳力能够与世界上任何一座高楼的高度相媲美,但电子商务绝对不是空中阁楼,它也有坚实的地基。它的地基,是计算机网络平台,或者更确切地说,地基最主要的组成部分是互联网平台。

网络平台是信息流的载体,它的主要作用是为电子商务提供基础设施,为电子商务的各种应用提供高速、优质、可靠的通信环境。如果电子商务的应用如同飞驰的汽车,那么网络平台就是一条宽广的高速公路。

2. 电子商务的服务平台

电子商务的服务平台是在网络平台的基础上,为电子商务应用提供基础服务的部分。就如同高速公路上的加油站、汽车维修点和汽车旅馆,为汽车和驾驶者服务。最普遍的电子商务的服务平台包括支付服务、安全服务和物流服务。

(1)支付服务。支付服务的主要任务是解决电子商务活动中资金支付的问题。很多人对电子商务并不信任的一个原因之一，是他们认为通过互联网进行的支付并不可靠。许多人都通过网上交易和网下付款的方式进行 B2C 或者 C2C 的电子商务交易，即使是企业之间的电子商务大多数都没有通过在线支付的渠道进行资金的流转。

实际上，电子商务的支付服务已经相对完善，它足够成为一个对电子商务应用的强有力的支撑。关于支付服务，我们将在第 4 章详细介绍。

（2）安全服务。

现在人们屡屡听到病毒、黑客、网上非法用户伪造以及非法数据等对电子商务安全造成的威胁，这增加了人们使用电子商务的顾虑。为了让电子商务被更多的用户安心接受，必须创造一个不存在欺诈和盗窃的电子商务安全环境，因此电子商务的安全服务就显得尤为重要。

安全服务的主要任务是保障电子商务活动的安全，包括信息安全、资金安全、计算机系统安全、网络通信安全以及交易过程安全等。安全服务的主要内容包括开发安全技术、建立认证机构、加强法律等。

（3）物流服务。我们已经知道，电子商务不可能取代实物在现实生活中的实际流转，因此，电子商务必须要有一个部分解决实物实际流转的问题，这个部分被称为物流服务。物流服务和现在流行的供应链管理服务是很相似的两个事物，它们相互紧密关联，但它们不能相互取代。

（4）电子商务的应用平台。在网络平台和服务平台的支持下，电子商务的各种具体应用就不困难了。第一类，是电子商务在企业内部的应用，这种应用分为许多具体的应用平台，如办公自动化（office automatic，OA）和企业资源计划（enterprise resource planning，MRP）。第二类，是电子商务在企业之间的应用，如实现供应链管理的电子商务应用平台。第三类，是围绕消费者的电子商务应用平台。

（5）电子商务的外部环境。毫无疑问，电子商务的发展并不是电子商务本身的事情。商务活动具有外部性，尤其是具有社会性，这一点，电子商务也不例外，因此电子商务和它所处的外部环境总是存在着密不可分的联系。

电子商务的外部环境又被称为软环境，包括法律、税务、信用、道德以及文化等内容。

➤ 1.4.4　电子商务系统的功能

所谓电子商务系统，是指能够支持并实现电子商务应用平台各种具体功能的硬件和软件系统的有机集合。具体来说，电子商务系统能够实现以下基本功能。

1. 自动化处理

随着计算机技术和网络技术的进步和成本的降低，传统业务流程中有许多是可以通过计算机或计算机网络进行自动处理的。例如，以前用手开据的发票，可以用与计算机的打印机自动打印出来。在完成相同的任务时，这种从手工工作转到计算机自动工作的方式，被称为自动化处理。这是早期的电子商务系统的功能，很多人并不认为自动化处理系统是电子商务系统的功能，而是计算机应用的基本功能。不过，从人们对电子商务所下定义的角度看，自动化处理同样属于对传统业务流程的改造和优化，因此它应该是一种电子商务功能。实际上，大多数复杂的电子商务，都是很多种不同的计算机自动化处理组合而成的。

2. 电子交易

在自动化处理的基础上，通过网络通信，人们可以进行不需要面对面的交易活动。所谓交易活动,就是我们通常所说的"买"和"卖"的活动。由于商务活动大部分内容都是围绕着买和卖进行的(实际上,大多数商务活动都是以做成一笔"买卖"为最终目标的),因此在一些人看来,电子商务和电子交易指的就是同一个事物。不过,人们普遍认同的是,电子交易只是电子商务能够实现的功能中的一种。

电子交易功能包括很多部分,它一直贯穿在交易前、交易中和交易后的全过程中,具体包括广告宣传、选购产品、咨询谈判、支付、信息反馈和售后服务等。

3. 协同处理

协同处理是人们对电子商务的更高要求。所谓协同,简单讲,就是为完成某一个目标,各部分进行的默契的配合。而电子商务实现的多个部分的"默契的配合",是以 IT 技术、互联网技术为特征的新兴技术为实现手段,在企业的各个部分内以及整个供应链内开展默契的配合,最终通过改变业务经营的模式与方式达到最充分利用资源、提高竞争力的目标。协同处理是电子商务应用的热点,也是回答为什么我们说电子商务是一种企业赖以生存的"环境"的最好注脚。

电子商务系统的这三个功能,是按照电子商务成长的逻辑逐步发展而来的。人们最熟悉的电子商务功能是电子交易,因为在各种网站上人们已经对它屡见不鲜。但协同处理则是在将来的电子商务生涯中最可能创造奇迹的地方。

本章小结

电子商务是利用现代通信技术通过互联网或者其他计算机网络进行的商务活动。电子商务本身的特征和电子商务对商务活动和经济的改造、优化和创新使世界变得更新。

不论是 B2B,还是 B2C 或者 C2C,它们都只是对电子商务做的简单分类而已。仅仅只有一个网站的企业,无法实现电子商务提高效率、降低成本、提升客户满意度的目的。没有一定的管理基础,包括确定的组织结构、工作流程、工作规范;没有信息化的企业都不是电子商务企业。

要实现完整的电子商务还会涉及很多方面,除了买家、卖家外,还要有银行或金融机构、政府机构、认证机构、配送中心等机构的加入才行。

思考题

1. 指出下列哪些商品适合于电子商务的在线销售:
(1)冰淇淋;(2)周杰伦的音乐 CD;(3)二手自行车;(4)法拉利 360 Modena 跑车;(5)《国家地理》杂志;(6)宠物狗。

2. 举出几个生活中通过电子商务改造传统商务流程的例子。

3. 从电子商务的应用领域看,电子商务主要可以分为哪些类别?请建立对电子商务的分类。

4. 结合自己进行一次商务活动的例子,说说为什么在物流、资金流和信息流中,信息流占有非常重要的位置。

5. 关于电子商务的各个参与者,说说它们各自发挥的作用。

6. 电子商务基本架构包括哪些内容?它们各自的功能是什么?

7. 电子商务系统的三个功能中,哪一个最具有价值,为什么?

第 2 章
电子商务模式

学习目标

了解 B2B、B2C 和 C2C 三种电子商务模式的盈利来源,几种新型电子商务模式的概念和特征,各种电子商务模式的代表性企业;理解 B2B、B2C 和 C2C 三种电子商务模式的概念;掌握 B2B 电子商务的三种经营模式的概念及其优缺点比较,B2C 电子商务的三种经营模式概念及其优缺点比较,C2C 电子商务的直接盈利模式和间接盈利模式的优缺点比较

基本概念

商业模式　B2C　B2B　C2C　O2O

导入案例

自 2003 年成立以来,淘宝一度是众多 C2C 中小卖家的天堂。现在,这个天堂的游戏规则似乎正在向更大的卖家倾斜。淘宝正在让自己的重心慢慢地转移到 B2C 的战场上,在淘宝的架构中,这体现在淘宝商城获取的投入与关注正一步步放大。2010 年淘宝商城内相继成立了淘宝电器城、淘宝名鞋馆等垂直商城。2010 年 11 月 1 日,淘宝商城开始启用独立域名 tmall.com,并宣布在未来 3 个月内将投入 2 亿元人民币,用于淘宝商城的品牌推广。这标志着淘宝商城正式全面进入 B2C 市场。

长久以来,B2C 业务一直未进入阿里系的重心。阿里巴巴主打 B2B 市场,淘宝专注于 C2C 业务,虽然淘宝商城从 2008 年成立开始就具有了 B2C 的本质,但一直为 C2C 的帽子所遮盖。而在淘宝商城正式参与 B2C 竞争后,其业务量快速增长,2010 年就已涵盖了电器、服装、化妆品等各行各业,年交易额达 300 亿。于此同时,B2C 电子商务正在中国迎来一个爆发增长期。由贩卖刻录光盘起家的刘强东所创办的电器类 B2C 网站京东商城,在 2009 年的销售额达到了 40 亿,这一数字在 2010 年更是突破 100 亿;2010 年 10 月 26 日,在纳斯达克成功上市的服装类 B2C 公司麦考林,首日大涨了 57%,市值接近 10 亿美元,市盈率超过了 150 倍。

包括京东、新蛋、卓越亚马逊和当当在内,那些垂直 B2C 商城正在纷纷扩大自己的经营范围。从 2009 年起,刘强东的京东开始了线上百货的运营,并于 2010 年继续扩充,涵盖了粮油等食品,甚至开出了图书频道。

事实上,如今 B2C 市场的竞争强度远高于 C2C 市场,不仅阿里把重心转移到淘宝商城上,传统企业如国美、苏宁、银泰等在上半年也展开一系列扩张,给京东商城、好乐买等 B2C 企业带来直接冲击。分析师认为,B2C 企业所树立的行业壁垒,包含 IT 数据能力和物流系统,还难以抵抗具备供应链整合能力的传统企业进入。

2.1 B2B 电子商务模式

▷ 2.1.1 B2B 电子商务模式的类型

从目前 B2B 运营的实体来看，B2B 企业大致可以分为五类。

（1）以买家为中心的买方市场。它一般是买方自己投资建设的专为自己设计的采购型网站，如通用电气、沃尔玛、IBM、通用汽车、戴尔等。这类网站的投资者一般在某一个行业具有绝对优势，网站主要用于向全球进行投标采购，吸引更多的供货商，便于选择比较，以达到降低成本和减少库存的目的。

（2）以供货商为中心的卖方市场。它是由供货商自己投资建设的推广型网站。这类网站可以缩短原有的分销渠道，减少流通环节中的非增值部分，同时能够更好地了解市场，得到及时的市场信息反馈，甚至对客户实现个性化的定制。另外经销商也可降低库存，盘活资金，例如国内著名的海尔集团建立的海尔网站。

（3）采购门户网站。它一般是由几家大买家共同构建的用来联合采购的网站，投资者希望通过联合买家的议价力量得到价格上的优惠。这类网站比较适合那些行业类似，不存在竞争，又相互互补的企业。它的特点是偏向于为买家提供服务，而不会更多兼顾到供货商的利益。比如美国的三大汽车企业——通用、福特、克莱斯勒共同的采购网站 Covisint 等。不过，由于联合买家之间本身就存在着同业的竞争，因此这类网站在运作上不太容易，目前已经有许多家网站开始解散。

（4）分销门户网站。它是以供货商为中心，集合几家大型的供货商面对多个买家。例如，位于芝加哥的 Grainger，它主要是供应工程设备，但它并不是什么设备都经营，所以就与其他的供货商联合。比如 Grainger 供应锤子，而与它联合的供货商供应钉子，作为房产建造商的买家到这个网站上来寻找他所要的产品就相对容易多了。这类网站的显著特征是比较偏向于为供货商提供服务，而不会更多兼顾到买家的利益。国外类似的网站还有第一商务（Commerce One）、艾瑞巴（Ariba）、甲骨文（Oracle）等，国内著名企业的网站有联想等。

（5）独立的第三方市场。这是一种既非买方亦非卖方投资建立起来的中立的网上市场交易中枢。这种独立的市场交易中介的角色是非常特别的，它既不偏向买家也不偏向于供货商一方。例如，PlasticNet、PurchasePro 以及环球资源（Global Source）等就属于这种类型，国内有阿里巴巴、美商网、中国商品交易中心等，尽管这些网站目前还很少有盈利的，但新加坡的环球资源却已产生了不俗的盈利，可以预见这类网站只要方法得当，是可以继续生存和发展的。

上述五类网站进一步归结为三大类型，即采购型网站（procurement website），包括买方市场和采购门户网站，分销型网站（distribution website）则包括卖方市场和分销门户网站，中介型网站（intermediary website）则代表独立的第三方市场。

▷ 2.1.2 B2B 电子商务模式的交易盈利来源

B2B 电子商务网站获取盈利的主要方式有以下六方面：

（1）会员费。企业要通过第三方电子商务平台参与电子商务交易，必须注册为 B2B 网站的会员，每年要交纳一定的会员费，才能享受网站提供的各种服务，目前会员费已成为我国

B2B 网站最主要的收入来源。例如,阿里巴巴网站收取中国供应商、诚信通两种会员费,中国供应商会员费分为每年 4 万和 6 万两种,诚信通的会员费每年 2300 元;中国化工网每个会员第一年的费用为 12000 元,以后每年的综合服务费用为 6000 元;五金商中国的金视通会员费每年 1580 元,百万网的百万通会员费每年 600 元。

(2)广告费。网络广告是门户网站的主要盈利来源,同时也是 B2B 电子商务网站的主要收入来源。阿里巴巴网站的广告根据其在首页位置及广告类型来收费;中国化工网有弹出广告、漂浮广告、BANNER 广告、文字广告等多种表现形式可供用户选择;ECVV 网站提供固定排名、首页广告和关键字广告等多种方式。

(3)竞价排名。企业为了促进产品的销售,都希望在 B2B 网站的信息搜索中将自己的排名靠前,而网站在确保信息准确的基础上,根据会员交费的不同对排名顺序作相应的调整。阿里巴巴的竞价排名是诚信通会员专享的搜索排名服务,当买家在阿里巴巴搜索供应信息时,竞价企业的信息将排在搜索结果的前三位,被买家第一时间找到;中国化工网的化工搜索是建立在全球最大的化工网站上的化工专业搜索平台,对全球近 20 万个化工及化工相关网站进行搜索,搜录的网页总数达 5000 万,同时采用搜索竞价排名方式,确定企业排名顺序。

(4)增值服务。B2B 网站通常除了为企业提供贸易供求信息以外,还会提供一些独特的增值服务,包括企业认证、独立域名、提供行业数据分析报告、搜索引擎优化等。像现货认证就是针对电子行业提供的一个特殊的增值服务,因为通常电子采购商比较重视库存这一块。另外,针对电子型号进行的谷歌排名推广服务,就是搜索引擎优化的一种,像 ECVV 平台就有这个增值服务,企业对这个都比较感兴趣。所以可以根据行业的特殊性去深挖客户的需求,然后提供具有针对性的增值服务。

(5)线下服务。线下服务主要包括展会、期刊、研讨会等。通过展会,供应商和采购商面对面地交流,一般的中小企业还是比较青睐这种方式。期刊主要是关于行业资讯等信息,期刊里也可以植入广告。Global Source 的展会现已成为重要的盈利模式,占其收入的三分之一左右;而 ECVV 组织的线下展会和采购会也已取得不错的效果。

(6)商务合作。商务合作包括广告联盟、政府、行业协会合作、传统媒体的合作等。广告联盟通常是网络广告联盟,亚马逊通过这个方式已经取得了不错的成效;但在我国,联盟营销还处于萌芽阶段,大部分网站对于联盟营销还比较陌生。目前国内做得比较成熟的几家广告联盟有百度联盟、谷歌联盟等。

➤ 2.1.3 采购型网站

1. 采购型网站的产生及其特点

采购型网站一般是由一家或几家大型的采购方为降低采购费用和成本而联合起来自行建立的网站。这类网站一般对企业内部的 ERP 系统有较高的要求,网站和企业的 ERP 之间能进行实时的链接,能实时反映产品和原料的库存情况,能进行分析、自动发出采购请求。目前建立的此类网站有以下几个特点:

(1)采购者高度集中并且拥有强大的产业实体。这类采购网站的拥有者往往占某一个行业采购量的很大一部分份额,也就是说少数采购者占某个供应市场采购量的很高比例。在这种情况下,采购者就容易把自己的采购支出集中起来,增强与供货商议价的能力。

(2)开展网上采购的行业在其供应链上必定有一些弊病,如交易成本高、库存周转率低、供货商和最终用户之间中间环节多等。弊病越多,上网的紧迫感就越强,就越想通过上网来消除这些弊病。

(3)采购者如果一开始就在网上设置强大的工具,例如反向拍卖和网上商品目录,就会发现供货商更容易加入网上市场。

(4)有些行业采购者在建立网上市场的过程中,一直在创造性地、迅速地利用各种技术。高科技行业的采购者在这方面已经有了很好的记录。

目前最早网上采购的企业是那些行业垄断比较明显、技术含量高并且属于比较传统的行业,如航空、汽车、化工、电子、油气等行业,因为它们都具备较强的议价能力,有强大的经济实力,同时又具备高科技的特点,容易接受新事物。

2. 实施采购型 B2B 电子商务的原则

虽然建立 B2B 市场有难度,参与的各方也难免都要经过一个学习和适应的过程,但是大的采购商绝对不会忽略该市场的潜力和发展趋势。

为了从改进采购中获益,企业应该快速采取行动,尽早把 B2B 市场纳入自己的电子商务战略。大的采购者应该竭尽全力,创建或加入 B2B 市场,把自己的业务带到网上去。对于采购型网站的实施,必须注意以下几点。

(1)管理革新。企业任何革新的目的都是为了增加效益,但企业要把网下的业务流程转移至网上,绝对不是轻松的工作。B2B 业务中采购者通常本身不是企业管理者,而企业要发挥 B2B 模式的优势,需要管理者接受新的采购模式。企业管理者应充分了解网上采购的好处,如有更多的时间与战略性供货商接洽,文书传递减少,等等。

(2)循序渐进原则。项目领导要对采购项目网上的先后次序进行权衡,要考虑到每类网上采购能节省下的费用,还要考虑工作中的难度。例如,一个发电厂进行网上采购,最好从采购非战略性物品开始,如电线、电缆等,之后再决定是否在网上采购更重要的商品和服务。因为一些对项目比较关键的物品,如果轻易改变其供货商或规格,会造成混乱。早期最有可能上网的产品包括非生产性或称白领产品(如计算机硬件、软件或者旅游和娱乐)以及工厂或称蓝领产品(如物料、维修、操作类商品),因为这些领域的采购者对产品的规格和供货商要求不高。

(3)前后台系统的整合。网上市场建立的时候采用什么软件以及怎样和公司现有系统整合,是网站设计之初必须考虑的问题。重要的是,要尽量避免漫长的整合期。如果整合期过长,就会削弱争取网上业务量的势头,也无法及时取得网上采购的益处,更会使公司管理产生混乱,从而让人无所适从。

将前后台系统充分整合,必须要有开放的技术标准,否则无法与原有系统进行对接,进行实时的库存检查和分析、发出自动求购信息、提高企业效率、实现业务量的快速增长。技术上必须提供一些保证手段,以便采购者在自己需要的时候,能和其他市场进行沟通和交易并能每年安全地处理数以万计的交易量。一旦网上市场崩溃,或者生产线能力过剩,必须有应急的实施方案。

(4)强化采购者和供货商的关系。采购者让采购合作伙伴共同参与也同样重要。任何行业都有一些企业在某个时期和竞争者协作,其中也包括曾经针锋相对的对手,所以合作者数量的多少并不是最重要的,关键是能否组织一群默契合作的公司到一起,让他们在网上进行交易。

➢ 2.1.4　分销型网站

1.分销型网站的产生

B2B电子商务真正的价值主要体现在缩短企业的价值链,剔除企业内部的非增值环节,延长并增加增值部分。而分销型网站的优势在于缩短企业产品在分销领域的多级分销渠道,由原来较为垂直的分销模式,转化为扁平式的模式。我们知道传统的分销模式一般以地理或产品为主,划分若干个区域总代理或总经销,再以此发展二级、三级代理或经销。这种原有的模式,在每一层的分销商上面都会增加一定的成本,等到成品最终到达客户手里的时候,客户付出的是比产品本身价值大得多的代价。分销型网站就是在这种情况下应运而生的。

分销型网站一般对企业内部的客户管理系统有较高的要求。企业通过网站和企业的CRM相连,可以对客户需求、特性等信息进行实时的跟踪分析,从而可以作到更好地预测市场,降低产品库存,提高资金利用率,提高物流配送的效率和准确性等。

2.分销型网站的特点

(1)对资金实现有效管理以缩短资金周转期。运用网络平台,跨地域(多个分销点和区域)进行资金统一管理,资金使用状况可以迅速反馈,从而使资金使用变得更有成效。同时由于网上每笔交易都能得到很好的控制和更快的反应,将有助于加快资金回笼,提升资金周转速度。

(2)可以降低营销成本。这主要表现为两个方面:①加速信息流传递。对于那些种类繁杂、更新快的产品,如此多的产品信息、市场信息、促销信息是否能准确、快速地向渠道个体进行传播,这是分销商一直致力解决的难题之一。采用B2B模式,建立公共的信息平台,可以向客户提供与代理销售有关的新闻、报告以及产品趋势等公共信息,还有专有的进、销、存信息和订单状态报告、资金状态报告、历史交易记录报告、货物跟踪报告等常备信息,甚至可以达到根据客户需求,进行个性化定制,这对于商业信息传递效率的改进是异常明显的。②使营销部门职能更加纯粹化。以保证营销人员将尽可能多的精力放在开拓市场和客户上面。建成电子分销平台后,代理可以绕过企业的销售人员,而从网络连到企业的交易平台直接下单,并根据库存情况得到订单状态反馈,这样,销售人员就会有更多时间向客户提供高附加值的增值销售和服务。

(3)更有效管理库存以提高货物周转率。由于B2B系统可以对销售进行实时追踪,并从客户那里获得即刻反馈,因此预留库存将可能被压缩到极低的合理限度。通过B2B网络平台,代理自己就能建立进销存系统,有效、科学地管理物流,并对客户需求进行分析、预测,从而提高货物周转率和库存管理能力。同时由于下家提供准确、及时的存货情况,也可以使供应商更合理地安排生产计划,交货速度亦会相应提升,不但节约大量分销运营成本,而且整体运作效率都会因此得到大幅度提升。

3.分销型网站的实施原则

尽管B2B市场一般更垂青于采购者而非供货商,目前大部分的B2B网站也是以采购型居多,但是积极的供货商也能从中获利。分销型网站的建立不可避免地也存在着管理者的管理理念革新和与原有系统的整合等问题。另外还必须注意以下几个原则。

(1)通过降低成本来吸引客户以获得更大业务量。要赢得更多业务可能意味着要牺牲利润,但是销售量会提高,可抵消利润下降的不良影响。要实现这一目标,供货商必须把B2B市场当做新的销售渠道,吸引大量的采购,并按照该客户的需求优化产品或服务,给客户提供个性化的产品和服务,并且网站要提供公共信息平台,并给客户留有发表意见的空间。当然还可以考虑以下方法,如开发新的低成本产品,给客户提供全方位的增值服务并进行适当收费,或者采取对上网客户给予一部分折扣的方法,以此可以吸引客户上网来增加销售额。

另外,销售商有很多机会减少与采购者共同分担的成本,不仅要争取节省这些费用,还要将节省下的费用与他人共享,这样对采购者来说订单成本才会大大降低。为了从这些流程的效率上获益,销售商要确保自己和 B2B 市场的系统紧密联系。通过价值链而降低库存水平也是节省的有效途径。尤其对于经济实力有限的中小代理来说,B2B 系统可以提前帮其进行客户和利润的分析,从而降低经营成本。

(2)有效收集客户信息并与 CRM 系统整合对信息进行全面的分析和管理。一个好的客户关系管理系统必须积累大量数据才能发挥其作用,但是很多因特网用户却害怕提供自己的在线信息。这时候如果系统索取过多的客户信息可能会疏远客户。对于有耐心远见的企业来说,搜集客户的信息要分阶段进行,不要指望一次把客户的所有信息都掌握。让客户与企业的关系随着接触次数的增加而不断加深,从而客户对企业的信任程度才能不断加深,企业才可以从客户身上得到更多的信息。对于从网站上积累起来的客户资料,如果没有有效的管理,就不能发挥它的作用。因此网站必须要跟 CRM 系统进行信息共享,通过 CRM 系统对取得的客户信息进行充分的分析,从而为企业的市场营销提供有力的决策支持。

CRM 项目通常要求企业内部的各个部门改变它们原有的追踪信息的方式,放弃自己已经适应了的电子制表软件或数据库来适应新的 CRM 软件。与其他的网络应用软件一样,CRM 软件只有在所有人都能够分享他们的相关信息时才能发挥效用。在 CRM 系统中共享的信息越多,信息在预测和分析过程中所发挥的作用就越大,信息也就因此而更具有价值。如果仅仅有一个部门认为他们的客户数据有价值,那么整个数据的精确度就会受到影响。这意味着各个部门在采用自己部门的数据的同时还要相信并采用其他部门的数据。

(3)选择适合企业的分销模式。目前流通渠道的发展非常迅猛,渠道模式越来越多。对于一个大型企业来说,既要管理分公司、分销商、代理商等传统销售渠道又要管理物流中心、专卖店、加盟店等零售渠道。如何对各种渠道进行有效的监控,成为企业快速反应市场和决定企业成功与否的关键因素。

为了应对流通企业新趋势,分销型 B2B 网站系统应该能够灵活满足企业多渠道模式的管理要求。网站应具有不同的功能组,分别适用于集团总部、分公司、物流中心、专卖店。集团总部主要负责资金的运作和管理,集中采购,商品的配送;总部还负责分销业务的规范化和数据的规范化,完成对分支机构的指导;总部需要对整个分销体系的监督和控制,对来自分销体系各个环节的数据进行深入细致的分析。分公司是集团运作的重要单位,负责对经销商的管理,负责所属专卖店等销售终端的管理,通过一系列的销售活动,完成对一个地区或行业的市场渗透。与分公司有关的其他功能包括经销商管理、销售管理、商品调拨、内部采购、库存管理、应收账款管理等。物流中心是现代分销系统的关键一环。商品在制造商、分销商、零售商之间的高效率低成本流动,是分销企业的核心竞争力之一。所以系统还应提供强大的库存管理功能、商品调拨功能,运输管理功能等,帮助物流中心初步实现管理现代化。企业要根据自身特点,选择适合自己的模式,并通过互联网,按级别有选择地让客户进入分销系统,完成企业网上销售。

➤ 2.1.5 中介型网站

1.中介型网站的产生

中介型网站是由第三方的中介机构建立一个完全独立的电子交易市场,这个电子化市场(E-market place)是一个整合了多方资源后形成的智能化通用电子商务平台,不但能够集成大量的企业与商品信息,而且可以将这些信息加以处理,传递给相关的企业和消费者,从而大大提高生产企业、经销商与消费者的信息沟通效率。同时,它还可以为厂商提供资信认证、支付保证、交易谈判、物流管理等服务,使他们能安全可靠地完成交易过程。

2.中介型网站的特点

对企业而言,E-market place 的出现无疑是个好机会,首先为大家提供了一个好的交易氛围,从而使交易的过程变得更加简单、有效,提高了工作效率,同时由于交易市场本身具有的开放性特点,为企业建立发展新客户及合作伙伴创造了优越的条件。另外由于在线中间商的存在,大大降低了交易双方的成本费用,提供方便、快捷、安全的增值服务,当然这些需要建立在交易市场良性运作的前提下。从企业的价值链关联来看,交易市场是连接企业供应链的一个重要的环节,也是帮助企业间实现彼此紧密合作,依托核心产品形成价值链的关键手段。从专业化分工的角度来看,企业专注于自己的业务才能做得更好,专业化的电子交易市场是使企业专注自己的核心业务,借助成熟的第三方电子交易市场,企业可以免于重复投资建设,直接利用公正、广泛的平台进行交易,同时合理分工也是现代企业成功的关键所在。

3.中介型网站实施的原则

(1)明确自己的角色。E-Market place 的发展需要环境的培养。所谓的环境包括很多方面,但最重要的是首先需要企业的主动响应。在电子商务中,中介型网络公司扮演的终究是中间商的角色,而商品交易还得企业自己来做,因此,如何吸引企业上网,尤其是吸引一些行业内比较有影响力的企业,是网络公司迫在眉睫的事情。

(2)有统一和客观的标准。平台的标准是很重要的,这里的标准包含了认证、支付等诸多方面的因素。B2B 交易面对的是企业双方,如何使大家能相互信任是交易成功进行的前提,说确切一些就是一个资格问题。对交易市场的发展,不能一味地扩大客户,忽略或降低了认证的条件,要实现企业内部业务与交易市场标准接口的对接,必须拥有良好的电子化生产管理体系,这是电子化市场发展的一个瓶颈,能不能具备入住的素质,怎样把这个身份验证做得更好、更严谨,需要网站公司做大量的工作。再者网上交易市场是一个内外兼施的供应价值链体系,而不是简单的入住客商的地址罗列,这一点也是网上交易市场的精华所在。通过平台建立一个虚拟的交易空间,使采购商和供货商将自己的价值链有机地结合起来,从而实现良性互动的交易过程。

(3)明确自己的服务对象。大公司通常都具备很强的议价能力,而且从节约开支、降低成本以及保护利益共同体间商业秘密的角度出发,往往倾向于建立自己的 B2B 网站。而规模较小的公司难以通过自行建立网站来取得战略优势,因此,中介型网站比较适合中小型企业,网站必须尽可能地吸引中小型企业。

(4)有永续经营的宗旨并维持良好的信誉。B2B 网站吸引买卖双方不应只是买卖行为本身,而应首先要将自己建设成一个各行业信息的实时交流中心,B2B 网站应该依靠自己的服务或产品来吸引商家入住。B2B 网站若要生存发展,必须通过服务尽可能多地吸引客户。如果不能有效地解决安全、信用认证等最基本的问题,通过 B2B 网站进行的任何交易都只会是暂时的短期行为。

➤ 2.1.6　B2B 典型网站介绍:阿里巴巴

1. 阿里巴巴简介

阿里巴巴是全球企业间(B2B)电子商务的著名品牌,是全球国际贸易领域内最大、最活跃的网上交易市场和商人社区,已融合了 B2B、C2C、搜索引擎和门户。公司总部位于中国东部的杭州,在中国大陆地区拥有 16 个销售和服务中心,在香港和美国设有分公司,被商人们评为"最受欢迎的 B2B 网站"。

杰出的成绩使阿里巴巴受到各界人士的关注。WTO 首任总干事萨瑟兰出任阿里巴巴顾问,美国商务部、日本经济产业省、欧洲中小企业联合会等政府和民间机构均向本地企业推荐阿里巴巴。

阿里巴巴两次入选哈佛大学商学 MBA 案例,在美国学术界掀起研究热潮;连续五次被美国权威财经杂志《福布斯》选为全球最佳 B2B 站点之一;被国内外媒体、硅谷和国外风险投资家誉为与 Yahoo、Amazon、eBay、AOL 比肩的五大互联网商务流派代表之一。

图 2-1 为阿里巴巴网站首页。

图 2-1　阿里巴巴网站首页

2. 阿里巴巴的发展简史

2003 年 5 月,阿里巴巴投资 1 亿人民币推出个人网上交易平台淘宝网;2004 年 7 月,又追加投资 3.5 亿人民币;2005 年 10 月,再次追加投资 10 亿人民币。截至 2005 年 12 月 31 日,淘宝网在线商品数量超过 1663 万件,注册会员数突破 1390 万,2005 年第四季度成交额达 30.3 亿人民币,占中国 C2C 市场 70% 的份额。

2003 年 10 月,阿里巴巴创建独立的第三方支付平台——支付宝,正式进军电子支付领域,支付宝已经和国内的工商银行、建设银行、农业银行和招商银行,以及国际的 VISA 国际组织等各大金融机构建立战略合作,成为全国最大的独立第三方电子支付平台。截至 2014 年3 月的数据,通过支付宝在淘宝网的日均交易额就已达到 3.87 万亿人民币。

2005 年 8 月,阿里巴巴和全球最大门户网站雅虎达成战略合作,阿里巴巴兼并雅虎在中国所有资产,阿里巴巴因此成为中国最大的互联网公司。阿里巴巴旗下拥有如下业务:B2B(以阿里巴巴网站为主)、C2C(淘宝)、电子支付(支付宝)、门户+搜索(雅虎)。

3. 阿里巴巴交易平台

阿里巴巴网站包括两个相连的市场:①阿里巴巴国际站是领先的网上 B2B 交易市场,全球买家和进口商在此寻找来自中国和其他制造业国家供应商。截至 2013 年,阿里巴巴国际站的注册用户数超过了 3000 万。②阿里巴巴中国站是是中国领先的 B2B 网上交易市场。截至2011 年 11 月 30 日,阿里巴巴中国站在中国地区拥有超过 5000 万的注册用户。

2.2 B2C 电子商务模式

➢ 2.2.1 B2C 电子商务模式的类型

B2C 的利润或者来源于企业所提供的业务,或者来源于广告商。企业可以通过提供购物、咨询、拍卖等服务收取手续费、会员费等,也可以因为浏览量和点击量极大,从而吸引广告商在页面上放置广告。B2C 市场还可细分为若干不同的商业模式。

(1)从企业和消费者买卖关系的角度看,B2C 可以分为卖方企业对买方个人和买方企业对卖方个人两种模式。商家出售商品和服务给消费者个人的电子商务模式即卖方企业对买方个人模式,这也是最常见的 B2C 模式。在这种模式中,商家首先在网站上开设网上商店,公布商品的品种、规格、价格、性能等,或者提供服务种类、价格和方式,由用户个人选购,下订单,在线或离线付款,商家负责送货上门。

企业在网上向个人求购商品或服务的一种电子商务模式则为买方企业对卖方个人模式。这种模式应用最多的就是企业用于网上招聘人才。在这种模式中,企业首先在网上发布需求信息,后由个人上网洽谈。这种方式在当今人才流动量大的社会中极为流行,因为它建立起了企业与个人之间的联系平台,使得人力资源得以充分利用。

(2)以企业在商务模式流程中的作用为依据,B2C 电子商务又分为以下三个类别:生产商直销模式、中间商模式、第三方交易平台模式。生产商直销模式也被称为是"无店铺销售"模式,是指产品制造商通过自建电子商务平台直接向消费者提供其生产的产品的模式。与传统的店铺销售相比,这种模式有助于企业节省的库存空间和销售人员的人工费用,且网上销售范围几乎不受企业大小的限制。商家还可以通过动态监测商品的点击率、购买率、用户反馈,随时调整商品的进货计划,同样也可以起到减少积压的情况出现。中间商模式是指在制造商与消费者之间存在"专门进行商品交换"的经济组织或个人,这种模式的电子商务通常向消费者提供多种类别的商品。第三方交易平台模式则是由第三方服务中介机构完成担保交易和支付的功能,第三方向开展电子商务业务的企业提供电子商务基础支撑与应用支撑服务,但不直接从事具体的电子商务活动。

➤ 2.2.2　B2C 电子商务模式的交易盈利来源

一般来说 B2C 电子商务企业主要是通过以下几个方面获得盈利：

(1)销售本行业产品。销售本行业产品是指通过网络平台销售自己生产的产品或加盟厂商的产品。商品制造企业主要是通过这种模式扩大销售，从而获取更大的利润，如海尔电子商务网站。

(2)销售衍生产品。销售衍生产品是指销售与本行业相关的产品，如中国饭网出售食品相关报告、就餐完全手册，莎啦啦除销售鲜花外，还销售健康美食和数字产品。

(3)产品租赁。产品租赁是指提供租赁服务，如用太阳玩具开展玩具租赁业务。

(4)拍卖服务。拍卖服务是指拍卖产品收取中间费用，如汉唐收藏网为收藏者提供拍卖服务。

(5)销售平台。通过销售平台企业可以接收客户在线订单，收取交易中介费，如九州通医药网、书生之家。

(6)特许加盟。运用该模式，一方面可以迅速扩大规模，另一方面可以收取一定加盟费，如当当网、莎啦啦、e 康家、三芬网等。

(7)会员。大多数电子商务企业都把收取注册会员的会费作为一种主要的盈利模式。

(8)上网服务。上网服务是指为行业内企业提供相关服务，如中国服装网。

(9)信息发布。信息发布是指发布供求信息、企业咨询等，如中国药网、中国服装网、亚商在线、中国玩具网等。

(10)广告服务。广告服务是指为企业发布广告，目前广告收益几乎是所有电子商务企业的主要盈利来源。这种模式成功与否的关键是其网页能否吸引大量的广告，能否吸引广大消费者的注意。

(11)咨询服务。咨询服务是指为业内厂商提供咨询服务，收取服务费，如中国药网、中药材药通网等。

➤ 2.2.3　生产商直销模式

1. 生产商直销模式的概念

生产商直销模式是指产品制造商通过自建电子商务平台直接向消费者提供其生产的产品的模式。这些产品包括实物产品和虚拟产品。生产商可以是实物产品的生产商或者虚拟产品的生产商。实物产品如电脑、数码产品、服装，虚拟产品如教育、知识、信息、音乐、虚拟金融产品、电子书籍、电子杂志等。这种模式不受时间与空间的限制，根据消费者与直销商的需要，在任何时刻、地点都可进行，该模式最大优点是减少了流通环节，生产商直接面对消费者，最大限度地降低了中间环节信息和利润损失，通过网络获取消费者的需求信息。这种模式要求生产商有功能完备的在线销售平台、专业化的信息系统和商务流程来满足在线消费者的各种需求。

2. 生产商直销模式的优势

(1)信誉的保障有助于促进交易的完成。信用问题是影响消费者选择在线购物的关键因素之一。在线购物的不确定性使得消费者的感知风险明显高于传统的线下购物模式，而生产商直销商模式借助其企业本身的品牌号召力，依靠其传统线下售后服务体系为消费者提供保障，降低了消费者的感知风险，使得交易的可能性增加。

（2）交易成本较低有助于降低商品价格。由于生产商直接面对消费者，从理论上讲是流通环节最少的一种商业模式，从而大大降低了交易环节中的成本，有助于降低商品的销售价格。

3.B2C 电子商务生产商直销模式的劣势

（1）在线销售模式和传统渠道的冲突。消费者选择在线消费的一个重要的原因就是在线购物相对于传统购物模式所购买的商品具有价格优势。生产商直销模式减少了中间商流通环节，为价格优势提供了可能，但是这势必损害传统线下销售渠道。有过网上交易的人很容易发现，同一款产品网上价格会比零售商、专卖店便宜很多。如何平衡两种渠道的利益关系，是生产商必须解决的核心问题。从成功的生产商直销模式的案例来看，通常取得成功的都是销售一些适合在线销售的标准化的商品，比如计算机、数码产品等，这些商品的销售对传统的渠道依赖并不像服装类的商品对传统销售渠道那么强烈。

（2）电子商务平台建设、维护和推广的费用高。生产商直销模式通常需要生产商自己建设、维护和推广电子商务平台，这需要投入大量的精力和费用。而市场对企业直销渠道的了解和接受程度，更是对企业采用这种模式的成本产生重大影响。

4.B2C 电子商务生产商直销模式的典型案例：戴尔公司

戴尔公司是一家总部位于美国得克萨斯州朗德罗克的世界知名企业，由迈克尔·戴尔于1984 年创立，以生产、设计、销售家用电脑和商用电脑闻名。另外它也涉足高端电脑市场，生产与销售服务器、数据存储设备、网络设备等。戴尔的其他产品包括软件、打印机、PDA 和电脑周边产品。1999 年，戴尔取代康柏电脑（Compaq）成为美国第一大个人电脑销售商。

戴尔能取得今天的成就，与它独特的商业运作模式——直销模式密切相关。戴尔的直销模式即除去中间商或代理商，直接向客户销售其产品或服务，使得公司能够以更低廉的价格把产品销售出去，另外公司的订单制生产，即先有订单之后才按客户要求组装电脑的方式，也大大降低了生产成本，为戴尔赢得市场创造了先机。而开展电子商务之后，戴尔更是将其直销模式发挥到极致。在 IT 行业，戴尔几乎成了直销的代名词。借助电子信息系统，既能及时获得消费者信息，以降低库存成本，又有助于简化的交易流程，大大提高了效率。

➤ 2.2.4 中间商模式

1.中间商模式的概念

中间商模式是指电子商务企业作为企业与消费之间的中间人来促进交易的完成。中间商模式可以按照不同的标准进行分类：按照是否拥有商品所有权，可将其划分为经销商和代理商；按照销售对象的不同，可将其划分为批发商和零售商；而按商品提供者所提供商品的种类的多少，可将其划分为综合类中间商模式和垂直类中间商模式两类。

国内采用中间商模式的典型代表是当当、卓越、亚马逊和京东商城。它们施行统一配送和售后服务，支付方式灵活，有较好的信誉保障。虚拟产品销售的典型代表有金融服务、游戏点卡等。

2.中间商模式的优势

（1）成本和价格优势。中间商的商品价格通常比生产者的要低，这是它能吸引众多顾客的最主要原因。而这种价格优势的产生，源于中间商模式可以节约广告宣传成本。中间商品牌的推行，只集中在一个或者几个品牌的宣传。将这些成本分摊到每一个具体产品时，其广告成本就会处于较低的水平。电子商务网站利用其网络优势进行宣传，更能为产品节省一大笔广告费用。

（2）信誉优势。大型综合类 B2C 电子商务网站通常有较好的信誉,这有助于对消费者形成很大的吸引力。特别是在假货泛滥的时代,信誉几乎成为质量的保证。消费者能否买得放心,已成为促使他们在不同零售商、不同品牌之间进行选择的重要因素。在我国现有的商业行为中,制假、售假的现象层出不穷,假货的制造水平越来越高,消费者难以辨别真伪。而中间商可以完成识别假货的职能,并通过自己的信誉来引导消费者进行消费。

（3）把握市场需求优势。由于中间商同时与大量的生产商和消费者形成交易,因此能比生产商更准确地把握消费者需求的变化,电子商务网站利用其先进的信息管理系统和数据挖掘系统,更能在第一时间得出市场的需求信息。现代市场营销观念的核心就是如何去满足消费者的需求,每一个生产者总想力求把握这种变化,并据此开发产品来迎合消费者的需求。但是,消费者的需求是变化的,而只有直接面对消费者的企业才能直接获得市场需求信息。如果这种中间商能通过自己的研究开发来拥有自己的品牌,就可以根据顾客的需求来要求生产者生产,甚至可以领先生产者一步。

3. 中间商模式的劣势

（1）难以选择合适的生产者。推行中间商模式的最大难点是选择合适的生产商。一方面电子商务企业对自有品牌的商品品质要求较高,在对潜在的商品供应商进行选择时要花费相当多的时间和精力。对供应商的选择不但要求其产品质量达到要求,而且其生产能力、交通状况等方方面面的因素都要作出慎重的考虑。产品品种越多,需要选择的合作厂家也就越多,货源的供给、质量的监测等问题就越多,电子商务企业承担的风险就越大。另一方面,实力较强的生产厂家并不乐意成为电子商务企业的单纯生产者,只有一些中小型生产商或有大量剩余生产能力的厂商才会容易被中间商品牌的订货所吸引。

（2）推出中间商品牌要承担较大的风险。由于综合类中间商模式是多种商品共享一个品牌,其风险是很大的。其中任何一种商品出现了问题,都会或多或少地对使用该品牌的电子商务网站信誉产生损害。这就对于电子商务企业在产品质量、服务水平、供货能力等方面的要求更高、更严。此外,推出中间商品牌还需要巨额广告费和维护推广费用,这也会大大增加企业的运营风险。

（3）管理自有品牌需要花费较大的成本。自有品牌的建设,往往是前人栽树,后人乘凉,很难在短期内取得效益,而是需要几代领导人的共识和努力。这需要企业进行长期持续的投入才能实现。

（4）商品种类有限。由于大量品类都不适合做自有品牌,因此 B2C 电子商务网站通常都只有很有限的产品种类。例如,技术门槛高的产品、跟随潮流的产品以及研发设计投入大且时间长的产品都不适合作为中间商的自有品牌。实际上,国内最大的 B2C 电子商务网站当当网的商品种类还不到淘宝的十分之一。

4. B2C 电子商务生产商直销模式的典型案例:亚马逊

亚马逊公司(Amazon),简称亚马逊,是美国最大的一家网络电子商务公司,位于华盛顿州的西雅图。亚马逊成立于 1995 年,是网络上最早开始经营电子商务的公司之一,一开始只经营网络的书籍销售业务,现在则扩及了范围相当广的其他产品,已成为全球商品品种最多的网上零售商和全球第二大互联网公司。在公司名下,包括了 AlexaInternet、a9、lab126、和互联网电影数据库(Internet movie database,IMDB)等子公司。

亚马逊及其它销售商为客户提供数百万种独特的全新、翻新及二手商品,如图书、影视、音乐和游戏、数码下载、电子和电脑、家居园艺用品、玩具、婴幼儿用品、食品、服饰、鞋类和珠宝、健康和个人护理用品、体育及户外用品、玩具、汽车及工业产品等。

2004 年 8 月亚马逊全资收购卓越网,更名为亚马逊中国。亚马逊中国发展迅速,每年都保持了高速增长,已拥有 28 大类,近 600 万种的产品,用户数量也大幅增加。

2012 年 9 月 6 日,亚马逊在发布会上发布了新款 Kindle Fire 平板电脑,以及带屏幕背光功能的 Kindle Paperwhite 电子阅读器。

2013 年 3 月 18 日,亚马逊已经制作了一系列大预算的电视剧集,这些剧集仅可通过互联网观看,原因是这家公司正在与 Netflix 展开"战争",竞相利用人们对于在智能手机、平板电脑和互联网电视上观看电视节目的兴趣,以扩大自身在流媒体播放服务这一领域中的占有率。

由于亚马逊提供的亚马逊云服务在 2013 年来的出色表现,著名 IT 开发杂志"SD Times"将其评选为"2013 SD Times 100",位于"API、库和框架"分类排名的第二名,"云方面"分类排名第一名,"极大影响力"分类排名第一名。

2014 年 5 月 5 日,推特与亚马逊联手,开放用户从旗下微网志服务的推文直接购物,以增加电子商务的方式保持会员黏著度。

▶ 2.2.5 第三方交易平台模式分析

1. 第三方交易平台模式

第三方交易平台属于第三方服务中介机构完成第三方担保支付的功能。它主要是面向开展电子商务业务的企业提供电子商务基础支撑与应用支撑服务,不直接从事具体的电子商务活动。它的本质就是一个提供了信誉保障的信息中介平台。这种模式的典型代表是淘宝商城。

2. 第三方交易平台模式的优势

(1)简化交易。第三方交易平台通常具有较大的规模,可以借助自主开发的支付工具与银行合作,从而大大地方便网上交易的进行,对于商家来说,不用安装各个银行的认证软件,从一定程度上简化了费用和操作。

(2)降低成本。第三方交易平台作为中介方,可以促成商家和银行的合作。对于商家第三方支付平台可以降低企业运营成本;对于银行,可以直接利用其支付服务系统提供服务,帮助银行节省网关开发成本。

(3)提供增值服务。第三方交易还能够提供增值服务,帮助商家网站解决实时交易查询和交易系统分析,提供方便及时的退款和支付服务。

(4)防止交易中的纠纷问题。第三方交易平台可以对交易双方的交易进行详细的记录,从而防止交易双方对交易行为可能的抵赖以及为在后续交易中可能出现的纠纷问题提供相应的证据。此外,借助实名制注册体系,第三方交易平台还可以很好地阻止欺诈行为。

3. 第三方交易平台的劣势

(1)目标市场的重叠和竞争。大多数第三方交易平台都是以 C2C 为基础发展 B2C、B2C 和 C2C 共享一个平台,不可避免地存在着目标市场的重叠和竞争。而 B2C 卖家还需要向淘宝交纳一定的费用,从而提高了成本,其商品的销售价格不可避免地要高于同一平台的 C2C 卖家。而对于价格十分敏感的在线消费者,这是 B2C 的致命的缺点之一。

(2)竞争对手众多。淘宝的 B2C 商城中每个品牌的商品最多有三个卖家,而每种商品更是有多种品牌,企业间竞争十分激烈。

4. 第三方交易平台模式的典型案例:天猫。

天猫(Tmall),亦称淘宝商城、天猫商城,原名淘宝商城,是一个综合性购物网站。2012年1月11日上午,淘宝商城正式宣布更名为"天猫"。2012年3月29日天猫发布全新LOGO形象。2012年11月11日,天猫借光棍节大赚一笔,宣称13小时卖100亿,创世界纪录。其整合数千家品牌商、生产商,为商家和消费者之间提供一站式解决方案。迄今为止,天猫已经拥有4亿多买家,5万多家商户,7万多个品牌,提供100%品质保证的商品,7天无理由退货的售后服务,以及购物积分返现等优质服务。2014年2月19日,阿里集团宣布天猫国际正式上线,为国内消费者直供海外原装进口商品。与其他模式的B2C相比,天猫的B2C明显不同。

(1)天猫是在C2C电子商务网站——淘宝网的基础上建立起来的,它利用淘宝网的高人气和原有的技术平台建立起来的B2C电子商务网站。

(2)天猫的B2C模式,从本质上是第三方的交易平台,淘宝本身并不参与商品的销售和服务。商品的销售、配送和售后服务均由平台上的卖家自己负责,从而大大降低了天猫的配送和售后服务的成本。

(3)天猫推出的一个主要原因是为了解决C2C平台信用制度的缺陷。C2C松散的准入制度和自身的缺陷,使得在C2C平台上销售的商品只能保证和卖家描述的一致而不能保证商品的质量,从而使C2C平台上假货横行。天猫制定了严格的准入制度,从而保证了卖家的产品质量。

➢ 2.2.6 B2C典型网站介绍:当当网

1. 当当网简介

当当网成立于1999年11月,由国内著名出版机构科文公司、美国老虎基金、美国IDG集团、卢森堡剑桥集团、亚洲创业投资基金(原名软银中国创业基金)共同投资成立。当当网以图书零售起家,如今已发展成为领先的在线零售商。它是中国最大图书零售商、高速增长的百货业务和第三方招商平台。当当网于美国时间2010年12月8日在纽约证券交易所正式挂牌上市,是中国第一家完全基于线上业务、在美国上市的B2C网上商城。

当当网致力于为用户提供一流的一站式购物体验,在线销售的商品包括图书音像、服装、孕婴童、家居、美妆和3C数码等几十个大类,在库图书超过90万种,百货超过105万种,注册用户遍及全国32个省、市、自治区和直辖市。2012年,当当网的活跃用户数达到1570万,订单数达到5420万。

图3-2为当当网站首页。

2. 当当网的产品及业务

(1)当当图书。在图书品类,当当网占据了线上市场份额的50%以上,同时占据全国图书零售市场份额的三分之一。当当网的图书订单转化率高达25%,远远高于行业平均的7%,这意味着每四个人浏览当当网,就会产生一个订单。

能做到图书零售第一,是由于当当采用了多种战略以获得竞争优势,比如全品种上架、退货率最低、快速给出版社回款以获得进货折扣,等等。为了进一步吸引新顾客,当当图书还进一步实施"走出去"的开发战略,在天猫开设当当图书旗舰店,并在2012年11月上线试运营仅仅几天后日销售额便破千万。

图 3-2　当当网站首页

在追求规模效益的同时,当当也在不断优化品类,提升图书业务整体毛利率,虽然图书价格战对行业整体毛利率都有所影响,但当当的图书毛利率始终位列第一,为 19% 左右。此外,当当网还在不断向出版社上游渗透,发展了 OEM 自有品牌定制图书,这批书即便按照 7 折销售也有可观的毛利率。

(2)当当服装。作为当当网百货零售领域最核心的品类之一,当当网服装主要采取卖百家货的方式,通过入库联营为主的招商模式发展服装零售,最大限度地有效控制假货,实现品牌真货和 100% 质量保证,用"品牌、风格、价位"三个维度不同组合的精选商品来满足顾客需求。大约有 2000 家服装鞋包类品牌商或代理商在当当网开设了品牌旗舰店。

当当网之所以选择第三方品牌商在当当网平台卖服装,主要因为服装的款式流行趋势变化极快,还有换季等因素,让品牌商在当当网平台自己采购、自己销售,专业度更高。当当网则充当平台商的角色,为入驻的服装品牌商提供集中仓储、集中物流和集中的售中、售后等一站式服务。

定位上,当当服装定位中高端,初期主要吸纳品牌入驻,2013 年的招商重点则是线下的优质服装品牌。2013 年已有 3000 多家服装商户入驻当当平台。

在品类横向拓展的同时,基于深耕优势品类的原则,当当网还大力拓展尾货市场,于 2013 年 5 月上线了特卖频道"尾品汇",主打精品服装尾货。从长期售卖的当季新品和应季品、折扣品服装鞋包,到限时特卖模式的过季或断码的服装尾货,当当网正试图不断横向扩展服装类目和不断开放平台给更多的线下服装品牌商,将服装品类打造成其除图书之外的另一个核心品类。

(3)当当孕婴童。数据显示,当当网童书销量占线上童书市场份额 80%,孕婴童商品排名自主 B2C 电商市场前三。

当当孕婴童自 2011 年起进入快速的拓展期。从那时起,当当孕婴童借助自身在童书领域的强大品牌影响力,迅速挖掘了大量优质孕婴童客源,同时也吸引了大批优质商家和供应商的加盟。

2012 年,当当孕婴童的童书销售将占地面渠道销售码洋的 35%,占全国网络渠道销售码洋的 60% 以上。在当当网上聚集的更多是"三高"人群,即:"学历高、收入高、职位高"的高端用户。据当当孕婴童官方预计 2012 年仅童书销售规模就将达到 15 亿码洋,相当于 1.5 亿册优质童书从当当发往世界各地。

值得一提的是,2013 年,传统的婴童平台目标消费群是从孕期到 3 岁,而当当网将其拓展到孕期到 14 岁。

在品类方面,当当孕婴童以孕产育儿书、少儿书为龙头,大力拓展孕婴童期刊、电子书,并强化童书和童百商品之间的相互转化。在孕婴童百货的子品类布局方面,已覆盖了奶粉、尿裤、营养品、辅食、玩具、文具、童装、童鞋、童车、童床、儿童食品、婴童家居等 10 余个品类。

而对于消费者,当当孕婴童则一再强调品质与低价两个重要原则。尤其在价格方面,当当孕婴童始终坚持着低于线下市场 10%~30% 的定价原则。

(4)当当数字馆。2011 年 12 月,当当网上线电子书平台,2013 年拥有最多的中文数字书资源,数字商品超过 20 万种。作为国内最大的中文电子书平台,当当网通过"电子书销售平台＋PC"、手机、"Pad 客户端＋'都看'电子书阅读器"为用户提供全方位电子阅读体验。

当当网除了推出数字馆,还推出了当当读书客户端 APP、手机阅读以及自己的阅读器——"都看"。2013 年 6 月,"都看"二代问世。相比 2012 年发布的第一代产品,"都看"二代在硬件配置、功能上有较大改进,再加上价格优势,多达 20 万种之多的电子书内容优势,有理由相信,作为多年中国图书市场老大,当当正试图通过与苹果 iPad 一脉相承的"内容＋终端"模式,发掘更大的图书内容变现机会。

(5)当当百货。2013 年百货零售业务已经成为当当网的战略重心。面对 2012 年电商严酷价格战的情形,当当百货服装等"自营＋平台"全年 95% 增速,超过了图书的成交额,某些品类如服装、孕婴家纺异军突起,增速有的达到 10 倍,标志当当向着聚焦于几个核心品类的综合购物中心转型成功;出版物虽然增速 30%,但线上线下份额基本保持,且毛利率优于对手几倍。

3. 当当网的日常运营

(1)供应链及物流。作为国内领先的网上商城,当当网拥有深厚的供应链管理经验,与遍布全国的超过 1000 家供应商建立了坚实的合作关系。当当网通过庞大的配送网络,为全国超过 750 个城镇提供送货上门、货到付款服务,这项服务深受中国消费者喜爱。除此之外,当当也提供其他支付方式,包括在线支付、电汇、邮局汇款。当当与 104 家物流服务提供商建立了合作关系,以增加货运范围并提升服务质量和效率。

截至 2013 年,当当网已在全国 11 个城市开设了 20 间仓库,总面积超过了 42 万平米,当日达城市 21 个,次日达城市 158 个,夜间送货城市 11 个,货到付款城市 1100 多个,使用 POS 机刷卡城市近 300 个,上门换货城市 580 个。

客户服务用户可以通过实时在线聊天工具、客服电子邮件或 7×24 小时热线电话与客服中心联系。当当网的客户服务中心位于北京,2012 年 12 月底,有 479 名受过专业训练的员工解答顾客的疑问、处理投诉及退换货事宜。用户可以在当当网上自助退换货,收到货品后 15 天内可换货,7 天内可退货。

(2)招商平台。在平台定位上,当当不做大而全,而是聚焦于图书、服装、母婴、家纺等核心品类,在商品档次上则定位于做精品,做中高端,平台销售额的 70~80% 要来自中高端,还有

20～30％可能往低端走一点或者是高端走一点。

2009年7月,当当网推出了当当网招商平台,除当当网自营商品外,也允许第三方商家出售百货商品,顾客可以通过统一的结算流程完成购买。2013年超过半数的第三方商户使用当当网的配送网络和货到付款服务。

数据显示,2012年Q4招商平台交易额达5.483亿元,2012年全年招商平台交易额为13.731亿元,2013年Q1平台交易额9.96亿元,增长193％,同比增速极为明显。

（3）手机当当。为了使用户实现随时随地的购物这一目标,当当网在2012年陆续推出了iPhone、Android、Windows Phone以及SmartTV等智能手机客户端。2013年,手机当当的流量占总流量的30％,订单占12％。据艾瑞咨询报告:中国核心B2C电商APP月度覆盖,手机当当排名前三。

4. 当当网发展简史

1999年11月,网站"www.dangdang.com"投入运营。

2000年2月,首次获得风险投资。

2001年6月,开通网上音像店。

2001年7月,日访问量突破50万,成为最繁忙的图书、音像店。

2003年4月,被文化部、新闻出版署等四家政府部门首推为"网上购物"优秀网站。

2004年2月,当当网获得第二轮风险投资,著名风险投资机构老虎基金投资当当1100万美元,并于同年3月和4月依次开通期刊频道和时尚百货专卖店。

2004年7月,当当网经过慎重考虑,放弃亚马逊并购请求,坚持自主发展的道路。

2005年12月,当当网荣获中国互联网产业调查"B2C网上购物"第一名、中国互联网产业品牌50强称号。

2006年7月,当当网获得第三轮风险投资,著名风险投资机构DCM、华登国际和Alto Global联合投资当当网2700万美元。

2006年7月,当当网与中国银联建立起全面战略合作伙伴关系,并联合推出"线上消费、线下刷卡"创新固网支付服务。

2006年9月,当当网推出电话支付业务。

2006年10月25日,当当网个性化商品推荐功能正式上线。

2007年3月,当当网推出商品评论和商品问答功能。

2007年4月,当当网与包括飞利浦、欧莱雅、卡西欧、耐克、乐高等300多个知名品牌达成合作,这些知名品牌的产品共同进驻当当网。

2007年5月,占地面积达4万平方米的新物流中心在北京投入运营。

2007年8月,当当网新的ERP系统上线,同时推出新的购物车和结算功能。

2008年6月,当当网开始实施新的会员积分计划。

2008年7月,当当网针对北京、上海、广州、深圳四地进行物流大提速。

2008年11月,推出招商模式,加速品类扩展。

2008年12月,当当网读书频道上线。

2009年5月,当当网成都物流中心启用。

2009年9月,手机当当网全面升级,并推出革命性的手机购买功能。

2009年10月,当当网武汉物流中心启用,全国库房总面积达到12万平方米,成为国内电子商务公司中库房面积最大、物流配送网络最广泛和最发达的公司。

2009年10月,当当网在北京地区为联营商城商户开通COD(送货上门、货到付款)服务,并在此以后逐步为全国其他地区的联营商户提供此项服务。

2009年12月,当当网论坛上线。

2010年5月,20000平方米的郑州出版物DC启用。同年,成都和郑州百货DC启用,武汉百货DC开始筹建。

2010年12月,当当网在美国纽约证券交易所成功上市,成为中国第一家完全基于线上业务、在美国上市的B2C网上商城。

2011年12月,当当网上线电子书平台,目前拥有最多的中文数字书资源,数字商品超过20万种。

2012年4月,当当网推出自有家居品牌"当当优品",一同亮相的还包括自有品牌童装"DangDangBaby"。

2012年7月,当当网自有品牌的电子阅读器"都看"一代问世。

2012年,当当网陆续推出了iPhone、Android、Windows Phone等智能手机客户端。

2013年5月,当当网推出服装尾货特卖频道"尾品汇"。

2013年6月,当当网推出自有品牌的电子书阅读器"都看"二代。

2.3 C2C电子商务模式

➢ 2.3.1 C2C电子商务网站的定义和特征

1. C2C电子商务网站的定义

C2C电子商务网站是为买卖双方提供的一个在线交易平台,而这里的买卖双方都是"C",即普通消费者。要准确定义现实中的C2C电子商务网站,需要首先了解C2C电子商务网站的发展历史、现状和趋势。最早出现的C2C电子商务网站是像早期的eBay一样的二手物品拍卖网。为了方便展示出售的物品,网站还为用户提供虚拟的店铺。而有需要的人在网站上看到待出售的物品信息,就可以出价竞拍。拍卖完成后,买卖双方通过支付和邮寄物品,就可以完成交易了。随着电子商务的不断的发展,C2C电子商务网站又增加了一口价买卖的服务。卖方可以为自己待出售的物品定价,愿意接受这一价格的买方直接选择购买,交易就算是谈好了。一口价买卖的程序相较拍卖更简单一点,在网站上进行交易也更为方便。一口价买卖也更便于出售多件同样的商品。

以此为基础,有不少小商家也开始将自己的商品拿到这样的网站上进行销售,在这种销售可以达到一定规模的时候,甚至一些较大的商家也开始使用网站销售自己的商品。与此同时,一些本来只是在网站上转让闲置物品的普通消费者发现这种交易有利可图,也开始想办法进货然后在网站上销售。这就使得C2C电子商务网站上的卖家的身份开始变得复杂起来,既有普通的消费者,又有专门的商家,还有介于两者之间的个人小商户。总而言之,C2C电子商务网站中的第一个"C"已经不那么纯粹了。另一方面,由于一些卖家在网站上的销售初具规模,其店铺也经营得越来越好。如果说一些随意开设的店铺像跳蚤市场上的地摊的话,那么这些店铺则像是现实生活中的专卖店,在店铺的摆设、商品的种类与数量、每天的成交量上都较前者更好、更多。而看到这一点以后,网站又开始推出如网上商城这样的服务。这种网上商城则像是现实中的大商场,将大量品牌专卖店汇聚在一起。如果说现在 C2C 电子商务网站服务的卖方已不是单纯的普通消费者的话,那么部分交易平台推出的网上商城的服务则更是接近于 B2C 了。不仅如此,由于 C2C 电子商务网站的卖家中存在大量的小商户,他们迫切地需要寻找合适的货源,而这部分人极有可能转变成 B2B 电子商务网站的买方。他们从 B2B 电子商务网站的大卖家那里批量进货,然后拿到 C2C 电子商务网站上零售。这又将 C2C 电子商务网站和 B2B 电子商务网站联系了起来,形成一根 B2B2C 的链条。

从上述发展史可以看出,区分和界定一个网站,应该首先从其提供服务的性质上入手。C2C 电子商务网站提供的最核心的服务就是为买卖双方建立一个在线交易的平台,使卖方可以在其上公布自己待出售的物品的信息,而买方可以从其中选择自己所需的物品进行购买。虽然根据 C2C 电子商务网站的现状和发展趋势,其参与交易的卖方中也有商家,但目前的 C2C 电子商务网站主要还是为普通消费者提供服务,只是并不强行规定享受服务的只能是普通消费者;而 B2B 和 B2C 电子商务网站一般却会将其所服务的卖方限定为商家而非普通消费者。

2. C2C 电子商务网站的特征

通过考察 C2C 电子商务网站的服务、用户群以及与其他电子商务网站进行对比,可以发现,C2C 电子商务网站主要具有以下一些特征:

(1)为买卖双方进行网上交易提供信息交流平台。C2C 电子商务网站为打算上网进行物品买卖的人们提供了一个发布和获取信息的平台。网站允许卖家在其上发布待出售的物品的信息,允许买家浏览和查找别人拟出售的物品的信息,也允许买卖双方进行交流。不仅如此,这种信息发布和获取并不是非常单调的。卖家要发布一个待出售的商品的信息,可以先在网站上开设一个自己的店铺,然后把商品的信息放在店铺中。而且,卖家也可以在发布信息的页面上增加一些图片甚至动画等来美化和推销自己的商品。而买家要得到商品的信息,既可以分门别类地进行浏览,也可以通过输入关键词直接检索。

(2)为买卖双方进行网上交易提供一系列配套服务。除信息交流服务外,C2C 电子商务网站还必须提供一系列配套的服务,才能使交易能够顺利地进行并且最大程度地发挥网上交易的优势。以网络支付为例,随着银行卡网上支付的逐渐成熟,目前多数 C2C 电子商务网站都允许用户进行网上支付。不用再见面交易或去银行汇款,极大地提高了网上交易的效率。不过,实现网上支付以后,又随之产生了一个问题。由于付款与发货两个环节的分离,使得风险也随之而生:卖家担心若先发货之后买家可能不付款,而买家担心先付款之后卖家可能不发货。C2C 电子商务网站可以通过引入一个第三方的支付平台来解决这个问题。在交易达成以后,买家先通过网上支付将钱支付到这个第三方平台,然后平台通知卖家发货。买家在确认收到货以后,支付平台再将货款支付给卖家。这在很大程度上降低了网上支付的风险,从而使得网上支付开始为越来越多的用户所接受。

除此之外,C2C 电子商务网站又需要提供一项信用评价的服务,以便买卖双方能够了解对方的信用等级,然后据此决定是否与对方进行交易。目前,C2C 电子商务采用的信用评价机制一般是在一次交易结束以后,让参与交易的买卖双方根据对方在交易中的表现对其进行评分,一般评分越高则表示评分者认为对方的信用越好。而从每次交易中累计得到的分数则可以在一定程度上代表该用户的信用程度,因此这一分数也可以作为买卖双方判断对方的信用是否良好的依据。

在网上交易的过程中,由于双方无法见面,买方也不能看到卖方出售的物品的实物,因此需要就物品本身的情况、价格、交易的种种细节等进行沟通。如果沟通不方便,也会大大降低网络购物的效率和乐趣。因此,C2C 电子商务网站又需要为其用户提供便捷的通讯工具,一般包括留言、电子信件、聊天工具乃至语音通信工具,等等。

(3)用户数量多,且身份复杂。绝大多数 C2C 电子商务网站对于所有人都是开放的,几乎任何人都可以免费注册成为网站的用户,因此,C2C 电子商务网站可以将大量的买家与卖家联系起来。除了数量众多,C2C 电子商务网站的用户的身份也较为复杂。首先,很多卖家同时又是买家,即不少用户都同时具有买家和卖家的双重身份。其次,在 C2C 电子商务网站上开店的用户有些并不以赚钱为目的,而只是为了出售一些自己已经不需要了的物品,甚至有些只是将其作为一种娱乐。但是,又有不少用户恰恰相反,他们不仅是以赚钱为目的,而且希望能够在网上进行具有一定规模的销售。其中有些用户就是专门的商户,他们既经营着实体店铺,又通过 C2C 电子商务网站向更多的人出售其商品。而还有一部分用户则是一开始只是普通的消费者,他们通过 C2C 电子商务网站出售一些自己闲置的物品,但慢慢地,他们发现在 C2C 电子商务网站上卖东西有利可图,就开始想办法批发一些货物来在网站上销售,从而转变为一些将网络售物作为第二职业的个人小商户,乃至专门从事网络售物的个体经营者。

由于 C2C 电子商务网站的用户众多,而且有些用户又非常愿意就网络购物的一些问题进行交流,因此很容易形成网络虚拟社区。在网络虚拟社区中,用户可以就如何经营网上店铺、如何选购商品、如何判断卖家的信用等问题进行信息共享,这既可以减少网络购物中的信息不对称,也有助于将一些具有相同兴趣的用户聚集起来。

(4)商品信息多,且商品质量参差不齐。既然有着数量众多的卖家,自然也就有着数量众多的待出售的物品。淘宝网曾经的一则广告写到"只有你想不到的,没有你淘不到的",形象地表现了 C2C 电子商务网站上的商品包罗万象的现状。C2C 电子商务网站上不仅有人们日常生活中的常用物品如衣服、鞋帽、化妆品、家电、书籍等,也有各种各样的新鲜玩意儿如游戏点卡、个人收藏、顶级奢侈品等。由于突破了地域的界限,人们可以享受来自其他城市的特色产品乃至海外的各类商品。此外,商品的质量也参差不齐:既有全新的,也有二手的;既有正品的,也有仿冒的;有大工厂统一生产的,也有小作坊个人制作的。总之,C2C 电子商务网站就像把我们传统的大商场、特色小店、地摊和跳蚤市场统统融合在了一起。因此,商品信息也是相当庞杂。

由于商品信息庞杂,按照网络信息组织的一般做法,C2C 电子商务网站也提供商品信息的分类浏览和关键字检索功能。在分类浏览的时候,一般是先按照商品本身的基本属性分为如男装、女装、数码产品、运动产品、影视书籍等大类。而在小类展开的时候,在仍按照商品的基本属性进行划分的基础上,有时也同时按照品牌、价格等属性进行划分。而在关键字检索的时候,一般是将关键字与商品的名称进行匹配,返回的结果可以按照商品下线时间、价格等进行排序。

(5)交易次数多,但每次交易的成交额较小。由于 C2C 电子商务中参加交易的双方尤其是买家往往是个人,其购买的物品往往又都是单件或者少量的,因此与 B2B 的批量购买相比,其每次交易的成交额是比较小的。

➢ 2.3.2 C2C 电子商务网站的直接盈利模式

直接盈利模式是指直接向网站的用户进行收费的盈利模式。对传统的企业而言,就其提供的服务进行收费,是最直接也是最重要的盈利模式。而我国 C2C 电子商务网站为其用户提供了信息发布平台等一系列的服务,它们依靠向享受这些服务的用户收取费用来盈利,也是非常合理的。现在的问题是,我国 C2C 电子商务网站应该向其用户收取哪些费用,以及怎样收取这些费用。由于盈利模式要解决的两个主要问题是网站为谁提供了怎样的价值以及网站如何从需要价值的主体处获取利润,因此,在说明该模式的时候,也从收入来源和收费策略两个方面进行阐述。

1. 收入来源

收入来源的确定主要取决于网站提供的产品或服务。这个问题上可以借鉴 eBay 的收费模式。eBay 向其用户收取的费用主要包括登录费、交易费、店铺费和特色功能费。而且,这四项费用的收取都是基于网站本身提供的服务的。登录费可以看做是对 eBay 为网上出售物品的用户提供交易平台这一基本服务的收费;交易费类似于传统的中介费用;店铺费则类似于传统的店铺租用费用;特色功能费则是 eBay 对其提供的增值服务的收费。C2C 电子商务网站也提供上述的这些服务,因此也可以收取相应的费用。在此基础上,还可以进一步的挖掘。挖掘的方向主要是从 C2C 网站自身及其用户的特点出发,思考用户有哪些潜在的需求,网站还能为用户提供哪些功能,是否可以针对这些功能进行收费,等等。

例如,C2C 电子商务网站的特点之一就是商品信息多而杂,一般网站会提供搜索的功能帮助买家找到需要的物品。而相信所有卖家都会希望自己的物品在搜索结果列表中能够排在前面。以此,网站可以借鉴搜索引擎竞价排名的盈利模式,即如果卖家支付一定的费用,就可以将其物品排在相应的搜索结果列表的前面。

事实上,淘宝一度推出的"招财进宝"就是基于这样一个想法的。虽然"招财进宝"最后不幸夭折了,但这一盈利策略还是有可取之处的。首先,这样的需求是存在的。其次,在淘宝推出"招财进宝"的时候,也有不少卖家愿意付费参加这一活动,说明有些用户确实是愿意为这样的服务付费的。至于"招财进宝"的失败,一是遭到其他很多不愿付费的卖家的抵制,因为这样做损害了他们的利益;二是受到一些买家的抵制,认为这可能妨碍了他们买到更物美价廉的物品。这些都是可以通过对"招财进宝"的具体策略的调整来改善的。一种可能的解决方法是:参照 Google 的做法,将搜索结果的页面分为左右两个部分,左边仍然是原来的结果列表,这样就不会影响到不愿付费的卖家和买家们的利益。而右边则设为"赞助商链接",愿意付费的卖家可以通过支付一定的"竞价排名费"在这边的搜索结果中放上自己的物品。而且,根据前面对淘宝的分析,它已经分出了品牌商城和二手闲置两个模块,这两个模块相互独立,那么淘宝就可以在品牌商城下推行竞价排名,而在二手闲置中仍然保留现有的做法,这么做在一定程度上也能解决前面的问题。

2. 收费策略

收费策略要解决的主要是怎样收取费用的问题。这里说的怎样收取,主要是指我国 C2C 电子商务网站如何从目前以服务免费为主的阶段过渡到收费阶段。总的来说,C2C 电子商务网站要从免费阶段过渡到收费阶段,需要注意以下几点:

(1)对用户进行细分。C2C 电子商务网站的用户尤其是卖家的一个很大的特点就是身份复杂。其中,既有不以赚钱为目的的个人,又有以网上开店做买卖作为第二职业的用户,还有全职或专职的职业者、网商与向网上拓展营销渠道的企事业单位。这些用户对于 C2C 电子商务网站为其提供的服务的支付意愿和支付能力也是不同的。C2C 电子商务网站应该对这些用户加以区分,然后分别针对其特殊的需求提供相应的服务,这样更有可能成功地收取更多的费用。

(2)对基本服务免费,对增值服务收费。对商品发布等基本服务免费有助于网站吸引和留住更多的卖家和买家。在此基础上,允许用户有选择性地使用一些增值服务,并对这些增值服务进行收费,可以在保证用户不流失的前提下增加网站的收入。

(3)逐步从免费过渡到收费。网站可以在推出新的产品或服务时先让用户免费试用,然后再适时收费,这样的方式可能更容易为我国用户所接受。此外,要不断增加交费用户专用的功能,与此同时有步骤地弱化免费版的基本功能。要注意基本的交易功能不能打折扣,基本的功能一定要保证能够正常使用。而在附加功能上要让用户觉得差别越来越大才好。其次,最好将提供给交费会员的增值服务有限度地开放给免费版用户使用一段时间——例如以测试的名义。这样的好处是可以让免费用户"知道、感觉到、很了解"增值服务的好处但是却看得到用不上,从而刺激其缴费的意愿。最后,还有一个定价的问题,即对于每一项收费项目收取多少费用。这一问题还需要做更多深入的工作,比如进行用户调研、同类产品比较,等等。但是,定价的原则与收费项目的确定的原则是相同的,即根据不同用户的付费意愿和付费能力来决定。比如,针对大多数普通用户的娱乐功能,可以收取较低的费用,而针对少数较有实力的商家的推广功能,则可以收取稍高的费用。

➤ 2.3.3 C2C 商务网站的间接盈利模式

间接盈利模式是指通过价值链上的其他环节进行盈利的方式。C2C 电子商务网站的价值链上,除了提供信息发布和交流的平台这一基本的信息服务以外,还包括网上支付、物流、信用认证、网络通信等环节。C2C 电子商务网站可以通过其所在价值链上的这些环节来间接地盈利。

1. 网上支付

为了保证网上交易的顺利进行,资金流是一个必须解决的问题。对 C2C 电子商务的价值链而言,网上支付功能是重要一环。换一个角度看,使用 C2C 电子商务网站服务的人越多,使用网上支付的人也将越多。一旦网上支付有了足够的用户,企业就可以考虑通过其来盈利的问题。

网上支付在网上交易中扮演的角色类似于银行在现实世界中扮演的角色,其盈利方式也可以借鉴银行的盈利方式。首先,网上支付可以对每笔从其上流动的资金收取一定的服务费用。其次,也是更重要的一点,就是它可以集聚大量的资金,从而通过资金运作的方式实现更大的盈利。

2. 物流

物流同样是网上交易不可或缺的一个重要环节。C2C 电子商务网站的一个特点就是交易数量多,但交易成交额往往较小。在这样的交易中,卖家与网站的收入可能还不如物流公司多。参照我国 C2C 电子商务的交易规模,由此而产生的物流业务的市场规模必然也不小。通过将物流业务与交易网站整合,有助于提升用户的体验,使得网站为用户创造的价值得到增值。同时,将物流纳入网站的服务而省下来的一部分费用,一方面是用户从中得到了好处,另一方面事实上也相当于物流服务的部分利润流向了网站。

不过与网上支付不同的是,物流业务和 C2C 电子商务网站本身所熟悉的互联网信息服务的差距较大,因此将其纳入自身业务范围的成本也就越高。这或许正是目前我国 C2C 电子商务网站基本上都还没有将物流纳入自身业务范围的原因。不过,物流业务整合仍然是可以考虑的事情。如果这样做所带来的收入大于需要付出的成本,那么我国 C2C 电子商务网站也可以通过收购或自建物流公司,从而将物流也作为其盈利的途径之一。

3. 信用认证

在国际上,信用认证已经逐渐发展成一个行业,提供包括信用调查、信用评估以及延伸的信用保险、信用担保、信用培训、信用管理咨询等一系列服务。在我国,这一行业正方兴未艾。但是,即使在传统的商业活动中,对于信用问题也是非常关注的,因此也一直存在对信用评价的需求。而在网上交易开始盛行以后,这种需求开始变得日益迫切。因此,很多 C2C 电子商务网站也开始提供信用评价的服务。

虽然目前还没有 C2C 电子商务网站通过信用评价来盈利,但在 B2B 中却有成功的案例。比如,阿里巴巴就正是利用开展企业的信用认证,敲开了创收的大门。直到现在,诚信通仍然是阿里巴巴主要的收入来源之一。作为阿里巴巴诚信通的会员,可以享受四大特权,包括独享买家信息、第三方认证、优先排序和网上专业商铺。而这些特权对于从事电子商务的商家而言,是非常有吸引力的。诚信通目前共有大约有 20 万会员,每个会员每年缴纳 2300 元的会员费,由此可以计算出诚信通每年给阿里巴巴带来 5 亿元左右的收入。如果可以将这一模式成功移植到 C2C 网站,也将为其带来巨额的收入。而考虑到目前 C2C 与 B2C 的融合趋势以及 C2C 网站的用户中也存在部分具有一定规模的商家,成功移植这一模式是完全有可能的。

4. 网络通信

对于 C2C 电子商务而言,网络通信或许不如网上支付、物流和信用认证那么不可或缺,不过仍然是非常重要的。目前,我国 C2C 电子商务网站在网络通信方面向用户提供的主要是电子邮件和即时通讯功能,而且这些功能都是免费提供的。对于电子邮件和即时通讯等较为基本的网络通信功能,C2C 电子商务网站要通过其盈利是比较困难的。不过,C2C 电子商务网站可以考虑通过提供一些高级的网络通信功能来进行盈利。在这一方面,可以借鉴 eBay 通过 Skype 盈利的做法。即在提供免费的基本功能的基础上,提供拨打传统电话和移动电话、接听传统电话和移动电话、收发短信等一些高级的网络通信功能,并对这些功能收取相应的费用。Skype 的快速发展在一定程度上也证明了这一市场具有良好的前景,因此,C2C 电子商务网站尝试通过网络通信来盈利也是具有一定的可行性的。

➢ 2.3.4 C2C 典型网站介绍:淘宝网

1. 淘宝网简介

淘宝网成立于 2003 年 5 月 10 日,由阿里巴巴集团投资创办。淘宝网是亚洲第一大网络零售商圈,其目标是致力于创造全球首选网络零售商圈。通过结合社区、江湖、帮派来增加网购人群的粘性,并且采用最新团网购模式,让网购人群乐而不返。淘宝网业务跨越消费者对消费者(C2C)、商家对消费者(B2C)两大部分。目前,淘宝拥有注册会员数超过 5 亿人,覆盖了中国绝大部分网购人群,每天有超过 6000 万的固定访客,同时每天的在线商品数已经超过了 8

亿件,平均每分钟售出 4.8 万件商品。2011 年淘宝网交易额为 6100.8 亿元,占中国网购市场 80％的份额,2012 年 11 月 11 日,单日交易额 191 亿元,截止 2013 年 3 月 31 日,淘宝网和天猫平台的交易额合计突破人民币 10000 亿元。

淘宝商城整合数千家品牌商、生产商,为商家和消费者之间提供一站式解决方案。提供 100％品质保证的商品,7 天无理由退货的售后服务,以及购物积分返现等优质服务。

淘宝网提倡诚信、活跃、快速的网络交易文化,坚持"宝可不淘,信不能弃"。在为淘宝会员打造更安全高效的网络交易平台的同时,也为更多网民提供就业机会。淘宝网也全力营造和倡导互帮互助、轻松活泼的家庭式氛围。每位在淘宝网进行交易的人,不但交易更迅速高效,而且还能交到更多朋友。截至 2009 年底,已经有超过 80 万人通过在淘宝开店实现了就业,带动的物流、支付、营销等产业链上间接就业机会达到 228 万个。

每天全国三分之一的宅送快递业务都因淘宝网交易而产生。大淘宝的出现将为整个网络购物市场打造一个透明、诚信、公正、公开的交易平台,进而影响人们的购物消费习惯,推动线下市场以及生产流通环节的透明、诚信,从而衍生出一个"开放、透明、分享、责任"的新商业文明。阿里巴巴集团 2011 年 6 月 16 日宣布,旗下淘宝公司将分拆为三个独立的公司,即沿袭原 C2C 业务的淘宝网(taobao)、平台型 B2C 电子商务服务商淘宝商城(tmall)和一站式购物搜索引擎—淘网(etao)。2013 年 10 月 31 日,淘宝网拿到了证监会颁发的基金第三方电子商务平台经营额。2013 年 11 月 1 日中午,淘宝基金理财频道上线。

图 2-3 为淘宝网站首页。

图 2-3 淘宝网站首页

2. 淘宝网发展简史

从 2003 年成立至今,淘宝搭建的电子商务生态圈,使超过 100 万的网络卖家感受着中国网络购物用户的急速增长。根据 2013 年权威机构调研,淘宝网占有中国 C2C 市场 90％以上市场的份额,消费者市场占据了 80％以上的市场份额。而早在 2009 年,淘宝就入选了中国世界纪录协会中国最大的电子商务网站。

2003 年,淘宝网创立,而电子商务巨头美国 eBay 也在这个时候投资 1.8 亿美元,接管易趣,实现了进军中国市场的战略目标。1999 年成立的易趣在此时可谓一枝独秀,占据着 90%以上的市场份额,eBay 易趣由此在中国网络购物市场中占据了绝对优势。

2004 年,淘宝网在竞争对手的封锁下获得突破性增长。从 2004 年 2 月开始,淘宝网以每月 768.00% 的速度上升到仅次于 eBay 易趣的第二位。

2005 年,搭上中国消费快车,淘宝网超越 eBay 易趣,并且开始把竞争对手远远抛在身后。它的每一个产品的推出都足以令业界瞠目,而它的执行能力和市场拓展能力使得它的每一个商业故事都变得可行而且耀眼。

2006 年,淘宝网成为亚洲最大购物网站,同年,中国网民突破 1 亿。就在这一年,淘宝网第一次在中国实现了一个可能:互联网不仅仅是作为一个应用工具存在,它将最终构成生活的基本要素。

2007 年,淘宝网不再是一家简单的拍卖网站,而是亚洲最大的网络零售商圈。这一领先地位一直持续到现在。

3. 产品与服务

淘宝网主要由 C2C 的个人网上交易平台和平台型 B2C 电子商务服务商淘宝商城两部分构成,主要用于商品网上零售,也是国内最大的拍卖网站,由阿里巴巴公司投资创办,它创造了网络最大销售量的奇迹。

与易趣不同的是,会员在交易过程中感觉到轻松活泼的家庭式文化氛围。其中一个例子是会员及时沟通工具——阿里旺旺。会员注册之后淘宝网和淘宝旺旺的会员名将通用,如果用户进入某一店铺,正好店主也在线的话,会出现掌柜在线的图标,可与店主及时地发送,接收信息。淘宝旺旺具备了查看交易历史、了解对方信用情况、个人信息、头像、多方聊天等一般聊天工具所具备的功能。

(1)阿里旺旺。阿里旺旺是一种即时通讯软件,提供网上注册的用户之间的通讯,是淘宝网官方推荐的沟通工具。淘宝网同时支持用户以网站聊天室的形式通讯,淘宝网交易认可淘宝旺旺交易聊天内容保存为电子证据。但现在没有案例可以援引说明淘宝旺旺或网站聊天室的内容在诉讼程序中是否适用。阿里旺旺还拥有在对话框中输入商品网址就能显示出图片与资料的方便功能。作为淘宝主要的即时通讯工具,阿里旺旺在淘宝网用户的线上交流交易过程中发挥着越来越大的作用。阿里旺旺(淘宝版)主要分为两个版本:卖家版、买家版。

(2)淘宝店铺。淘宝店铺是指所有淘宝卖家在淘宝所使用的旺铺或者店铺,淘宝旺铺是相对普通店铺而诞生的,每个在淘宝新开的店都是系统默认产生的店铺界面,就是常说的普通店铺。而淘宝旺铺(个性化店铺)服务是由淘宝提供给淘宝卖家,允许卖家使用淘宝提供的计算机和网络技术,实现区别于淘宝一般店铺展现形式的个性化店铺页面展现功能的服务。淘宝旺铺是淘宝提供的一种增值服务,如果需要使用,必须订购,并收取相关费用。

(3)淘宝指数。淘宝指数是一款基于淘宝的免费数据查询平台,可通过输入关键词搜索的方式,查看淘宝市场搜索热点、成交走势、定位消费人群在细分市场的趋势变化的工具。淘宝指数数据来源主要是淘宝网主站搜索、全站(集市和天猫)后台成交明细数据、对淘宝全站热门宝贝的相关属性统计和用户在淘宝、支付宝上的注册信息,及过去 12 个月的购物行为数据,结合相关算法,为用户返回趋势图。用户登录淘宝指数首页,搜索某个关键词可以获得相关的淘宝商品的走势,还可以对消费者进行层级划分,将淘宝买家分成新手买家、初级买家、中等买家、资深买家、骨灰买家五个等级,并根据消费等级所占比例分析出买家的职业,如学生、白领。此外还可以查询细分市场走势和商品成交排行榜。

(4)天猫。2012 年 1 月 11 日上午,淘宝商城正式宣布更名为"天猫"。2012 年 3 月 29 日天猫发布全新 LOGO 形象。在启用独立域名、淘宝网"一拆三"之后,凭借天猫新 LOGO 及形象的亮相,淘宝商城终于完成了品牌独立的"三步走"。作为占据全国 B2C 网上零售市场超过50%份额的电商平台,淘宝商城的独立也意味着阿里巴巴集团各子公司在整个电子商务生态圈的定位日渐完善。三家淘公司(一淘网、淘宝网和淘宝商城)有各自专注的方向,但具有相同开放和平台化基因,又是各自领域的龙头老大,这种既独立又协同的布局方式将为整个中国电商市场的格局奠定新的基础。

(5)快乐淘宝。2009 年 12 月,淘宝和湖南卫视合作组建"快乐淘宝"公司,联手拓展电视网购新市场,不仅于 2010 年 4 月在湖南卫视推出"快乐淘宝"节目,还在淘宝网上开辟"快乐淘宝"子频道专区和外部独立网站,创建电子商务结合电视传媒的全新商业模式。

2.4　新型电子商务模式

➤ 2.4.1　网上拍卖

1. 网上拍卖概述

网上拍卖(auction online)是利用互联网在网站上公开发布将要招标的物品或者服务的信息,通过竞争投标的方式将它出售给出价最高或最低的投标者。其实质是以竞争价格为核心,建立生产者和消费者之间的交流与互动机制,共同确定价格和数量,从而达到均衡的一种市场经济过程。

网上拍卖借助网络将过去少数人才能参与的贵族式的物品交换形式,变成每一位网民都可以加入其中的平民化交易方式。网上拍卖不仅是网络消费者定价原则的体现,更重要的是拍卖网站营造了一个供需有效集结的市场,成为消费者和生产商各取所需的场所,因此是一种典型的中介型电子商务形式。相对于传统拍卖,网上拍卖的特点在于每个商家都可以制定一套适合自己的拍卖规则,并且通过网上拍卖还可以使定价达到更准确的水平,同时能够参与拍卖的人的范围也大大增加了。

最早的拍卖网站是由欧米达在 1995 年建立的,他最初建立这个小网站是为了向人们提供变种的埃博拉病毒代码。他在网站上加了一个小的拍卖程序,帮助人们交换各自的收藏品。后来他辞掉工作,全心全意投入到网上拍卖业务中去,创立了现在最大的网上拍卖企业——eBay。较早开展网上拍卖还有 Onsale(创建于 1995 年 5 月),它和 eBay 首开利用网站提供的技术进行拍卖的先河,并创立了电子形式的自动化投标代理、搜索引擎和分类目录等网上拍卖技术。随着电子商务的发展,网上拍卖已经成为一种日渐流行的电子交易方式。

2. 网上拍卖的运营模式

类似于 B2C 电子商务,网上拍卖有以下三种模式:

(1)公司不参加拍卖过程,仅只提供交易平台。

(2)公司自己经营网上拍卖业务。

(3)综合型,即业务不仅包括提供网上拍卖活动,同时还为企业或个人拍卖和竞买业务提供了全套电子商务解决方案。

3. 拍卖类型

(1)增价拍卖。增价拍卖又称英格兰拍卖,也称低估价拍卖。它是指在拍卖过程中,拍卖人宣布拍卖标的的起叫价及最低增幅,竞买人以起叫价为起点,由低至高竞相应价,最后以最高竞价者三次报价无人应价后,响槌成交。但成交价不得低于保留价。

(2)减价拍卖。减价拍卖又称荷兰式拍卖,也称高估价拍卖。它是指在拍卖过程中,拍卖人宣布拍卖标的的起叫价及降幅,并依次叫价,第一位应价人响槌成交。但成交价不得低于保留价。

(3)投标式拍卖。投标式拍卖又称密封递价拍卖,是指出价人各自递交自己的出价,通常不允许互相协商。其中又有公开底价和不公开底价两种形式,但竞买人均在规定时间内将其竞价载入密封标单交拍卖人,再由拍卖人在规定时间内统一开标,择优选取中标者。

(4)非投标式拍卖。非投标式拍卖是指普通拍卖,即公开形式的拍卖。

4. 交易方式

(1)竞价拍卖:最大量的是 C2C 的交易,包括二手货、收藏品,也可以使普通商品以拍卖方式进行出售。如 HP 公司将一些库存积压产品放到网上拍卖。

(2)非竞价拍卖:是竞价拍卖的反向过程。消费者提出一个价格范围,求购某一商品,由商家出价,出价可以是公开的或隐藏的,消费者将与出价最低或最接近的商家成交。例如,想要乘飞机的乘客在 Priceline 网站上出价购买机票,由航空公司自己决定是否接受乘客的出价。

(3)集体议价:在互联网出现以前,这种方式在国外主要是多个零售商结合起来,向批发商(或生产商)以数量还价格的方式进行。互联网出现后,普通的消费者使用这种方式集合竞价来购买商品。所谓的"团购网站"也带有这一色彩。

➤ 2.4.2　O2O 电子商务模式

1. O2O 概述

O2O(online to offline,O2O),即将线下商务的机会与互联网结合在一起,让互联网成为线下交易的前台。这样线下服务就可以用线上来揽客,消费者可以用线上来筛选服务,还有成交可以在线结算,很快达到规模。O2O 电子商务模式需具备四大要素:独立网上商城、国家级权威行业可信网站认证、在线网络广告营销推广、全面社交媒体与客户在线互动。

2. O2O 模式特点和优势对比

O2O 的优势在于把网上和网下的优势完美结合。通过网购导购机,把互联网与地面店完美对接,实现互联网落地。让消费者在享受线上优惠价格的同时,又可享受线下贴身的服务。同时,O2O 模式还可实现不同商家的联盟。

(1)O2O 模式充分利用了互联网跨地域、无边界、海量信息、海量用户的优势,同时充分挖掘线下资源,进而促成线上用户与线下商品与服务的交易,团购就是 O2O 的典型代表。

(2)O2O 模式可以对商家的营销效果进行直观的统计和追踪评估,规避了传统营销模式推广效果的不可预测性,O2O 将线上订单和线下消费结合,所有的消费行为均可以准确统计,进而吸引更多的商家进来,为消费者提供更多优质的产品和服务。

(3)O2O 模式在服务业中具有优势,价格便宜,购买方便,且折扣信息等能及时获知。

(4)O2O模式将拓宽电子商务的发展方向,由规模化走向多元化。

3.O2O电子商务的实施

对于传统企业来说,开展O2O模式的电子商务,主要有以下三种方式:

(1)"自建官方商城＋连锁分子店铺"的形式,消费者直接向门店的网络店铺下单购买,然后线下体验服务,而这过程中,品牌商提供在线客服服务,及随时调货支持(在缺货情况下),加盟商收款发货,适合全国连锁型企业。好处是可以线上和线下店铺一一对应。其缺点是投入大,也需要很大的推广力度。

(2)借助全国布局的第三方平台,实现加盟企业和分站系统完美结合,并且借助第三方平台的巨大流量,能迅速推广带来客户。

(3)建设网上商城,开展各种促销和预付款的形式,线上销售线下服务,这种形式适合本地化服务企业。

4.O2O的营销核心

从表面上看,O2O模式的关键似乎是网络上的信息发布,因为只有将商家信息传播得更快、更远、更广,才能快速聚集强大的消费能力。但是,实际上O2O营销模式的核心是在线支付。在线支付不仅是支付本身的完成,是某次消费得以最终形成的唯一标志,更是消费数据唯一可靠的考核标准。尤其是对提供online服务的互联网专业公司而言,只有用户在线上完成支付,自身才可能从中获得效益,从而把准确的消费需求信息传递给offline的商业伙伴。无论B2C,还是C2C,均是在实现消费者能够在线支付后,才形成了完整的商业形态。而在以提供服务性消费为主,且不以广告收入为盈利模式的O2O中,在线支付更是举足轻重。

而信息发布无论如何改进,都无法传递线下交易中社交体验所带来的快乐。但如果能通过O2O模式,将线下商品及服务进行展示,并提供在线支付"预约消费",这对于消费者来说,不仅拓宽了选择的余地,还可以通过线上对比选择最令人期待的服务,以及依照消费者的区域性享受商家提供的更适合的服务。

5.O2O线上与线下的对接

O2O首先要解决的是线上和线下的无缝对接。现在通行的是使用二维码技术,即线上订购后,购买者可以收到一条包含二维码的彩信,购买者可以凭借这条彩信到服务网点经专业设备验证通过后,即可享受对应的服务。这一模式很好地解决了线上到线下的验证问题,安全可靠并且可以在后台统计服务的使用情况,在方便了消费者的同时,也方便了商家。二维码的出现成为了移动运营商进军移动互联网、布局未来O2O电子商务的关键。

▷ 2.4.3 B2G电子商务模式

1.B2G概述

B2G(business to government,B2G)是指"商家到政府",即企业与政府之间通过网络所进行的交易活动的运作模式。B2G比较典型的例子是网上采购,即政府机构在网上进行产品、服务的招标和采购。B2G属于典型的买方主导型电子商务模式,其交易方式往往是先由政府提出采购要求,然后由卖家通过竞标的方式进行交易,其涉及的企业往往多而广。

图2-4是上海杨浦区政府采购网作为B2G电子商务模式的网站首页。该网站不仅有专门的竞价公示,并且有专门的竞价制度。

在B2G模式下,政府可以通过互联网发布采购清单,企业可以以电子化方式来完成对政

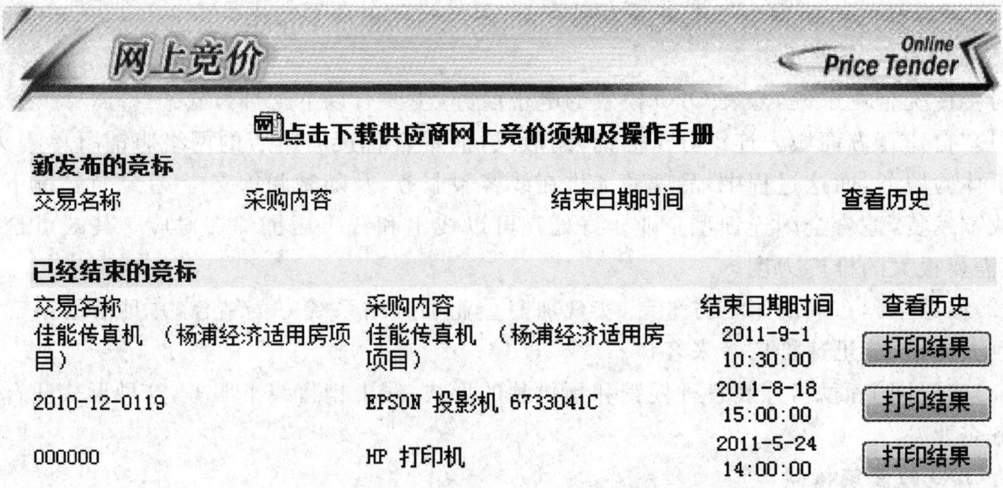

图 2-4　上海杨浦区政府采购网首页

府采购的响应。政府与企业利用电子商务完成交易,一方面可以提高采购效率,降低成本;另一方面可以便于建立监督机制,尽量避免腐败行为的发生。

2. 网上采购的意义

网上采购的经济意义主要体现在:①减少采购成本,节约巨额开支;②有利于推动经济发展和结构调整,促进企业转型;③对扩大内需具有强大的拉动效应,同时对我国高新技术,特别是信息产业发展起到推进作用;④有助于全国市场的统一和改善市场结构。

网上采购的政治意义和社会意义在于:①通过公开透明手段,规范政府采购行为,减少腐败;②增强沟通,有利于征集意见与建议;③有利于实现电子政务,提高政府管理效率。

本章小结

电子商务模式是指企业运用互联网开展经营取得营业收入的基本方式。一般而言,企业的电子商务模式可归纳为 B2C、B2B、C2C 三种主要的模式以及类似于 O2O 和 B2G 等形式的其他经营模式。但是,单纯从参与电子商务活动的主体类型这一角度对电子商务活动进行归类,并不足以指导企业开展电子商务活动,因为企业虽然可以比较容易的知道自己是属于上述三种电子商务模式的哪一种,但对企业而言,比识别经营模式更为重要的是寻求合适的网络营销方案,以取得竞争战略。

思考题

1. B2C、B2B、C2C 这三种模式各有什么优缺点? 你认为哪种模式更能适应未来社会的发展?

2. 结合文中给出的三种经典电子商务模式和三种新型电子商务模式,你认为电子商务企业获得竞争优势的核心是什么?

案例分析

大润发转战电子商务

继零售巨头沃尔玛、麦德龙之后,近日又一零售企业大润发宣布进军电商行业。据悉,大润发公司在上海注册成立飞牛集达电子商务的合营公司,注册资本为 1 亿人民币。电商网站将会在年底推出,建成后消费者可以在网上选购商品,货物将会从距离收货地最近的大润发分店发出。

电子商务多年来抢占市场份额,迫使传统零售业不得不重视线上的尝试。有行业人士表示,传统零售企业开设网上商城是其今后长远发展的必然。

大润发进军电子商务已经酝酿很长时间了,目前其主体模式已经出炉。据悉,大润发目前在中国内地有 200 家门店,大陆主要城市在 24 小时内送货,这些实体店将会成为其网络零售的配套设施。利用现在的门店作为线上的仓储中心,再进一步地利用门店人员配送或者利用公司自有的物流。

对此,业内人士表示,传统超市做电子商务,从业务模式上来说,定位独立 B2C 在线零售,开展线上零售,以及 O2O 模式,发挥线下会员和实体店优势,升级服务,并可以利用大量会员开展网络营销。分销和全网零售都不符合超市基因,不用考虑。

不过,某大型连锁超市高管表示,虽然大家都在纷纷挤入电商领域,有些国外企业将电子商务作为自身发展引擎,但电商目前依旧处于烧钱的状态,国内企业进军电商还是相对谨慎,传统零售进军电子商务成功与否依旧有待考验。

也有行业分析人士对此表示,电商的未来可以在传统行业、在有一定积淀的实体店。越来越多传统零售加入瓜分电子商务的蛋糕,传统大卖场转战电商,但就此分析看来苏宁应该活得很好,但是并不如愿。

在十年前沃尔玛就已经进军电子商务市场,当时被外界寄予厚望,但是就观察看,沃尔玛始终落后于亚马逊。据报道,亚马逊 2012 年实现网络零售额 610 亿美元,沃尔玛估计仅为 77 亿美元。沃尔玛高层于日前曾对外宣布了 2013 年其电商销售目标为 90 亿美元,并讲述了电商发展优先选择的三大战略,即核心市场的扩张、新技术平台的建设以及服务体系的完善。

2012 年 3 月,德国零售业企业麦德龙官方网上商城低调亮相,麦德龙超市在中国布局网上购物平台的步伐也在加快。包括食品、酒水饮料、粮油副食、办公电脑、数码用品等十大品类的大宗商品采购已经开通,新平台的商品种类比麦德龙天猫旗舰店更丰富。

沃尔玛与麦德龙这两家世界排名前三的零售巨头在中国市场对线上业务的尝试,是大型外资零售目前发展状态的一个缩影。行业人士表示,大型外资零售品牌在华已不光靠门店数量取胜,电子商务领域将是这些企业的新战场。

除了沃尔玛与麦德龙,家乐福、欧尚等外资超市在中国也开展了电商业务。目前观察显示,传统零售商做电子商务的能力相对较弱,这些网上超市大都不温不火,甚至有的无法正常运营。无疑电商是发展的大趋势,但在大势之下,必将冲刷掉实力不行的竞争者。企业是否能够在潮流中站稳脚跟有自己的一席之地,还有待时间的检验。

永辉超市在 2013 年 3 月建立了电商总部,并于 4 月初上线其生鲜电商网站"半边天",并率先在江、浙、沪等地区展开配送。但上线不足两个月,"半边天"便已悄然关闭。永辉官方的解释是,此前"半边天"上线只是针对内部会员做配送业务,并非永辉新的电商模式。

家乐福的网上商城也曾一度以系统维护的名义暂停,近日登录时发现,网站已经正常运转。虽然依旧不能购物,但似乎也说明了其重振电商业务的计划。

如果传统零售从独立 B2C 开始做,这就意味着需要大量资金的投入。在此期间内,一般都会出现一定年限的亏损。另外,传统零售企业多为上市公司,一旦亏损对其经营压力将相对较大,传统零售企业是否能够顺利地度过这段亏损期,实现线上线下的互补效应,还有待考验。

电商已成为消费者不可或缺的购物方式之一,已成为不争的事实。虽然超市暂时在生鲜上还有着对抗电商的优势,但多位行业人士都表示,与电商融合构成 O2O 模式,企业才会有未来和希望。

事实上,由于布局广泛,国外的超市门店成为其网络业务的配送中心或提货点。中国的超市也开始追随这一做法。今年,沃尔玛山姆会员商店、Tesco 乐购和大润发纷纷加码电商业务,在配送上无一例外都是从距消费者收货地址最近的门店发货。在业内人士看来,虽然目前以门店为基础的配送体系尚无法完全支撑起其网购业务,但随着 O2O 模式的成熟,超市将成为其中不可缺少的关键环节。

对此,资深电商观察家晏琛表示,实体店与网络零售融合发展,实现优势互补,必将成为众多零售企业的战略选择,将成为零售业的发展趋势之一。传统零售企业将加快拓展网络零售业务,一些企业选择自建网站,一些则采取并购的方式迅速进入和占领网络市场,更多的则是通过结合线上线下业务获取新的竞争优势。

案例讨论:

1.大润发的电子商务模式是什么?大润发进军电子商务领域的优势有哪些?

2.传统的零售企业进入网络市场应该如何协调线上和线下的业务?

第二篇

电子商务基础设施

第3章

电子商务技术基础

学习目标

了解计算机网络的起源及原理；理解互联网的基本概念以及互联网能够提供的服务和它的连接方式，万维网的基础知识，包括 HTML 语言、浏览器、域名、URL 等

基本概念

广域网　局域网　IP 地址　C/S 结构　WWW 服务　文件传输服务　B/S 结构　域名

导入案例

大数据时代的电子商务

英特尔公司的创始人之一戈登·摩尔在 1965 年发现了一个惊人的趋势，即集成电路芯片上所集成的电路的数目每隔 18 个月就翻一番，该发现被业界誉为摩尔定律。后来也有被描述为微处理器的性能每隔 18 个月提高一倍，或价格下降一半；或用同等价钱能买到的电脑性能（速度和储存量）每隔 18 个月翻一番，等等。

40 多年在人类沧海桑田的历史上仅仅是弹指一挥间，摩尔定律却见证了电脑的数据处理和储存能力从 K(kilobyte) 到 M(megabyte) 到 G(gigabyte) 到 T(terabyte) 的变迁。尤其是互联网的出现，让我们急速地跨入了大数据(big data)时代。其主要的驱动力有以下几点：

(1)随着社会经济的发展和个人收入的增加，人们的个性化需求开始凸显。而企业要去高效地满足这些个性化的需求则需要大量的数据支持。

(2)互联网的出现和相关技术的发展让海量数据的收集和分析成为可能。互联网的特征又导致这些数据能够被高速和大容量地传播。

(3)互联网引入了由用户产生数据的模式。这种模式的特征是多源头，低成本，更及时。当然，这些数据的真实性和可靠性需要被验证。

(4)构建在互联网基础上的电子商务和传统零售比较，其优势之一就是数据的可获得性。电子商务可以实时得到顾客的来访源头，在网站内的搜索、收藏、购买行为，以及购买的商品间的关联性。这些数据可以帮助企业更精准地为顾客服务。

(5)人工智能、信息系统和决策科学的发展促进了多种分析方法及工具的应用，包括数据挖掘、顾客行为模型、决策支持，等等。

数据(data)是原始和零散的，经过过滤和组织后成为信息(information)，将相关联的信息整合和有效地呈现则成为知识(knowledge)，对知识的深层领悟而升华到理解事物的本质并可以举一反三则为智慧(wisdom)。所以数据是源头，是决策和价值创造的基石。

数据的应用大致分以下几个步骤：①数据采集、核实与过滤；②在数据仓库内的分类和储

存；③数据挖掘及找到数据所隐含的规律和数据间的关联；④数据模型建立和参数调整；⑤基于数据的应用开发和决策支持。

数据的具体应用实例如下：

(1)美国医药网站 WebMD 根据怀孕的女性用户填写的受孕信息定期给用户寄 EDM，提醒母亲在该时间点的注意事项，需要摄入的营养，产前的生理变化和要作好的思想准备，产后的恢复，宝宝的育养和健康，等等。

(2)1 号店利用对大数据的分析给顾客发送个性化 EDM。若顾客曾经在 1 号店网站上查看过一个商品而没有购买，则有几种可能：①缺货；②价格不合适；③不是想要的品牌或不是想要的商品；④只是看看。若在顾客查看时该商品缺货则到货时立即通知顾客；若当时有货而顾客没有买就很有可能是因为价格引起的，则在该商品降价促销时通知顾客；同时，在引入和该商品相类似或相关联的商品时温馨告知顾客。另外，通过挖掘顾客的周期性购买习惯，在临近顾客的购买周期时适时地提醒顾客。

(3)淘宝在 2012 年推出了淘宝时光机。该应用通过分析顾客自注册为用户以来的行为，用幽默生动的语言告知顾客在淘宝的成长，统计和该用户有类似喜好的其他用户的行为，通过分析该顾客的喜好近而对其行为作出预测，等等。用生动的文稿和个性化的数据，拉近了和顾客的距离。

(4)Google 的 Adsense 对顾客的搜索过程和其对各网站的关注度进行数据挖掘。并在其联盟内的网站追踪顾客的去向，在联盟网站上推出和顾客潜在兴趣相匹配的广告，精准化营销，提高转化率。

(5)Amazon 近几年推出了 FDFC(forward deployed fulfillment center,FDFC)的概念，以加快对顾客配送的速度。Amazon 的订单履行中心分两个层级：FC 和 FDFC，其中 FC 品种更齐全，而 FDFC 在物理位置上更靠近目标市场，但品种重点针对目标市场的热销商品，顾客的大部分需求可以通过 FDFC 来满足，不能满足的长尾商品则由 FC 来满足。这样顾客急需的商品多数可以通过 FDFC 以更快捷和低成本的物流来完成。由于热销商品是随着时间和季节而改变的，故将什么商品储存在 FDFC 的决策是动态调整的，而此决策的依据就是对顾客需求的分析和预测。

各种应用的例子难以穷举，但趋势十分清楚：大数据的应用价值和潜力不再被人低估。但并不是所有企业都能在大数据这个金矿里真正挖到金子的。只有那些有远见、有视野，重视系统，舍得投入，吸引了优秀的分析和系统人才的企业才会有所斩获。

3.1　计算机网络概述

把计算机相互连接在一起构成计算机网络绝对不是什么天才的想法，因为人类的天性就喜欢创造。在计算机出现之前，人们就已经有了很多种类的网络，例如运河网络、输电网络、公路网络、电报网络、电话网络和电视网络，这些网络都积聚了人类非凡的智慧。最早的通信网络可能是中国的长城，它通过点燃烽火来快速地传递外敌入侵的信息，而烽火台就是这个网络中的节点。

但是，所有这些网络都没有互联网对人类社会产生的影响深刻且普遍。现在，当我们打开 IE 浏览网页或是用 QQ 与朋友交流的时候，是否会产生这样的联想：互联网从何而来？是什么让它如此不平凡,让它能够承载如此多样化的功能并在如此广大的范围内产生如此深刻的影响?它的将来又会成为什么样子呢?

要解答这些问题,首先应该弄清楚互联网是什么。简单地说,互联网是由难以计数的相对较小的计算机网络相互连接组成的一张巨大的计算机网络,换句话说,互联网是互相联合的计算机网络。明白了这一点,再来了解互联网从何而来,就会容易许多。

➤ 3.1.1 Arpanet

互联网发明的最初目的是用于战争,但万幸的是这场战争并没有真正爆发。我们常常为人类文明中出现了长达几十年的冷战而感到惋惜,但冷战却促成了互联网的更早诞生。

早在 20 世纪 60 年代前,美国国防部就开始筹划计算机网络。国防部的设想是,由于武器装置需要功能强大的计算机进行协调和控制,而当时功能较强的计算机都是大型机,数量有限,因此必须想办法把这些计算机同分布在世界各地的武器装置连接在一起,对它们进行统一的控制。但是,一个具有挑战性的问题出现了,如果敌对国家对美国进行核攻击破坏了某处的计算机设施,那么整个计算机网络就会瘫痪。

为解决这个问题,摆在专家们面前的任务是,创造出一种全球性网络,即使这个网络的一部分被敌人的军事行动破坏或发生故障,整个网络还可以正常运行。高级研究项目署网络(advanced research project agency network,Arpanet)就是按照这样的要求建立的。专家们想出了下面的解决办法。

首先,Arpanet 中所有的计算机都是独立运行的。所谓独立运行,就是整个网络不需要一个中央计算机来控制整个网络。这个网络的所有计算机都联系在一起,但并不是相互之间都直接相连(如果每个计算机都和其他计算机直接相连就太麻烦了),因此一个计算机和另外一个计算机的通信很可能要经过其他计算机的中转,这一点,十分类似一个国家的铁路交通网。Arpanet 计算机网络的构想如图 3-1 所示。

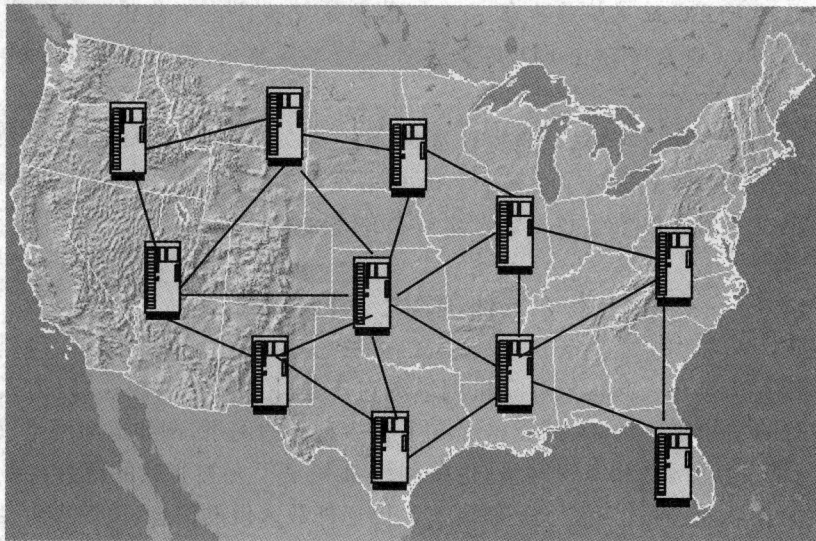

图 3-1 Arpanet 计算机网络的构想

在信息传送时,如果一个信息要从某个计算机传向另外一个计算机,那么这个信息在传送前就会被预先分解为一个一个的信息包,就如同我们在邮寄书架中所有的书籍之前,会先把书籍分散打包一样。每个信息包都被打上了电子代码以标明它们的来源和目的地。这些信息包沿着网络从一台计算机传送到另外一个计算机,然后再传送到下一个,这样一直下去,直到到达目的计算机为止。目的计算机收到所有的信息包后,把每个包解开,然后重新组合在一起成为原始信息。信息包在网络传输中,由遇到的每台计算机决定信息包传送最佳的下一站。如果下一站计算机出现故障,那么上一个计算机会另寻他途,重新再来,直到确定信息包被下一站顺利地接收到。如果某一个信息包在传输中出现了问题,或是源计算机在规定的时间内没有收到信息包被顺利接收的回复,源计算机就重新传送这个包,直到确定所有的信息包都被传送到目的地为止。

由于上面的网络机制,Arpanet 的方法使信息在计算机网络传输中丢失的可能性极大地降低,并且联网的计算机越多,网络传输失败的可能性就越小。这种通过分解后打包传播信息的网络被称为"分组交换网"。现在的互联网虽然比 Arpanet 复杂得多,但也没有改变这种规则,这也就是为什么互联网能够发展到今天这么庞大而极少出错的原因之一。

解决了信息如何传送的问题,Arpanet 还需要跨越一个障碍才能成功。由于当时大多数计算机使用了不同的信息系统,造成彼此间无法通信。就好像你用中文跟一个用阿拉伯语的人交流一样,你们不能听懂对方说什么。为了解决这个问题,专家们为 Arpanet 开发了一种新的通信规则,被称为网络协议(network protocol)。所谓网络协议,是计算机网络中计算机之间通信所必须遵守的规则、标准或是某些约定的通称,只有当网络中所有的计算机都遵守这些共同的协议,才能相互通信。这就如同说中文的你和说阿拉伯语的人有了沟通语言——用相互都懂的英语进行交流,"语言不通"的问题就被解决了。在当时开发的网络协议中,就包括今天仍然非常流行的 TCP/IP 协议。通过发明分组交换网和统一的协议,Arpanet 为我们今天的互联网打下了很好的基础。

Arpanet 的成功唤起了很多人建立计算机网络的兴趣。一些经过美国国防部批准的计算机逐渐加入到 Arpanet 中,另外一些专家则利用同样的技术原理创建自己的网络。企业也加入到组建网络的队伍中来,因为他们也发现把自己的计算机连接起来能够使工作变得更加简便。例如,有些大公司建立自己的网络,这些网络租用电信公司的线路把地区分部和总部联系在一起。

与 Arpanet 原理类似的计算机网络逐渐多起来,人们迫切需要把相互独立的一个个网络联合起来成为一体,以发挥网络更大的效力。1983 年,Arpanet 被分为两个网络,一个是 MIL-Net,即军事网,属于对外保密的部分,仅供美国国防部使用。而另一个继续沿用 Arpanet 的名字,并于 1986 年在美国政府的资助下,由美国国家科学基金会(National Science Foundation,NSF),利用 TCP/IP 协议,把分布在全美的 5 个超级计算机中心通过通信线路连接起来,建立了以 Arpanet 为基础的全国性的科研教育网 NSFnet。NSFnet 的主干线连接全美 13 个中心节点,这些地区网络再与分布于各个研究机构和大学的局域网连接起来,这是互联网的雏形,四年后又形成为今天互联网的主干。

很快,计算机网络间的联合如同滚雪球般越来越多,形成了一张越来越大的网络——1969 年的 Arpanet 仅 4 台节点计算机,10 年后增加到 100 台,1990 年则发展到 30 万台计算机。迅速联合的结果是形成了真正的互联网。

即问即答

Arpanet 的信息传送原理与一般的电话网有什么不同?

▷ 3.1.2 计算机网络的成长历程

真正意义上的计算机网络是从 Arpanet 开始的,它的出现标志着以资源共享为目的的计算机网络的诞生。不过,Arpanet 本身并不是互联网,它只是一种单一类型的网络——由于 Arpanet 连接的计算机分布在美国各地,因此 Arpanet 是一种覆盖范围很大的计算机网络,这种网络被称为"广域网"。现在绝大多数计算机网络,都是从广域网发展而来的,而互联网本身也是一个巨大的广域网。

1. 计算机网络的开端——广域网

广域网(wide area network,WAN)指在一个很大地理范围的由多个计算机系统组成的网络。例如,一家大型公司在各地的分公司的计算机系统互相连接组成的网络。

Arpanet 只是一个实验网络,但这个实验取得了巨大的成功,这一时期美国许多计算机公司开始大力发展具有各自结构的计算机网络,但都属于广域网。1974 年,IBM 公司推出了"系统网络体系结构"(system network architecture,SNA)。1975 年 DEC 公司推出了"分布式网络体系结构"(distributed network architecture,DNA)。这些网络都利用公用电话网而不是自建的通信网络进行通信,这听起来颇有些不可思议,但实际上,我们今天许多利用电话线接入互联网的办法,与这些网络在原理上都是类似的。

这种原理是,把计算机首先与一种被称为调制解调器(modem)的设备相连接。Modem 是干什么用的呢? 原来,由于计算机通信使用的是二进制的数字信号(digital signals),而公用电话网使用的是模拟信号(analog signals),因此它们之间是不能够直接通信的。这又好像前面提到的语言不通,但这次则好比是一个人只能听懂正常的话语语言,而另一个人只能看见手语语言。Modem 在其中的作用就是一个翻译机——把数字信号转换为模拟信号,被称为"调制",又把模拟信号转换为数字信号,被称为"解调"。模拟信号和数字信号相互转换的过程被称为"模数互换"。

一个计算机的数字信号经过 Modem 进行调制后,经由电话交换网络传送到接收端计算机的 Modem 进行解调,这样,两个计算机就能完成远距离的互相通信了。

广域网通过公用电话网的互联原理如图 3-2 所示。

图 3-2 广域网通过公用电话网的互连原理

阅读材料

数字信号和模拟信号

根据信号方式的不同,通信可分为模拟通信和数字通信。什么是模拟通信呢?比如在电话通信中,用户线上传送的电信号是随着用户声音大小的变化而变化的。这个变化的电信号无论在时间上或是在幅度上都是连续的,这种信号称为模拟信号。在用户线上传输模拟信号的通信方式称为模拟通信。

数字信号与模拟信号不同,它是一种离散的、脉冲有无的组合形式,是负载数字信息的信号。电报信号就属于数字信号。现在最常见的数字信号是幅度取值只有两种(用 0 和 1 代表)的波形,称为二进制信号。数字通信是指用数字信号作为载体来传输信息,或者用数字信号对载波进行数字调制后再传输的通信方式。

数字通信与模拟通信相比具有明显的优点:首先是抗干扰能力强。模拟信号在传输过程中和叠加的噪声很难分离,噪声会随着信号被传输、放大,严重影响通信质量。数字通信中的信息是包含在脉冲的有无之中的,只要噪声绝对值不超过某一门限值,接收端便可判别脉冲的有无,以保证通信的可靠性。其次是远距离传输仍能保证质量。因为数字通信是采用再生中继方式,能够消除噪音,再生的数字信号和原来的数字信号一样,可继续传输下去,这样通信质量便不受距离的影响,可高质量地进行远距离通信。此外,它还具有适应各种通信业务要求(如电话、电报、图像、数据等),便于实现统一的综合业务数字网,便于采用大规模集成电路,便于实现加密处理,便于实现通信网的计算机管理等优点。

实现数字通信,必须使发送端发出的模拟信号变为数字信号,这个过程称为模数变换。模拟信号数字化最基本的方法有三个过程,第一步是抽样,就是对连续的模拟信号进行离散化处理,通常是以相等的时间间隔来抽取模拟信号的样值。第二步是量化,将模拟信号样值变换到最接近的数字值。因抽样后的样值在时间上虽是离散的,但在幅度上仍是连续的,量化过程就是把幅度上连续的抽样也变为离散的。第三步是编码,就是把量化后的样值信号用一组二进制数字代码来表示,最终完成模拟信号的数字化。数字信号送入数字网进行传输。接收端则是一个还原过程,把收到的数字信号变为模拟信号,即数据模变换,从而再现声音或图像。

如果发送端发出的信号本来就是数字信号,则用不着进行模数变换过程,数字信号可直接进入数字网进行传输。

由于人们对各种通信业务的需求迅速增加,数字通信更加小型化、智能化,并向高速大容量的方向迅速发展,最终必将取代模拟通信。

利用公用电话网进行数据通信的广域网的优点在于方便并且节省了沉没成本——它不需要为计算机的联网铺设专用的线路,但是带来的问题是,这种办法的数据传输速度实在不能令人满意。它造成的结果是无法满足数据量较大的和实时性要求较高的信息传送。

人们很快发明出新的技术来解决这个问题,方法很简单——为计算机建立专门的数据传输网络,这种网络被称为公用数字数据网(digital data network,DDN),它的传输通道当然不再是只能传输模拟信号的公用电话网络,而是能够直接承载数字信号的光纤、数字微波网或是卫星通信网。由于不再进行模数转换,再加上这些信道本身极快的通信传输速度,广域网的速度已今非昔比,并且新的速度不断刷新历史最高水平,这也是为什么今天的互联网功能能够如此强大的原因之一。

2.局域网——计算机网络的进一步发展

早期的计算机网络都是广域网,但是有时候人们需要进行一些近距离的、小范围的计算机连接,尤其在个人电脑(personal computer,PC)逐渐普及之后,这样就出现了局域网(local area network,LAN)。局域网是由一组具有相互连接具有通信能力的计算机组成,用于计算机之间的数据和信息交换,它规模相对较小,通信线路不长,传输速度相对最快,距离一般不超过十公里,通常是安装在一幢建筑物或一个校园内的网络。局域网是我们接触最多的计算机网络,学生在宿舍中把各自的电脑连接起来的网络就是一个简单的局域网。而最简单的局域网,可以仅仅是两台计算机用一根线路直接相连。

局域网的需求同PC的普及有直接的关系。1981年出现的IBM PC机的处理能力和存储能力已经可以跟更早几年的大型机相媲美。随着PC大量地投入市场,人们发现,每台PC配置一台磁盘驱动器和打印机,在费用上实在难以承受。于是出现了资源共享的方式——磁盘服务器和共享打印机。这是一种硬件和软件的组合,它可使几个PC用户很方便地对一个共同的硬盘驱动器进行共享式访问。这是最早的局域网的形式,如图3-3所示。

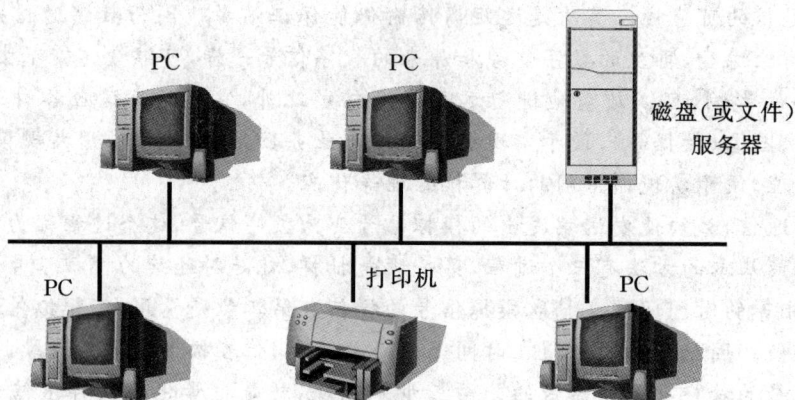

图3-3　典型的局域网形式

目前在局域网中,磁盘服务器已经由文件服务器取代。文件服务器无论在使用户共享文件方面,还是在帮助用户跟踪他们的文件方面都优于磁盘服务器。有些局域网能支持多个文件服务器,每个服务器又有多个硬盘驱动器与之相连,从而使局域网很容易扩充。

要构成LAN,必须有其基本组成部件。LAN既然是一种计算机网络,自然少不了计算机,特别是PC。几乎没有一种网络只由大型机或小型机构成。因此,对于局域网而言,PC是一种必不可少的构件。除了PC外,计算机互连在一起,当然不可能没有传输媒介,这种媒介可以是同轴电缆、双绞线、光缆或无线媒介。第三个构件是任何一台独立计算机通常都不配备的网卡,也称为网络适配器(network adaptor,NA)。网络适配器用于实现联网计算机和网络电缆之间的物理连接,为计算机之间相互通信提供一条物理通道,并通过这条通道进行高速数据传输。第四个构件是将计算机与传输媒体相连的各种连接设备,如DB-15插头、RJ-45插头等,如图3-4所示。

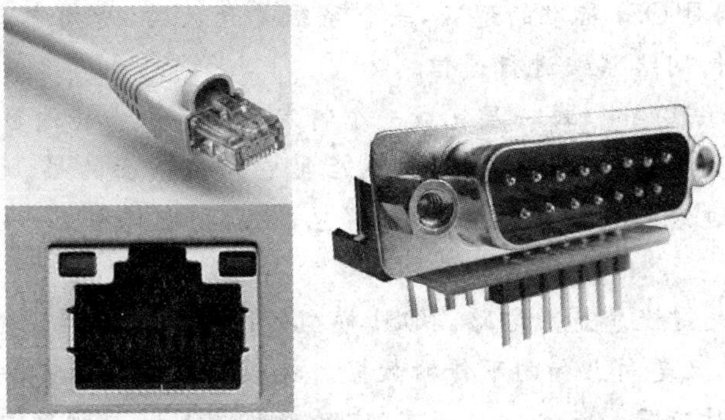

图 3-4　RJ-45 插口、DB-15 插口和 RJ-45 插口

有了 LAN 硬件环境,还需要有控制和管理局域网正常运行的软件环境,实现这种功能的软件被称为网络操作系统(network operation system, NOS),就如同我们使用计算机所装的视窗操作系统一样,只是这种操作系统的功能是用来管理网络而不是管理单个的计算机。NOS 是构成局域网的第五个构件。

当具备了上述五种网络构件——PC、传输媒介、网卡、连接设备和 NOS,便可搭成一个基本的 LAN 硬件平台。现在,所有的局域网都是由这五种基本的构件组成的。

局域网和互联网有着非常紧密的联系,局域网如同形成互联网的细胞。无数的局域网为互联网提供了海量的信息、丰富的功能以及几近无限的连接。通过连接世界各地的局域网,互联网的触角才能够延伸到世界上的每一个角落。

3. 网络互联的开始——网络标准的建立

广域网到局域网的发展使计算机网络变得空前繁荣,似乎在一夜之间每一家计算机公司都在开发自己的网络产品。但很快问题就出现了,由于不同企业开发的计算机网络无论从技术上还是结构上都有巨大的差异,使不同类型的计算机及网络产品的相互连接变得很难实现,这给用户带来了极大的困扰。我们学习过梅特卡夫法则,只有连接的节点计算机越多,这个计算机网络的价值才能越大。而标准的不统一,大大降低了计算机网络的价值。这种情况对计算机网络的发展非常不利,于是统一网络标准的问题被提到了议事日程上。

1977 年,国际标准化组织(International Standardization Organization, ISO)为计算机网络建立了奠基性的标准,被称为 OSI/RM,即开放系统互联参考模型(open system interconnect /reference model)。OSI/RM 很快被国际社会广泛认可,成为此后计算机网络研究、开发和生产的共同标准,不同网络共同遵守 OSI/RM,再进行互联就变得可行。

现在,普遍的看法是,没有 Arpanet,就没有真正意义上计算机网络,而没有 OSI/RM,就没有真正意义上的网络互联。即使是在今天具有决定性意义的 TCP/IP 协议,同样是在遵循 OSI/RM 的基础上诞生的,可见 OSI/RM 的影响有多么深远。

▮▮▮ 阅读材料

OSI/RM 模型

OSI/RM 网络结构模型将计算机网络体系结构的通信协议规定为物理层、数据链路层、网络层、传输层、会话层、表示层、应用层,共七层。对于每一层,OSI 至少制定两个标准:服务定义和协议规范。

所谓开放,是强调对 OSI 标准的遵从,一个系统是开放的,是指它可与世界上任何地方遵守相同标准的其他任何网络系统进行通信。

在网络数据通信的过程中,每一层完成一个特定的任务。当传输数据的时候,每一层接收到上面层格式化后的数据,对数据进行操作,然后把它传给下面的层。当接收数据的时候,每一层接收到下面层传过来的数据,对数据进行解包,然后把它传给上一层。从而实现对等层之间的逻辑通信。

OSI 模型的一个关键概念是虚电路。OSI 模型的网络中每一部分都不知道其上面层和下面层的行为和细节,它只是向上和向下传输数据。就模型的层次而言,每一层都有一虚电路直接连接目的主机上的对应层。就每一层而言,它的数据在目的层被解包的方式和被打包的方式是完全一样的。层不知道传输数据的实际细节;它们只知道数据是从周围层中传过来的。其中一些层的功能如下:

物理层:它是 OSI 的最低层,是网络物理设备之间的接口,目的是在通信设备之间提供透明的比特流传输。

传输层:它是资源子网与通信子网的界面与桥梁,它完成资源子网中两结点间的逻辑通信,实现通信子网中端到端的透明传输。

会话层:它利用传输层提供的端到端数据传输服务,具体实施服务请求者与服务提供者之间的通信,属于进程间通信范畴。

表示层:目的是处理有关被传送数据的表示问题。对通信双方的计算机来说,一般有其自己内部的数据表示方式,表示层的任务是把发送方具有的内部格式结构编码为适合传输的位流,然后在目的端将其解码为所需的表示。

应用层:它是 OSI/RM 的最高层,是直接面向用户的一层,是计算机网络与最终用户间的界面。目的是作为用户使用 OSI 功能的唯一窗口。从功能划分看,OSI 的下面六层协议解决了支持网络服务功能所需的通信和表示问题,而应用层则提供完成特定网络服务功能所需的各种应用协议。应用进程借助于应用实体(AE)、使用协议和表示服务来交换信息。应用实体由一个用户元素 UE 和一些应用服务元素组成。UE 是与用户有关的一组元素。

除了这几个层,另外还有数据会话层和物理层,我们不再作详细介绍。如下表 3-1 所示:

表 3-1 OSI/RM 的七层结构

	层级名称	主要功能
7	应用层(application layer)	应用系统间的沟通
6	表示层(presentation layer)	信息的表示、编码与标准化
5	会话层(session layer)	会话通信的建立与管理
4	传输层(transport layer)	可靠的端到端信息的传送
3	网络层(network layer)	网络连接与信息流通的控制
2	数据链路层(lata link layer)	网络流量控制与资料侦错
1	物理层(physical layer)	信号传送的物理媒介

4. 网络互联的进一步发展——互联网

1986 年,Arpanet 分解为美国航空航天局网(NASAnet)、能源科学网(Esnet)以及军事网

（MILNet）等，开始形成 NSFnet 并与其他网络互连时，已经开始采用了 TCP/IP 协议。此时，Internet 的名字作为使用 TCP/IP 协议连接的各个网络的总称被正式采用。

同年，Cisco（思科）公司的多协议路由器为 TCP/IP 上连接不同类型的网络提供了条件，网络互联的硬件障碍也已经开始破冰。1989 年，日内瓦欧洲粒子物理实验室成功开发出了万维网（World Wide Web，WWW），或者被简称为 Web。万维网创造了互联网上的超文本结构和被称为网页（web page）的媒体格式，为此后在互联网上交换超文本的多媒体信息奠定了基础。

1990 年后，超文本传输协议（hyper text transfer protocol，HTTP）、电子邮件（E-mail）、文件传输协议（file transfer protocol，FTP）、新闻组等互联网的基础应用受到人们的极大欢迎。同年，TCP/IP 在 Unix 系统中的成功实现，更进一步推动了互联网的发展。

1993 年，美国伊利诺依大学国家超级计算机中心成功地开发出 HTTP 浏览工具马赛克（Mosaic）。Mosaic 人性化的界面和操作方式，极大的降低了互联网的使用难度，因此被人们广泛接受。此后，Mosaic 被商业化，发展成为著名的网络浏览器 Netscape，如图 3-5 所示。其界面随后又出现了捆绑于视窗系统中的 IE 浏览器。互联网进一步易用化、平民化。

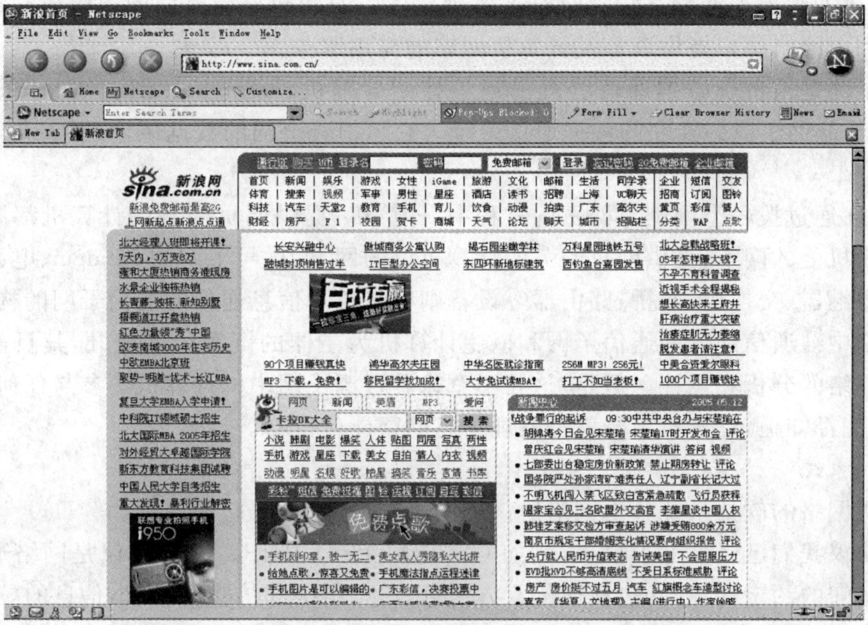

图 3-5 曾经最著名的浏览器——Netscape 的界面

互联网软件进步的同时，网络硬件技术的发展也一日千里。交换式网络技术、异步传输模式（ATM）以及千兆以太网等技术的普遍应用促进了互联网的发展。普通用户接入互联网也变得更加简便，这得益于 ISDN、ADSL 以及专线接入的普及。

从此，互联网成为了人们日常生活的一部分，整个世界因它而改变了运转方式。互联网渗入许多领域，而在商业中的应用产生的影响最为深刻。

➤ 3.1.3　计算机网络的组成部分

计算机网络包括两个大部分,分别是硬件系统和软件系统。计算机网络的组成部分如图 3-6 所示:

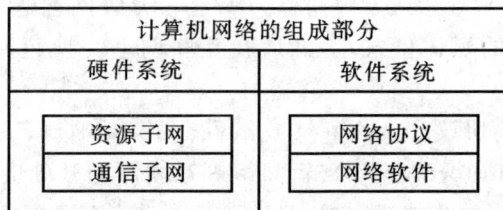

计算机网络的组成部分	
硬件系统	软件系统
资源子网	网络协议
通信子网	网络软件

图 3-6　计算机网络的组成部分

1.硬件系统

计算机网络的硬件系统分为资源子网和通信子网两个部分。

资源子网代表着网络的数据处理资源和数据存储资源,由主计算机、终端、终端控制器、磁盘存储器、工业控制监控设备、I/O 设备、各种软件资源和数据信息资源等组成。它负责全网数据处理和向网络用户提供资源及计算机网络的应用服务。

通信子网是由负责数据通信处理的通信控制处理机(communication control processor, CCP)和传输链路组成的独立的数据通信系统。它承担着全网的数据传输、加工和变换等通信处理工作。

例如,在通过拨号上网浏览网页的过程中,计算机、提供网页服务的计算机都属于资源子网。而计算机上的网卡、提供网页服务的计算机上的网卡、拨号上网的 Modem、电话线路以及看不到的中继器、交换机、网桥、路由器等设备则都是负责信息通信的通信子网的构成部分。

把网络中纯通信部分的通信子网和以主计算机为主体的资源子网分开,其目的是简化整个计算机网络的分析和设计。但是,这并不意味着资源子网中的计算机不参与任何通信操作,实际上,我们都知道,计算机本身就是处理信息的智能化机器。

2.软件系统

计算机网络的软件系统分为网络协议和网络软件两个部分。

网络协议我们已经见过了很多,例如 OSI/RM 和 TCP/IP。网络协议是网络通信的各方必须共同遵守的约定和规则,包括通信双方信息表达、组织和传输的格式,信息的校验和纠错,信息传输的方法和路径控制,等等。现代网络都是以 OSI/RM 为基础的层次结构,协议规定了分层原则、层间关系、执行信息传递过程的方向、分解与重组等约定。

TCP/IP 是最重要的互联网协议,也是世界上计算机网络使用最广泛的互联网协议。但有趣的是,TCP/IP 竟然不是国际标准,真正可称上国际标准的协议是 OSI/RM。但由于因互联网而被使用的最多,"赢家通吃"法则起了作用,TCP/IP 是事实上的工业标准。以 OSI/RM 为标准的网络体系结构在理论上最为完善,但大多数网络都不需要这么完善的结构,都是在 OSI/RM 基础上的简化和改造罢了。

网络软件是帮助人们控制、使用或者管理计算机网络的计算机软件。根据软件的功能,计算机网络软件分为网络系统软件和网络应用软件。

网络系统软件是指控制和管理网络运行,提供网络通信,分配和管理共享资源的软件系统，包括我们前面已经学过的网络操作系统(NOS)、网络协议软件、通信控制软件和其他管理软件等。NOS 能够对局域网范围内的资源子网和通信子网进行统一的管理和调度，这是计算机网络能够按照人们的需要运行的基础，也是其他网络软件运行的基础，在此方面，同单个计算机的操作系统是完全一样的。目前计算机网络操作系统主要有 UNIX、Windows NT、Net-Ware 等。UNIX 网络操作系统是跨微机、小型机、大型机的系统；Windows NT 是 Microsoft 推出的、可运行在微机和工作站上的、面向分布式图形应用的网络操作系统；NetWare 是 Novell 推出的、主要面向微机局域网的网络操作系统。网络协议软件是把网络协议用计算机程序的形式固定下来，统一计算机之间的通信规范。视窗系统中已经安装了能够实现 TCP/IP 的软件，作为这个操作系统默认的网络协议。

图 3-7 在 UNIX 操作系统上改造的 Apple 电脑的 Mac 操作系统界面。网络应用软件是为人们发挥网络具体的功能而开发的软件，例如，为实现在互联网上浏览 HTTP 格式的信息，人们开发的 Web 浏览器——Mosaic、Netscape 和 IE，都属于网络应用软件。网络应用软件的种类非常丰富，只要人们能够想出对计算机网络的利用，一定就能够开发出相应的软件。网络应用软件已经创造了很多互联网的奇迹，如 Tencent 公司的 QQ 和盛大公司的网络游戏软件。图 3-8 为游戏"传奇"的界面。

图 3-7　在 UNIX 操作系统上改造的 Apple 电脑的 Mac 操作系统界面

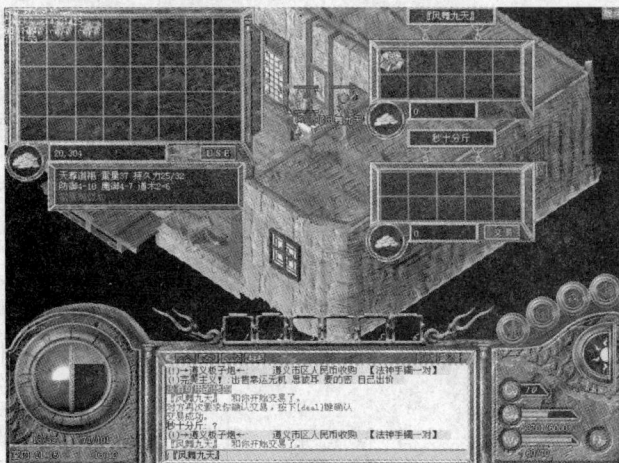

图 3-8　风靡一时的网络游戏——"传奇"

3.2 互联网

互联网是"Internet"的中文译名。Internet 也有另一个名称——因特网,"Inter"音译为"因特","net"意译为"网"。为了避免与英特尔(Intel)公司混淆,在很多场合下 Internet 不被翻译成"因特网"。在我们国家的大陆地区常译为互联网,而在港台等地多被翻译为网际网路,或者被简称为网或网路(net)。这些说法都是指世界上最大的互联网络——Internet。

➤ 3.2.1 互联网的概念

从网络通信的角度来看,互联网是一个以 TCP/IP 网络协议连接各个国家、各个地区、各个机构的计算机网络的数据通信网。而从信息资源的角度看,互联网是一个集各个部门、各个领域的各种信息资源为一体,为网络用户共享的信息资源网。

今天,互联网已经远远超越了一个网络的涵义,它是信息社会和信息经济的载体。从不同角度人们可以对互联网下各种不同的定义,但无论是哪种定义,都不会缺少下面三个方面的内容:①互联网是基于 TCP/IP 协议的国际范围内各种网络相互连接的网络;②互联网是一个网络用户的集合,用户使用网络信息资源和服务,用户也提供网络信息资源和服务;③互联网是一个所有可被访问的信息资源和可被利用的实际功能的集合。

➤ 3.2.2 互联网的管理

互联网能够在很短的时间内如此迅速地成长壮大,是和互联网的管理体制有着直接关系的。在这个管理体制下,连入互联网的任何网络和计算机终端都能够享受平等、互惠、互利的资源共享。

在这一点上,大家一定会认为掌管互联网全局的管理机构功不可没,但出人意料的是,互联网实际上是一个"三不管"的机构:没有任何一个互联网的权威管理机构;没有任何一个政府、法人或者自然人是互联网的所有者;不存在任何一个政府、法人或自然人是国际互联网的控制者。所以,有人认为互联网是一个"没有首脑、没有法律、没有警察"的机构,虽然事实并不完全如此(例如,现在越来越多的管理互联网的法律在各个国家出台),但互联网相对现实社会而言,的确是一个少有权威并且极为松散的组织。

尽管如此,互联网的有序发展还是要归功于一个民间组织——总部设在美国弗吉尼亚州雷斯顿(Reston)的互联网协会(Internet society,ISOC)的协调工作。ISOC 是一个非营利的志愿性组织,个人、公司、组织、政府及大学均可免费加入。其宗旨是促进世界各地的用户通过使用互联网推动互联网技术的发展,促进全球性的信息交换。ISOC 通过其下的互联网结构委员会(IAB)和互联网工程工作小组(IETF)负责协调互联网的技术管理与发展。ISOC 的职责是:制定国际互联网的技术标准、审定发布国际互联网的工作文件、规划国际互联网的长期发展战略、代表互联网就技术政策等问题进行国际协调、解决网络工程部门和网络研究部门无法处理的技术问题。

ISOC 的主页如图 3-9 所示。没有"权威"的互联网保证了互联网的开放性,任何人都有足够的自由建立一个局域网并同互联网相连接。不过,如果建立的局域网想同互联网连接,就必须采用标准的信息传输协议,符合互联网的统一标准,遵守互联网的规则。当然,用户也用不着忧虑自己的技术能力,因为这些要求一般都能够由你的局域网操作系统满足。

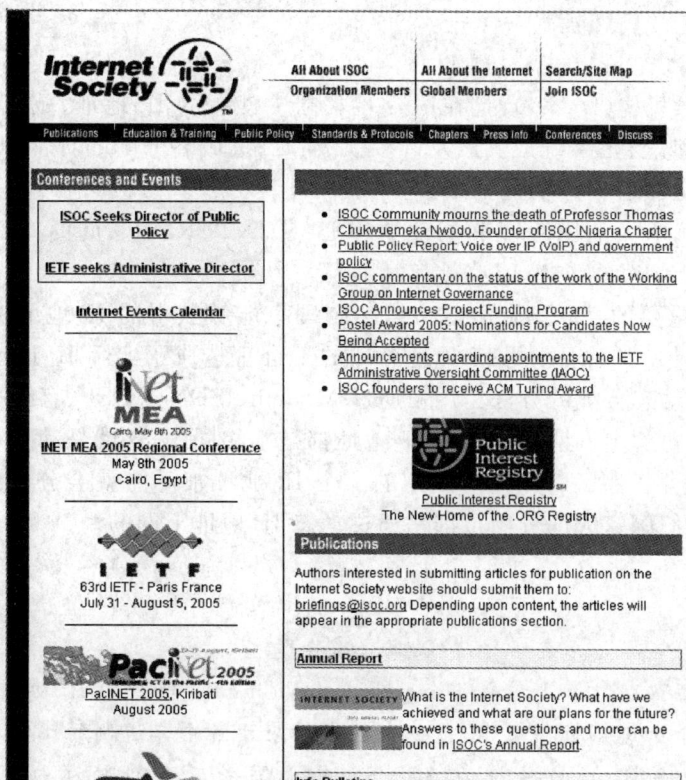

图 3 - 9　ISOC 的主页 www.isoc.org

➤3.2.3　计算机独一无二的名字——IP 地址

1. IP 地址的概念

每个人一出生,父母就给他取了一个名字,好让他在人际网络中同其他人区别开来。互联网上的计算机数以亿计,每一个计算机也要有自己的名字,好跟其他计算机区别开来。

不同人时常会发生名字完全相同的现象,叫做重名,但是同一个网络内的计算机不能有重名,否则在进行数据通信时就不知道信息到底从哪个计算机来,或是要发给哪个计算机。

因此,一般而言,凡是连入互联网的计算机都被赋予了一个独一无二的名字,这个名字被称为 IP 地址,它是"Internet protocol address"的简称,即互联网协议地址。IP 地址由四个不小于 0 且不大于 255 的十进制数字组成,数字间用一个点隔开,被称为点分四元组。例如,218.206.86.89 就是一个以点分四元组表示的 IP 地址。每个 IP 地址都分为两部分,一部分代表计算机所在的网络,被称为网络 ID,另一部分表示这个网络上一台特定的计算机,被称为主机 ID。

当信息被打包发送时,每个包内都含有一串地址标记,其中就包括信息源计算机和目的地计算机的 IP 地址。这就好比我们寄出信件时,需要填写发信人和收信人的名字与地址一样。

IP 地址构成了整个国际互联网的基础,每一台联网的计算机无权自行设定 IP 地址,有一个统一的机构负责对申请的组织分配唯一的网络 ID,而该组织可以对自己的网络中的每一个主机再分配一个唯一的主机 ID。这就如同一个社区无法决定所在城市的街道名称,但却可以分配社区内每所住宅的门牌号码一样。

2. IP 地址的分配

互联网地址指派机构(IANA),是在国际互联网中使用的 IP 地址、域名和许多其他参数的管理机构。IP 地址、自治系统成员以及许多顶级和二级域名分配的日常职责由国际互联网注册中心(IR)和地区注册中心承担。

全世界现在有三个大的国际互联网注册中心:①INTER NIC 负责美国及其他地区;②RIPE-NIC 负责欧洲地区;③APNIC 负责亚太地区。

IP 地址是一种重要的互联网资源,显然,一个国家能够获得的 IP 地址越多,就能有越多的计算机联入互联网。由于现在的 IP 地址分配的不合理造成了实际 IP 地址并不够用,因此人们采用了 IP 地址动态分配的方法。用户通过 Modem、ISDN、ADSL、有线宽频、小区宽频等方式上网的计算机,每次上网所分配到的 IP 地址都是不相同的,这就是动态 IP 地址。一旦用户关闭计算机停止上网,那么用户先前使用的那个 IP 地址很可能就会分配给别人。因为 IP 地址资源很宝贵,我们国家大部分用户都是通过动态 IP 地址上网的。

阅读材料

IP 地址的分类

IPv4——网际协议版本 4(Internet protocol version 4)是现行的 IP 协议。其地址通常用以圆点分隔号的 4 个十进制数字表示,每一个数字对应于 8 个二进制的比特串,称为一个位组(octets)。如某一台主机的 IP 地址为:128. 10. 2. 1 写成二进制则为 10000000. 00001010. 00000010. 00000001。

网络地址可分为以下五类:

(1)A 类地址:4 个 8 位位组(octets)中第一个 octet 代表网络号,剩下的 3 个代表主机位,范围是 0xxxxxxx,即 0~127。

(2)B 类地址:前 2 个 octets 代表网络号,剩下的 2 个代表主机位,范围是 10xxxxxx,即 128~191。

(3)C 类地址:前 3 个 octets 代表网络号,剩下的 1 个代表主机位,范围是 110xxxxx,即 192~223。

(4)D 类地址:多播地址,范围是 224~239。

(5)E 类地址:保留地址,实验用,范围是 240~255。

➢ 3.2.4 C/S 结构

互联网上实现的大多数功能(这些功能通常被称为服务)都采用 C/S 结构,而现在我们常说的 B/S 结构,也是在 C/S 结构基础上的发展。那么,什么是 C/S 结构呢?

C/S 结构中的 C 是指"client",即客户机或客户端,S 指"server",即服务器。因此 C/S 结构又被称为客户机/服务器结构。所谓 C/S 结构,是指实现计算机网络功能的服务都由服务器来提供,通过客户机访问服务器来利用这些服务。

客户机和服务器都是计算机,只是它们各自的用途不同。一般而言,服务器使用的计算机的功能要比客户机强大,因为前者的任务更多,负担更重。服务器通常采用高性能的 PC、工作站或小型机,并采用大型数据库系统,如 Oracle、Sybase、Informix 或 SQL Server。客户机需要安装专用的客户端软件。

在互联网出现以前,大多数网络,包括各种广域网和局域网都采用 C/S 结构。人们通过特定的客户机来访问服务器,获得各种各样的功能,甚至早期的电子商务就是这样实现的——如在航空公司售票大厅的终端电脑上查询某个航班的班次。互联网也是基于 C/S 结构,只不过有许多相应的变化,例如连接客户机和服务器的通信方式改变了,服务器和客户机的能力和功能也发生了变化,但基本的结构模型并没有本质的变化,如图 3-10 所示。

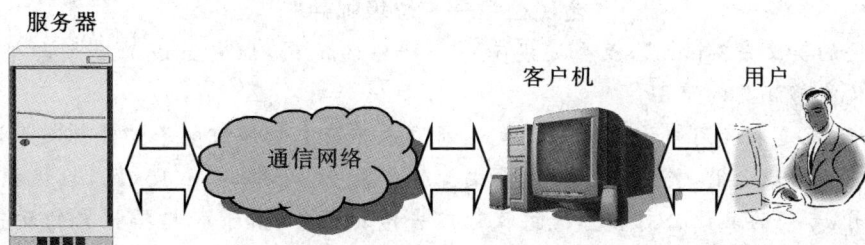

图 3-10　C/S 结构

▶ 3.2.5　互联网上的服务

由于采用了 C/S 结构,且服务器通常是功能强大的计算机,因此互联网能够提供多种多样的服务,这些服务包括我们最熟悉的电子邮件(electronic mail,E-mail)和万维网(world wide web,WWW),以及我们也会常常碰到并使用的文件传输(file transfer protocol,FTP)、远程登录(Telnet)和新闻组(Newsgroup)等。

1.电子邮件服务

电子邮件指通过电子通讯系统进行信件的书写、发送和接收。目前使用最多的通讯系统是互联网,而电子邮件是互联网上最受欢迎的功能之一。利用电子邮件系统,用户可以用非常低廉的价格,以非常快速的方式,与世界上任何一个角落的网络用户联系,这些电子邮件可以是文字、图像、声音等各种方式。同时,用户可以通过电子邮件获得大量免费的新闻、专题邮件,并实现轻松的信息搜索。这是任何传统的方式都无法相比的。正是由于电子邮件使用简易、投递迅速、收费低廉、易于保存、全球畅通无阻,使得电子邮件被广泛地应用,也使人们的交流方式得到了极大的改变。

在互联网中,邮件地址如同自己的身份,一般而言邮件地址的格式如下:

somebody@domain_name＋后缀

此处的"domain_name"为域名的标识符,也就是邮件必须要交付到的邮件目的地的域名,"somebody"则是在该域名上的邮箱地址,后缀一般代表了该域名的性质,常见的有"com、edu、gov、org"等,"@"是人们创造的符号,它实际上就是英语中的"at",表示"somebody"在哪个"domain"中。

常见的电子邮件协议有以下几种,这几种协议都是由 TCP/IP 协议族定义的。

(1)简单邮件传输协议(simple mail transfer protocol,SMTP):SMTP 主要负责底层的邮件系统如何将邮件从一台机器传至另外一台机器。

(2)邮局协议(post office protocol,POP):目前的版本为 POP3,即 POP 的第三版。POP3

是把邮件从电子邮箱中传输到本地计算机的协议。

(3)Internet 邮件访问协议(Internet message access protocol,IMAP):目前的版本为 IMAP4,是 POP3 的一种替代协议,提供了邮件检索和邮件处理的新功能,这样用户可以不必完全下载信件就可以对邮件的内容进行检索,从一定程度上减少了处理垃圾邮件或者无用邮件的时间。

阅读材料

全民公敌——垃圾邮件

垃圾邮件的英文是"spam",至今还没有一个严格的定义,但它造成的麻烦却早已超过了一个简单定义能够涵盖的范围。

一般来说,凡是未经用户许可就强行发送到用户邮箱中的任何电子邮件都属于垃圾邮件。

在垃圾邮件出现之前,美国一位名为桑福德·华莱士(或称 spam ford 或垃圾福)的人,成立了一间公司,专门为其他公司客户提供收费广告传真服务,由于引起接收者的反感,以及浪费纸张,于是美国立法禁止未经同意的传真广告。后来垃圾福把广告转到电子邮件,垃圾邮件便出现了。

垃圾邮件一般具有批量发送的特征。其内容包括赚钱信息、成人广告、商业或个人网站广告、电子杂志、连环邮件等。垃圾邮件可以分为良性和恶性的,良性垃圾邮件是各种宣传广告等对收件人影响不大的信息邮件,恶性垃圾邮件是指具有破坏性的电子邮件。

一些人会从网上多个 BBS 论坛、新闻组等收集网民的计算机地址,再销售给广告商,从而发送垃圾邮件到这些地址。在这些邮件中,往往可找到"从收信人的清单移除"的链接。当使用者依照链接指示去做时,广告商便知道该地址有效,使用者会收到更多垃圾邮件。

随着垃圾邮件的问题日趋严重,多家软件商也各自推出反垃圾邮件的软件。但"道高一尺,魔高一丈",垃圾邮件的格式日新月异,以避过此类软件的侦测。

现时,多个国家已立法,试图设法杜绝垃圾邮件。不少网络服务供应商的服务政策也包含反垃圾邮件,并设立用作投诉的电子邮件地址。也有一些网上团体,提供邮件分析及代用户送往相关的 ISP 作出投诉的服务。

2. WWW 服务

万维网(world wide web,WWW)是因特网上的超文本系统。超文本文件通过浏览器从服务器(或称网站)获取各种各样的多媒体信息(或称文档、档案、网页),并在用户的电脑屏幕上显现出来。用户可以通过网页中的超级链接在各个网页中间跳跃,也可以向服务器回传信息互动交流。这种跟随超级链接的上网方式通常被称为网上冲浪。

用户每打开一个网页就是在使用 WWW 服务。WWW 服务是我们使用的互联网服务,也是电子商务最常使用的服务,也是令电子商务多姿多彩的主要功臣。

3. 文件传输服务

文件传输协议(file transfer protocol,FTP)是一个用于在两台装有不同操作系统的机器中传输计算机文件的软件标准。它属于网络协议组的应用层。

FTP 是一个 8 位的客户端-服务器协议,能操作任何类型的文件而不需要进一步处理。但是,FTP 有着极高的延时,这意味着,从开始请求到第一次接收需求数据之间的时间会非常长,并且不时地必须执行一些冗长的登陆进程。

FTP 的功能包括如下几个方面:促进文件的共享(计算机程序或数据);鼓励间接地使用远程计算机;向用户屏蔽不同主机中各种文件存储系统的细节;可靠和高效地传输数据。

运行 FTP 服务的许多站点都开放匿名服务,在这种设置下,用户不需要账号就可以登录服务器,默认情况下,匿名用户的用户名是"anonymous"。这个账号不需要密码,虽然通常要求输入用户的邮件地址作为认证密码,但这只是一些细节或者此邮件地址根本不被确定,而是依赖于 FTP 服务器的配置情况。

4. 远程登录服务

远程登录协议(Telnet)是 TCP/IP 协议系列中的一员,是 Internet 远程登陆服务的标准协议和主要方式。它为用户提供了在本地计算机上完成远程主机工作的能力。在终端使用者的电脑上使用 Telnet 程序,用它连接到服务器。终端使用者可以在 Telnet 程序中输入命令,这些命令会在服务器上运行,就像直接在服务器的控制台上输入一样,可以在本地就能控制服务器。要开始一个 Telnet 会话,必须输入用户名和密码来登录服务器。Telnet 是常用的远程控制 Web 服务器的方法,而我们后面马上就能接触到关于 Web 的知识。

5. 新闻组服务

新闻组(Newsgroup)是一个通常在 Usenet 中用于存储来自不同地区用户发表的信息的"仓库"。Usenet 一词来自于 User Network,常写成 Usenet,是共享新闻的计算机和网络的集合体。Usenet 不是互联网(虽然它们可能覆盖得很好),有时又被称为世界最大的电子公告板,包含众多的新闻组。Usenet 里的新闻组信息以中央存储的方式存放于某个位置(通常是一些分类目录),通过软件的管理允许用户选择性地订阅他们感兴趣的主题阅读、索引,删除过期消息等。Usenet 的最初构想是借助于网络进行技术信息交换,但是后来也被用于非技术领域,例如社会新闻、业余爱好、个人兴趣等主题。现在,通常的情况下,Usenet 使用 NNTP 协议,其的最主要的特色是统一分组、全球转信。

Usenet 的九大分类组如表 3-2 所示。

表 3-2　新闻组的分类

新闻组分类名	相应的主题
Comp	计尊机科学及相关的话题
NewS	关于 Usalet 本身
Rec	个人爱好、娱乐活动、艺术话题
Sci	科学研究、工程技术
Soc	社会类话题
Biz	商业类话题
Talk	有争议的话题
Misc	不属于以上几类的或有交叉的话题
Alt	可选择的新闻组,大杂烩,有许多不同的主题

新闻组这个名字本身多少会产生一点歧义,因为它通常并不仅仅包含新闻,而是一个包含各种人们感兴趣内容的讨论组(这一点很像我们熟悉的网上论坛)。新闻组与互联网上采用 WWW 服务的论坛在技术上完全不同,但在功能上却是比较相似的。新闻组通常使用 NNTP

协议,使用特定的客户端来阅读和发送讨论的内容,常见的有 Forté Agent、Opera、Outlook Express(Windows Mail)、Netscape/Mozilla/Mozilla Thunderbird 和 Emacs+Gnus/INN 等。

新闻组通常使用 NNTP 协议,使用特定的客户端来阅读和发送讨论的内容,常见的有 Forté Agent、Opera、Outlook Express(Windows Mail)、Netscape/Mozilla/Mozilla Thunderbird 和 Emacs+Gnus/INN 等。

利用 Outlook 软件打开的新闻组窗口如图 3-11 所示。

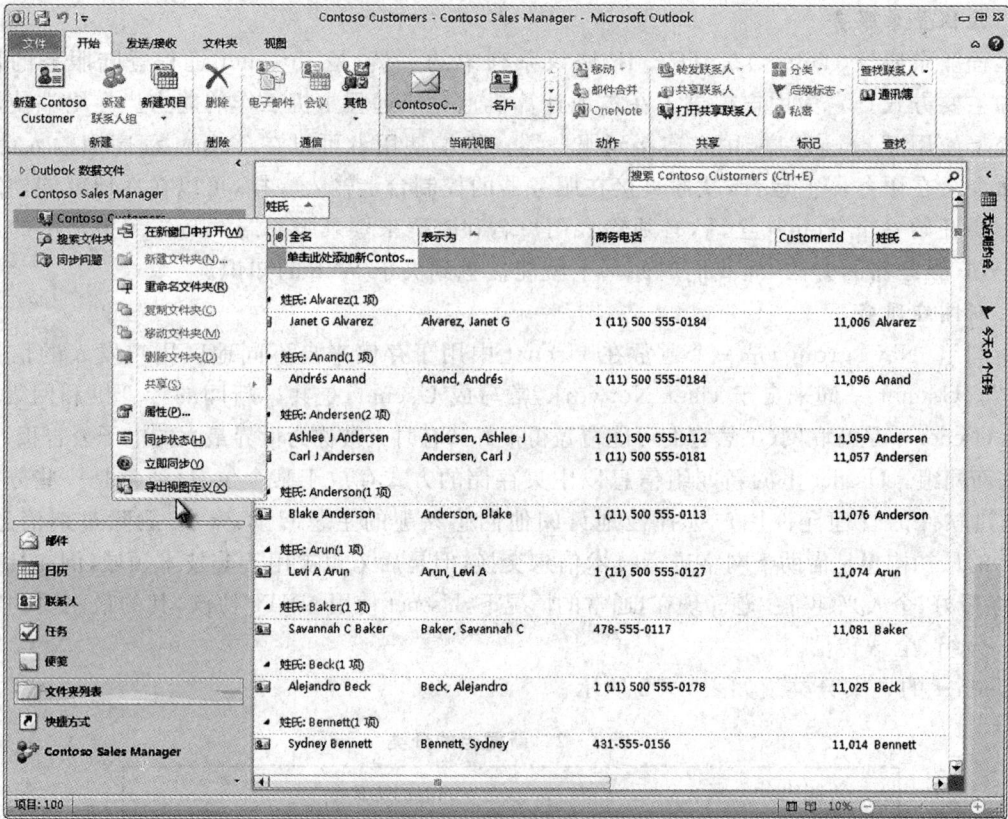

图 3-11　利用 Outlook 软件打开的新闻组窗口

现在,我们已经了解了在互联网最常见的几种服务中,其中影响力最大的是 WWW 服务,因此我们在这一章的 3.3 节中会专门讨论 WWW 服务。

▷ 3.2.6　提供互联网服务的商业机构

今天,互联网上的各种资源中的一部分是由个人和一些不营利的组织提供的,但更大一部分则是由企业提供的。互联网提供的各种服务本身就属于电子商务的一个重要分支,而现在,也有很多企业依靠提供这些服务获取利润。

当然,这些商业机构能够提供的互联网服务不仅仅只是电子邮件、万维网、文件传输、远程登录或新闻组,它们往往为我们和企业提供一套硬件或者软件的互联网解决方案。而它们的存在,是更多电子商务得以实现的基础。它们常常被人们分为下面的三类:ISP、ICP 和 ASP。

1. ISP

ISP 是英文"Internet service provider"的缩写,即"互联网服务提供商"。这里的服务主要是提供 Internet 接入服务,即提供让用户的电脑能够和互联网相互连接的服务。这种服务是通过硬件和软件共同完成的,但更偏重于硬件。例如,用户在当地的电信公司申请 ADSL 的业务,然后电信公司通过电话线把用户的计算机或其他终端设备连入 Internet 的服务。在中国,一部分的 ISP 是由分布在各地的电信运营商(电信公司,如中国电信)充当的,另一部分则是由专门的互联网接入提供商提供的。

2. ICP

ICP 是英文"Internet content provider"的缩写,意为"互联网内容提供商",即提供 Internet 信息搜索、整理加工等服务的企业。因为 ICP 的存在,互联网上的信息才得以更加丰富多彩。ICP 包括门户网站、提供论坛或社区服务的网站等。

所谓门户网站,是指某类综合性互联网信息资源并提供有关信息服务的网站应用系统。很多知名网站如雅虎(www.yahoo.com)、新浪网(www.sina.com)和搜狐网(www.sohu.com)都是门户网站。

提供论坛和社区服务的网站,更常见的叫法是虚拟社区。所谓社区,是地区性的生活共同体。如果这个社区在互联网上,那就成了虚拟社区。虚拟社区是一群有着相似爱好的人自由发表话题或文章进行讨论的网站,并且大多数虚拟社区网站都允许任何网络用户进行注册和登录并发表话题。网站上绝大部分的内容都是虚拟社区的"居民"即网友发表(提供)的,而提供虚拟社区空间的网站只负责维持社区的秩序并管理其中的内容。例如,天涯虚拟社区(www.tianyaclub.com)就是一个有代表性的虚拟社区,这个社区又根据话题的主题分为很多更小的社区,如图 3-12 中的左边栏目。

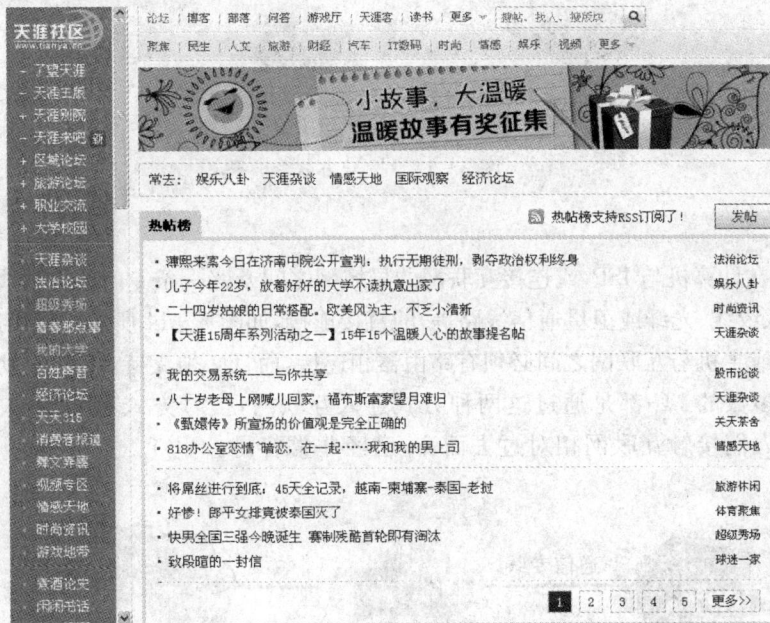

图 3-12　天涯虚拟社区

3. ASP

ASP 是"application service provider"的缩写,意为"网络应用服务商",主要为企事业单位进行信息化建设、开展电子商务提供各种基于互联网的应用服务。例如,一个具有多个分支机构的企业想要通过互联网建设一个连接各个机构和总部的信息系统,那么它可以找 ASP 提供这样的服务,ASP 不仅仅能够与 ISP 协调以提供网络硬件和网络接入的解决方案,还负责信息系统的软件实现。很多企业自身不具备强大的信息化能力,但通过 ASP 则能够以较小的代价实现较专业的信息化。

➤ 3.2.7 互联网的接入

将 PC 连入互联网,从很广的角度讲,有两种方式:拨号方式和专线方式。

1. 拨号方式

拨号接入是个人用户接入 Internet 最早使用的方式之一。它的接入非常简单,用户只要具备一条能打通 ISP 特服电话(如 169,263 等)的电话线,一台计算机,一只接入的专用设备调制解调器(modem),并且办理了必要的手续后,就可以轻松上网了。电话拨号方式致命的缺点在于接入速度慢。由于线路的限制,它的最高接入速度只能达到 56kbps,这个速度只能用"爬"来形容了。

因此,出现了另外一些拨号方式:ISDN、ADSL 以及通过电缆调制解调器(cable modem),以 10Mbps 的速度通过有线电视网连入 ISP,如图 3-13。

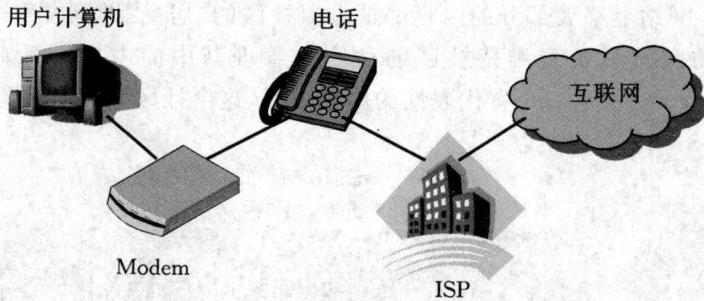

图 3-13 拨号方式

2. 专线方式

专线方式是在计算机与 ISP,或连接互联网的局域网之间开辟一条专门的电话线路或数字通信线路(如电缆或双绞线、光纤或卫星通信线路等)的直接连接,如图 3-14 所示。使用这种方式时,互联网内的局域网或主机与互联网之间必须有路由器相连接,而且必须支持 TCP/IP 协议。

目前,绝大多数的 PC 都是通过这两种方式连入互联网,拨号方式和专线方式在城市中都已经非常普及,人们接触互联网相对过去而言,已经非常容易。

图 3-14 专线方式

3.3　WWW

➤ 3.3.1　WWW 的概念

很多人把 WWW(万维网)和互联网混淆在一起,但实际上它们是紧密联系的两个不同事物。WWW 只是互联网能够实现的诸多应用之一,但这种应用如此具有影响力的原因,是它强大的功能已经使之成为互联网舞台上占支配地位的主角。现在,所有的互联网应用都可以用 WWW 形式实现,电子商务也越来越多地采用 WWW 作为工具。

WWW 的最重要特点是具有容易使用的标准化图形界面,这使那些对计算机并不很精通的人也可以用 WWW 访问大量的互联网资源。因此,WWW 的发明迅速让互联网变得平民化,大大加快了互联网普及的进程。不过,与其认为 WWW 是一种技术,不如说它是一种对互联网信息存储和获取进行组织的一种思维方式。这种思维方式包含两个非常关键的创造——超文本(hypertext)和图形用户界面(graphic user interface)。

1. 超文本

以超文本形式表示的信息没有被线性地组织起来,而是采用了把信息相互连接的非线性组织形式。

这种组织方式是这样的:用户在电脑上浏览一个超文本页面时,某些文字可能是比较特殊的,它们的特殊之处在于通过鼠标点击它们,可以调出另外的、与这个文字内容相关的页面。通过不断地点击鼠标,用户也不断地看到被调出的越来越多的页面和信息。与正常阅读文章不同的是,用户看到的这些信息在组织上不再是前后连续的,而是跳跃的。不过,这种跳跃性的信息组织形式不仅没有给用户带来不便,反而能够更加迎合用户头脑中的兴趣和逻辑——因为用户只会点击那些令他感兴趣的内容。

由于利用超文本进行信息组织的方式使我们阅览的习惯发生了巨大的变化,因此,我们在谈到对超文本进行阅读时,"阅读"(read)这个词就不再适合,而更多使用"浏览"(browse)这个词。

由于超文本所具有的文本间相互连接的信息组织形式,与互联网中计算机相互连接构成的组织形式具有形态上的相似性,因此超文本一经发明,便被用于互联网中信息的组织。现在,超文本已经成为 WWW 不可缺少的重要特征之一,很多电脑文档也被制作为超文本的形式,以便于人们的浏览和阅读。

2. 超文本的图形界面——图形用户界面

一般的超文本页面如图 3-15(a)所示,图形用户界面如图 3-15(b)所示。

超文本的发明方便了人们在互联网上浏览信息,但如果没有图形界面的帮忙,超文本仍然会十分枯燥乏味。

所谓超文本的图形界面,就是超文本内信息的形态不再仅限于一个个字符,而能够综合包容图形、声音、动画甚至是视频信息。这种新的超文本表现形式,被人们称为图形用户界面。图形用户界面的出现,使 WWW 更加生动并富有吸引力。由于商务活动本身也需要能够吸引客户,因此 WWW 图形界面生动的形式,极大满足了开展网上商务活动的需求。

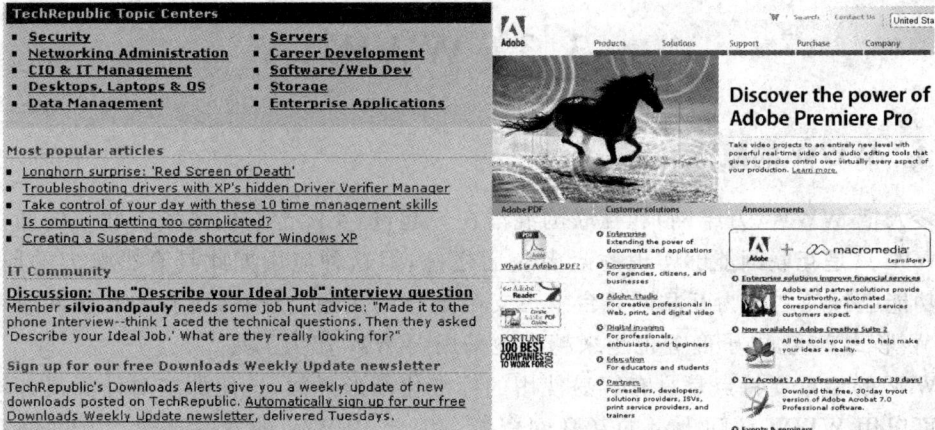

(a)超文本页面 　　　　　　　(b)图形用户界面

图 3-15　超文本页面与图形用户界面比较

▶ 3.3.2　HTML 和浏览器

1. HTML

我们今天能够使用 WWW 得益于欧洲粒子实验室(CERN)的科学家蒂姆·伯纳斯·李(Tim Berners-Lee)的发明,是他首先使超文本成为现实,并在互联网上创建了 WWW。由于蒂姆·伯纳斯·李的杰出贡献,很多人称他为互联网之父。

由于超文本的形式不同于一般文档,伯纳斯·李专门为超文本开发出了一套格式规范。这套格式规范由很多超文本标记(hypertext markup,HTM)所组成,它们附加在普通文档上,以确定普通的文本或信息应该在 WWW 上表现出什么样的形式。如果一个普通的文档文件被 HTM 进行了标记,那么这个文件也就成为了一个超文本文件。现在,我们可以解释为什么超文本中有些文字具有特殊的连接功能,这是因为 HTM 对这些文字作了标记的缘故。

HTM 示例如图 3-16 所示,图中尖插号内都是 HTM。那么 HTML 是什么呢? 它是全部 HTM 的集合,被人们称为超文本标记语言(hypertext markup language,HTML)——HTM 就像语言中的一个个词一样,所有的 HTM 词汇的集合就构成了一种语言。因此,以HTM 标记的超文本文件也被称为 HTML 文件,在计算机系统中,这种文件的后缀名就是".HTML"。

伯纳斯·李把他设计的通过超文本链接的 HTML 文件构成的系统称为 WWW,这便是WWW 最开始的样子。

2. 浏览器

普通的".HTML"文件不容易被人们直接进行阅读,如同一张 DVD,用户不可能用眼睛读出其中的数据,而必须通过一台 DVD 播放机播放它。浏览器(browser)就是播放".HTML"文件的 DVD 机。作为一种重要的网络软件,浏览器的作用是按照 HTM 标记要求的格式显示出 HTML 文件。在一般的浏览器中,HTML 文件被显示成为一个个视窗,视窗的每一屏被称为一个页面(page)。

浏览器除了能够显示".HTML"文件的页面外,它还有一个重要的功能,那就是能够让人

```
<!DOCTYPE HTML PUBLIC "-//W3C//DTD HTML 4.0 Transitional//EN">
<HTML><HEAD><TITLE>slaufter</TITLE>
<META http-equiv=Content-Type content="text/html; charset=gb2312"><!--
<META content="MSHTML 6.00.2900.2627" name=GENERATOR><LINK
href="index.files/font1" type=text/css rel=stylesheet>
<link rel="stylesheet" href="index.files/red" type="text/css">
</HEAD>
<BODY bgColor=#ffffff marginwidth="0" marginheight="0">
<TABLE cellSpacing=0 cellPadding=0 width=764 align=center border=0><!-- 6
 <TBODY>
 <TR>
  <TD width=4><IMG height=1 alt="" src="index.files/spacer.gif" width=4
  border=0></TD>
  <TD width=4><IMG height=1 alt="" src="index.files/spacer.gif" width=4
  border=0></TD>
  <TD width=19><IMG height=1 alt="" src="index.files/spacer.gif" width=19
  border=0></TD>
  <TD width=34><IMG height=1 alt="" src="index.files/spacer.gif" width=34
  border=0></TD>
  <TD width=3><IMG height=1 alt="" src="index.files/spacer.gif" width=3
```

图 3-16　HTM 示例

们通过它与 WWW 进行互动。虽然浏览器本身没有太多的应用功能,但它与 HTML 以及扩展的 HTML-XML(可扩展标记语言,extensible markup language)结合,却可以成为许多网络应用系统的客户端界面,以帮助用户能更直观、更方便地使用这些系统。

因此,浏览器是让用户可以看到网页服务器的内容和与网页服务器互动的一种软件,浏览器是最经常使用的浏览 WWW 的客户端程序。

世界上最早的浏览器是 1993 年由美国伊利诺斯大学的马克·安德列森(Marc Andreessen)领着一群学生写出的 Mosaic 浏览器,这是第一个被可以读取 HTML 文件的软件。Mosaic 是第一个被广泛用于 PC 的 WWW 浏览器,今天仍然有人使用它。后来极为著名的 Navigator 浏览器也是基于 Mosaic 制作的,但 Navigator 最终被微软公司的 Internet Explorer 浏览器击败。目前,PC 平台上常见的网页浏览器有微软的 Internet Explorer 和 Mozilla 基金会的 Mozilla Firefox,而前者又占领了大部分 PC 的桌面。

阅读材料

WWW 浏览器的市场份额

2013 年 7 月 1 日市场研究公司 Net Applications 公布的数据显示,IE10 的市场份额已超越 IE9,火狐浏览器的市场份额降至 20% 以下, 而 Chrome 则是市场份额增长最快的浏览器。

IE 的全球市场份额从 5 月份的 55.99% 增长至 6 月份的 56.15%,上升了 0.16%。火狐则收缩了 1.48%,从 5 月份的 20.63% 下降至 6 月份的 19.15%。Chrome 增长了 1.43%,从 5 月份的 15.74% 增长至 6 月份的 17.17%。与此同时,Safari 增长了 0.09%,至 5.55%,Opera 下降了 0.19%,至 1.58%。

从各版本 IE 浏览器来看,IE10 的全球市场份额为 13.52%,6 月份单月市场份额增长 4.26%,其增速快于前两月。因此,IE9 的市场份额在 6 月份收缩了 3.68%,至 11.71%。

火狐方面,由于 Firefox 22 发布不满一月,只取得了 1.46% 的市场份额。Firefox 21 的市场份额略有上升,增至 12.47%。不过,其他版本火狐浏览器的市场份额则出现下滑。

Chrome 在 5 月份经历了过去 21 个月市场份额的新低后,6 月份已经有所复苏,目前的全球市场份额为 17.17%。Chrome 27 增长了 10.1%,其他版本的市场份额则几乎没有发生变化。6 月份的数据表明,Chrome 可能将在今年实现对火狐的超越。

➤ 3.3.3　B/S 结构

B/S(browser/server)结构即浏览器和服务器结构。它是随着 WWW 技术的兴起,对 C/S 结构的一种变化或者改进的结构。

一般的计算机不会自己产生 WWW 资源,只有通过访问某些已经存有 WWW 资源的计算机,才能获取或者浏览到 WWW 资源。放有 WWW 资源并且可供其他计算机访问的计算机被我们称为 WWW 服务器,而访问者则被称为客户端。

在这种结构下,用户工作界面是通过 WWW 浏览器(browser)来实现,极少部分 WWW 功能是在前端——浏览器端的计算机(大多数都是 PC)——实现的,但 WWW 的主要功能(如数据库和数据运算功能)是在服务器端(server)实现的,形成所谓三层(3-tier)结构。这样就大大简化了客户端计算机载荷,减轻了系统维护与升级的成本和工作量,降低了用户的总体成本。

以目前的技术看,WWW 建立 B/S 结构的网络应用,并通过 Internet/Intranet 模式下数据库应用,相对易于把握,成本也是较低的。它是一次性到位的开发,能实现不同的人员,从不同的地点,以不同的接入方式(如 LAN、WAN、Internet/Intranet 等)访问和操作共同的数据库。它能有效地保护数据平台和管理访问权限,服务器数据库也很安全。

图 3-17 是一个典型的 B/S 结构的例子。

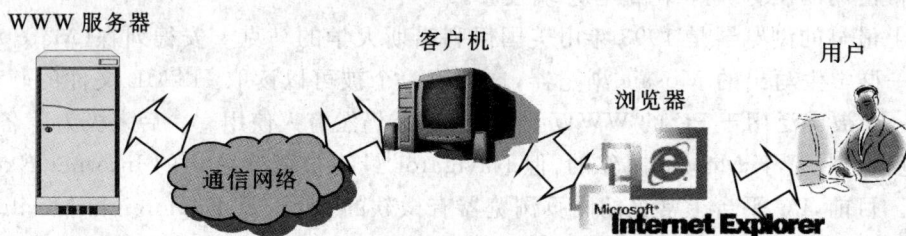

图 3-17　B/S 结构

B/S 结构有很多优势,因此现在很多类型的电子商务在服务器模式上都使用 B/S 结构。这些优势体现在以下两方面。

1. 维护和升级方式简单

目前,软件系统的改进和升级越来越频繁,B/S 架构的产品明显体现着更为方便的特性。对一个稍微大一点单位来说,系统管理人员如果需要在几百甚至上千部电脑之间来回奔跑,效率和工作量是可想而知的,但 B/S 架构的软件只需要管理服务器就行了,所有的客户端只是浏览器,根本不需要作任何的维护。无论用户的规模有多大,有多少分支机构都不会增加任何维护升级的工作量,所有的操作只需要针对服务器进行;如果是异地,只需要把服务器连接专网即可,实现远程维护、升级和共享。所以客户机越来越"瘦"——功能更简化,而服务器越来越"胖"——功能更强大是将来信息化发展的主流方向。今后,软件升级和维护会越来越容易,而使用起来会越来越简单，这对用户人力、物力、时间、费用的节省是显而易见的、惊人的。因此，维护和升级的方式是"瘦"客户机，"胖"服务器。

2. 成本降低，选择更多

windows 在 PC 上几乎一统天下，浏览器成为了标准配置，但在服务器操作系统上 windows 并不处于绝对的统治地位。现在的趋势是凡是使用 B/S 架构的应用管理软件，只需安装在 Linux 服务器上即可，而且安全性高。所以服务器操作系统的选择是很多的，不管选用哪种操作系统都可以让大部分用户使用 windows 作为桌面操作系统而电脑不受影响，这就使得最流行的免费的 Linux 操作系统快速发展起来，Linux 除了操作系统是免费的以外，连数据库也是免费的，这种选择非常盛行。

例如，用户登录新浪网，只要安装了浏览器就可以了，并不需要了解新浪网的服务器用的是什么操作系统，而事实上大部分网站确实没有使用 Windows 操作系统，而用户的电脑本身安装的大部分是 windows 操作系统。

不过 B/S 结构可能带来的一个问题是服务器(server)负荷过大。由于 B/S 架构管理软件只安装在服务器端上，网络管理人员只需要管理服务器就行了，用户界面主要事务逻辑在服务器端完全通过 WWW 浏览器实现，极少部分事务逻辑在前端(browser)实现，所有的客户端只有浏览器，网络管理人员只需要作硬件维护。但是，应用服务器运行数据负荷较重，一旦发生服务器"崩溃"等问题，后果不堪设想。因此，许多企业都备有数据库存储服务器，以防万一。

B/S 结构成为主流之后，电子商务实际上也被大大推进了一步。WWW 成为现在最重要的互联网服务，实际上和 B/S 结构不可分割。

➢ 3.3.4　WWW 上的域名和 URL

1. 域名

在 B/S 结构下，如果要访问 WWW 服务器，必须预先知道这个计算机的名字。我们在前面已经知道，每个计算机在网络中都有一个唯一的名字－IP 地址。但是，当人们实际使用 IP 地址的时候，却觉得很不方便。因为 IP 地址是由一些枯燥的数字组成的，难以记忆，而且缺乏具体的含义，不能给人直观的感受。

于是人们想出了新的办法，大部分用户在访问 WWW 资源的时候都使用一种被称为域名(domain name)的标识，例如，用户在浏览器中输入"http://www.sina.com.cn"就可以访问新浪网，"www.sina.com.cn"就是新浪网的域名。域名的另一种通俗的称呼是网址(web site)。显然，对用户而言，通过域名或网址访问互联网资源要比记住 IP 地址简单得多。

实际上，域名不能取代 IP 地址，或者说，域名不过是 IP 地址的直观表示方法。每一个可以访问的域名一定都有 IP 地址与之对应。虽然对人们来说域名要更容易使用，但对计算机而言，通过 IP 地址访问其他计算机会更有效率。因此，当我们在浏览器中输入某个域名之后，互联网中会有专门的计算机负责把用户输入的域名翻译成为它对应的 IP 地址，这个过程被称为域名解析，而专门负责域名解析的计算机，被称为域名服务器(domain name server, DNS)。例如，你在浏览器中输入"www.sina.com.cn"，域名服务器就会把这个域名翻译为"218.201.44.9"。

2. URL

光有域名或 IP 地址还不够，因为它们虽然能够帮助寻找互联网中的计算机，却不能表示出这些计算机中的资源,而我们访问互联网的最终目的,是要明确地获取某些资源,而非仅仅找到藏有这些资源的计算机。这就好比旅客乘坐飞机,最终的目的是要坐在舒适的座椅上,因此在飞机起飞前旅客必须得到自己的座位号,而不能仅仅只知道自己的航班号。为了明确而方便地在互联网上检索资源,人们引入统一资源定位器(uniform resource locate,URL)的命名约定来标识资源,它指的是互联网文件在网上的地址。

下面我们来分解一个 URL。例如,"http://www.sohu.com/index.html"这个 URL 标识。这个 URL 的第一个部分"http://"表示的是要访问的文件的类型。在网上,我们几乎总是使用 http,它的意思是超文本转换协议(hypertext transfer protocol),用于传送 WWW 的超文本页面。我们浏览任何网页都要使用这个协议,因此它是最常见的互联网的协议。在输入网址的时候,如果我们忽略输入"http://",而只输入后面的域名,那么浏览器会默认你使用的是 http 协议,因此很多时候,我们都不输入"http://"。URL 的第二部分"www.sohu.com"是我们前面提到的域名,它表示要访问的文件存放在名为"www.sohu.com"的服务器里。除第一、二部分外,剩下的都是第三部分,表示这个资源在此服务器上的具体名字。"http://www.sohu.com/index.html"的第三部分"/index.html"表明,这个资源是一个叫做"index"的".HTML"文件。有时候,URL 的第三部分可能很长,例如,"http://it.sohu.com/62/26/article15132662.shtml"的第三部分是"/62/26/article15132662.shtml",它最终仍然会指向某个确定的资源。

随着越来越多的用户上网,利用 WWW 进行商务活动的潜在利益就会越来越大。WWW 近几年膨胀的速度超过历史上的任何其他事物。在不远的将来,互联网和 WWW 会有更加令人震惊的发展。

➤ 3.3.5　WWW 上的搜索引擎

通过 URL,互联网上的资源有了自己的地方,安排清晰而准确。但是,人们却不能指望通过在浏览器中输入 URL 来找到自己需要的资源。原因很简单,互联网上的资源实在太多了,而复杂的 URL 和资源内容之间,又缺乏明确的逻辑联系,因此,必须找到新的方法解决搜寻互联网上信息的难题。

为此,人们发明了搜索引擎(search engine)。引擎这个名字很形象,就如同有一个发动机在运转着搜索机器一样。搜索引擎是指自动从互联网搜集信息,经过一定整理以后,提供给用户进行查询的系统。互联网上的信息浩瀚万千,而且毫无秩序,所有的信息像汪洋上的一个个小岛,网页链接是这些小岛之间纵横交错的桥梁,而搜索引擎,则为用户绘制一幅一目了然的信息地图,供用户随时查阅。

在 WWW 发展的初期,搜索引擎的 URL 条目是人工编辑的,因为那时候主要的网页和互联网资源还并不多。Yahoo! 是第一个商业化的搜索引擎,它一开始就是通过人工编辑的。目前,依靠人工编辑信息资源的索引条目已经不可能,绝大多数的搜索引擎都按照下面的原理进行工作。

1.搜集信息

搜索引擎的信息搜集基本都是自动的。搜索引擎利用称为网络蜘蛛(spider)的自动搜索机器人程序来连上每一个网页上的超链接。机器人程序根据网页链到其他网页中的超链接,就像日常生活中所说的"一传十,十传百……"一样,从少数几个网页开始,连到数据库上所有的其他网页的链接。从理论上讲,若网页上有适当的超链接,机器人便可以遍历绝大部分网页。

2.整理信息

搜索引擎整理信息的过程称为建立索引。搜索引擎不仅要保存搜集起来的信息,还要将它们按照一定的规则进行编排。这样,搜索引擎根本不用重新翻查它所有保存的信息而能迅速找到所要的资料。想象一下,如果信息是不按任何规则地随意堆放在搜索引擎的数据库中,那么它每次查找资料都得把整个资料库完全翻查一遍,如此一来再快的计算机系统也是没有用的。

3.接受查询

接受查询是指用户向搜索引擎发出查询,搜索引擎接受查询并向用户返回资料。搜索引擎每时每刻都要接到来自大量用户的几乎是同时发出的查询,它按照每个用户的要求检查自己的索引,在极短时间内找到用户需要的资料,并返回给用户。目前,搜索引擎返回主要是以网页链接的形式提供的,通过这些链接,用户便能到达含有自己所需资料的网页。通常搜索引擎会在这些链接下提供一小段来自这些网页的摘要信息以帮助用户判断此网页是否含有自己需要的内容。

现在的搜索引擎除了提供信息的搜索服务外,已经形成了一套成熟的电子商务模式。搜索引擎商务是一种新的商业模式,搜索引擎营销的方式慢慢地兴起,越来越多的买家或卖家通过搜索引擎来寻找自己需要的资源。

3.4　未来的网络

毫无疑问,互联网已经成为人们生活不可分割的一部分。网络——可能不再被称为计算机网络,而被称为智能化网络,即将一切可以安装智能网络芯片的事物(如任何电器、任何具有固定形状的东西甚至任何以实物形态存在的东西)同人、企业紧密地联系起来的更大网络。网络似乎是无所不在的,已经像电话一样作为人们联系的媒介而存在着,更如空气,人们浸润其中,却可能丝毫察觉不出它的存在。这些,是下一代互联网正在努力的方向,它们可能将比现在的互联网更加彻底地改变人们的生活方式。

➤ 3.4.1　无所不在的网络终端

无线互联性就像人们当初梦想把固定电话变成无线的移动电话一样,人们早就意识到坐在电脑前连线上互联网的方式将无法满足现代商务和生活的需求。无线上网将成为网络科技发展的不可逆转的趋势。无线上网的终端已经发生从笔记本电脑到 PDA(个人数字助理,一种掌上的数字设备)和手机的转变。这种趋势表明,越来越多的设备有朝一日将能够直接跟互联网连接起来。整合互通性随着技术及应用交叉性的增强,信息终端与其他终端产品的互通整合将成为一种趋势。

我们发现身边的众多事物都是网络化的,或者说网络能够包容更多的事物。人们通过网络可以控制和管理更多的事物,就如同在它们身边一样。例如,客户寄出了一个包裹,这个包裹上有无线网络微芯片与互联网随时保持联系,客户可以随时在互联网上查找到这个包裹所在的位置。

➤ 3.4.2　IPv6

当连入互联网的终端越来越多的时候,IP 地址是否够用就成为了一个非常严肃的问题。前面所讲的 IP 地址采用的点分四元组的方法,最多能够包含 2^{32}(2^{32}＝4,294,967,296)个不同的 IP 地址,因此被人们称为 32 位的地址。这是目前我们正在使用的互联网的 IP 协议中被规定下来的,这一 IP 协议被称为 IPv4,即第四版的互联网协议(Internet protocol version 4)。

由于 IPv4 只能包含 40 多亿个地址,这个看似巨大的数字随着计算机的增多将变得越来越不够用。一方面,连入互联网的终端数量在成指数倍地上升,另一方面由于地址分配的不合理,一些互联网发展迅速的国家所能够得到的 IP 地址却非常稀少。这就成为一个尖锐的矛盾,因此人们迫切需要一个更合理的解决办法,这个办法在 1994 年就已经被提出,并且被人们寄予厚望,即第六版的互联网协议——IPv6。

IPv6 与 IPv4 最大的变化在于 IPv6 采用 128 位的地址,即最多能够包含 2^{128}(2^{128}≈3.4× 10^{38})个 IP 地址。

IPv6 基本上可以满足未来终端设备连入互联网的需要。虽然在现在的生活中,平均每个人不需要一个 IP 地址也行得通,但是在未来,一个人肯定将拥有超过一个的互联网终端设备,在那个时候,IP 地址仍然会是稀缺资源。

▊ 阅读材料

IPv6 地址表示

IPv6 地址为 128 位长,但通常写作 8 组,每组四个十六进制数的形式。例如:2001:0db8:85a3:08d3:1319:8a2e:0370:7344 是一个合法的 IPv6 地址。如果四个数字都是零,可以被省略。

例如,2001:0db8:85a3:0000:1319:8a2e:0370:7344 等价于 2001:0db8:85a3::1319:8a2e:0370:7344。

遵从这些规则,如果因为省略而出现了两个以上的分号的话,可以压缩为一个,但这种零压缩在地址中只能出现一次。因此,2001:0DB8:0000:0000:0000:0000:1428:57ab、2001:0DB8:0000:0000:0000::1428:57ab、2001:0DB8:0:0:0:0:1428:57ab、2001:0DB8:0::0:1428:57ab、2001:0DB8::1428:57ab 都是合法的地址,并且它们是等价的。但 2001::25de::cade 是非法的(因为这样搞不清楚每个压缩中有几个全零的分组)。同时前导的零可以省略,因此,2001:0DB8:02de::0e13 等价于 2001:DB8:2de:e13,这个地址实际上是 IPv4 的地址,后 32 位可以用 10 进制数表示。因此,ffff:192.168.89.9 等价于::ffff:c0a8:5909,但不等价于::192.168.89.9 和 ::c0a8:5909。

ffff:1.2.3.4 格式叫做 IPv4 映射地址(IPv4-mapped address),是不建议使用的。而::1.2.3.4 格式叫做 IPv4 一致地址(IPv4-compatible address)。

IPv4 地址可以很容易地转化为 IPv6 格式。举例来说,如果 IPv4 的一个地址为 135.75.43.52(十六进制为 0x874B2B34),它可以被转化为 0000:0000:0000:0000:0000:0000:874B:2B34 或者::874B:2B34。同时,还可以使用混合符号(IPv4- compatible address),则地址可以为::135.75.43.52。

本章小结

Arpanet 是最早的分组交换网，是互联网的始祖。互联网是从 Arpanet、广域网、局域网一步步发展来的，这其中，TCP/IP 协议起到了重要的作用。互联网本质上是全球范围内各种计算机网络的大联合。

未来的网络是智能化的网络，是将一切可以安装智能网络芯片的事物同人、企业紧密地联系起来的更大网络。

思考题

1. 为什么说 Arpanet 是今天互联网的开端？谈谈计算机网络发展中的一些重要历程。

2. 计算机网络的硬件部分分为资源子网和通信子网，它们各自的作用是什么？

3. 打开计算机，在开始菜单中找到"运行(R)"一项，点击它，在打开新的窗口输入"CMD"，然后回车，将看到一个新的窗口，如图 3-18 所示。

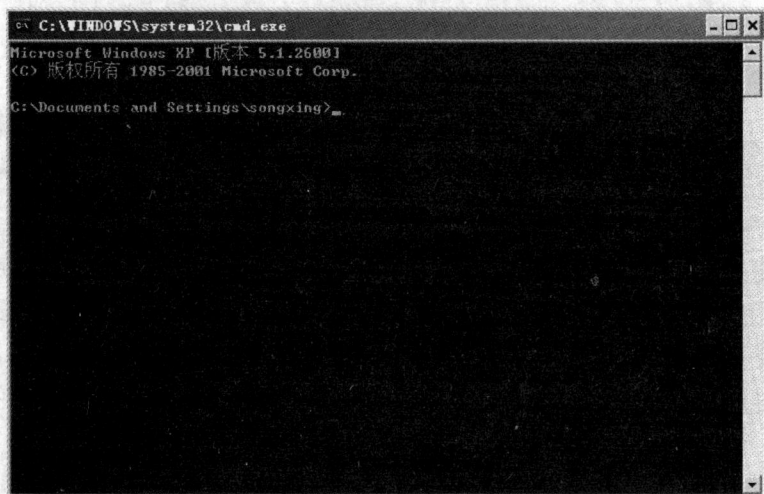

图 3-18　Windows 中的命令窗口

在命令提示光标后输入"ipconfig"命令，可以查看自己的 IP 地址等网络配置信息。你认为你的 IP 地址符合 IP 地址的规则吗？为什么？

4. 什么是 C/S 结构？它有什么特点？什么是 B/S 结构？它有什么特点？它们二者的区别是什么？

5. 查阅计算机网络原理类的书籍，说说还有什么互联网能够提供的服务是本教材没有提到的。

6. 在互联网上能够查找很多学习资料。请在浏览器中输入网址"www.google.com"，然后在其中找寻有关"ASP"的资料。

7. 域名和 URL 之间的共性是什么？它们之间有什么样的联系呢？

案例分析

聚石塔下的 N 个数据应用场景

聚石塔,实则是一个安全的商业数据环境。它打通了一系列分散的数据孤岛,让天猫和淘宝网的数据融合在一起,利用安全网络环境帮助服务商与卖家保障系统和数据安全,在云环境里提供存储、计算的保障。

云环境之上是数据环境,这当中包括订单、客服、会员、商品等的交易信息,卖家或 ISV(软件开发商)将数据放在引擎中,从而计算分析这些数据,最终提供给卖家直观建议。

数据环境和引擎结合在一起,便是数据容器。聚石塔是把数据分门别类地放好,提供一个计算容器,按需付费,不需要直接将数据源提供给第三方,保护了核心数据。

如果把聚石塔所做的事,画一个时间轴,慢慢覆盖从基础到未来的各个环节,那么越往未来所做的事带来的价值就越大。

但这些环节并非逐步递进,而是在一个特定的时间点,卖家会随着环境的变化有不同的需求。如果这些环节都能用数据想明白,那么每天产生的价值便不可忽视。

如今的聚石塔,在努力打通商家的结构性数据,并用一种委婉的阐述方式,给企业非结构性数据的建议。

由此,一个个清晰的商业场景开始出现。

订单

2009 年,订单这件事开始慢慢吸引卖家的关注,逐渐增加的订单量让没有完善系统的卖家有些措手不及。2010 年双十一狂欢节正式启动,不少大卖家的单日订单量达到上万甚至上百万,这如同一剂强心针,由此出现了又一城、百胜、管易这类第三方服务商做订单处理软件,大规模的订单处理提升了卖家的效率。

这只是订单的第一步,超卖和漏单仍然不可避免,而聚石塔恰恰希望解决订单确定性的难题。

一直以来,当消费者拍下商品后,便失去该商品的任何跟踪消息,直至物流发货。但订单产生后还会有其他状态信息,例如仓库人员进行筛单、洗单等。即使完成配送,也还可能会出现退换货,来回又是一个流程,都处于未公开状态。

聚石塔希望能对消费者作展示,这就是确定性服务。购买一件产品后的正向、反向整个过程,对于天猫、卖家和消费者都有较大价值。

相比之下,订单所扩展出来的另一个维度——财务,与数据的关系更加紧密。

一般线下的 ERP 系统,都是从财务开始,先作预算,再到财务结算,最后算出成本和利润。但事实上,在淘宝 ,不少卖家甚至不清楚店铺究竟是赚还是亏,每件产品的真实利润是多少。

这究竟是为什么呢?

线上企业要实现财务清晰,需要拆解成三个阶段。第一阶段在支付宝——卖家实收账户,由于支付宝每笔账目的备注信息没有结构化,所以很难把每笔收入金额和货品一一对应,卖家往往只看到一堆钱,但搞不清楚每笔的来源。

第二阶段是汇金,这当中有一些账目信息,例如哪笔钱进入账户对应哪笔订单,哪笔钱支出是天猫扣点、佣金或者 P4P 广告,这些相当于是应收、应付的账目部分。

再往前端的第三阶段,便是淘宝的交易。这里面包括优惠体系,卖家常常为了吸引顾客做一些满就送、满就减等活动,所有的销售额需要分摊到每个商品中。

但是这类优惠体系和订单体系并没有完全结合,所以当卖家在做一个商品整体利润分析和规划时,便看不明白某款商品究竟是赚钱还是亏钱。

聚石塔是希望将卖家的市场费用、优惠费用和实收费用这些信息都串在一起,让卖家将这些散落在各处的数据融合,将自身的财务算清楚。

2012 年 6 月支付宝阶段开始启动,2013 年 2 月汇金阶段开始启动,如今聚石塔项目组正在讨论的则是第三阶段——如何把交易信息全线打通。当把每个阶段的数据都串起来时,卖家便能构建自己的财务体系,而这一切来源于订单。

对卖家来讲,这是一条基础线,必须迅速解决,虽然这部分数据属于经营数据,但是足以穿透企业的整个链路。

客服

相比较订单,客服会更加“未来”些。

如今,当一个客服和买家聊天时,聊天的过程中客服不外乎完成两方面服务,一是买家进行售前的咨询服务,二是对买家投诉做售后服务。这和数据有什么关系呢?

例如售前,在线下,当一个人到一家商店,客服可以根据消费者的穿着打扮推荐相应的款式。但是在线上,客服获得的只是一个询盘,彼此都看不见,没有直观的信息披露给客服,从而很难进行有针对性的服务。

一直以来,阿里旺旺的分流体系是一个随机分流体系,哪个客服有时间就分到哪个客服。而现在,聚石塔是希望把分流体系的整个后端开放,让卖家能够自主分配,给不同的消费者提供不同的服务,卖家可以作各方面的个性定制。

当消费者进入店铺后,客服可以看到很多信息,如消费者喜好、购物车里有哪类商品、在全网购物时是怎么样的属性,甚至可以提供进入店铺后的实时属性,如浏览了哪些商品,这些数据对客服进一步了解消费者非常有帮助。

但这些都是为了客服能更好地做售前服务,而对于客服本身,会产生一系列聊天记录,这当中便有很多有意思的数据。

目前,大多数卖家对聊天记录的运用,只是为客服做佣金考核时,基于聊天记录去作绩效统计。但其实聊天记录里包含各种信息,如个人对商品的喜好和评价、对店铺的评价。能够帮助卖家优化商品,这便是基于客户聊天记录的挖掘。

这些客服聊天记录和聚石塔有什么关系呢?

聚石塔可以把卖家的聊天记录存在 OSS(开放储存服务)数据存储中,让飞天体系去获取这些聊天记录中的信息,把逻辑扔在 ODPS(开放储存服务)里面,去分析这些数据。这样便可把淘宝内部数据和云计算环境打通,给卖家提供一个增值服务。

这并不只是让运营效率更高,而是能提供更多的附加值,这是比较偏“未来”的做法。

会员

另一个重要环节是会员,即传统意义上的 CRM(客户关系管理)。

现在聚石塔把会员分成四个大区域:感知、分层、权益和评估,这是一个完整的体系,形成一个圆圈。

所谓感知,就是要让会员感知到卖家为其提供了多种服务。当卖家有足够的数据和信息后,会员到店铺后,他所看到的商品和别人看到的就不一样。不仅如此,商品的价格、促销活动也都不同,给他服务的客服也有所区别,这就是会员的感知体系。

而分层是指卖家将会员分成不同的等级,这些会员的分层是否与天猫、淘宝会员分层打通,都还需要讨论。当分层实现后,自然会在权益上有所体现,所以权益是分层地落实。例如极速退款便是分层后权益的直接体现。

最后,对整个会员体系通过评估,来看对卖家店铺的帮助到底有多大。

为什么这个事情很重要呢?因为获取新客户的成本在不断升高。

以服装卖家为例,拿钱投广告引流量,再从流量中沉淀出一些买家来做交易,从而获得一个新会员,但这个成本已经将近100元。

假设一个卖家已有1万会员,如果再想获得1万会员,就需要投资一百万,这样的成本并非所有卖家都能承受。其实,多数的卖家还没有对已有的1万老会员进行二次开发。

事实上,基于感知、分层、权益、评估这个体系,老客户可以做到更高的回头率、更高的客单价。对于卖家来讲,效率会成为最有优势的地方。

所以卖家需要更多会员的信息,包括会员的成交情况和属性,哪些人产生过询盘,哪些人到店铺浏览过,甚至包括会员在全网的浏览记录,是否已经在竞争对手那儿购买,等等。

当然,聚石塔不会泄露竞争对手的信息,而会用一些委婉的数据表示,例如某款商品在全网最近30天内的购买金额和频次,这对卖家有足够的价值,卖家可以根据这些数据思考,有没有必要向会员猛推这个商品。

而如今,大多数卖家对会员的管理,仍然停留在定期给会员群发一些新品及促销短信,并没有将这部分数据运用到刀刃上。

商品

毫无疑问,对线下企业来讲商品最为重要,但是往往在电子商务领域中,商品却最被忽视。

不少出现资金链断裂的大卖家,都是因为对商品把握不足,使得生产过多,所有的钱都变成库存而引发的。在国内,库存是绝大多数服装品牌的死穴。

有数据显示,目前全中国的服装库存在500亿以上,甚至更多,即使从今天开始不生产,未来五年也卖不完。大量库存积压,不是生产过多,就是生产太晚,总之是没有控制好自己的采购和商品计划。

究竟该怎么作经营决策?如果一味拍脑袋,一旦失策,所赚的钱就都将成为库存。如果看全网的数据,看哪些产品热销就跟风卖,却不知道这个产品在类目中已经饱和,同样会将钱变成库存。

因此,商品企划尤为重要。

聚石塔希望能引导卖家进行商品企划,例如哪些类目没有饱和,哪些时尚元素可以融合在新款中,如何管理商品周期,以便更好地理解品类结构和品牌优化。

一个新商品的生命周期可以分为导入期、上升期、稳定期、衰退期,而每个时期对应的销售渠道和价格管控会截然不同,因此必须清楚商品所处的阶段。一个卖家会有处于不同阶段的商品并行,所以在任何时间段都会有不同品类结构的商品处于不同的商品周期。

不仅如此,还需清楚什么商品是爆款,只靠它引流,不赚钱,什么商品是金牛款,靠它赚钱,并且要时刻关注竞争对手的情况,需要方方面面的信息,才能在每天的商品企划中有的放矢,而不是盲人摸象。

之所以现在才开始提商品企划,是因为随着线上市场的份额逐渐增加,关注线上商品企划的时间点已经来临。

在此之前,传统企业上线,多数是把线上作为一个清库存渠道。因此,对于这些线下传统企业来说,根本不需要做商品企划,只要看线下有哪些库存。

淘宝事业部商家后台资深经理张阔介绍,近年来,天猫双十一的数据呈现出一种规律:从2010—2012 年,淘宝和天猫双十一单日成交额分别为 9 亿、33 亿、191 亿;而 2011 年全年,淘宝和天猫成交量之和为 3600 亿,2012 年这个数据超过一万亿。从中不难发现,每年天猫双十一的单日成交量,正好是第二年淘宝和天猫的日均成交量之和。

这就意味着,在未来的两三年内,淘宝和天猫的日均成交额会超过 190 亿。而多年来,线下单日零售额一直保持在 580 亿,这当中还包括足浴、KTV 等服务行业。如果消费者花 3 块钱,注定会在线上消费 1 块钱。由此,卖家就不会把线上作为净销渠道卖库存,会更认真地对待线上的商品企划。未来,线上和线下的商品比例会越来越接近。

其实,数据丰富正是线上商品企划的最大优势。卖家可以取得丰富的连续性顾客数据,今天可以看昨天的数据,这一小时可以看上一小时的数据。而线下企划商品时,则是看去年同一季度的数据。

这些场景正是以云环境做基础,让获取数据和挖掘数据更容易。聚石塔提供环境、工具和合作伙伴,帮助卖家寻找更好、更有用的数据,再通过整合第三方的力量,给卖家提供各种各样的服务。

案例讨论:

1. 聚石塔可以给卖家带来哪些价值?

2. 大数据时代对电子商务产生了什么影响?

第 4 章
电子商务安全

学习目标

了解计算机网络存在的安全问题,电子商务活动中的安全隐患以及采取的相关安全措施,掌握电子商务的一些主要安全技术

基本概念

部分告知　另行确认　安全套接层协议　安全交易技术协议　对称加密　非对称加密
数字摘要　数字信封　数字签名　数字证书　公钥基础设施　防火墙

导入案例

网购"专柜验货"暗含欺诈

网购时如何鉴别真假是让许多消费者头疼的问题,网店标称"支持专柜验货"看起来像是给商品贴上了一张保证书,但事实上,实体店专柜难以提供验货服务。

从网上购买的名牌化妆品、服装、箱包价格能比商场专柜价格便宜不少,一些店家为了证明自己出售的商品是正品,都信誓旦旦地承诺"接受专柜验货"。然而调查发现,各商场几乎所有受访品牌专柜并不提供所谓鉴定服务。"专柜验货"不过是网络商家的一个欺骗性宣传。

郭女士不久前通过网络代购购买了几款香奈儿、兰蔻的护肤产品,购买前对方信誓旦旦地表示"接受专柜验货"。但收到货品时,郭女士发现其中的兰蔻眼霜没有外层塑料膜封套,瓶身状态也存在疑点,怀疑是被动过手脚的假冒产品。双方交涉时,网络代购坚持称该款眼霜没封套是因为它是双瓶特惠套装中取出的一瓶,而对瓶身上的疑点则根本不承认。郭女士到商场的兰蔻专柜询问真伪,却被告知不是这里购买的不负责检验。无奈之余,郭女士想通过质检系统的专业实验室进行辨别,但这条路似乎也行不通。专业检测机构虽接受市民送检服务,但消费者根本不能指望通过专业机构检验产品真伪。

质检实验室只能对化妆品成分含量进行检测,而无法就化妆品真伪发布质检报告。比如消费者拿一个兰蔻的眼霜送检,质检实验室只能对样品中的汞含量等单项成分进行检测,看是否符合国家标准,而根本无法断定产品品牌的真伪。

4.1 计算机网络安全

虽然电子商务的发展前景诱人,但安全问题也同样变得越来越突出。如何建立一个安全、便捷的电子商务应用环境,对信息提供足够的保护,已经成为电子商务用户最关心的主题之一。

电子商务上直接运行的是信息流,电子商务的一个重要技术特征是利用 IT 技术来传输和处理商业信息。因此,电子商务安全从整体上可分为两大部分,即计算机网络安全和商务活动(尤其是交易活动)安全。

计算机网络安全的内容包括计算机网络设备安全、计算机网络系统安全、数据库安全等。其特征是针对计算机网络本身可能存在的安全问题,实施网络安全增强方案,以保证计算机网络自身的安全性为目标。

商务活动安全则紧紧围绕传统商务在互联网上应用时产生的各种安全问题,在计算机网络安全的基础上,保障电子商务过程的顺利进行。即实现电子商务信息的保密、完整、可鉴别、不可伪造和不可抵赖。

实际上,计算机网络安全与商务交易安全总是联系在一起的。没有计算机网络安全作为基础,商务交易安全就犹如空中楼阁,无从谈起。没有商务活动安全保障,计算机网络本身的安全程度再高,仍然无法达到电子商务特有的安全要求。

任何一座高楼的地基都必须稳固,否则整个楼宇有倾塌的危险。互联网是电子商务的地基,互联网的安全如果无法保证,电子商务就更无安全可提。因此,计算机网络安全是电子商务安全需要解决的首要问题。

➤ 4.1.1 计算机网络的潜在安全隐患

1. 开放性和资源共享的弊端

凡事有利有弊——开放性和资源共享是互联网具有无限魅力的主要原因,但它却带来了不少安全问题。当用户在没有任何安全措施的情况下登入互联网,他人就可能不经用户的允许任意地访问用户的计算机。互联网是没有国界的,同样,互联网本身也没有很高的围墙,人们得自己学会设防。

2. 不含安全保障的传输协议

互联网所用的 TCP/IP 本身绝不是一个安全的传输协议,因为这个协议本身并没有采用任何措施来保护在其上传送的信息的安全。利用 TCP/IP 的网络都是包交换网,各个数据包在传输的过程中是完全透明的,即这些数据包会经由不同所有者的网络,由网络上的路由器转发,才能到达目的计算机。在这个过程中,数据包的内容可能被截获、窃取、篡改甚至被破坏。

3. 操作系统和网络软件的漏洞

不论采用什么操作系统和网络软件,都会存在一些安全问题,操作系统和网络软件的漏洞和"后门"是进行网络攻击的首选目标。很多时候,用户在操作系统中使用的那些看似无懈可击的密码实际上很有可能被用心不良的人窃取。

许多互联网服务器利用 UNIX 作为操作系统,虽然 UNIX 的安全性能较高,但仍然存在可以被攻破的漏洞。从理论上讲,没有任何一个操作系统和网络软件是不存在漏洞的,因此,微软公司总是不断地为它的旗舰产品视窗(Windows)系统发布堵死漏洞的补丁(patch)。什么是"patch"? 简单地说,"patch"就是一些替换现存的文件和目录的文件目录集合,以纠正应用程序的错误、提高安全性或增加功能。

4. DoS 攻击和 DDoS 攻击

DoS 攻击和 DDoS 攻击能够使互联网上的服务器无法响应正常的访问请求。DoS(denial of service,DoS),即拒绝服务,造成 DoS 的攻击行为被称为 DoS 攻击。最常见的 DoS 攻击有带宽攻击和连通性攻击。带宽攻击是指以极大的通信量冲击网络,使得所有可用网络资源都被消耗殆尽,最后导致合法的用户请求就无法通过。连通性攻击是指用大量的连接请求冲击计算机,使得所有可用的操作系统资源都被消耗殆尽,最终计算机无法再处理合法用户的请求。

DDoS(distributed denial of service,DDos),即分布式拒绝服务,DDoS 攻击是指借助于 C/S 结构,将多个计算机联合起来作为攻击平台,对一个或多个目标发动 DoS 攻击,从而成倍地提高拒绝服务攻击的威力。通常,攻击者使用一个偷窃账号将 DDoS 主控程序安装在一个计算机上,在一个设定的时间主控程序将与大量代理程序通讯,代理程序已经被安装在互联网上的许多计算机上,代理程序收到指令时就发动攻击。利用客户/服务器技术,主控程序能在几秒钟内激活成百上千次代理程序的运行。

我们都有过堵车的经历,公路能够承载的同时运行的汽车数量有限,汽车数量过多,道路就会发生堵塞造成行车缓慢。DoS 攻击和 DDoS 攻击类似于堵车,通信线路的信息承载量是有限的,过大的信息量会把通信线路堵死或造成线路通信速度缓慢。

随着电子商务的兴起,对网站的实时性要求越来越高,DoS 或 DDoS 对网站的威胁越来越大。以使网络瘫痪为目标的袭击后果比任何传统的恐怖主义和战争方式带来的后果更强烈,破坏性更大,造成危害的速度更快,范围也更广,而袭击者本身的风险却非常小,甚至可以在袭击开始前就已经消失得无影无踪,使对方没有实行报复打击的可能。

📚 阅读材料

电子商务安全的威胁者——黑客

谁是"黑客"?

黑客最早源自英文"hacker",早期在美国的电脑界是带有褒义的。

黑客一词一般有以下四种意义:

一个对(某领域内的)编程语言有足够了解,可以不经长时间思考就能创造出有用的软件的人。

一个恶意(一般是非法地)试图破解或破坏某个程序、系统及网络安全的人。这个意义常常对那些符合条件的黑客造成严重困扰,他们建议媒体将这群人称为"黑客"(cracker)。有时这群人也被叫做"黑帽黑客"。

一个试图破解某系统或网络以提醒该系统所有者的系统安全漏洞。这群人往往被称作"白帽黑客"或"思匿客"(sneaker)。许多这样的人是电脑安全公司的雇员,并在完全合法的情况下攻击某系统。

一个通过知识或猜测而对某段程序作出(往往是好的)修改,并改变(或增强)该程序用途的人。

"脚本小孩"则指那些完全没有或仅有一点点黑客技巧,而只是按照指示或运行某种黑客程序来达到破解目的的人。

"黑客"的起源

早在 1878 年,贝尔电话公司成立的消息已经迅速引来一群爱戏弄人的少年,他们用自制的交换机中断电话或者胡乱接驳线路。诚然,这帮纯粹为捣蛋而捣蛋的小子称不上什么严格意义上的黑客,但他们却实实在在地应当算作电脑黑客精神上的原型。

20 世纪 60 年代,黑客家谱中的第一代终于出现,他们对于新兴的电脑科技充满好奇。由于当时的电脑还是那些长达数英里、重达数百吨的大型主机,而技术人员需要劳师动众才能通过它们完成某项如今不值一提的工作,为了尽量发挥它们的潜质,最棒的电脑精英们便编写出了一些简洁高效的工作捷径程序。这些捷径往往较原有的程序系统更完善,而这种行为便被称为"hack"。

黑客发祥地——麻省理工学院(MIT)的模型火车俱乐部 model railroad club)成员早期秘密穿梭于笨拙的穿孔大型机,并从 Xerox PARC 偷取大量技术,开启了计算机革命的历程,促成了 PC 的诞生,使计算机真正走向大众。

装备有巨型计算机的大学校园,比如麻省理工学院的人工智能实验室,开始成为黑客们施展拳脚的舞台。最开始,黑客(hacker)这个词只是指那些可以随心所欲编写计算机程序实现自己意图的计算机高手,没有任何贬义。

一名黑客(hacker)是一个喜欢用智力通过创造性方法来挑战脑力极限的人,特别是他们所感兴趣的领域,如电脑编程或电器工程。

5. 安全产品使用不当

虽然不少网站采用了一些网络安全设备,但由于安全产品本身的问题或使用问题,这些产品并没有起到应有的作用。很多安全厂商的产品对配置人员的技术背景要求很高,超出对普通网管人员的技术要求,就算是厂家在最初给用户作了正确的安装、配置,但一旦系统改动,需要改动相关安全产品的设置时,很容易产生许多安全问题。

▶ 4.1.2 计算机网络安全体系

一个全方位的计算机网络安全体系结构包含两个方面,即管理体系和技术体系。具体包括安全监察、安全管理、网络的物理安全、访问控制安全、系统安全、用户安全、信息加密、安全传输和管理安全等。充分利用各种先进的主机安全技术、身份认证技术、访问控制技术、密码技术、防火墙技术、系统漏洞检测技术、黑客跟踪技术,在攻击者和受保护的资源间建立多道严密的安全防线,增加恶意攻击的难度,并增加监察信息的数量,利用这些监察信息来检查错误、追查恶意攻击者或是恢复系统。

1. 管理体系

管理体系包括:①要加强主机本身的安全,作好安全配置,及时安装安全补丁,减少漏洞;②通过各种系统漏洞检测软件定期对网络系统进行扫描分析,找出可能存在的安全隐患,并及时加以修补;③从路由器到用户各级建立完善的访问控制体系,安装防火墙,加强授权管理和认证;④利用 RAID5 等数据存储技术加强数据备份和恢复措施;⑤对敏感的设备和数据要采取必要的物理或逻辑隔离措施;⑥对在公共网络上传输的敏感信息要进行强度的数据加密;⑦安装防病毒软件,加强内部网的整体防病毒措施;⑧建立详细的安全审计日志,以便检测并跟踪入侵攻击等。

2. 技术体系

网络安全技术是伴随着网络的诞生而出现的,但直到 80 年代末才引起关注,90 年代在国外获得了飞速的发展。近几年频繁出现的网络安全事故引起了各国计算机安全界的高度重视,计算机网络安全技术也因此出现了日新月异的变化。安全核心系统、VPN 安全隧道、身份认证、网络底层数据加密和网络入侵主动监测等越来越高深复杂的安全技术极大地从不同层次加强了计算机网络的整体安全性。安全核心系统在实现一个完整或较完整的安全体系的同时也能与传统网络协议保持一致。它以密码核心系统为基础,支持不同类型的安全硬件产品,屏蔽安全硬件以变化对上层应用的影响,实现多种网络安全协议,并在此之上提供各种安全的计算机网络应用。

4.2 电子商务活动安全

当许多传统的商务方式应用在互联网上时,便会带来许多源于安全方面的问题,如传统的贷款和借款卡支付/保证方案及数据保护方法、电子数据交换系统、对日常信息安全的管理等。电子商务的大规模使用虽然只有几年时间,但不少公司都已经推出了相应的软、硬件产品。电子商务的形式多种多样,涉及的安全问题各不相同,在互联网上的电子商务交易过程中,最核心和最关键的问题就是交易的安全性。一般来说商务安全中普遍存在着以下几种安全隐患。

➢ 4.2.1 商务活动中的安全隐患

商务安全中的安全隐患除了网络安全本身带来的安全威胁之外,还存在一些在商务活动发生过程中的安全隐患,具体有以下几方面。

1.窃取信息

由于未采用加密措施,数据信息在网络上以明文形式传送,入侵者在数据包经过的网关或路由器上可以截获传送的信息。通过多次窃取和分析,可以找到信息的规律和格式,进而得到传输信息的内容,造成网上传输信息泄密。

2.篡改信息

当入侵者掌握了信息的格式和规律后,通过各种技术手段和方法,将网络上传送的信息数据在中途修改,然后再发向目的地。这种方法并不新鲜,在路由器或网关上都可以做此类工作。

3.假冒

由于掌握了数据的格式,并可以篡改通过的信息,攻击者可以冒充合法用户发送假冒的信息或者主动获取信息,而远端用户通常很难分辨。

4.恶意破坏

攻击者由于可以接入网络,则可能对网络中的信息进行修改,掌握网上的机要信息,甚至可以潜入网络内部,其后果是非常严重的。

阅读材料

网络欺诈行为日益严重

360互联网安全中心发布的《2012年中国互联网安全报告》显示,2012年,360云安全中心确认新增钓鱼网站87.3万个,较2011年增长73.9%,拦截钓鱼网站访问量81.0亿次,较2011年增长了273.3%,是同期挂马网页拦截量的近200倍。从统计数据看,钓鱼网站已经呈现快速增长和加速传播的势头,身份欺诈是钓鱼网站最突出的特征。

➢ 5.2.2 电子商务必须达到的安全境界

在上面这些电子商务安全的威胁下,电子商务要达到如下境界才能称为安全的电子商务。

1. 信息保密(data confidentiality)

在电子商务活动中,很多信息是商务活动的参与方不愿意让其他各方和外界知晓的(无论是有意还是无意)。用户一定不想让自己的身份证号码和银行的账号随意就被泄漏出去,在决定利用电子商务之前,电子商务对信息的保密性是用户一定会关心的首要问题之一。

2. 可靠(reliability)

在电子商务的过程中,用户不希望发生任何程度的错误。例如,在电子支付过程中,必须保证资金准确无误地从一方转移到另一方,即使计算机有突然断电、程序出现异常错误、通信网络传输错误以及硬件错误等因素发生,也不能对其关键环节产生任何影响。电子商务可靠性的最低要求是即使发生延误,也不允许发生错误。

3. 身份真实(user authentication)

电子商务是一种远程商务,即一般不通过面对面解决商务问题,这个时候信任问题就可能成为完成商务活动的阻碍。许多人不接受电子商务的原因正是于此,因为他们无法相信不能亲眼看到的人或物。在进行电子商务前,用户也会质疑对方身份的可靠性,支付能力,或者其货品和质量的真实性和可信性。

身份真实对电子商务的重要性在于,如果能够实现它,那么即使素不相识的商务各方也能够轻松完成商务活动,这样才可能真正使电子商务实现降低交易成本,并促成商务活动在更大的尺度下进行。

4. 数据完整(data integrity)

在计算机网络中,绝大部分不完整的数据是没有任何作用的(除非在进行谍报活动中),尤其是当这种数据是以文件形式存在的情况下。信息完整性要求数据在输入和传输的过程中始终能够保证数据信息的前后一致,不丢失、不被非授权性地篡改及破坏。

5. 不可否认(non-repudiation)

在进行电子商务活动时,必须留下任何活动进行的依据,以保证信息发送方无法否认信息发送行为和内容,并保证信息接收方无法否认信息的接收。这一点,即是要求电子商务能够确保商务活动各方"对自己的行为负责",当出现纠纷时,能够为调解或者为法律的判决提供充分的依据。

▶ 4.2.3 电子商务活动中的安全措施

为了达到电子商务所追求的安全境界,必须要在电子商务活动中加入有效的安全措施。

1. 部分告知和另行确认

在早期的电子商务活动中,曾采用过一些简易的安全措施,主要有下面的两种。

(1)部分告知(partial order):即在网上商务活动中将最关键的数据如信用卡卡号及成交数额等略去,然后再用传统方法(如电话)告之,以防泄密。

部分告知显然不是一种完全的电子商务活动,但现在人们仍然经常采用,即使在电子商务安全技术早已解决这个问题的今天,人们还是习惯于不通过网络来传输最关键和最保密的信息。但显然,随着电子商务保密级别的提高,除非军事级和谍报级的安全内容,部分告知已经不再必要了。

(2)另行确认(order confirmation):另行确认在进行电子商务交易时特别有效,即当在网上传输交易信息后或交易的实际货品已经收到后,再用其他方法如电子邮件对交易作确认,才认为交易有效并划拨账款。

另行确认即使在今天也是一种很好的电子商务交易安全办法。在 B2C 或 C2C 中,作为买家的消费者的弱势地位会为其带来不信任感,因此采用另行确认是打消消费者顾虑的较好办法,即"先收货,后付款"——在收到货物确认无误后,消费者才进行确认,对卖家进行支付。

支付宝是中国一家著名电子商务公司阿里巴巴(www. alibaba. com. cn)设计的一种互联网上的安全付款方案,其 LOGO 如图 4-1 所示。支付宝采用另行确认的简单原理,但取得了巨大的成功。

图 4-1　支付宝的 LOGO

简单地说,支付宝是一个信用中介。网上买家先将货款打到具有更高公信力的支付宝账户(实际上就是阿里巴巴公司为支付宝专门开辟的专用账户)上,支付宝确认到账之后通知网上卖家发货,买家在收到货物确认无误之后通知支付宝,支付宝再将货款转付卖家,这样卖家进行欺诈的可能性就大大降低。支付宝的另行确认方式如图 4-2 所示。

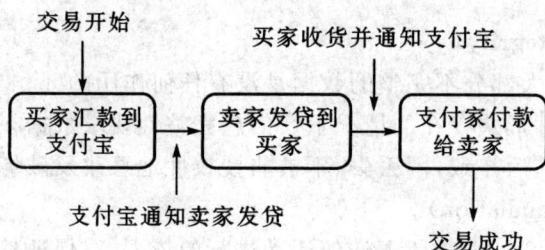

图 4-2　支付宝的另行确认方式

2. 针对电子商务活动的安全标准

除了在交易环节进行安全改造以外,针对电子商务的安全要求,电子商务企业与金融企业一起,推出了不少有效并具有影响力的安全标准。主要的协议标准有以下几方面:

(1)安全套接层协议(secure sockets layer,SSL)。由 Netscape 公司提出的安全交易协议,提供加密、认证服务和报文的完整性。SSL 被用于 Netscape Communicator 和 Microsoft IE 浏览器,以完成需要的安全交易操作。

(2)安全超文本传输协议(secure hyper text transfer protocal,SHTTP)。依靠密钥对的加密,保障 Web 站点间的报文信息传输的安全性。它是基于 SSL 协议的,为 WWW 的应用提供完整性、真实性、不可否认性和保密性等安全措施。

(3)安全交易技术协议(secure transaction technology,STT)。由微软公司提出,STT 将认证和解密在浏览器中分离开,用以提高安全控制能力。微软在 Internet Explorer 浏览器中采用这一技术。

(4)安全电子交易协议(secure electronic transaction,SET)。1996 年 6 月,由 IBM、MasterCard International、Visa International、Microsoft、Netscape、GTE、VeriSign、SAIC、Terisa

就共同制定的标准 SET 发布公告,并于 1997 年 5 月底发布了 SET Specification Version 1.0,它涵盖了信用卡在电子商务交易中的交易协定、信息保密、资料完整及数据认证、数据签名等。

所有这些安全交易标准中,SET 标准因推广利用信用卡支付网上交易而广受瞩目,它很有可能在不久的将来成为网上交易安全通信协议的工业标准。

3. 电子商务安全法律

法律体系或许是电子商务安全的最后一道防线。如果某些事情最后不得不通过法律途径获得解决的时候,恐怕已经产生了让人们都不愿意看到的结果,因此人人都不希望商务活动的结果是通过法律的仲裁来实现,但法律对电子商务而言仍然是极为重要的。

法律体系的第一个作用在于威慑力,让那些妄图破坏电子商务安全的人在实施行为之前就产生恐惧。第二个作用在于制定行为规范,让人们了解到哪些行为是可以施行的,哪些则不被许可。第三个作用在于提供确保公正的最后仲裁依据,当出现侵权或纠纷时能够公平裁决。

法律体系具体包括:有关知识产权保护的法律,有关保护个人隐私的法律,有关保障消费者权益的法律,有关电子商务合同的法律以及关于电子商务认证的法律。

4.3 电子商务的主要安全技术

➤ 4.3.1 加密技术

由于 TCP/IP 是不含安全保障的传输协议,因此在网络上传输关键的信息,必须要进行加密。

1. 加密技术的定义

加密,是指将将数据或信息从一种组织形式转换至另一种组织形式,使之不能直观地可见,需要相应的解密手段来恢复其本来的形式。数据加密技术是对信息进行编码和解码的技术,数据编码过程就是把原来人们可读的信息(被称为明文)转换为人们不能直接阅读的信息(被称为密文)。数据解码的过程就是把数据编码的过程反过来,因此编码和解码是互逆的。

阅读材料

数据加密的历史

加密作为保障数据安全的一种方式,不是现在才有的,它产生的历史相当久远,起源于公元前 2000 年。虽然它不是现在我们所讲的加密技术(甚至不叫加密),但作为一种加密的概念,确实早在公元前几个世纪前就诞生了。埃及人是最先使用特别的象形文字作为信息编码的,随着时间推移,巴比伦、美索不达米亚和希腊文明都开始使用一些方法来保护他们的书面信息。

近期加密技术主要应用于军事领域,如美国独立战争、美国内战和二次世界大战。最广为人知的编码机器是 German Enigma 机,在第二次世界大战中德国人利用它创建了加密信息。此后,由于 Alan Turing 和 Ultra 计划以及其他人的努力,终于对德国人的密码进行了破解。当初,计算机的研究就是为了破解德国人的密码,人们并没有想到计算机会给今天带来信息革命。随着计算机的发展,运算能力的增强,过去的密码都变得十分简单了,于是人们又不断地研究出了新的数据加密方式,如利用 ROSA 算法产生的私钥和公钥就是在这个基础上产生的。

2. 算法(algorithm)和密钥(key)

假如有一段明文是"abcde",把它加密后变成了密文"fghij",你能看出这是怎么加密的吗？把明文的每一个字母在英语的字母表中按顺序依次向后移动 5 位就能得到密文的结果,即把"a"移动 5 位变成了"f","b"移动 5 位变成了"g","c"移动 5 位变成了"h"等。在这个例子中,把字母向后移动某个位数是一种加密的方法,被称为算法。之所以被称为算法,是因为绝大部分加密都是通过数学计算方法完成的。而具体移动的位数"5",则是通过算法在明文和密文中转换的对应关系,被称为密钥。密钥在英语中用"key"表示。"Key"是个双关语,它既表示能够打开锁的"钥匙",又表示某件事情的"关键"。密钥似乎在这两个意思中兼而有之。

确切地讲,一个加密(解密)的转换过程中包括两个必须有的基本要素——算法和密钥。算法是加密(解密)赖以依据的方法,而密钥则是明文和密文之间的某种确切的对应关系。没有固定的算法,加密不可能实现,而没有密钥,即使有固定的算法,也无法在明文和密文中相互转换。因此算法和密钥既是加密解密的基本要素,又是需要保护的"秘密"。

3. 对称加密(symmetric encryption)

最早的加密方法是对称加密,这也是最容易理解的加密方法。上面的"abcde"的例子就是对称加密。对称加密的含义是加密和解密使用同一个密钥。但是某些加密的方法中加密密钥和解密密钥并不是同样的,这种加密方法如图 4-3 所示。

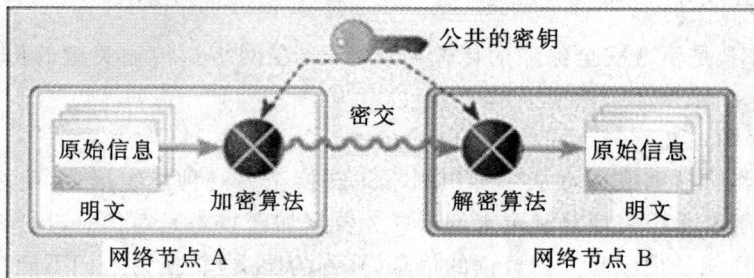

图 4-3　对称加密的方法

著名的对称加密的加密标准是数据加密标准(data encryption standard,DES)。这个标准是美国国家标准局为了在政府部门进行信息传输和处理时的安全而设计的,1975 年开发成功,1976 年被美国官方的联邦信息处理标准(FIPS)选中,随后在国际上广泛流传。这个算法因为包含一些机密设计元素,相关的短密钥长度以及被怀疑内含国家安全局(NSA)的后门而在开始产生争议,DES 因此受到强烈的质疑,但却因此推动了现代的分组密码及其密码分析。

DES 使用 54 位至 128 位长度的密钥。首先将信息切割成为 64bit 的数据块,与密钥做 16 次的交换(permutation)与替换(substitution)的动作产生 64bit 的密文组合。DES 信息的解密其实就是加密算法的反向运算,应用的是同一密钥,所以才称为对称式加密算法。

对称式加密算法的优点在于速度快,但缺点是加密解密都使用同样的密钥。由于使用相同的密钥,密钥如何从加密方传递到解密方就存在安全隐患,因此,很多时候,密钥并不是在计算机网络上传递的,而更多地采用传统方法,这实际上带来了很多麻烦。

4. 非对称加密(asymmetric encryption)

非对称加密的加密和解密使用不同的密钥,用一个密钥加密信息,就只能用另一个来解密,这在数学原理上是行得通的。两个密钥之间并不是毫无逻辑联系的,它们之间存在确定的数学关系,因此,理论上利用一个密钥是能够通过数学计算得出另一个密钥的。

这似乎并不安全,但在实践中的应用却并非如此,非对称加密的安全性非常高,因为在现实中使用一个密钥短时间内计算出另一个密钥的可能性基本是零。出现这种情况的原因是数学中存在一种被称为"单向陷门"的函数,这种函数的特点是一个方向求值很容易,但其逆向计算却极为困难。例如,"$Y = X^2 + X^3 + X^4 + X^5 + X^6 + \cdots\cdots X^{10}$"这个函数,给定 X 值,如 $X = 1.235689$,来求 Y 是比较容易的,只要有一个功能稍微强大的计算器即可。但是给定 Y 的值,如 $Y = 3.22256564$,来求 X 的值,那么这个计算就会非常复杂。在这个函数中,X 和 Y 就可以作为一对用于加密和解密的密钥。不过,现实中的函数和密钥要比上面的例子还要复杂很多倍。

非对称加密的两个密钥,一个被称为私钥(private key),意思是由私人秘密掌管的密钥,另一个被称为公钥(public key),意思是可以公开为大众所获得的密钥。为什么公钥可以被公开呢?因为单向陷门函数的原理决定了,即使公开一个密钥,另一个密钥也非常难以求出,这样就保证了另一个密钥实际上是非常安全的。人们常常把函数中容易求得值的一个变量作为公钥,如上面函数中的 Y 的值,而把不容易求得值的变量作为私钥,如上面函数中的 X 的值。

非对称加密的方法是:在给拥有一个私钥的信息接收者进行重要信息的传递时,先用已经公开的与这个私钥相对应的公钥将明文(原始信息)进行加密,这样明文就成为密文。一旦公钥进行了加密,密文就不可能被公钥解密,而只能被私钥解密,这是非对称加密之所以具有更高安全性的原因。随之,密文被传送到信息接收者,接收者用自己的私钥解密信息,就可以看到明文的信息了。非对称加密的方法如图 4-4 所示。

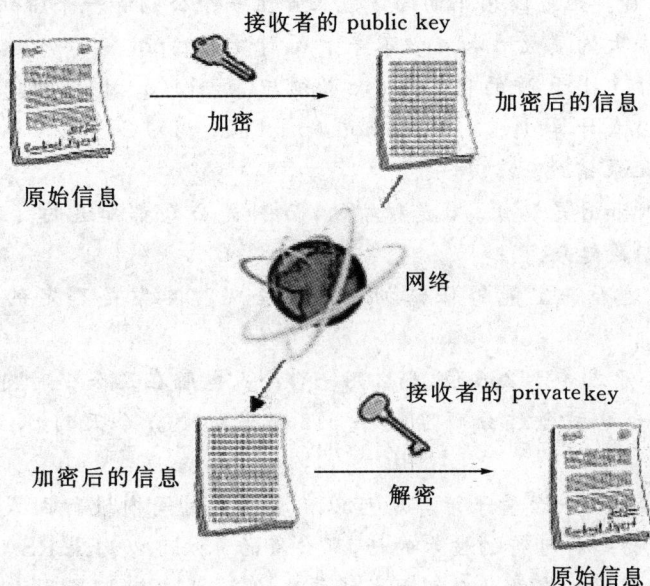

接收者的 public key

加密

加密后的信息

原始信息

网络

接收者的 private key

加密后的信息

解密

原始信息

图 4-4 非对称加密方法

上面的方法是最常用的非对称加密的方法。不过,上面的过程也可以反过来进行,即用私钥进行加密,用公钥进行解密。

经典的非对称加密算法是 RSA 算法,之所以得名,是因为三个发明者:罗纳德·李维斯特、阿迪·萨莫尔和伦纳德·阿德曼的英文姓氏的首字母是 R、S 和 A。在 RSA 加密体系中,密钥被分解为公钥和私钥,公钥被公布给任何信息的发送方,而私钥则归接收方自己保管。这就解决了对称加密中密钥传递的问题,因为根本就不再需要把密钥从加密方传递到解密方了。

RSA 的基本原理是利用两个数位极为庞大的质数相乘所产生的乘积来加密。这两个质数无论哪一个先与明文的数据相乘,对文件加密,均可由另一个质数再相乘来解密。但是,要用一个质数来求出另一个质数,则陷入单向陷门函数的窘境,非常困难。在 RSA 中,这一对质数对被称为密钥对(key pair)。

在加密应用时,由解密方的用户将其中的一个密钥公开,成为前面所说的公钥。利用这个公钥,任何人均可向解密方提供经过加密的信息,但这些信息一旦被加密就无法再被加密方解密,因为解密密钥在解密方手中,就是我们前面提到的私钥,只有私钥才能解密。

通常 RSA 的密钥位数为 1024 位,而给认证机构使用的密钥位数更是高达 2048 位或以上。由于具有如此高的密钥位数,只要私钥保管得当,RSA 很难被破解,因此具有极高的安全性,这一点令人满意。但是 RAS 的缺点是算法很复杂,加密和解密速度都很慢,成本也很高。

阅读材料

RSA 是不是万无一失的?

RSA 是不是万无一失的? 理论上任何加密都能被破解,只是时间问题。下面给出了对这一问题的解释。

RSA 的公钥和私钥是按照如下的方法产生的。假设 Alice 想要通过一个不可靠的媒体向 Bob 输送一条私人讯息。她可以用下面的方式来产生一个公钥和一个密钥:

(1)随意选择两个大的质数 p 和 q,p 不等于 q,计算 N=pq。

(2)选择一个大于 1 小于 N 的自然数 e,e 必须与(p−1)(q−1)互素。

(3)用以下这个公式计算 d:d e ≡ 1 (mod (p−1)(q−1))

(4)将 p 和 q 的记录销毁。

N 和 e 是公钥,N 和 d 是私钥。d 是秘密的,而 N 是公众都知道的。Alice 将她的公钥传给 Bob,而将她的私钥藏起来。

但 Alice 和 Bob 是否一定能够保证加密的安全呢? 答案是否定的,RSA 并非不能被破解。

假如 N 的长度小于或等于 256 位,那么用一台个人电脑在几个小时内就可以分解它的因子了。1999 年,数百台电脑合作分解了一个 512 位长的 N。今天对 N 的要求是它至少要1024 位长。

1993 年彼得·肖证明一台量子计算机可以在多项式时间内进行因式分解。假如量子计算机有朝一日可以成为一种可行的技术的话,那么肖的算法可以淘汰 RSA 和相关的算法。

假如有人能够找到一种有效的分解因式的算法的话,或者假如量子计算机可行的话,那么在解密和制造更长的钥匙之间就会展开一场竞争。从原理上来说 RSA 在这种情况下是不可靠的。但幸好,这两种方法目前都还没有被实现。

针对 RSA 最流行的攻击一般是基于大数因数分解。1999 年,RSA − 155(512 bits)被成功分解,花了五个月时间(约 8000 MIPS 年)和 224 CPU hours 在一台有 3.2G 中央内存的

Cray C916 计算机上完成。

2002 年,RSA - 158 也被成功因数分解。

RSA - 158 表示如下:

39505874583265144526419767800614481996020776460304936454139376
0515793556265294506836097278424682195350935443058704902519956553
3571020979922648497794944295560 3 =
33884958374667213943683932046721815228158303686049930480849258 4 0555281177 ×
11658823406671259903148376558383270818131012258146392600439520
9941313443341629245361 39。

2009 年 12 月 12 日,编号为 RSA—768 (768bits,232 digits)数也被成功分解。

2013 年 2 月 15 日,欧美数学家和密码学家偶然发现,被全世界广泛应用的公钥加密算法 RSA 存在漏洞。

他们发现,在 700 万个实验样本中有 2.7 万个公钥并不是按理论随机产生的。也就是说,或许有人可以找出产生公钥的秘密质数。

该研究项目是由美国独立密码学家 James P. Hughes 和荷兰数学家 Arjen K. Lenstra 牵头的。他们的报告称:"我们发现绝大多数公钥都是按理论产生的,但是每一千个公钥中会有两个存在安全隐患。"

报告称,为防止有人利用该漏洞,有问题的公钥已从公众访问的数据库中移除。为确保系统的安全性,网站需要在终端作出改变。

5. 对称加密和非对称加密的合用

由于 RSA 的密钥通常在 1000 位以上,因此任何一次运算都对计算机是一次巨大的考验。这并不是说计算机会出现错误,而是因为计算机会花费大量的时间。因此,为了减少计算量,节约时间,在通常使用的加密方式中,总是把对称加密和非对称加密的办法混用,以使高安全性和速度得以兼得。

RSA 不能代替 DES,反过来也不行,但它们的优缺点刚好可以互补。由于 DES 的加密速度快于 RSA,但密钥传递容易出现安全隐患,因此可以通过 DES 加密原始信息,即用 DES 加密明文,而用 RSA 加密 DES 的密钥。美国的保密增强邮件(PEM)就是采用了 RSA 和 DES 结合的方法,目前已成为 E-mail 保密通信的标准。

➢ 4.3.2　安全认证技术

安全认证技术要解决的问题是对信息的真伪进行认证,如确认信息发送者身份和验证信息的完整性,确认信息在传送和存储的过程中未被修改过。常用的安全认证技术包括数字摘要、数字信封、数字签名、数字时间戳和数字证书等。

1. 数字摘要(digital digest)

在电子商务中,数字摘要又被称为指印(finger print)。数字摘要使用安全 Hash 编码法(secure hash algorithm,SHA)或者使用提示摘要标准(standards for message digest,MDS)编码原则,对文件中若干重要元素摘录为一串 128 位的密文,成为一段数字摘要。在对文件进行数字摘要时,算法必须保证同样的文件摘要一定相同,而不同的文件摘要一定不同。

在传输时,将它加入欲传输的文件一同发送给对方,接收方收到文件后,用相同的方法对接收到文件进行数字摘要，如果得到的结果和发送来的摘要码完全相同，则可断定文件没有被修改。

2. 数字信封(digital envelop)

数字信封好比现实生活中的信封，保证只有规定的收信人才能阅读信件的内容。数字信封的原理利用了对称加密和非对称加密合用的办法。

首先，信息发送方通过对称密钥加密明文信息，然后将加密信息的对称密钥用接收方的公钥加密。对称密钥被公钥加密后，被称为数字信封。将数字信封和被对称加密的信息一同传给接收方，接收方就可以用私钥首先解密数字信封，获得对称加密的密钥，然后用对称加密的密钥解密原始信息。

数字信封实际上是用我们前面所说的对称加密和非对称加密结合的办法进行的。由于对称加密的密钥进行了非对称加密，密钥传递的安全性得到了较好解决。而非对称加密的内容仅仅只是对称密钥，因此加密解密的速度都较快。

3. 数字签名(digital signature)

现实生活中的签名是具有法律效力的，合同上用户的签名意味着其将要享受的权利和要承担的义务，其将无法抵赖。同样，在电子商务中，也利用数字签名提供不可否认的安全环境。

数字签名的方法是首先由信息发送方生成一个 128 位的数字摘要，发送方用自己的私钥对这个数字摘要进行加密形成发送方的数字签名。然后，这个数字签名将作为原始信息的附件和原始信息一起发送给接收方。接收方首先从接收到的原始信息中计算出 128 位的数字摘要，接着再用发送方的公开密钥来对报文附加的数字签名进行解密，还原出发送方生成的数字摘要。如果两个数字摘要完全相同，那么接收方就能确认该数字签名是发送方的。

数字摘要是数字签名的基础，所谓数字签名，就是发送方对原始信息的数字摘要再用私钥进行一次加密。

4. 数字时间戳(digital time-stamp service, DTS)

数字时间戳技术是数字签名技术进一步应用。在电子商务交易文件中，时间是十分重要的信息。在书面合同中，文件签署的日期和签名一样均是十分重要的防止文件被伪造和篡改的关键性内容。数字时间戳服务是网上电子商务安全服务项目之一，能提供电子文件的日期和时间信息的安全保护，一般由具有公信力的第三方机构担当。

时间戳(time-stamp)是一个经加密后形成的凭证文档，它包括三个部分：①需加时间戳的文件的数字摘要；②DTS 收到文件的日期和时间；③DTS 的数字签名。

一般来说，时间戳产生的过程为：用户首先将需要加时间戳的文件用 Hash 编码加密形成数字摘要，然后将该摘要发送到 DTS 服务中心(一个具有公信力的提供 DTS 服务的机构)，DTS 在加入了收到文件摘要的日期和时间信息后再对该文件加入时间信息，并进行加密(数字签名)，然后送回用户。

书面签署文件的时间是由签署人自己写上的，而数字时间戳则不然，它是由认证单位DTS 来加的，以 DTS 收到文件的时间为依据。

5. 数字证书(digital certificate 或 digital ID)

为了保证互联网上商务活动的安全性和保密性，防范交易及支付过程中的欺诈行为，必须在网上建立一种信任机制。这就要求参加电子商务的买方和卖方都必须拥有合法的身份，并且在网上能够有效无误地被进行验证。数字证书是一种权威性的电子文档。它提供了一种在互联网上验证身份的方式,其作用类似于司机的驾驶执照或日常生活中的身份证。它是由一个权威机构——CA(certificate authority)证书授权中心发放的,人们可以在电子商务过程中用它来识别对方的身份。在数字证书认证的过程中,CA 作为权威的、公正的、可信赖的第三方,其作用是至关重要的,它必须具有类似于现实生活中公证处的公信力。

阅读材料

CA

　　CA(certification authority)是认证机构的国际通称,是指对数字证书的申请者发放、管理、取消数字证书的机构。CA 的作用是检查证书持有者身份的合法性,并签发证书(在证书上签字),以防证书被伪造或篡改。

　　数字证书实际上是存于计算机上的一个记录,是由 CA 签发的一个声明,证明证书主体(证书申请者被发放证书后即成为证书主体)与证书中所包含的公钥的唯一对应关系。证书包括证书申请者的名称及相关信息、申请者的公钥、签发证书的 CA 的数字签名及证书的有效期等内容。数字证书的作用是使网上交易的双方互相验证身份,保证电子商务的正常进行。

　　目前一些银行机构已经开始逐步充当起这种被信任的第三方角色,发放数字证书、向交易伙伴和金融机构提供数字签名等。例如,作为美国银行协会下属机构的 ABAecom,从全球信任组织发展而来的 Identrus,中国金融安全认证管理中心(CFCA)都提供为企业发放数字签名的业务。

即问即答

什么是 CA?

　　数字证书颁发过程一般为:用户首先产生自己的密钥对,并将公共密钥及部分个人身份信息传送给认证中心;认证中心在核实身份后,将执行一些必要的步骤,以确信请求确实由用户发送而来;然后,认证中心将发给用户一个数字证书,该证书内包含用户的个人信息和他的公钥信息,同时还附有认证中心的签名信息。用户就可以使用自己的数字证书进行相关的各种活动。数字证书由独立的证书发行机构发布,类型各不相同,每种证书可提供不同级别的可信度。

　　图 4-5 说明了数字证书的颁发过程。

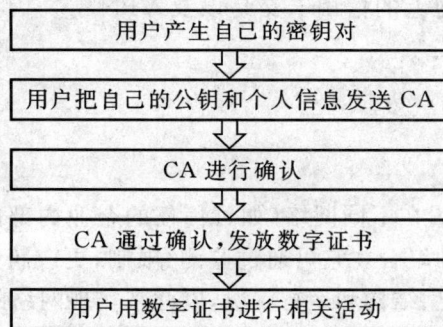

```
┌─────────────────────────────┐
│      用户产生自己的密钥对      │
└─────────────────────────────┘
               ↓
┌─────────────────────────────┐
│  用户把自己的公钥和个人信息发送 CA │
└─────────────────────────────┘
               ↓
┌─────────────────────────────┐
│          CA 进行确认          │
└─────────────────────────────┘
               ↓
┌─────────────────────────────┐
│    CA 通过确认,发放数字证书    │
└─────────────────────────────┘
               ↓
┌─────────────────────────────┐
│    用户用数字证书进行相关活动    │
└─────────────────────────────┘
```

图 4-5　数字证书的颁布的方法

目前的数字证书类型主要包括个人数字证书、单位数字证书、单位员工数字证书、服务器证书、VPN 证书、WAP 证书、代码签名证书和表单签名证书。

随着互联网的普及,各种电子商务活动和电子政务活动的飞速发展,数字证书开始广泛地应用到各个领域之中,目前主要包括发送安全电子邮件、访问安全站点、网上招标投标、网上签约、网上订购、安全网上公文传送、网上缴费、网上缴税、网上炒股、网上购物和网上报关等。

6.公钥基础设施(public key Infrastructure,PKI)

PKI 是一种遵循标准的利用公钥加密技术为电子商务的开展提供一套安全基础平台的技术和规范。它能够为所有网络应用提供加密和数字签名等密码服务及所必需的密钥和证书管理体系。简单来说,PKI 就是利用公钥理论和技术建立的提供安全服务的基础设施。用户可利用 PKI 平台提供的服务进行安全的电子交易、通信和互联网上的各种活动。

PKI 技术采用数字证书管理公钥,通过第三方的可信任机构——CA 认证中心把用户的公钥和用户的其他标识信息捆绑在一起,在互联网上验证用户的身份。目前,通用的办法是采用建立在 PKI 基础之上的数字证书,通过把要传输的数字信息进行加密和签名,保证信息传输的机密性、真实性、完整性和不可否认性,从而保证信息的安全传输。PKI 是基于公钥算法和技术,为网上通信提供安全服务的基础设施,是创建、颁发、管理、注销公钥证书所涉及的所有软件、硬件的集合体。其核心元素是数字证书,核心执行者是 CA 认证机构。

PKI 技术是信息安全技术的核心,也是电子商务的关键和基础技术。PKI 的基础技术包括加密、数字签名、数据完整性机制、数字信封、双重数字签名等。

一个典型、完整、有效的 PKI 应用系统至少应具有以下部分:①公钥密码证书管理;②黑名单的发布和管理;③密钥的备份和恢复;④自动更新密钥;⑤自动管理历史密钥;⑥支持交叉认证。

由于 PKI 体系结构是目前比较成熟完善的 Internet 网络安全解决方案,国外的一些大的网络安全公司纷纷推出一系列的基于 PKI 的网络安全产品,如美国的 Verisign、IBM、Entrust 等安全产品供应商为用户提供了一系列的客户端和服务器端的安全产品,为电子商务的发展提供了安全保证。为电子商务、政府办公网、EDI 等提供了完整的网络安全解决方案。

随着互联网应用的不断普及和深入,政府部门需要 PKI 支持管理;商业企业内部、企业与企业之间、区域性服务网络、电子商务网站都需要 PKI 的技术和解决方案;大企业需要建立自己的 PKI 平台;小企业需要社会提供的商业性 PKI 服务。从发展趋势来看,PKI 的市场需求非常巨大,基于 PKI 的应用包括了许多内容,如 WWW 服务器和浏览器之间的通信、电子邮件安全、电子数据交换、互联网上的信用卡交易以及 VPN 等。因此,PKI 具有非常广阔的市场应用前景。

➤ 4.3.3 防火墙

1.防火墙的概念

防火墙(firewall)是指设置在不同网络(如可信任的企业内部网和不可信的公共网)或网络安全域之间的一系列部件的组合。它可通过监测、限制、更改跨越防火墙的数据流,尽可能地对外部屏蔽网络内部的信息、结构和运行状况,以此来实现网络的安全保护。

在逻辑上,防火墙是一个分离器,一个限制器,也是一个分析器,有效地监控了内部网和 Internet 之间的任何活动,保证了内部网络的安全。

在计算网络中,防火墙是一种硬件或软件,在联网环境中发挥作用,以避免安全策略中禁止的一些通信,与建筑中的防火墙功能相似。它的基本任务是控制不同的信息在不同信任的区域。典型信任的区域包括因特网(一个没有信任的区域)和一个内部网络(一个高信任的区域),防火墙用于把信任的区域和不信任的区域隔开。

使用防火墙能够保护脆弱的服务。通过过滤不安全的服务,防火墙可以极大地提高网络安全和减少子网中主机的风险。

防火墙的原理如图4-6所示。

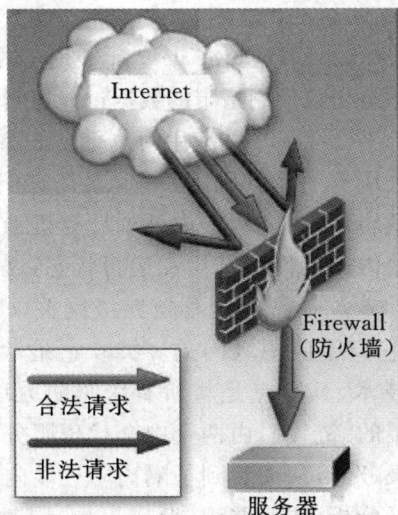

图4-6　防火墙的原理

2.防火墙的益处

(1)控制对系统的访问。防火墙可以提供对系统的访问控制功能。如允许从外部访问某些主机,同时禁止访问另外的主机。例如,防火墙允许外部访问特定的电子邮件服务器和WWW服务器。

(2)集中的安全管理。防火墙对企业内部网实现集中的安全管理,在防火墙定义的安全规则中可以运行于整个内部网络系统,而无须在内部网每台机器上分别设立安全策略。防火墙可以定义不同的认证方法,而不需要在每台机器上分别安装特定的认证软件。外部用户也只需要经过一次认证即可访问内部网。

(3)增强的保密性。使用防火墙可以阻止攻击者获取攻击网络系统的有用信息。

(4)记录和统计网络利用数据以及非法使用数据。防火墙可以记录和统计通过防火墙的网络通讯,提供关于网络使用的统计数据,并且,防火墙可以通过统计数据,来判断可能的攻击和探测。

(5)策略执行。防火墙提供了制定和执行网络安全策略的手段。未设置防火墙时,网络安全取决于每台主机的用户。

3.防火墙的类型

防火墙总体上分为数据包过滤、应用级网关和代理服务器等几大类型。

(1)数据包过滤。数据包过滤(packet filtering)技术是在网络层对数据包进行选择,选择的依据是系统内设置的过滤逻辑,被称为访问控制表(access control table)。通过检查数据流中每个数据包的源地址、目的地址、所用端口号、协议状态等因素,或它们的组合来确定是否允许该数据包通过。数据包过滤防火墙逻辑简单,价格便宜,易于安装和使用,网络性能和透明性好,它通常安装在路由器上。路由器是内部网络与 Internet 连接必不可少的设备,因此在原有网络上增加这样的防火墙几乎不需要任何额外的费用。

数据包过滤防火墙的缺点:一是非法访问一旦突破防火墙,即可对主机上的软件和配置漏洞进行攻击;二是数据包的源地址、目的地址以及 IP 的端口号都在数据包的头部,很有可能被窃听或假冒。

(2)应用级网关。应用级网关(application level gateways)是在网络应用层上建立协议过滤和转发功能。它针对特定的网络应用服务协议使用指定的数据过滤逻辑,并在过滤的同时,对数据包进行必要的分析、登记和统计,形成报告。实际中的应用网关通常安装在专用工作站系统上。

数据包过滤和应用网关防火墙有一个共同的特点,就是它们仅仅依靠特定的逻辑判定是否允许数据包通过。一旦满足逻辑,则与防火墙内外的计算机系统建立直接联系,防火墙外部的用户便有可能直接了解防火墙内部的网络结构和运行状态,这有利于实施非法访问和攻击。

(3)代理服务。代理服务(proxy service)也称链路级网关(circuit level gateways)或 TCP 通道(TCP tunnels),也有人将它归于应用级网关一类。它是针对数据包过滤和应用网关技术存在的缺点而引入的防火墙技术,其特点是将所有跨越防火墙的网络通信链路分为两段。防火墙内外计算机系统间应用层的"链接",由两个中介代理服务器上的"链接"来实现,外部计算机的网络链路只能到达代理服务器,从而起到了隔离防火墙内外计算机系统的作用。此外,代理服务也对过往的数据包进行分析、注册登记,形成报告,同时当发现被攻击迹象时会向网络管理员发出警报,并保留攻击痕迹。

本章小结

如果不能保证电子商务的安全,任何人都不会对电子商务感兴趣。不过,电子商务总是在受到安全威胁的挑战,电子商务各个环节中可能出现的漏洞和一些恶意进行的破坏为电子商务蒙上了阴影,于是逐渐形成了计算机技术、通信技术、电子商务技术的一个重大分支——电子商务安全。

保证电子商务的安全首先要保证电子商务的地基——在互联网上通信的安全,其次要消除电子商务过程中的安全隐患。电子商务的安全措施(部分告知和另行确认、安全标准和电子商务安全法律等)和安全技术(加密技术、安全认证技术和防火墙技术等)能够保证绝大多数电子商务活动的安全。

思考题

1.在电子商务中,商务安全中的安全隐患包含哪些?电子商务达到什么样的境界才可以说是基本安全的?为达到这样的安全境界,需要采用哪些安全措施?

2.对称加密是什么原理?非对称加密又是什么原理?这两种加密方法安全吗?各自又有什么特点?

3.数字摘要、数字信封、数字签名之间有何区别?它们之间又有何关联?

4.什么是计算机防火墙?它利用什么原理起到安全保护的作用?请下载一个防火墙软

件,并具体使用它,谈谈使用心得。

案例分析

Android 一年恶意软件翻近六倍 问题严峻

安全问题一直是限制 Android 生态进一步提升的瓶颈,不仅用户对此百般诟病,就连谷歌也头疼不已。虽然 Google Play 的品牌逐渐统一,但是实际的应用安全性并没有因此而有所改善,反而随着时间的变化越来越严重。最新的统计数据显示,Android 应用生态恶意软件 2012 年同比增长 580%。更具体地说,在 Android 应用 500 强热门榜单中,高风险应用的下载次数高达 1.75 亿次。

对于这个数据,大多人的第一感觉就是惊讶,但随之而来的则是害怕、不确信和担心。据悉,该数据来自于 Google Play 中的一家合法的反病毒应用 TrustGo。虽然单纯的数据有些危言耸听,实际的情况又是如何?

首先要提到的就是 580% 的增长率,如此之大的恶意应用增长率对用户的选择影响极大。和其他操作平台的官方商店一样,Google Play 作为官方商店成为用户应用下载的首选渠道。但不同的是谷歌却不能保证最基本的安全性问题。据透露,该数据来自于对全球 175 个应用市场的总共 170 万应用进行扫描后得出的结果,其中 2011 年的恶意应用为 4951 款,到了 2012 年,恶意应用的总数达到了 28707 款。

百分比作为一项最直观的数据,清楚地表现出了 Android 应用生态存在的问题,对于一个相对全新的移动操作平台,恶意应用 580% 的年增长率堪称飞涨。另外一些最新的数据也显示,Android 生态大约存在 1.69% 的应用程序,好在大多数应用程序都不在 Google Play 当中。

需要强调的是,虽然有很多恶意应用程序不在 Google Play 当中,意味着用户接触这些应用程序的几率大大降低,但现存的问题则是官方商店中大量恶意应用程序却并未得到有效的遏制,这一点则是无法想象的,因为 Google Play 毫无疑问是用户首选的应用下载渠道。而 Android 应用 500 强热门榜单中,高风险应用的下载次数高达 1.75 亿次的问题更是不容忽视。对于恶意应用和高风险应用的划分标准,TrustGo 则是按照直接对用户的手机造成破坏和偷取用户的数据、隐私以及支付等进行区分。

据 TrustGo 工作人员 Jeff Becker 透露,高风险的应用程序存在的根源在于这些应用程序可以通过偷取用户信息来营收。比如 Leadbolt 和 AireAd 这样的应用程序,会偷偷地发送用户的电话号码、设备 ID 等敏感信息给第三方信息平台。反过来这些信息平台会根据获取到的用户信息有针对性地向不同的用户发送垃圾广告,甚至是营销电话。更让人厌恶的还包括 Apperhand 这样会自动更改用户浏览器首页至可疑的搜索引擎首页,并将图标移动至操作系统程序列表的前列,而这些都是高风险应用和潜在恶意应用的表现。

1.75 亿次恶意应用的下载次数着实让人担心,不过好在多数用户都在 Google Play 下载应用。但尽管如此,除了应用要去识别"流行并非安全"的应用外,前 500 名应用程序排行榜中 4.6% 的恶意应用比例还是需要谷歌保持高度的关注。

案例讨论:

1.结合案例,分析网络安全问题给网络用户带来了哪些影响?

2.请你谈一谈可以采取哪些有效的措施保证电子商务的交易安全?

第 5 章
电子支付和网络银行

学习目标

了解电子支付的概念,掌握几种电子商务的支付手段,理解电子支付所涉及的业务内涵

基本概念

电子支付 电子货币 电子现金 在线现金存储 离线存储 重复消费 电子钱包 服务器端钱包 客户端钱包 ECIG 标准 ECML 标准 智能卡 电子支票 网络银行 第三方支付 移动支付

导入案例

腾讯、阿里巴巴进驻自动售货机 掀移动支付大战

自动售货机打响了腾讯和阿里巴巴电子商务大战第一枪,智能手机用户能下载相应应用程序进行移动支付。移动电子商务市场潜力巨大,但两家公司胜负仍需拭目以待。

近来,腾讯和阿里巴巴一直在悄悄地争取智能手机用户,这些用户均在北京地铁站使用自动售货机购买商品。最终,两家公司的移动支付大战通过自动售货机爆发。

两家公司都分别寻找合作者,推出"智能"自动售货机。它们支持各自公司的移动电子商务应用,使用者可以将此应用下载至手机,从机器上购买饮料、零食和其他商品。

9 月,腾讯公司联手自动售货机制造商——友宝在线(Ubox),在北京地铁站摆放 300 台饮料机,购买者可以通过社交移动通讯应用程序——微信完成交易。微信发言人 KatieLee 透露,"在制定长期执行计划前,我们会对实际结果进行分析。这将能展示微信支持在线和离线操作以及移动电子商务的功能。"每月有 3 万亿用户通过微信扫描机器能够识别的二维码进行移动支付。现在,用户只需扫描自动售货机上的二维码,用已绑定银行卡的微信支付买单。

5.1 从传统支付到电子支付

➤ 5.1.1 传统的支付方法

电子支付与传统支付有很多地方不同,它们之间有着紧密的联系。传统的支付方式实际上已经浓缩了高度的人类智慧。在人类文明之初,人们进行的所有交易都是以物易物的。显然这种交易并不容易,因为卖家很难找到一个对自己的商品感兴趣并且的交易对象。为了让交易变得容易些,人们以一些被普遍认可的、具有价值的商品——如盐或金子——作为货币,以充当交易的中介。随后,人们又对货币进行了虚拟化,创造出纸币。纸币本身虽然没有价

值,但是人们都认可它具有与其面值相等的价值效力,并用它作为主要的支付手段。

货币诞生很久之后,银行开始出现,这标志着人们对金钱认识水平的进一步提升。有了银行,人们逐渐摸索出一些新的支付方式,如通过银行进行转账或直接使用转账支票等。另外,很多时候人们也利用邮局进行远距离的支付,例如,读者为购买一本不易在书店买到的图书而汇款给出版社。

在没有互联网之前,人们习惯于用传统的支付方法付款。但有些支付方法并不是很方便,只要不是一手交钱一手交货,人们便会为支付的问题所困扰。例如,货到付款的方式存在付款的延迟和不确定性,银行划拨或转账的方式手续繁琐,等等。

网络的发明为解决这些问题提供了一些方法。现在,越来越多的人在使用电子化的方式进行支付。即使有些人没有在网络上进行购物的经历,但还是在不知不觉中与电子支付打了很多次交道。

➤ 5.1.2　电子支付给传统支付带来的变化

你在超市买了很多日常生活需要的东西,在收银出口你被困住了,因为你发现你携带的现金已经不够支付。过去,这种情况常常会让我们十分尴尬,但今天,这种情况则越来越少。所以,你并不慌乱,而是从容地取出自己在某个银行开办的借记卡,通过刷卡来解决问题。

或许你并没有意识到,但你的的确确又通过电子支付完成了一次交易。由于某几种电子支付方式越来越融入人们的日常生活当中,虽然普通人日常消费的金额要比过去 10 多年多很多,但人们却习惯携带越来越少的现金。

在传统支付的所有领域里,电子支付都可以施展它的身手。有些电子支付已经改变了我们的习惯,而有些则正在试图改变我们的习惯。不管是哪一种情况,电子支付都是一个在高速发展着的事物,并且也是让电子商务能够真正高效率进行的基础之一,因此值得我们费时对它进行一个了解。

5.2　电子支付工具

➤ 5.2.1　电子货币

纸币并没有价值,但纸币上印刷的面值代表了同等价值货币的信息。如果这个信息可以用人们都认可的纸币来表示,那么它为什么不能用某种人们都认可的电子化的方式来表示呢?

电子货币是按照这样的思路被发明的。如同纸币是以纸上印刷货币信息形式流通的货币一样,电子货币则是以电子信息形式流通的货币——一种以数字化记录的方式代替纸张进行资金传输和储存的信用货币。电子货币可以有多种载体,如电子现金、电子钱包、智能卡和电子支票等。

➤ 5.2.2　电子现金

1. 电子现金的概念

电子现金是(E-cash)一种以数据形式流通的货币。它把现金数值转换成为一系列的加密序列数,通过这些序列数来表示现实中各种金额的市值。用户在开展电子现金业务的银行开设账户并在账户内存钱后,就可以在接受电子现金的商店购物了。

2. 电子现金的种类

目前被人们广泛接受的电子现金存储办法是在线存储和离线存储。在线现金存储意味着消费者并不需要亲身拥有现金,而是由一个具有公信力的第三方(常常是现实生活中银行开办的电子银行)参与到所有的电子现金的结算过程中来。或者换句话说,在线存储的电子现金如同存款一般被存放在电子银行中,而且被银行认可具有与纸币同等的价值效力,因此能够被交易的双方所认可。

离线存储是指人们自己保存电子现金,在交易时并不需要可信的第三方参与交易。这种方法要比在线存储的方法更简便,不过,信任则会成为首要的问题。因为收款者有理由对你所持有的电子现金是否有效表示怀疑,所以,这时需要通过一些硬件和软件手段来防止重复消费或者欺诈。智能卡是存储电子货币的硬件解决方案,而重复消费则需要软件系统来解决。所谓重复消费,指将同一电子货币付给多个卖家而造成的多个卖家收取同一电子现金的现象,它产生的后果会比"一稿多投"严重的多。

即问即答

电子现金有哪几种种类?

3. 电子现金的支付原理

电子现金的支付原理并不复杂。简单地讲,要拿到电子现金,用户必须在银行有一个现金账户。当用户需要电子现金时,必须首先通过互联网让银行确认户主的身份,然后就可以要求银行发给用户电子现金。当然,银行会在电子现金下发的同时减去用户等额的存款。

电子现金的原理和支付模式如图5-1、5-2所示。

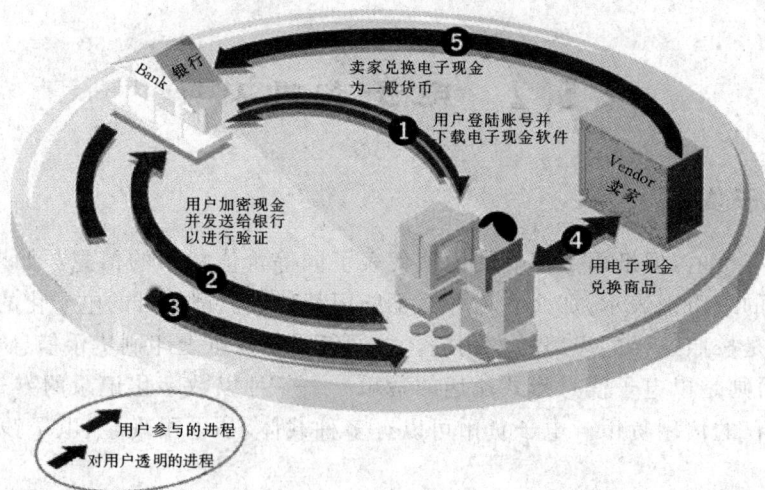

图5-1 电子现金的原理

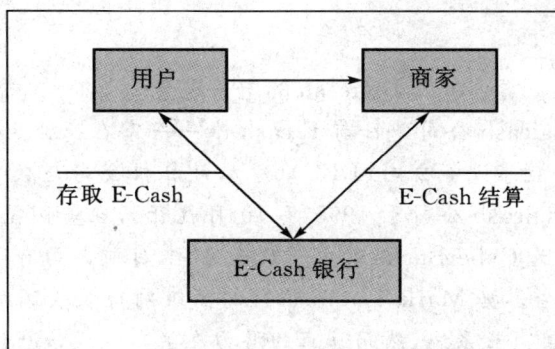

图 5-2 电子现金的支付模式

4.电子现金的特点

具体而言,电子现金的优势在于完全脱离实物载体,使得用户在支付过程中更加方便。电子现金的使用方法是:当用户拨号进入网上银行,使用一个口令(password)和个人识别码(PIN)来验明身份,就具有使用电子现金的权限了。用户首先得从自己的一般账户中拨出一笔款项,然后经过加密发送给银行进行验证,这样用户就有电子现金的账户了,然后从用户的电子现金账户中下载一定额度的电子现金,电子现金就能起到支付购买的作用。这些电子现金被存放在用户的客户端电脑中,直到用户从网上商家进行购买为止。为了保证交易安全,计算机还会为每笔现金建立随时选择的序号,并把这个号码隐藏在一个加密的数字信封中,这样就没有人知道是谁提取或使用了这些电子现金。这种方式对于保护个人隐私作用很大,因为用户是用电子现金直接进行交易的,只要下载一次电子现金,就可以多次消费。而不用每次交易都提交账号和密码,商家也只接触到现金本身,对于用户的其他资料是无权过问的。在重视个人隐私权的国家,这种交易方式很受欢迎。电子现金的特点主要表现在以下方面:

(1)比其他传统结算方式更有效。在互联网上现金转账的成本要比处理信用卡的成本低。传统的货币交换系统要求银行、支行、自动柜员机(ATM)以及相应的电子交易系统来管理转账和现金,成本非常高。而电子现金的转账只需现有的技术设施、互联网和计算机终端即可实现,所以处理电子现金的硬件固定成本趋近于零。而且互联网几乎已经覆盖全球,所以电子交易的距离不成问题,但传统货币所跨越的距离和成本则成正比。

(2)具有匿名性。换句话说,利用电子现金进行消费时,所有关于消费者的信息是被隐藏起来的,所以消费者的隐私能够得到很好的保证。

(3)有小额支付功能。在互联网上低于 100 元人民币以内的商品的结算都可以称为小额支付。用电子现金实现小额支付比直接通过银行转账要容易得多,而且更加节省。

当然,电子现金也有一些需要克服的问题,具体表现在:①电子现金对安全的要求很高。总是有些人善于进行非法伪造活动,传统货币可如此,电子现金也可如此。②电子现金虽然保护了消费者的隐私,但却带来了另一个问题——洗钱。用电子现金采购可以轻而易举地进行洗钱,当然这已经超过了我们的研究范畴了,但绝对是不能让人忽视的问题。③电子现金还没有一个世界统一的标准。消费者是不愿意看到各个银行的各种不同的电子现金只能进行某种特定消费的。随着电子现金市场的不断扩大,这些问题在不久的将来将会逐步解决。

阅读材料

Digicash 的电子现金

总部设在荷兰的 Digicash 公司是目前 E-cash 唯一一家在商业上提供真正的电子现金系统的公司,CyberCash 和数字设备公司(DEC)(康柏计算机公司与数字设备公司已经在 1998 年合并)也紧随其后。Digicash 公司于 1995 年 10 月就开始在美国圣路易马克·吐温(Mark Twain)银行试验一种名为 CyberBucks 的电子现金系统,目前大约有 50 家互联网厂商和 1000 名客户使用这种电子现金。据 Mark Twain 银行的高级副行长兼国际市场主管 Frank Trottert 称,"第一阶段是零售商业系统,然而真正的潜力在第二阶段,我认为这一阶段将形成一个全球性的面向商业的支付网络。"他还说,用户一直认为电子现金使用起来非常方便。目前使用该系统发布 E-Cash 的银行有 10 多家,包括 Mark Twain、Eunet、Deutsche、Advance 等世界著名银行。IBM 公司的 Mini-pay 系统提供了另一种 E-cash 模式。该产品使用 RSA 公共密钥数字签名,交易各方的身份认证是通过证书来完成的,电子货币的证书当天有效,主要用于网上的小额交易。

Digicash 的电子现金 LOGO 如图 5-3 所示。

图 5-3　电子现金的 LOGO

➤ 5.2.2　电子钱包

1. 电子钱包的概念

在网络上支付有一个令所有消费者都感到厌倦的事情,就是每次支付都要在各种订单中重复填写一些完全相同的栏目。

图 5-4 是一张典型的电子支付需要填写的订单项目,图中所有的白框内的信息都要完整的填写。

避免在每次采购中总是重复填写这些送货信息或者结算信息,是电子钱包需要解决的一个问题。电子钱包需要解决的另外一个问题就是为用户的银行账户资料和电子现金提供一个安全的储存之地。电子钱包的功能和实际的钱包是类似的,至少要存储用户的送货信息和结算信息,包括姓名、详细地址、城市、省份、国家、邮政编码、电话号码等。很多电子钱包还存储了用户的信用卡或者借记卡的名称与号码,让用户在结账时直接选择用卡支付就可以了。有些电子钱包还加入了加密的数字证书,以证明用户身份的确切。这个功能在用户访问那些需要用户认证的网站时会特别有用。

因此,人们创造出电子钱包的目的是为了提高购物的效率。消费者确定为自己选购的产品进行支付时,可以立即点击自己的钱包,让钱包自动完成余下的支付工作。因此电子钱包取代了重复繁琐的输入,从而加速了订购的过程。

2. 电子钱包的种类

根据电子钱包的存储位置,可以将电子钱包分为服务器端钱包和客户端钱包两类。服务

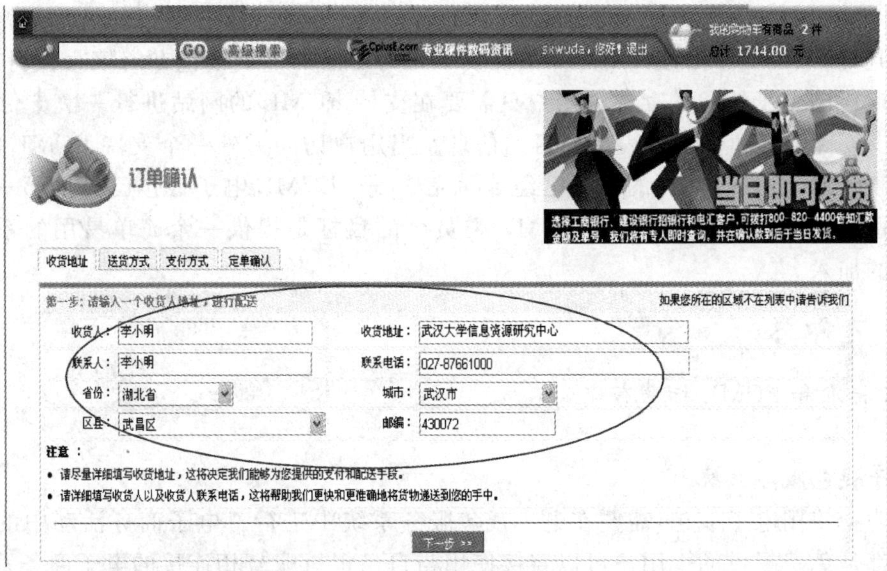

图 5-4　典型的电子支付需要填写的订单项目

器端钱包是在提供钱包的商家或电子钱包的软件公司的服务器上存储的。这种方法可以让用户省去很多麻烦,因为通过任何一台与互联网连接的计算机,用户都可以以 B/S 模式为基础的用户界面来访问并管理自己的钱包。但是服务器端钱包对安全的要求很高,客户机到服务器间的任何一点安全漏洞都可能为非法活动甚至犯罪留下可乘之机。因此服务器端钱包一般会采取非常严格的安全措施以杜绝类似未经授权泄漏消费者信息事件的发生。

另一种电子钱包是客户端钱包。它是在用户自己的 PC 上存储消费者的信息。这种方式虽然消除了攻击服务器端小而获得用户资料的可能性,但用户就得想办法自己保护自己钱包的安全。客户端钱包的另一个问题是用户必须在 PC 上下载相应的电子钱包软件,因此想在任何一台联网 PC 上使用电子钱包就比较麻烦,而大多数用户都希望能够随时随地的进行采购。因此,目前服务器端钱包更为常见。

3.电子钱包的标准

电子钱包在欧美已经比较流行,但在中国还不太为用户所熟悉。这是因为多数网站并没有接受具有相同标准的电子钱包。要使多数网站都能接受的电子钱包,这就要求电子钱包要能够自动填写用户所光顾的任何网站上的表单数据项。这种能力的背后实际上要靠一套严格而全面的标准支持,使所有的网站都能遵循统一的表单数据方法和格式,以便电子钱包能够确定在每个表单栏目中都应该相应的填入什么。

WWW 协会(W3C)的电子商务组(ECIG)制定了 WWW 小额支付通用标记草案,即 ECIG 标准,目的是为电子钱包建立一个公共的标准。这个标准,简单来讲,是在商家网站的 HTTP 的服务器端把 HTML 标记进行扩展,即增加新的关于小额支付的 HTML 标记。电子钱包通过识别这些标记,自动填入支付的相关信息。这种方式需要所有的商家对自己的网站的 HTML 页面进行修改以适应 ECIG 标准。

另外一个具有影响力的电子钱包标准是 ECML 标准。这个标准是由 IBM 公司、微软公司、VISA 公司和万事达公司所组成的协会一起协商订立的。同 ECIG 标准类似,ECML 也首先要求各商家网站统一各个关键性表单栏目的名称,如"地址"这一栏目的名称都统一为"Address"。但与 ECIG 不同的是,用户并不需要事先为自己的电子钱包专门填写栏目,或者说用户并不知道自己电子钱包的存在。用户只需要在支持 ECML 的网站进行一次支付过程,ECML 电子钱包就会自动记录各表单栏目的信息。当用户访问另外一个支持 ECML 的网站时,等他在付款台时,会发现同样的信息已经填写完毕——ECML 电子钱包已经把第一次支付情况的表单栏信息自动传送过来了。ECML 委员会的目标是提供一个简单易用的系统以支持更多网站的加入。

即问即答

ECIG 标准和 ECML 标准有什么不同?

4.电子钱包服务系统

网上购物使用电子钱包,需要在电子钱包服务系统中进行。电子商务活动中的电子钱包软件通常都是免费提供的。用户可以直接使用与自己银行账号相连接的电子商务系统服务器上的电子钱包软件,也可以通过各种保密方式利用互联网上的电子钱包软件。目前世界上有 Visa Cash 和 Mondex 两大电子钱包服务系统,其他电子钱包服务系统还有 Master-Card Cash、EuroPay 的 Clip 和比利时的 Proton 等。很多软件厂商都在自己开发的软件和系统中加入电子钱包的功能,如 Google 的"Google Wallet"。

使用电子钱包的用户通常要在有关银行开立账户。在使用电子钱包时,将电子钱包通过有关的电子钱包应用软件安装到电子商务服务器上,利用电子钱包服务系统就可以把自己的各种电子货币或电子金融卡上的数据输入进去。在发生收付款时,如用户需用电子信用卡付款,如用 Visa 卡或 Master 卡等收款时,用户只要单击一下相应项目(或相应图标)即可完成,这种电子支付方式称为单击式或点击式支付方式。在电子钱包内只能完全装电子货币,即装入电子现金、电子零钱、安全零钱、电子信用卡、在线货币、数字货币等。这些电子支付工具都可以支持单击式支付方式。

阅读材料

Mondex 电子钱包

英国西敏寺(National-Westminster)银行开发的电子钱包 Mondex 是世界上最早的电子钱包系统,于 1995 年 7 月首先在有"英国的硅谷"之称的斯温顿(Swindon)市试用。起初,它的名声并不那么响亮,不过很快就在温斯顿打开了局面,被广泛应用于超级市场、酒吧、珠宝店、宠物商店、餐饮店、食品店、停车场、电话亭和公共交通车辆之中。这是因为智能卡使用起来十分简单,只要把 Mondex 卡插入终端,三五秒钟之后,一笔交易即告结束,读取器将从 Mondex 卡所有的钱款中扣除掉本次交易的花销。此外,Mondex 卡还具有现金货币所具有的诸多属性等,如作为商品尺度的属性、储蓄的属性和支付交换的属性,通过专用终端设备还可将一张卡上的钱转移到另一张卡上,而且,卡内存有的钱一旦用光,还可通过专用 ATM 机将用户在银行账户上的存款调入卡内。

图 5-5 为 Mondex 电子钱包的页面。

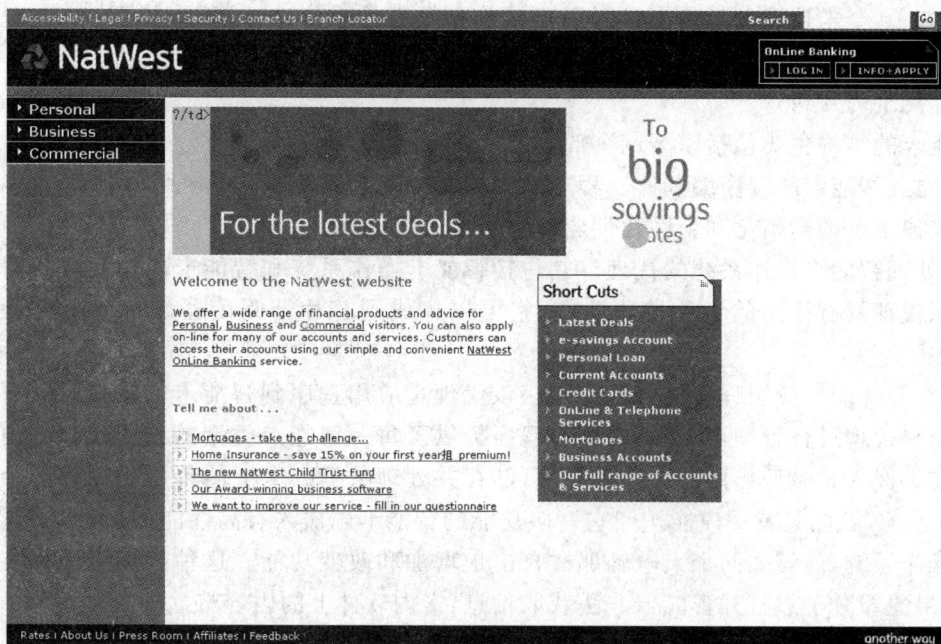

图 5-5 Mondex 电子钱包的页面

➤ 5.2.3 智能卡

1. 智能卡的概念

智能卡(smart card)也叫 IC 卡,它是一个嵌入了能够处理信息和存储信息的微处理器和存储器等微型集成电路芯片的、具有标准规格的卡片。在电子支付中,智能卡用来完成电子支付的相关功能。

智能卡最早是在法国问世的。70 年代中期,法国 Roland Moreno 公司采取在一张信用卡大小的塑料卡片上安装嵌入式存储器芯片的方法,率先成功开发 IC 存储卡。经过 20 多年的发展,真正意义上的智能卡,即在塑料卡上安装嵌入式微型控制器芯片的 IC 卡,已由摩托罗拉和 Bull HN 公司共同于 1997 年研制成功。

1999 年上海开始发行“城市交通一卡通”——一种简单的智能卡。而大连则在 2002 年把专用于交通的“城市一卡通”扩展到其他公共事业的领域,从而真正实现“城市一卡通”。虽然“城市一卡通”还没有在我国所有的城市得到普及,但按照目前的发展速度和规模来说,它的应用前景非常广阔。

2. 智能卡的种类

比较简单的智能卡就是我们常见的加上磁性数据的卡,如普通的借记卡、公交卡或者电话磁卡。磁性数据卡的信息储量很小,如借记卡上的磁条仅仅记录了用户的账户号码,公交卡和电话磁卡的磁条则只记录了卡上的余额,它们很少还能包含关于用户或者交易的其他信息。

复杂的智能卡则不同,它的储存能力要更强一些。这种智能卡,是在卡片中嵌入了一个微处理芯片,在芯片里面存入了大量与用户有关的信息。这种卡要比磁卡的信息量大 100 倍以上。大家最熟悉的智能卡是 GSM 或者手机中的 SIM 卡,这个卡上不仅记录了一些用户的通话信息(如 10 个未接来电),还记录了用户接收和发送的短信息(SMS),甚至,有些 SIM 卡还集成了通信运营商附加入手机的一些扩展功能,具备了一定的信息处理能力。

3.智能卡的结构

智能卡的结构主要包括以下三个部分:

(1)建立智能卡的程序编制器。程序编制器在智能卡开发过程中使用,它从智能卡布局的层次上描述了卡的初始化和个性化创建所有需要的数据。

(2)处理智能卡操作系统的代理。它包括智能卡操作系统和智能卡应用程序接口的附属部分。该代理具有极高的可移植化功能,它可以集成到芯片卡阅读器设备或个人计算机及C/S系统上。

(3)作为智能卡应用程序接口的代理。该代理是应用程序到智能卡的接口。它有助于对不同智能卡代理进行管理,并且还向应用程序提供了每一智能卡类型的独立接口。由于智能卡内安装了嵌入式微型控制器芯片,因而可储存并处理数据。卡上的价值受用户的个人识别码(PIN)保护,因此只有用户能访问它。多功能的智能卡内嵌入有高性能的CPU,并配备独立的基本操作系统,能够如同个人电脑那样自由地增加和改变功能。这种智能卡还设有"自爆"装置,如果犯罪分子想打开智能卡非法获取信息,卡内软件上的内容将立即自动消失。

➤ 5.2.4　电子支票

1.电子支票的概念

支票曾经是一种被广为使用的金融结算办法,现在则被引入到电子支付的业务之中,其目的是为了满足 B2B 商务大额支付的需要。

电子支票(electronic check,E-check)是一种借鉴纸张支票转移支付的优点,利用数字化信息传送将钱款从一个账户转移到另一个账户的电子付款形式。这种电子支票的支付是在与商户及银行相连的网络上以密码方式传递的,大多数使用公用关键字加密签名或个人身份证号码(PIN)代替手写签名。用电子支票支付,事务处理费用较低,而且银行也能为参与电子商务的商户提供标准化的资金信息,故而是较有效率的支付手段之一。

2.电子支票交易的过程

电子支票交易的过程可以分为以下几个步骤:

(1)付款人首先根据支票的要求产生一个电子支票,并对该支票进行签名。

(2)付款人利用安全的 E-mail 或 WWW 方式把电子支票传送给收款人。

(3)收款人收到该电子支票之后,验证付款人签名,背书(endorsed)支票,写出一张存款单(deposit),并签署该存款单。

(4)收款人银行验证付款人签名和收款人签名,贷记(credits)收款者账号,以用于后面的支票清算。

(5)付款人银行验证付款人签名,并借记(debits)付款人账号。

(6)付款人银行和收款人银行通过传统银行网络进行清算,并将清算结果向付款人和收款人进行反馈。

电子支票的交易过程如图 5-6 所示。值得注意的是,电子支票的数字签名都要被验证,而实际的纸质支票很少验证手写签名。

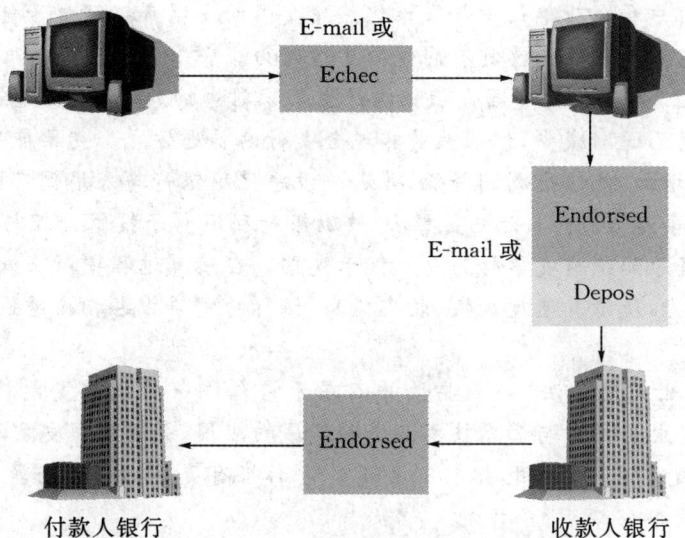

图 5-6 电子支票的交易过程

3.电子支票的发展

1996 年,美国通过的《改进债务偿还方式法》成为推动电子支票在美国应用的一个重要因素。该法规定,自 1999 年 1 月起,政府部门的大部分债务通过电子方式偿还。1998 年 1 月 1 日,美国国防部与由银行和技术销售商组成的旨在促进电子支票技术发展的金融服务技术财团(FSTC)通过美国财政部的财政管理服务支付了一张电子支票以显示系统的安全性。

近期,向互联网站点提供后端付款和处理服务的 PaymentNet 将开始处理电子支票。PaymentNet 采用 SSL(secure sockets layer,SSL)标准来保证交易安全,美国最大的支票验证公司 Telecheck 通过对储存在数据库中的用户的个人信息及风险可靠度进行交叉检验来确认其身份。

2003 年,美国一家电子支票公司 CheckFree 处理了 8500 万宗电子交易,总额达 150 亿美元。不过,目前还没有人试过在电子商务站点通过互联网直接使用支票。而且,只有美国银行支持的支票才能在互联网上被接受,因为在线检验需要依赖美国的支票兑现基础设施。因此,尽管电子支票可以大大节省交易处理的费用,但是,对于在线支票的兑现,人们仍持谨慎的态度。电子支票的广泛普及还需要一个过程。

阅读材料

21 世纪支票法

2003 年 10 月 28 日经美国总统签署通过,并于 2004 年 10 月 28 日正式生效的一项法案——《21 世纪支票法》,该法案可让银行支票业务电子化,它引起世界各国银行界的广泛重视,被称为金融界的重大事件之一。

在这项立法之下,银行将能够批核支票的电子文档,而不需用纸张再在各金融机构之间送来送去。

这条法律改变了现行的有关规定,即银行必须与其他的机构签定特定协议后才能电子化处理支票。银行、用户和企业单位中如果谁仍然想要书面支票来确认电子传输的,可以要求开出一张替代支票,它和普通的支票具有同等的法律效力。

《21世纪支票法》的实施对美国金融机构产生了深刻影响。近年来,随着支付手段的日益多样化,支票的使用已逐渐减少,但依然是非现金支付的首选方式。支票使用量的减少导致单位支票处理成本的增加,使银行利润降低,并进一步恶化了银行与采用更有效的支票处理方式的非银行机构的竞争能力。《21世纪支票法》鼓励银行利用电子技术处理与传递支票,这使银行能够截留支票,将原始纸质支票转为电子提示支票。在清算过程中消除纸质支票的传递,极大地节约了人力物力,使清算速度加快、效率提高,银行的竞争力也相应增强,受到银行界的广泛欢迎。

由此可见,《21世纪支票法》的重要性并不在于它允许一种纸质支票转为另一种纸质支票,而在于它促进了电子科学与影象技术在金融领域的应用,并提高了支票清算系统的整体效率。随着《21世纪支票法》的应用,银行业务运作方面将有更多的提高与革新,客户将享受到更为完善、便捷的服务。

5.3 网络银行

➤ 5.3.1 网络银行的概念

网络银行,或者称为网上银行或者电子银行,它是指通过互联网平台设立的提供各种银行金融业务的网上服务系统。

网络银行的实质是为各种通过互联网进行电子商务活动的客户提供电子结算的平台手段。网络银行的特点是客户只要拥有账号和密码便能在世界各地与互联网联网,并进入网络银行处理个人交易。在网络银行中,客户除了能办理储蓄、转账等简单的业务和信用卡、证券交易、保险、付款申请等业务以外,还可以查询各种银行信息以及根据实时数据进行现金分析和财政状况分析,而且在不受干扰的情况下,客户可以24小时随时随地尽情浏览。

网络银行的最终目标在于推出全方位的金融服务,存款、取款、贷款以及汇兑、代收等服务都在互联网上实现,乃至构建与其他金融机构连接的虚拟银行的体系。它使得客户可以不受银行营业地点的限制,从而形成一个融合银行账户和银行自身于一体的全开放银行体系,促使整个经济世界向"无现金、无支票"方向发展。

网络银行的出现,向传统银行发起了挑战,成为银行最便利的服务手段。网络银行无需自助银行的固定场所,省掉自动柜员机等价格昂贵、维护频繁的银行设备,客户只需要输入用户名及密码便可进入系统。因此,未来有形银行的营业网点将大量减少,那种传统大银行引以为豪的星罗棋布、遍及全球的分支机构,将来恐怕只能成为"摆设"了。

➤ 5.3.2 网络银行的种类

现在,网络银行发展的模式有两种:一种是完全依赖于互联网发展起来的全虚拟网络银行(secure first network bank,SFNB),这种银行在现实生活中并没有相应的实际银行业务;另一种是在现有的传统银行的基础上,运用公共互联网服务,对其业务进行扩展。全虚拟网上银行主要是由非金融机构进入金融领域,设立金融网站,并提供在线金融服务。近年来,全虚拟的网上银行经营业绩并不理想,许多都处于亏损的状态。

相对而言,传统银行扩展至网络而形成网络银行的方法则比较顺利。很多人都已经接受并且使用这种电子商务的基础性服务。这种方法是对现有银行专用网络的延伸和对银行传统业务方式的一种极具建设性的补充,银行只需增加路由器、服务器等软、硬件设备,不必另外投资租用通讯线路,就能通过互联网把自己的服务延伸到客户的办公室或家里,弥补传统银行业务中营业网点少和营业时间短的不足。

阅读材料

关于网络银行的一些小常识

1. 网络银行的功能

网络银行不但可实现网上查询、转账结算、缴费、汇兑、挂失、咨询、投诉等银行传统业务,还可以开展存折炒股、个人外汇实盘买卖、消费信贷、电子信用证等新兴业务。

2. 网络银行的申请条件

(1)个人用户应在银行开有储蓄账户或信用卡账户,公司用户则在银行开有对公账户;

(2)客户的 PC 机可联接互联网;

(3)客户必须拥有一个固定的 E-mail 账号;

(4)客户必须先在互联网上申请开通网上银行服务,进行账户、身份及密码的确认,由网上银行中心进行审查,确认无误后发给客户 CA 证书,客户获得 CA 证书后需在 PC 机上安装 CA 证书,进行网上银行业务。

3. 网络银行的申办程序

(1)在银行网面填写申请表,发送后,由相关人员查看客户填写的申请表,进行资格审核;

(2)在网上申请后,按规定时间携带身份证件、信用卡和存折(单)到指定地点办理手续,审核无误,办理签证手续;

(3)签证后,客户安装 CA 证书;

(4)客户在网上银行中心输入正确用户名和密码后下载 CA 证书,并在 PC 机上安装 CA 证书,进行网上银行业务。

中国的网上银行

深圳招商银行是国内较早的网上银行之一,1997 年 2 月 28 日,深圳招商银行在互联网上推出自己的主页及网上银行业务,在国内引起极大反响,受到客户的广泛称赞。在此基础上,招商银行又推出"一网通"网上业务,它包括"企业银行"、"个人银行"和"网上支付"三个部分,通过 Internet 网络或其他公用信息网,将用户的电脑终端连接至银行,实现将银行的服务直接送到用户办公室或家中的目标,使客户"足不出户"就能即时查询其在银行的帐务变动情况,动态了解当天银行对公、对私储蓄利率,了解外汇汇率、股市行情等变动情况,并可以享受各种金融信息服务。图 5-7 为招商银行的网上银行主页。

1998 年 3 月 31 日,中国银行与加拿大 SLM 软件公司宣布,由 SLM 提供电子银行管理解决方案,双方在北京、广州、上海、天津和青岛的五个试点进行的在线分行连通试验取得成功。在上述试点地区,中国银行的用户可以在中行的任何一家分支机构或自动柜员机上访问自己的账户并进行电子交易,甚至外国的客户也可以在中行的分支机构通过 CIRRUS 或 PLUS 的国际网络进行存款或贷款的交易,这标志着我国网上银行建设迈出了实质性的一步。此前不

图 5-7　招商银行的网上银行主页

久,中国银行与世纪互联集团共同宣布了国内第一笔 Internet 网上电子交易成功的消息——中央电视台的王柯平先生通过中国银行的网上银行服务,从世纪互联公司购买了 10 个小时的上网机时。这笔交易数额虽不大,但意义却非同寻常。"网上银行"作为中国银行奉献给广大客户的 21 世纪新型的金融服务品种,正在朝着更加安全、满意的方向努力。

5.4　第三方支付

　　有这样的一个行业:它横跨金融、互联网、电信,市场规模以万亿计,参与者包括互联网巨头、金融机构、电信运营商、商业零售航母,甚至还包括政府支持的信息金融公司。尽管它的市场实质性启动才刚刚开始,前景却具有让人无限遐想的空间。它就第三方支付。

　　"大家知道这个东西很重要,但却不知道它有多重要"——这是业内人士对第三方支付的评价。2010 年,第三方支付市场交易规模就突破 1 万亿,这个数字相当于全年国内生产总值的 2.7%。而到了 2012 年,我国第三方支付市场交易规模已经超过 10 万亿元。图 5-8 为2009—2012 年国内第三方支付企业互联网支付市场交易额份额变化趋势图。

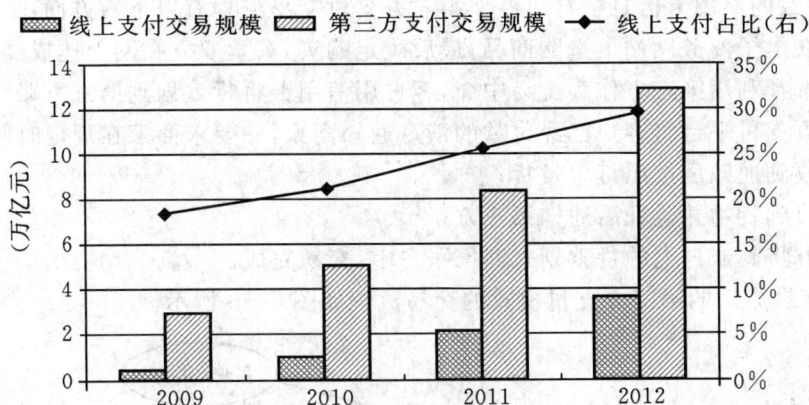

图 5 - 8　2009—2012 年国内第三方支付企业互联网支付市场交易额份额变化趋势

➤ 5.4.1　第三方支付的概念

第三方支付是具备一定实力和信誉保障的独立机构,采用与各大银行签约的方式,提供与银行支付结算系统接口的交易支持平台的网络支付模式。在第三方支付 模式中,买方选购商品后,使用第三方平台提供的账户进行货款支付,并由第三方通知卖家货款到账、要求发货;买方收到货物,并检验商品进行确认后,就可以通知第三方付款给卖家,第三方再将款项转至卖家账户上。第三方支付作为目前主要的网络交易手段和信用中介,最重要的是起到了在网上商家和银行之间建立起连接,体现第三方监管和技术保障的作用。

➤ 5.4.2　第三方支付的特点

通过第三方平台的交易,买方选购商品后,使用第三方平台提供的账户进行货款支付,由对方通知卖家货款到达、进行发货;买方检验物品后,就可以通知第三方平台付款给卖家。第三方支付平台的出现,从理论上讲,彻底杜绝了电子交易中的欺诈行为,这是由它的以下特点决定的:

(1)支付手段多样且灵活,用户可以使用网络支付、电话支付、手机短信支付等多种方式进行支付。

(2)不仅具有资金传递功能而且可以对交易双方进行监督和约束。例如,支付宝不仅可以将买家的钱划入卖家账户,而且如果出现交易纠纷,如卖家收到买家订单后不发货或者买家收到货物后找理由拒绝付款的情况,支付宝会对交易进行调查,并且对违规方进行处理,基本能起到监督和约束交易双方的作用。

(3)是一个为网络交易提供保障的独立机构。例如,淘宝的支付宝,它就相当于一个独立的金融机构。当买家购买商品的时候,钱不是直接打到卖家的银行账户上而是先打到支付宝的银行账户上,当买家确认收到货并检验货后就会通知支付宝把钱打入卖家的账户里面,支付宝在交易过程中保障了交易的顺利进行。

➤ 5.4.3　第三方支付交易流程

第三方支付模式使商家看不到客户的信用卡信息,同时又避免了信用卡信息在网络多次公开传输而导致的信用卡信息被窃事件。第三方支付交易流程有以下六方面：

(1)客户在电子商务网站上选购商品,最后决定购买,买卖双方在网上达成交易意向；

(2)客户选择利用第三方作为交易中介,客户用信用卡将货款划到第三方账户；

(3)第三方支付平台将客户已经付款的消息通知商家,并要求商家在规定时间内发货；

(4)商家收到通知后按照订单发货；

(5)客户收到货物并验证后通知第三方；

(6)第三方将其账户上的货款划入商家账户中,交易完成。

以 B2C 交易为例的第三方支付模式的交易流程如图 5-9 所示。

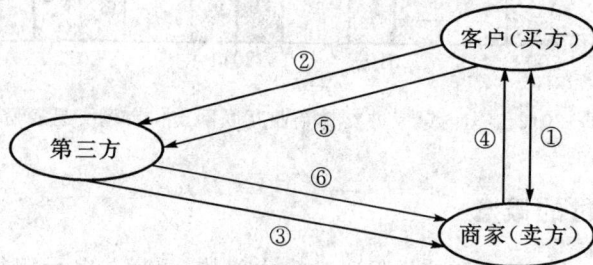

图 5-9 第三方支付交易流程

▶ 5.4.4 第三方支付的发展现状

中国最早的第三方支付企业是成立于 1999 年的北京首信股份公司和上海环迅电子商务有限公司。他们主要为 B2C 网站服务,在电子商务交易当中,银行若逐一给数十万家中小商户开设网关接口,成本过高,得不偿失。第三方支付企业的作用就是通过搭建一个公用平台,将成千上万的商家和银行连接起来,为商家、银行、消费者提供服务,并从中收取手续费。

目前,中国国内的第三方支付产品主要有:PayPal(ebay 公司产品)、支付宝(阿里巴巴旗下)、拉卡拉、财付通(腾讯公司,腾讯拍拍)、盛付通(盛大旗下)、腾付通、通联支付、易宝支付(yeepay)、快钱(99bill)、国付宝(gopay)、百付宝(百度 C2C)、物流宝(网达网旗下)、网易宝(网易旗下)、网银在线(chinabank)、环迅支付 IPS、汇付天下、汇聚支付(joinpay)、宝易互通、宝付(我的支付导航)、乐富(乐富支付)等。

其中用户数量最大的是 PayPal 和支付宝,前者主要在欧美国家流行,后者是马云的阿里巴巴旗下产品。据称,截至 2012 年 12 月,支付宝注册账户突破 8 亿,日交易额峰值超过 200 亿元人民币,日交易笔数峰值达到 1 亿零 580 万笔。拉卡拉则是中国最大线下便民金融服务提供商。另外中国银联旗下银联电子支付也开始致力于第三方支付,推出了相应的金融服务。图 5-10 为 2012 年国内第三方互联网支付市场交易额份额比例图。

目前,国内的第三方支付业务模式主要有以下三种类型:

(1)以支付宝、财付通、盛付通为首的互联网型支付企业,它们以在线支付为主,捆绑大型电子商务网站,迅速做大做强。

(2)以银联电子支付、快钱、汇付天下为首的金融型支付企业,侧重行业需求和开拓行业应用。

(3)以非金融机构的第三方支付公司为信用中介,通过和国内外各大银行签约,具备良好

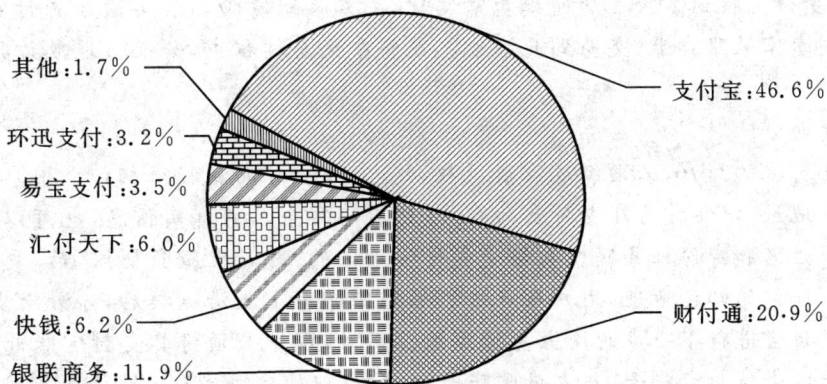

图 5-10　2012 年国内第三方互联网支付市场交易额份额比例

的实力和信用保障。它是在银行的监管下保证交易双方利益的独立机构,在消费者与银行之间建立一个某种形式的数据交换和信息确认支付的流程。乐富支付向广大银行卡持卡人提供基于 POS 终端的线下实时支付服务,并向终端特约商户提供 POS 申请/审批、自动 结帐/对帐、跨区域 T＋1 清算、资金归集、多帐户管理等综合服务。

在缺乏有效信用体系的网络交易环境中,第三方支付模式的推出,在一定程度上解决了网上银行支付方式不能对交易双方进行约束和监督,支付方式比较单一;在整个交易过程中,货物质量、交易诚信、退换要求等方面无法得到可靠的保证;交易欺诈广泛存在等问题。其优势具体体现在以下几方面:

(1)对商家而言,通过第三方支付平台可以规避无法收到用户货款的风险,同时也能够为客户提供多样化的支付工具。尤其为无法与银行网关建立接口的中小企业提供了便捷的支付平台。

(2)对客户而言,它不但可以规避无法收到货物的风险,而且货物质量在一定程度上也有了保障,增强客户网上交易的信心。

(3)对银行而言,通过第三方平台,银行可以扩展业务范畴,同时也节省了为大量中小企业提供网关接口的开发和维护费用。

可见,第三方支付模式有效的保障了交易各方的利益,为整个交易的顺利进行提供支持。

阅读材料

支付宝相关知识

1.模式

简单来说,支付宝的功能就是为淘宝的交易者以及其他网络交易的双方乃至线下交易者提供"代收代付的中介服务"和"第三方担保"。从支付流程上来说类似于 PayPal 的电子邮件支付模式,业务上的不同之处在于 PayPal 业务是基于信用卡的支付体系,并且很大程度上受制于信用卡组织规则(在消费者保护方面)和外部政策的影响,另外 PayPal 支持跨国(地区)的网络支付交易;而支付宝虽然不排斥"国际使用者",但是规定"需具备国内银行帐户"。支付宝的设计初衷是为了解决国内网上交易资金安全的问题,特别是为了解决在其关联企业淘宝网 C2C 业务中买家和卖家的货款支付流程能够顺利进行。其早期基本模式是买家在网上把钱付给支付宝,支付宝收到货款之后通知卖家发货,买家收到货物之后再通知支付宝,支付宝这时才把钱转到卖家的账户上,交易到此结束。在整个交易过程中,如果出现欺诈行为,支付宝将进行赔付。

2.流程简介

要成为支付宝的用户,必须经过注册流程,这与 PayPal 的流程很相似。用户须有一个私人的电子邮件地址,以便作为在支付宝的账号,然后填写个人的真实信息(也可以以公司的名义注册),包括姓名和身份证号码。在接受支付宝设定的"支付宝服务协议"后,支付宝会发电子邮件至用户提供的邮件地址,用户在点击了邮件中的一个激活链接后,才激活支付宝账户,便可以通过支付宝进行下一步的网上支付步骤。同时,用户必须将其支付宝账号绑定一个实际的银行账号或者信用卡账号,与支付宝账号相对应,以便完成实际的资金支付流程。基于交易的进程,支付宝在处理用户支付时有以下两种方式。

(1)买卖双方达成付款的意向后,由买方将款项划至其所在支付宝账户(其实是支付宝在相对应银行的账户),支付宝发电子邮件通知卖家发货,卖家发货给买家,买家收货后通知支付宝,支付宝将买方先前划来的款项从买家的支付宝账户中划至卖家所在的支付宝账户中。

(2)支付宝的即时支付功能——"即时到账交易(直接付款)",即交易双方可以不经过确认收货和发货的流程,买家通过支付宝立即发起付款给卖家。支付宝发给卖家电子邮件(由买家提供),在邮件中告知卖家买家通过支付宝发给其一定数额的款项。如果卖家这时不是支付宝的用户,那么卖家要通过注册流程成为支付宝的用户后才能取得货款。有一点需要说明,支付宝提供的这种即时支付服务不仅限于淘宝和其他的网上交易平台,而且还适用于买卖双方达成的其他线下交易。从某种意义上说,如果实际上没有交易发生(即双方不是交易的买卖方),也可以通过支付宝向任何一个人进行支付。

即问即答

第三方支付的威胁体现在哪些方面呢?

5.5　移动支付

随着移动通信从话音业务转向数字业务,各种移动增值业务层出不穷,而移动支付就成为其中的一个亮点。据第三方数据显示,2013 年第 2 季度国内手机银行交易金额达 22115.6 亿元,环比增长 56.2%。图 5-11 为 2013 年上半年中国手机银行市场交易金额份额比例图。

➢5.5.1　移动支付的概念

移动支付也称为手机支付,就是允许用户使用其移动终端(手机、PDA、移动 PC 等)对所消费的商品或服务进行账务支付的一种服务方式。单位或个人通过移动设备、互联网或者近距离传感直接或间接向银行金融机构发送支付指令产生货币支付与资金转移行为,从而实现移动支付功能。移动支付将终端设备、互联网、应用提供商以及金融机构相融合,为用户提供货币支付、缴费等金融业务。手机移动支付业务主要包括以下方面:

1.手机代缴费业务

手机代缴费的特点是代收费的额度较小且支付时间、额度固定;用户所缴纳的费用在移动

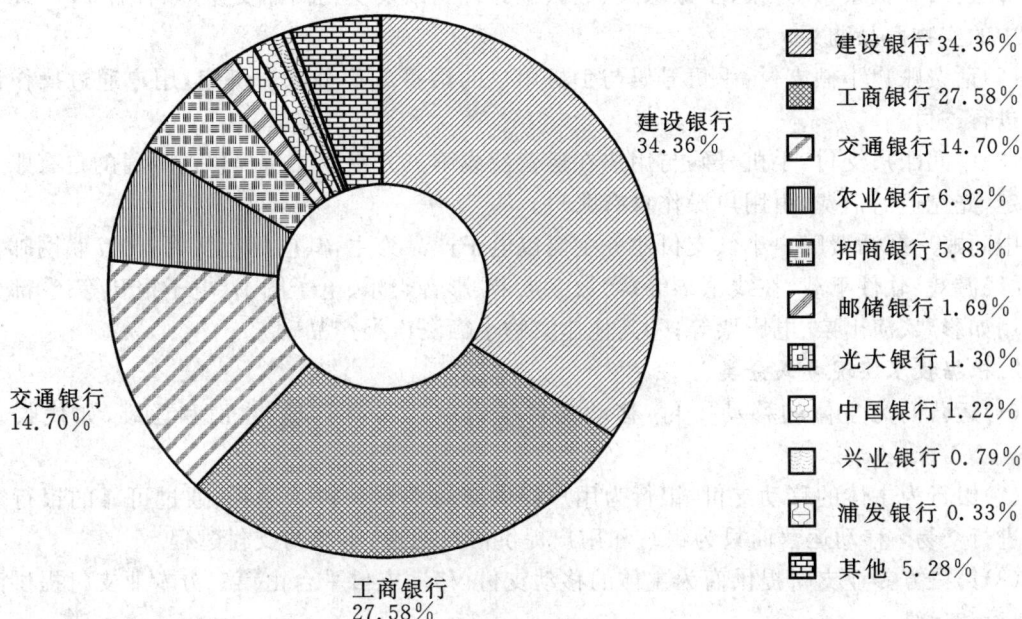

建设银行 34.36%
工商银行 27.58%
交通银行 14.70%
农业银行 6.92%
招商银行 5.83%
邮储银行 1.69%
光大银行 1.30%
中国银行 1.22%
兴业银行 0.79%
浦发银行 0.33%
其他 5.28%

图 5-11 2013 年上半年中国手机银行市场交易金额份额比例

通信费用的账单中统一结算。

2. 手机钱包业务

手机钱包是综合了支付类业务的各种功能的一项全新服务,它是以银行卡账户为资金支持,手机为交易工具的业务,就是将用户在银行的账户和用户的手机号码绑定,通过手机短信息、IVR、WAP 等多种方式,用户可以对绑定账户进行操作,实现购物消费、转账、账户余额查询并可以通过短信等方式得到交易结果通知和账户变化通知。

3. 手机银行业务

所谓手机银行就是通过移动通信网络将客户的手机连接至银行,实现通过手机界面直接完成各种金融理财业务的服务系统。

4. 手机信用平台业务

手机信用平台的特点是移动运营商和信用卡发行单位合作,将用户手机中的 SIM 卡等身份认证技术与信用卡身份认证技术结合,实现一卡多用的功能。例如,在某些场合用接触式或非接触式 SIM 可以用来代替信用卡,由用户提供密码,进行信用消费。

▶ 5.5.2 移动支付的分类

移动支付存在着多种形式,不同形式的移动支付对安全性、可操作性、实现技术等各方面都有着不同的要求,其适用于各类不同的场合和业务。移动支付可以根据多个维度进行以下分类。

1. 根据用户账户的不同分类

(1)银行卡账户支付:手机号码与银行卡绑定,用户操作银行卡账户进行支付,主要适用于运营商自有业务服务(如手机充值缴费、充值卡购买、为运营商中间账户充值等)、提供购票和商旅等服务(如机票、火车票、小额保险、商旅服务等)、以及实物商品交易(如各种 B2C 或 C2C 业务中的实物商品购买)。

(2)话费账户小额支付:手机号码与手机用户的话费或积分账户绑定,用户通过操作话费账户进行支付。

(3)中间账户支付:手机号码与用户在运营商或第三方专业支付提供商开通的自有账户进行绑定,先充值后消费,由用户操作自有账户。

中间账户及话费账户小额支付业务主要以电子产品为主,其应用范围为:①互联网邮箱服务、在线游戏、软件下载、在线杀毒等;②数字点卡、影音娱乐、电子图书、电子报刊等;③部分票务应用如彩票、演出票、电影票等;④其他非实物小额资讯类产品。

2.根据技术实现方式分类

(1)运营商为主体的移动支付:移动支付平台由运营商管理、建设和运维,如代收费业务等。

(2)银行为主体的移动支付:银行为用户提供交易平台和付款途径,通过可靠的银行金融机构进行交易,移动运营商只为银行和用户提供信息通道,不参与支付过程。

(3)第三方专业支付提供商为主体的移动支付:移动支付平台由第三方专业支付提供商管理、建设和运维。

3.根据支付方式不同分类

(1)在线支付:如通过短信、WAP、IVR 等方式完成的支付,交易发生在网络侧。

(2)离线支付:如通过近距离非接触技术完成的支付,交易发生在手机侧。

➤ 5.5.3 移动支付营运模式

1.移动支付业务价值链模式概述

全球移动支付业务价值链主要有三种,即以移动运营商为价值链主导的模式、以银行企业为价值链主导的模式和以第三方平台为价值链主导的模式,具体如表5-1所示。

表5-1 移动支付价值链模式分类

类型名称	具体介绍
以移动运营商为价值链主导的模式	运营商主导的价值链是比较初级的价值链,当前各国开展的移动支付业务价值链都属于这种。在运营商主导的价值链上,用户、商家和银行之间的资金结算都要通过运营商来进行,这不利于调动商家和银行的积极性,并且用户通过移动支付业务购买的商品的种类也会受到限制,其只适合于小额商品的支付。但在移动支付业务的发展初期,这不失为一个调动银行积极性的好办法
以银行企业为价值链主导的模式	银行主导的价值链是移动支付业务发展到高级阶段的一种价值链合作模式。运营商在价值链中只扮演网络提供商的角色,而银行走到了前台,直接和消费者接触。购买商品的价钱不再受限制,手机真正具有了信用卡的功能,安全性有了更高的保障

类型名称	具体介绍
以第三方平台为价值链主导的模式	以第三方平台为价值链主导的模式,是全面应用第三方支付平台并已经成为开展移动支付、增加行业发展的新趋势。在长期困扰移动支付的诚信、物流、现金流问题通过应用在线支付工具得到解决后,应用第三方支付平台提升移动支付产业环节的形象和竞争力、提高消费者忠诚度、降低交易风险,是一举多得的事情

2.适合我国的移动支付模式

在移动支付业务产业链中,移动运营商、银行、第三方服务提供商和商家等环节拥有各自不同的资源优势,同时也存在各自的劣势,具体如表 5-2 所示:

表 5-2　三种移动支付运营主体实施优劣情况对比表

	优势	劣势
运营商	(1)鉴于移动运营商的技术资源优势,功能实现较方便 (2)直接与用户发生关系,不需要银行参与,关系比较简单	(1)需要承担部分金融机构责任,如果发生大额交易将与国家金融政策发生抵触 (2)无法对非话费类业务出具发票 (3)税务处理复杂
银行/金融机构	(1)可以提升银行的传统金融业务的服务功能,可以吸引更多的储户和资金,提供更多的信贷服务 (2)可以扩大信用卡的年费收入,同时与移动运营商就移动支付业务的结算也可以为银行增加不小的收益 (3)通过移动支付业务的开展,移动支付终端的普及也对银行设置的 ATM 机等设备产生替代作用,节约了大量资金 (4)提升客户对银行的忠诚度	(1)各银行只能为本行用户提供本行的手机银行服务,移动支付在银行之间不能互联互通,很大程度上限制了移动支付业务在行业间的推广 (2)各银行都要购置自己的设备并开发自己的系统,造成资源极大的浪费 (3)对终端设备的安全要求很高,用户需要更换手机或 STK 卡 (4)银行,尤其是银联,作为金融秩序的规范者,如果参与到平台运营当中来就会形成一种"既当裁判又作球员"的不公平竞争局面,会引起其他参与方的不满
第三方支付平台	(1)银行、移动运营商、平台运营商以及 SP 之间分工明确,责任到位 (2)平台运营商起到"转换器"的作用,将银行、SP、用户等各利益群体之间错综复杂的关系变为多对一的关系,从而大大提高了商务运作的关系 (3)有利于银行和 SP 之间交叉推广各自的服务 (4)用户有了多种选择,只要加入到平台中即可实现跨行之间的支付交易	(1)平台运营商简化了其他群体之间的关系,但在无形中为自己增加了处理各种关系的负担,在商务运作上工作量比较大 (2)对于平台运营商的要求很高,包括市场推广能力、技术研发能力、资金运作能力等方面都要求平台运营商有很高的行业号召力和认知度

在我国移动支付产业链中,无论是移动运营商还是银行都希望在支付产业链中处于强势地位。但从我国国情来看,移动运营商独立经营和银行独立经营都存在很大的困难。

（1）垄断金融资源的银行业不会同意以移动运营商为主体经营移动支付业务。中国移动用户如果都使用手机购买东西,任何一个商业银行都不是移动运营商的对手。

（2）中国的信用体制还不健全。移动运营商在经营类似支付金融业务的时候为用户提供的信用度明显不如银行;同时,类似预付费的移动支付行为还需要金融机构进行监管。

（3）移动支付最大的特点就是小额支付,而目前中国的移动用户中使用移动支付业务的人数很少。如果银行独立经营移动支付业务,为了这样微量的交易额银行要投资购买运营商的通信服务以及加密措施等诸多额外服务,赚到的钱还不足以支付购买运营商服务的费用。因此,在未能看到明显的利润回报之前,银行独立运营方式在我国也不可取。

目前我国比较流行的是移动运营商与银行合作的商业模式,但这种模式也有自己弊端。首先,一部手机只能绑定某个银行的一个信用卡账号,无法实现跨行移动支付。其次,各个银行不同的接口标准,会造成运营商成本的上升。因此,在移动运营商和银行之间就需要引入一个第三方来承担协调和整合的任务。这个第三方移动支付服务提供商既是移动运营商和银行之间联盟关系的桥梁,也是协调各个银行之间不同标准、实现跨行支付的主要技术力量。

第三方移动支付服务提供商在统一银行间标准上具有优势,具有平衡银行和运营商关系的力量,但是它受制于自身体制限制,在业务创新和市场反应能力方面不够。独立的移动支付服务平台需要具有强大的资金和技术动力,同时拥有协调各方利益的能力。因此,规模背景单薄的移动支付平台提供商将被淘汰出去。

综上所述,由于各自的局限和核心优势的不同,我国移动支付产业链中的主要环节银行、移动运营商和第三方支付服务提供商都无法独立开展移动支付业务。因此,目前最适合我国移动支付发展的商业模式将是以银行和移动运营商紧密合作为基础,以第三方的协助支持为推动力的整合商业模式,采用合作的方式实现资源的共享,最终达到优势互补,促进价值链的高效运转。

▶ 5.5.4　移动支付的主要优势

1. 实现低成本跨越式发展

移动网络比固定线路的建设成本低,在推广时,移动网络的总体成本更低。根据麦肯锡咨询公司对南非的调查显示,移动付款网络的建造和运营成本(包含语音回复和短信息服务)比商业网络的电子销售点(可为借记卡和POS)更为低廉。这意味着,我们可以跨过中间过渡技术,直接从单证付款系统进入移动付款系统,从而大大节省有线POS系统或自动柜员机网络的建设投资。在现有有线POS网络尚未完全普及和网络通畅率不能完全保障的情况下,发展移动支付业务对银行卡支付产业的发展更有现实意义。

2. 提高交易的安全性、信息私密性和内容丰富性

据国外市场调查显示,制约电子商务发展的障碍主要有交易的安全性、信息的私密性、内容的丰富性等,分别占总制约因素的27%、20%和12%。金融业与电信业联合开拓银行卡支付市场,使用IC卡替换磁条卡并借助现代信息技术,能够很好地解决上述问题,从而促进银行卡支付市场快速发展。

（1）交易的安全性。①移动支付终端操作系统具有封闭性、复杂性和多样性特征,移动通讯网络也具有封闭性和复杂性特征。这些特性将对木马的生存和传播起极大的遏制作用。②通过第三方颁发的数字证书(CFCA)、数字签名及各种加密机制,移动支付用户可以实现安全

信息数据的交换。③作为移动支付系统参与方,金融业与电信业都具有高性能、高容错率、高安全系数的处理主机,能够保证银行卡支付安全畅通。通过银行卡号与手机卡号的一一对应,将银行卡和手机进行技术关联,用户在普通 SIM 卡的手机上即可使用安全的移动支付功能。

(2)信息的私密性。应用 PKI 公共密钥体系的特定程序,交易明文和密文通过对称密钥和非对称密钥分别对其加密、解密,保证了交易信息的私密性。①用对称密钥方式,通过哈希值(HASH)的运算与核对,提高双方交易信息的准确性和保密性。②用非对称密钥方式,通过公开密钥加密信息,保证了只有特定的收件人才能读取,而此收件人只有通过使用相应的私人密钥才能完成对此信息的解密,提高了交易信息的安全性。

(3)内容的丰富性。随着特许经营店、大型超市和各种商业机构的日趋繁荣,支付市场的潜力正逐渐被重视。不久的将来,手机用户将拥有可随身携带的支付终端,银行卡可延伸到每个手机用户身边,进行贴身服务。手机不再是简单的通讯工具,用户可以在任何时间、地点用手机办理消费、缴费和转账等业务。持卡人还可利用手机完成银行卡余额查询、手机话费缴交、商户消费、网上支付等各种业务,这大大开拓了支付市场的应用领域和服务内容。

当然,在未实现移动支付规模效益之前,由于受国内移动通信网络资费标准所限,在一定程度上暂时会影响用户使用的积极性。此外,用户对新业务的接受也还需一定的培育阶段,需多方引导。

➤ 4.5.5 国内移动支付发展的现状与问题

移动支付业务最早出现于上世纪 90 年代初的美国,随后在韩国和日本出现并迅速发展。中国的移动支付最早出现在 1999 年,由中国移动与中国工商银行、招商银行等金融部门合作,在广东等一些省市开始进行移动支付业务试点。通过该业务,客户可以在手机上实现银行账户的理财和支付功能。虽然这一业务由于种种原因而未能取得成功,但它打开了移动通信和金融业务结合的大门,为移动支付业务的发展铺垫了道路。

随着短信业务的蓬勃发展,以短信为基础、基于银行卡支付的移动支付开始得到发展。2002 年以来,中国银联分别和中国移动、中国联通合作,在海南、广东、湖南等地开展了移动支付业务,并取得了可喜的成绩,如湖南移动支付客户目前已经超过 100 万,甚至吸引了国外同行如韩国 SK 公司前来取经。从 2004 年开始,基于试点成功的经验上,银联开始在全国范围内推广移动支付业务。

此外,以第三方为主体的移动支付模式也在国内兴起。在这种模式下,移动支付平台的运营由独立于银行和移动运营商的第三方经济实体承担,且具有独立的经营权。平台运营商作为桥梁和纽带,联接客户、银行及 SP,并负责客户银行账户与服务提供商银行账户之间的资金划拨和结算。目前,广州的金中华、上海的捷银等公司均采用这种模式提供数字化产品销售、电子票务等增值服务。

但是,在国内移动支付快速发展的同时,也存在着各方面的问题,这些问题阻碍了移动支付进一步的发展和推广。存在的问题具体表现为以下几方面。

1.客户的消费和使用习惯成为业务推广的最大绊脚石

客户在接受移动支付的过程中,主要存在以下担忧:安全性、可操作性和个人隐私。

2.移动支付可购买的商品或服务品种单一、服务范围窄

移动支付是电子商务的重要环节之一,它打破了电子商务发展中的支付瓶颈,为移动电商务的发展铺平了道路。但移动支付的发展必须依赖于电子商务的发展,也必须应用于各类的增值业务,否则其本身的存在是毫无意义的。目前国内基于移动支付的增值业务品种较少,主要集中于账单缴付等有限的几项业务,而且还必须同传统的支付方式竞争,如便利店现金交费、银行代扣代缴等。在这种竞争中,移动支付并不能完全体现出其优势所在。

3. 技术的多样性和标准的不统一造成移动支付不能形成规模性发展

由于移动通信技术和金融电子技术的快速发展,在移动支付中应用的技术可谓五花八门,应有尽有。技术的多样性和标准的不统一,虽然为移动支付的发展提供了更多技术选择,但也往往造成各种模式的移动支付各自为战,不能形成合力,并在短时间内获得规模性发展,这也是移动支付业务不能迅速推广的重要原因之一。

接触式、非接触式智能卡技术的发展,为移动信用体系的建立提供了技术支持,能够接受通信指令的自动售货系统也已经初步投入使用。所有这些技术的更新、应用和推广都需要建立在标准化的基础上。而标准化问题,不仅仅限于客户手机终端,还包括客户进行交易时接触到的收款机、POS 机、自动贩售机等,这些都需要制订一系列行业技术标准,与相关行业、企业达成共识。只有实现了标准化并扩大了市场规模,真正易用、安全、廉价、标准化的移动支付技术产品才会日益丰富,逐渐渗透到百姓工作生活的方方面面。

4. 巨大的投资成本造成 SP 和客户的裹足不前

移动支付的应用,往往需要投入成本进行移动终端的更换、系统设备的升级。在没有看到移动支付带来的明显效益,或者深切体会到移动支付带来的便利之前,SP 和客户很难投入巨资进行设备升级或更换终端,这也阻碍了移动支付的迅速普及。

5. 行业间的协作性制约了移动支付发展

移动支付的发展涉及多个行业,其价值链包括终端厂商、网络设备商、系统集成商、网络运营商、金融机构、SP、客户等多个环节和行业。

一方面,不同行业存在不同的网络标准以及互不相容的操作系统和设备的情况。各种行业标准之间的各自为政阻碍了移动支付的无缝连接和平滑完成,从而迫使各行业厂商忙于各种标准之间的相互适应,而不是将主要精力放在改善服务和增加应用的竞争上。

另一方面,各环节之间的合作模式成为移动支付的另一个发展瓶颈。移动支付的各个合作方之间在利益分配、权利和责任、费用结算等方面还存在一定的分歧。我国的金融服务体系本身就不完善,中间业务发展水平低,这些都在一定程度上影响了移动支付的推广。

因此,只有各个相关产业环节通力合作,切实提供方便百姓的一条龙服务体系,移动支付带来的方便性才能真正"落地实现",进而将移动支付普及推广。

即问即答

你对移动支付业务发展策略有哪些建议?

虽然目前移动支付还只是处于起步阶段,但我们相信,只要整个价值链同心协力,移动支付必将和现金支付、银行卡支付等形式一样,成为人们未来支付方式的主流之一。

本章小结

电子支付,是用电子化的方式,转移商业活动中货币或资金的所有权,进而实现货币支付或资金流转。电子支付深深地改变了传统的支付方式。电子货币是以电子信息形式流通的货币，它包括电子现金、电子钱包、智能卡和电子支票等。

把各种电子支付手段集成在一起的是网络银行。第三方支付和移动支付也是新兴的电子支付方式。

思考题

1. 电子货币分为哪些种类？它们如何使用，又具有什么特点？

2. 电子钱包具有哪两种主要的标准？在互联网上查找一下关于它们更多的介绍。

3. 把属于自己的所有卡片（Card）都找出来，说说其中哪些可能属于智能卡。

4. 网络银行有哪些种类？哪一种更可靠？如果你有一张中国工商银行（或者招商银行、建设银行）的借记卡，试着使用它的电子银行查询卡中的余额。（注意：请在自己的计算机上进行，不要使用公共计算机进行此项实验！）

案例分析

第三方支付"冻结资金"返还难待解

电子商务的持续快速发展，正迅速推动第三方支付产业的增长。然而涉及支付欺诈的消费者在进行维权时，却难免遭到各种障碍。在便捷的背后，安全由谁来保障？

近日，数位用户投诉，表示在淘宝进行网络购物并以支付宝进行网上转账时，遭遇钱款被系统划走却未有显示交易记录的情况发生，虽然资金第一时间被支付宝冻结，却遭遇退款难题，基本就处于无法追回状态。

其中一位湖北用户章先生表示，他在淘宝上购买了一块价值 5000 元的玉饰，在链接付款后意外发现在交易记录上无此交易，他迅速给淘宝以及支付宝打电话，希望能够截停这笔交易，并监控这家相关的网店。"我当时将聊天记录截图在第一时间发给了支付宝，并查到该笔款项仍停留在对方的支付宝账户上，要求支付宝方面对这笔资金进行冻结。"

但令章先生意外的是，虽然该笔资金及时被冻结了，但其后的追回款项的过程却令其心力交瘁。"相关第三方支付企业一开始要求我以网络诈骗为由，到当地的公安机关进行立案，我将立案回执交给该公司后，其又表示不接受派出所出具的证明，需由当地的公安局网警支队来出具证明，其后我又找到襄阳市的网警负责人给该第三方支付企业打电话，然而该公司却再次提出要襄阳市的网警亲自去杭州联系当地网警并出具证据，才能最终取回这笔款项。"

在媒体的协助交涉下，虽然目前章先生已经取回该笔资金，但他表示，整个过程耗费了极大的时间和精力，不断地满足条件却不断地被第三方支付企业方面拒绝，"我感觉对方并非真的想退钱，非常无奈"。

对于用户的投诉，支付宝方面表示，支付宝目前分别针对快捷支付被盗、余额宝被盗、余额被盗提供补偿政策。用户只要先去当地警方报案，拿到报案回执后，上传回执电子版，就可以申请支付宝或与他们合作的保险公司给予先行补偿或赔付。只要确属被盗情况，均会给予补偿或赔付。

而对于冻结资金的处理，支付宝方面表示，根据相应法律法规的要求，交易方账户中被冻结的资金，需要有法院或警方相关的证明与资料才能作进一步处理，支付宝无权根据用户的投诉对其交易方账户内的资金作出处理。

　　广东某律师事务所李律师认为，现行的法律制度更多只是强调支付企业对于账户资金安全的责任，却没有强调资金交易安全上的权责，消费者更多时候只能采取事前防范，而事后的赔偿处理则困难重重。

　　案例讨论：

　　对第三方支付企业而言，该如何有效防范网络诈骗行为的发生？

第6章

网络营销

学习目标

了解网络营销,理解网络营销的概念和基本理论,掌握市场调研、网络广告和网络营销传播的概念,能运用网络营销的几种创新方法进行实际操作

基本概念

网络营销 网络营销环境 网络市场调研 网络广告 网络促销 网络公共关系 搜索引擎营销 搜索引擎优化 许可电子邮件营销 病毒式营销 虚拟社区 博客营销

导入案例

大众汽车网络推广

大众汽车在产品推广方面有了个好主意,它要在网上发布最新两款甲壳虫系列——亮黄和水蓝,总共 2000 辆新车出售,而且均在网上销售。公司花了数百万美金在电视和印刷媒体大做广告,推广活动的广告语为"只有2000,只有在线"。大众汽车 e-business 经理 Tesa Aragones 认为:"大众汽车的用户中有很多人能上网,我们这次市场活动不仅推广了新车型,而且支持了整个在线购车的过程。我们将使之成为一次独特的品牌宣传,大约60%的客户会通过互联网来购买我们的产品和服务。"

这是大众汽车第一次在自己的网站上销售产品,推广活动从 5 月 4 日延续到 6 月 30 日。根据 Aragones 的介绍,网站采用 Flash 技术来推广两款车型,建立虚拟的网上试用驾车模拟环境。Aragones 解释道:"采用 Flash 技术,将动作和声音融入广告中,让用户觉得他们实际上是整个广告的一部分。用户可以选择网上试用驾车的不同场景,如在城市中、在高速公路上、在乡间田野或其他。"

网上试用驾车使得网站访问量迅速上升。Aragones 指出,网站的每月平均流量为 100 万人。在推广活动的第一天,就有超过 8 万的访问量。活动期间,每天独立用户平均为 47000 个,每个用户花费时间翻倍,达到 19 分钟,平均每页浏览 1.25 分钟。

网上试用驾车同时完成了主要目标——得到更多的注册用户。用户能够在网上建立名为"我的大众"的个人网页。Aragones 指出,在推广期间,超过 9500 人建立了自己的网页。他们能够更多的了解自己需要的汽车性能,通过大众的销售系统检查汽车的库存情况,选择一个经销商,建立自己的买车计划,安排产品配送时间。

Aragones 说:"用户能够就自己的需要,通过互联网,BBS 或电话与经销商取得联系。一旦交易成功,用户能直接确定新车型的发送时间。"

Aragones 说推广活动产生了 2500 份在线订单,其中 60% 的用户选择了水蓝车型。"由于

水蓝车型有着更多的价格选择，所以它卖得较好。亮黄车型则只有一种型号且较贵。"

这次市场活动对于美国国内大众汽车经销商来说也是成功的。超过 90% 的经销商参与了活动，虽然 Aragones 拒绝透露销售的具体情况，但她还是指出销量是非常高的。她说："这次活动达到了我们的预期目标。我们向消费者证明了在线买车为他们提供了更多的选择余地。活动也向我们的经销商证明了电子商务的力量所在，让他们为汽车行业在线销售的高速增长作好了准备。"

6.1　网络营销的基本理论

➤ 6.1.1　网络营销概述

1.网络营销的概念

网络营销即"Internet Marketing"或"e-Marketing"，是以现代电子技术和通信技术的应用与发展为基础，与市场的变革、竞争以及营销观念的转变密切相关的一门新学科。它是企业整体营销战略的一个组成部分，是为实现企业总体经营目标所进行的、以互联网为基本手段营造网上经营环境的各种活动。

网上经营环境是指企业内部和外部与开展网上经营活动相关的环境，包括网站本身、客户、网络服务商、合作伙伴、供应商、销售商、相关行业等。网络营销的开展就是与这些环境建立关系的过程。网上经营环境的营造主要通过建立一个以营销为主要目的的网站，并以此为基础，通过一些具体策略对网站进行推广，从而建立并扩大与其他网站之间以及与客户之间的关系，其主要目的是为企业提升品牌形象、增进客户关系、改善客户服务、开拓网上销售渠道并最终扩大销售。

网络企业与传统企业、网络营销与传统营销之间正在逐步相互融合。但对于大多数传统企业来说，网络营销仅是一种辅助性的营销策略，也是一个全新的领域，建立网站、网站推广、利用网站宣传自己的产品和服务等，都是网络营销的内容，网站为人们提供了一个了解企业的窗口。在初级阶段，网站的形象与企业形象之间可能并不完全一致，因为在企业网站建立之前，企业的供应商、合作伙伴、客户等对企业已经有了一定的认识，企业的品牌形象在建立企业网站之前就已经确立了。

与传统企业不同，网站代表着网络企业的基本形象，人们认识一个网络企业通常是从网站开始的，因而网站的形象在一定程度上代表着企业形象，在许多人的心目中，网站就是一个网络企业的核心内容。因此，对于网络企业来说，网站的品牌形象远比传统企业的网站重要。

传统企业的网络营销大都从建立网站开始。现在，国内的大多数大型企业也都建立了自己的网站，不过具有电子商务功能的网站还很少。根据全球最大的传播公司 TribalDDB 首次针对中国企业网站效果的调查，在已经建成的这些企业网站中，网站的形象与企业形象很不相称，功能和服务也不完善，实用性不强，而且中国品牌的企业网站明显落后于国际品牌的企业网站。由此可见，中国企业信息化的总体水平还不高，传统企业的网络营销水平还处于初级阶段。

凭借成本低、直达用户等优点，电子邮件、QQ 等即时聊天工具进行的营销，仍然受到较为广泛的应用。另外，微博营销推广、团购类网站营销推广、网络视频广告等互联网营销热点受到中小企业的关注程度仍然较低。

阅读材料

中国中小企业网络营销应用状况

互联网依然是中小企业广告和营销投入的首选渠道,过去一年中有20.7%的中小企业曾在互联网进行过广告或营销推广投入,比例远高于户外广告、杂志、报纸、电视和电台等传统媒体,除此以外,报纸、户外广告、杂志等印刷媒体的使用率位于第二梯队,中小企业中开展的比例超过11%。

进行过网络营销活动的中小企业中,利用电子商务平台推广、网站展示型广告、搜索引擎营销推广是渗透率最高的三种互联网营销推广方式。

利用电子商务平台推广的渗透率高达66.3%。目前,国内数家大型电子商务平台服务型企业,占据市场份额的绝大部分且保持稳定,具有资源集中、优势明显的特点,同时提供丰富的增值产品和服务,拥有逐渐完善的企业推广体系,正在吸引着越来越多的中小企业加入电子商务平台进行推广。

网站展示型广告的渗透率达66.1%,仅次于电子商务平台。网站展示型广告是互联网营销方式中相对较为传统的营销推广方式,依据广告位的不同,进入的门槛可高可低。目前,网站展示型广告的投放形式仍是以企业主委托代理公司代为执行的形式,所以,提高代理公司的产品价值和服务水平,鼓励第三方研究评估方法、开发评估工具,有助于网站展示型广告的效果,帮助中小企业提升营销水平。

搜索引擎营销推广的渗透率为56.5%。搜索引擎营销推广的优势在于进入门槛低,效果的监测、评估和改进较为容易,尤其是搜索引擎优化,已经形成一套成熟的技术方法。随着企业建站的普及,搜索引擎服务企业和搜索引擎营销推广代理公司的进一步规范,搜索营销市场还存在很大的发展空间。

2. 网络营销的层次

根据企业对互联网作用的认识及应用能力划分,企业网络营销可以划分为以下五个层次:

(1)企业网上宣传。这是网络营销最基本的应用方式,它是在把互联网作为一种新的信息传播媒体的认识基础上开展的营销活动。建立企业网站是企业网上宣传的前提。互联网让企业拥有一个属于自己而又面向广大上网受众的媒体,而且这一媒体的形成是高效率、低成本的,这是其超越传统媒体的一个特点。企业网站信息由企业制定,没有传统媒体的时间、版面等限制,也可伴随企业的进一步发展不断地实时更新。企业网站可应用虚拟现实等多媒体手段吸引受众并与访问者双向交流,及时有效地传递并获取有关信息。这些都是吸引企业上网宣传,使其由内部或区域宣传转向外部和国际信息交流的重要因素。

媒体宣传的关键在于是否被受众注意并留下印象。与传统媒体相比,互联网上浩如烟海的信息很可能使企业网站成为浪花一朵。因此,企业网站如何让人知晓并吸引上网者浏览就成为网上宣传的难题。当一个新站点诞生后,如果没有人来看,再好的内容也无人知晓,信息传播无法到达受众,网络营销就无从谈起,所以,宣传网址是开展网络营销的前提之一。

宣传网址的方法大致可以划分为以下两类:①利用传统媒体:利用广播、报纸、电视宣传都是很好的方法。现在已经有很多传统媒体上的广告,就是以网址为广告内容的主体。同时,企业所有的印刷品,包括名片等,都是宣传网址的良好介质。②利用互联网本身:诸如导航台、新闻组、电子邮件群组、图标广告、分类广告等等,都是宣传网址的好方法。

(2)网上市场调研。网上市场调研是指通过调研市场信息,从中发现消费者需求动向,为企业细分市场提供依据,是企业开展市场营销的重要内容。

企业通过访问行业门户、竞争对手网站、新闻网站,可以很便捷地了解有关政策、法规、业内动态、消费需求等信息,为开拓市场和制定企业的战略、战术等提供依据。由于网上的信息量大、检索快,所以,互联网已成为第二手资料的主要来源,越来越多的人在调研时首先从网上搜索信息着手。

在互联网上,企业可以通过自己的网站或借助 ISP 或专业网络市场研究公司的网站,利用留言簿、E-mail、网上论坛、调查问卷表等方式了解产品的使用信息、客户的需求,从而为产品开发、改进、销售、市场定位等提供决策依据。

(3)充分利用传统分销渠道。网络营销尽管在迅猛发展,但相对于传统营销渠道而言,其份额仍然很小。企业传统的分销渠道仍然是企业的宝贵资源,然而互联网高效及时的双向沟通功能,的确也为加强企业与其分销商的联系提供了很好的平台。

企业通过互联网构筑虚拟专用网络,将分销渠道的内部网融人其中,可以及时了解分销过程的商品流程和最终销售状况。这将为企业及时调整产品结构、补充脱销商品以及分析市场特征,实时调整市场策略等提供帮助,从而为企业降低库存,采用实时生产方式创造了条件。网络分销也开辟了及时获取畅销商品信息、处理滞销商品的巨大空间,从而加快销售周转。

从某种意义上看,通过网络加强制造企业与分销渠道的紧密联系,已经使分销成为企业活动的自然延伸,是加强双方市场竞争力的重要力量。利用互联网构筑零售商与供货商的新型实时联系框架,是企业提高市场竞争力的最佳路径。

(4)网上直接销售。数量众多的虚拟商城已经在互联网上开张营业,这就是从事网上直接销售的网站。互联网是企业和个人相互面对的平台,是直接联系分散在广阔空间中数量众多的消费者的最短渠道。它排除了时间的延迟和限制,取消了地理的距离与障碍,并提供了更大范围的消费选择机会和灵活的选择方式,因此,网上直接销售为上网者创造了实现消费需求的新机会。网上直接销售不仅是面向上网者个体的消费方式,也包含企业间的网上直接交易,它是一种高效率、低成本的市场交易方式,代表了一种新的经营模式。

(5)网络营销集成。互联网是一种新的市场环境,这一环境不只是对企业的某一环节和过程产生重大影响,还将对企业组织、运作及管理观念上产生重大影响。一些企业已经迅速融入到这一环境中,依靠网络与原料供应商、制造商、消费者建立密切联系,并通过网络收集、传递信息,从而根据消费需求,充分利用网络伙伴的生产能力,实现产品设计、制造及销售服务的全过程。

3. 网络营销的分类

按照交易对象的不同,网络营销可以分为以下四类:

(1)企业对企业的网络营销。企业对企业的网络营销是指企业和企业之间进行网络营销活动。例如,某商店利用网络向某电器工厂订购电视机,并且通过网络进行付款等。这一类网络营销已经存在很多年,其中以企业通过专用网或增值网(value added network,VAN)采用电子数据交换(electronic data interchange,EDI)方式所进行的商务活动尤为典型。这种类型是网络营销的主流,也是企业面临激烈的市场竞争,改善竞争条件,建立竞争优势的主要方法。

(2)企业对消费者的网络营销。企业对消费者的网络营销是指企业与消费者之间进行的网络营销活动。这类网络营销主要是借助于 Internet 开展的在线销售活动。近年来,Internet 为企业和消费者开辟了新的交易平台,再加上全球网民的增多,使得这类网络营销得到了较快发展。特别是企业的网站对于广大消费者,并不需要统一标准的单据传输,而且在线销售和支付行为通常只涉及信用卡、电子货币或电子钱包。另外,Internet 提供的搜索浏览功能和多媒体界面,又使得消费者更容易寻找和深入了解所需的产品。因此,企业对消费者的网络营销具有巨大的潜力,是今后网络营销发展的主要动力。目前,我国由于消费观念与习惯不同、企业与个人信用水平不高、网络尚未普及等原因,这种在线销售方式还不够普及,还有一个逐步发展的过程。

(3)企业对政府的网络营销。企业对政府的网络营销是指企业与政府机构之间进行的网络营销活动。例如,政府采购清单可以通过 Internet 发布,企业可以以电子化方式回应。另外,政府通过电子交换的方式向企业征税等。这种方式可以更好地树立政府的形象,避免暗箱操作和腐败滋生,方便政府实施科学管理。

(4)消费者对政府的网络营销。消费者对政府的网络营销是指政府对个人的网络营销活动。例如,社会福利基金的发放以及个人报税等。随着企业对消费者以及企业对政府网络营销的发展,各国政府将会对个人实施更为完善的电子方式服务。

➤ 6.1.2 网络营销环境分析

1.网络营销环境的概念

网络营销环境。网络营销宏观环境是指对企业的生存和发展产生影响的各种外部条件,即与企业网络营销活动有关联因素的集合。营销环境是一个综合的概念,由多方面的因素组成。环境的变化是绝对的、永恒的。随着社会的发展,特别是网络技术在营销中的运用,使得环境更加变化多端。虽然对营销主体而言,环境及环境因素是不可控制的,但它也有一定的规律性,我们可通过营销环境的分析对其发展趋势和变化进行预测和事先判断。企业的营销观念、消费者的需求和购买行为,都是在一定的经济社会环境中形成并发生变化的。因此,对网络营销环境进行分析是十分必要的。

2.网络营销环境的分类

根据营销环境对企业网络营销活动影响的直接程度,网络营销环境可以分为网络营销宏观环境与网络营销微观环境两部分。

(1)网络营销宏观环境。网络营销宏观环境是指一个国家或地区的政治、法律、人口、经济、社会文化、科学技术等影响企业进行网络营销活动的宏观条件。宏观环境对企业短期的利益可能影响不大,但对企业长期的发展具有很大的影响。所以,企业一定要重视对宏观环境的分析研究。宏观环境主要包括以下九个方面的因素。

①政治法律环境。政治法律环境包括国家政治体制、政治的稳定性、国际关系、法制体系等。在国家和国际政治法律体系中,相当一部分内容直接或间接地影响着经济和市场。因此,网络营销、电子商务的法律环境一直是人们关注的焦点。一方面,网络营销的各个环节与问题需要相关的法律法规加以规范;另一方面,政策法律的每一措施也都左右着网络营销,电子商务的发展前程。

②经济环境。经济环境是内部分类最多、具体因素最多,并对市场具有广泛和直接影响的环境内容。经济环境不仅包括经济体制、经济增长、经济周期与发展阶段以及经济政策体系等

大的方面的内容,同时也包括收入水平、市场价格、利率、汇率、税收等经济参数和政府调节取向等内容。

③人文与社会环境。企业存在于一定的社会环境中,同时企业又是社会成员所组成的一个小的社会团体,不可避免地受到社会环境的影响和制约。人文与社会环境的内容很丰富,在不同的国家、地区、民族之间差别非常明显。在营销竞争手段向非价值、使用价值型转变的今天,营销企业必须重视人文与社会环境的研究。

④科技与教育水平。科学技术对经济社会发展的作用日益显著,科技的基础是教育,因此,科技与教育是宏观环境的基本组成部分。在当今世界,企业环境的变化与科学技术的发展有非常大的关系,特别是在网络营销时期,两者之间的联系更为密切。在信息等高新技术产业中,教育水平的差异是影响需求和用户规模的重要因素,已被提到企业营销分析的议事日程上来。

⑤自然环境。自然环境是指一个国家或地区的客观环境因素,主要包括自然资源、气候、地形地质、地理位置等。虽然随着科技进步和社会生产力的提高,自然状况对经济和市场的影响整体上是趋于下降的趋势,但自然环境制约经济和市场的内容、形式却在不断变化。

⑥人口。人是企业营销活动的直接和最终对象,市场是由消费者来构成的。所以在其他条件固定或相同的情况下,人口的规模决定着市场容量和潜力;人口结构影响着消费结构和产品构成;人口组成的家庭、家庭类型及其变化,对消费品市场有明显的影响。

从企业营销的角度看,市场是有现实或潜在需求且有支付能力的消费者群。网络营销企业一方面可以直接收集一手资料,通过网民数量、结构等内容的分析发现营销机会;另一方面,也可以收集二手资料了解网络营销人口环境,从而制定行之有效的营销策略。

⑦第三方认证环境。数字证书机制已在国内网上银行领域普及化,它主要是通过数字证书来完成交易实体的身份鉴别,以 PKI 技术为基础的信息安全机制。通过数字证书来实现身份鉴别有两个好处:其一,登录的口令不需要在网上传输,而是在用户本地经过一系列算法来验证,这防止了口令在传输过程中被攻破的危险。其二,口令与数字证书的结合具有双重保险性,即使不小心将口令泄漏,如果没有数字证书,他人同样不能冒充合法身份进行网银交易。这在安全领域中被称做强身份鉴别。此外,PKI 数字证书机制还可以保证信息的完整性、私密性和不可否认性。

⑧电子支付环境。互联网还给营销带来了全新的资金流转环境,这就是电子支付。所谓电子支付是指网上交易的当事人,包括消费者、厂商和金融机构,使用安全电子支付手段通过互联网进行货币支付或资金流转。

⑨虚拟营销环境。互联网所提供的网络信息服务基本上可以分为三类:其一,固定信息服务,包括电子邮件、新闻组和文件传输服务等;其二,在线实时通信,包括远程登录、网上聊天室、在线交谈、多人在线实时交谈系统和视频会议、网络电话等;其三,检索服务,包括互联网、使用者查询等。

(2)网络营销微观环境。网络营销微观环境是由企业及其周围的活动者组成,直接影响着企业为顾客服务的能力。它包括企业内部环境、供应者、营销中介、顾客或用户、竞争者等因素。

①企业内部环境。企业内部环境包括企业内部各部门的关系及协调合作,也包括市场营销部门之外的某些部门,如企业最高管理层、财务、研究与开发、采购、生产、销售等部门。这些

部门与市场营销部门密切配合、协调,构成了企业市场营销的完整过程。市场营销部门根据企业的最高决策层规定的企业的任务、目标、战略和政策,作出各项营销决策,并在得到上级领导的批准后执行。研究与开发、采购、生产、销售、财物等部门相互联系,为生产提供充足的原材料和能源供应,并对企业建立考核和激励机制,协调营销部门与其他各部门的关系,以保证企业营销活动的顺利开展。

②供应者。供应者是指向企业及其竞争者提供生产经营所需原料、部件、能源、资金等生产资源的公司或个人。企业与供应者之间既有合作又有竞争,这种关系既受宏观环境影响,又制约着企业的营销活动,企业一定要注意与供应者搞好关系。供应者对企业的营销业务有实质性的影响。

③营销中介。营销中介是协调企业促销和分销其产品给最终购买者的公司。它主要包括商人中间商,即销售商品的企业,如批发商和零售商;代理中间商(经纪人);服务商,如运输公司、仓库、金融机构等;市场营销机构,如产品代理商、市场营销咨询企业等。

由于网络技术的运用,给传统的经济体系带来巨大的冲击,流通领域的经济行为产生了分化和重构。消费者可以通过网上购物和在线销售自由地选购自己需要的商品,生产者、批发商、零售商和网上销售商都可以建立自己的网站并营销商品,所以一部分商品不再按原来的产业和行业分工进行,也不再遵循传统的商品购进、储存、运销业务的流程运转。网上销售,一方面使企业间、行业间的分工模糊化,形成"产销合一"、"批零合一"的销售模式;另一方面,随着"凭订单采购"、"零库存运营"、"直接委托送货"等新业务方式的出现,服务与网络销售的各种中介机构也应运而生。一般情况下,除了拥有完整分销体系的少数大公司外,营销企业与营销中介组织还是有密切合作与联系的。如果中介服务能力强,业务分布广泛合理,营销企业对微观环境的适用性和利用能力就强。

④顾客或用户。顾客或用户是企业产品销售的市场,是企业直接或最终的营销对象。网络技术的发展极大地打破了企业与顾客之间的地理位置的限制,创造了一个让双方更容易接近和交流信息的平台。互联网络真正实现了经济全球化、市场一体化。它不仅给企业提供了广阔的市场营销空间,同时也增强了消费者选择商品的广泛性和可比性。顾客可以通过网络,得到更多的需求信息,使购买行为更加理性化。虽然在营销活动中,企业不能控制顾客或用户的购买行为,但它可以通过有效的营销活动,给顾客留下良好的印象,处理好与顾客或用户的关系,促进产品的销售。

⑤竞争者。竞争是商品经济活动的必然规律。在开展网上营销的过程中,不可避免地要遇到业务与自己相同或相近的竞争对手,研究对手、取长补短,是克敌制胜的好方法。

根据竞争对手与本企业的竞争程度和方式,竞争对手可以分为四种类型,一是愿望竞争者,即能满足消费者各种愿望的竞争者。二是一般竞争者,即以不同的方法满足消费者同一需要的竞争者。三是产品形式竞争者,即满足消费者某种愿望的同类商品在质量、价格上的竞争者。四是品牌竞争者,即能满足消费者某种需要的同种产品的不同品牌的竞争者。

一般来说,竞争对手会将自己的服务、业务和方法等方面的信息展示在主页上,因此研究网上的竞争对手可以从其主页入手。从竞争的角度考虑,应重点考察以下八个方面:

A.站在顾客的角度浏览竞争对手网站的所有信息,研究其能否抓住顾客的心理,给浏览者留下好感。

B.研究其网站的设计方式,体会它如何运用屏幕的有限空间展示企业的形象和业务信息。

 C. 注意网站设计细节。

 D. 弄清其开展业务的地理区域,以便能从客户清单中判断其实力和业务情况。

 E. 记录其传输速度特别是图形下载的时间,因为速度是网站能否留住客户的关键因素。

 F. 察看其站点上是否有其他企业的图形广告,以此来判断该企业在行业中与其他企业的合作关系。

 G. 对竞争对手的整体实力进行考察,全面考察对手在导航网站、新闻组中宣传网址的力度,研究其选择的广告类别、使用的介绍文字,特别是图标广告的投放量等。

 H. 考察竞争对手是开展网上营销需要做的基本工作,而定期监测对手的动态变化则是一个长期性的任务,要时时把握竞争对手的新动向,在竞争中保持主动地位。

 总之,每个企业都需要掌握、了解目标市场上自己的竞争者及其策略,力求扬长避短,发挥优势,抓住有利时机,开辟新的市场。

➢ 6.1.3　网络消费者心理和行为

 网络的发展使网络营销成为可能并日益发展壮大,对传统营销带来了深刻的影响和冲击。传统的市场营销活动中,大众(mass)和消费者(customer)是不加以区别的,任何一个人都是潜在的消费者,是企业营销策略的对象。故在传统营销理论中,企业的宣传、广告和营销策略是针对所有人的。在网络环境下,电子商务系统为消费者提供了全方位的商品信息展示和多功能的商品信息检索平台,消费者一旦有了需求,会立刻上网主动搜寻有关商品信息。于是,消费者开始从大众中分离出来。在这种情况下,只有上网主动搜寻商品信息的人才是真正意义上的消费者。所以,网络消费者的消费心理和行为相较于传统营销理论中消费者的消费心理和行为发生了很大的变化,如何了解和把握网络消费者的消费心理与行为的特征,并提出相应的对策来提高我国企业电子商务的效益,是非常具有现实意义的。

 1. 消费者网上消费的心理因素分析

 来自中国互联网络信息中心(CNNIC)的《第 32 次中国互联网络发展状况统计报告》显示:截至 2013 年 6 月底,中国的网民主体仍是 30 岁及以下的年轻群体,这一网民群体占到中国网民总数的 54%,超过网民总数的一半以上。网民这一低龄化的年龄结构,使得网上消费呈现一定的消费心理特点,具体体现在以下几个方面:

 (1)追求时尚和新颖的消费心理。青年人热情奔放、思想活跃、富于幻想、喜欢冒险,这些特点反映在消费心理上,就是追求时尚和新颖,喜欢购买一些新的产品,尝试新的生活。在互联网背景下,消费者在电脑屏幕前轻轻一按鼠标,几秒钟之内就可以获得成千上万条有关所需要产品的品牌、价格、形状、功能、特征等信息,轻而易举地找到"新、奇、美"的商品。

 (2)表现自我和体现个性的消费心理。30 岁以下的年轻群体的自我意识日益增强,强烈地追求独立自主,他们在各类活动中都会有意无意地表现出与众不同。因此,在购买商品时,他们不仅仅是追新逐异,而且要求在消费中凸显他们的个性。互联网的出现,使以个人心理愿望为基础挑选和购买商品或服务成为可能。

 (3)追求方便、快捷的消费心理。现代化的生活节奏使越来越多的消费者珍惜闲暇时间,以购物的方便性为目标,追求时间和劳动成本的尽量节省。2013 年 CNNIC 发布的《第 32 次中国互联网络发展状况统计报告》的数据表明,基于方便快捷进行网络购物的人数占网上消费总人数的 45.9%。

(4)躲避现实干扰的消费心理。现代消费者更加注重精神的愉悦,希望在购物中能保持心理状态的轻松和自由。但店铺式购物却常常对消费者构成干扰和妨碍,或营业员态度不佳,或对商品购物环境不满意,或不想让人知道自己所购买的商品等,而网上消费恰恰能够弥补这些不足。

(5)追求价廉的消费心理。即使营销人员倾向于以其他营销差别来降低消费者对价格的敏感度,但价格始终对消费心理有着重要的影响。一旦价格降幅达到消费者的心理预期,消费者就有可能被吸引并产生购买行为。

(6)保持与外界的广泛联系,减少孤独感的消费心理。网上市场提供了具有相似经历的人们聚集的机会,通过网络而聚集起来的群体是一个极为民主性的群体。在这样一个群体中,所有的成员都是平等的,每个成员都有独立发表自己意见的权利,这可以帮助在现实社会中经常处于紧张状态的人们减轻一定的心理压力。

2. 制约消费者网上消费的心理因素分析

作为新兴购物方式,网络购物有强大的生命力,但就其本身特点和发展现状而言,也有需要改进的地方。从影响和制约消费者心理的角度来说,主要体现在以下几个方面:

(1)网络购物缺乏信任感。网络应用于企业时一个突出的特点是所有企业在网上均表现为网址和虚拟环境,这一特点增加了消费者鉴别、选择企业或产品的难度和风险,使得在实体世界中可有效判别预期产品服务质量的感觉无用武之地。此外,网络商店较容易设立,因而也容易作假。最近几次 CNNIC 的调查报告中也反映了当前网民对互联网的信任程度有下滑的趋势,从之前的 50.7% 降低到现在的 35.1%,而且学历越高的,网民对互联网表现得反而越不信任。

(2)网上交易的安全性得不到保障。互联网是一个开放和自由的系统,顾客在进行电子支付或进行银行结算时,如果安全得不到有效保障,网络一旦被黑客攻破,消费者的个人资料和信用卡密码就有可能会被窃取盗用,造成巨大损失。

(3)产品质量、售后服务得不到保障。在传统营销中如果产品质量存在问题,顾客可以找到销售商要求保修、调换或退货,而网上交易进行的大多是异地销售,当顾客发现商品有质量问题时,保修和退货就成了问题。

(4)网上消费不能满足消费者的某些特定心理。虽然网上购物可替代部分人际互动关系,但它不可能满足消费者在这方面的个人社交需求,如家庭主妇或朋友间希望通过结伴购物来保持与左邻右里的关系或友情等。此外,虚拟商店也无法使消费者因购物而受到注意和尊重,消费者无法以购物过程来显示自己的社会地位、成就或支付能力。

3. 转变营销观念,提高网络购物的满意度

网络消费者的特殊消费心理给企业的经营理念带来了新的挑战,这就要求商家必须转变营销观念,建立一套满足网络消费者需求的运作机制。

(1)重视网上商店建设。首先,网上商店无法像传统商店那样,通过地点的选择与利用门面、招牌、橱窗设计及外部灯光使用等要素引起消费者的注意和产生心理联想,因此,网上商店的外部形象设计能否满足消费者寻新求异的心理,是吸引消费者登录浏览商店、产生和形成购买行为的基础。其次,由于网上商店所经营的多数商品消费者只能通过视觉或听觉来感知商品的相关信息,所以产品的特点介绍越详细,产品展示图片越清晰,用户的兴趣才有可能越高。最后,要注意简化流程操作,不能去考验用户的耐心,而应该尽量让用户心情愉悦地进行每一步操作,并快速得到他想要的结果。

(2)从硬软件两个方面着手,提高网络购物的安全度和信任度。硬件方面是指购物网站用以保障交易安全的技术。在网上交易系统和程序中,应当利用好现有的安全技术,如加密技术、防火墙技术以及认证技术,或利用虚拟专用网来防止或减少信息被窃取和篡改的可能性。软件方面是指增强消费者对网站的信任度。大量的调查表明:网站备案信息、经营资质展示、完整的联系方式、权威的网络安全认证标志等信息,能够增强用户的认可程度;在产品或服务展示的同时,展示该产品或服务客户的服务评价、使用体验等,利用口碑传承来推广自己的网站诚信度,也能增加用户购买的兴趣和信心。

(3)建立良好的退换货品机制。对 C2C 网站而言,由于网站只是起第三方的监督管理作用,卖方是否有售后服务并不在网站管理范围内,因此对 C2C 网站来说,应在网站醒目处告知买家,货品的售后服务由卖家来承担。同时对那些有售后服务承诺的卖家,应该加强管理,保障买家权益。对 B2C 网站,主要是大型电器零售店的网上商店,要将网上销售与传统销售的售后服务等同这个概念传达给消费者,以消除消费者的顾虑。

(4)利用即时通信,开展深层次的顾客服务。目前,我国网民对即时通信的使用率已经非常高,2013 年 6 月达到了网民总数的 84.2%,用户规模达到 4.97 亿人。利用即时通信,可以使得浏览同一商品的用户互相交流,有助于顾客对商品快速了解,增加网上购物的乐趣;如果顾客反复查看某种商品,显得有些犹豫不决时,虚拟导购小姐或者虚拟产品专家可以及时弹出一个对话窗口,利用即时通信给顾客必要的介绍,这样有助于用户的购买决策,提高订单成功率。

(5)重视一对一沟通。一对一沟通是指利用互联网和数据库技术分析客户的行为,针对每个客户的特征和要求提供不同的服务,客户的意见能得到及时的处理,让客户时时感到被关心和重视。这种沟通有助于满足消费者对尊重和自我价值的需求,建立企业与消费者的良好关系。著名电子商务网站亚马逊(Amazon)业务迅速扩大的重要原因就在于能为用户提供个性化服务。

总之,网络营销是适合网络技术发展与信息网络时代社会变革的一种全新营销理念,具有十分巨大的发展潜力。在网络经济背景下,企业只有全面了解和掌握网上消费者的心理和行为特征,才能有的放矢地制定出正确的营销策略,充分利用网络资源营造出一个有利于自身发展的经营环境,在激烈的市场竞争中立于不败之地。

6.2　网络营销活动

➤ 6.2.1　网络市场调研

1. 网络市场调研的概念及优势

市场调研是针对特定营销环境进行调查设计、收集资料和初步分析的活动。市场调研是企业营销前期工作中重要的环节之一,通过调查可以获得竞争对手的资料,摸清目标市场和营销环境,为经营者细分市场、识别受众需求、确定营销目标等提供相对准确的决策依据。互联网所具有的许多特性,为企业开展市场调研提供了一条便利途径。

网络市场调研即利用互联网进行市场调研,它有直接与间接两种方式。网上直接调查的途径主要有问卷调查、设置留言板、论坛、新闻讨论组等。网上间接调查一般通过搜索引擎搜索有关站点的网址,然后访问所想查找信息的网站或网页。

相对于传统的调研方式,网络市场调研具有以下优势:

(1)网上调研的及时性和客观性。由于网上信息的传输速度快,能够快速地传送到连接上网的网络用户中,这就保证了企业调查信息的准确性与及时性。同时,由于企业网络站点的访问者一般都对企业产品有一定的兴趣,对企业市场调研的内容作了认真的思考之后进行回复,而不像传统的调研方式下为了抽号中奖而被动地回答,所以网络市场调研的结果是比较客观和真实的,能够反映消费者的真实要求和市场发展的趋势。

(2)网上调研的便捷性和经济性。在网上进行市场调研,无论是调查者还是被调查者,只需拥有一台能上网的计算机就可以进行网络交流。调查者在企业站点上发出电子调查问卷,提供相关的信息或者及时修改、充实相关信息,然后利用计算机对访问者反馈回来的信息进行整理和分析,这不仅十分便捷,而且会大大地减少企业市场调研的人力和物力耗费。

(3)网上调研的互动性。传统的市场营销强调"4P"(产品、价格、渠道和促销)组合,现代市场营销则追求"4C"(客户、成本、及时和沟通)。然而,无论哪种营销观念都必须基于这样一个前提:企业必须实行全程营销,必须从产品的设计阶段就开始充分考虑消费者的需求和欲望。遗憾的是在实际操作中这一点往往难以做到。原因在于消费者与企业之间缺乏合适的沟通渠道或沟通成本过高。消费者一般只能针对现有产品提出建议甚至是不满,而对尚处于概念阶段的产品则难以涉足。此外,大多数的中小企业也缺乏足够的资源和手段去解消费者的各种潜在需求,它们只能从自身能力或市场领导者的策略出发进行产品开发。而在网络环境下,这一状况将从根本上得以改变。即使是中小企业也可以通过电子布告栏、线上讨论广场和电子邮件等方式,以极低的成本在营销的全过程中对消费者进行及时的信息搜集。消费者也有机会对从产品设计到定价和服务等一系列问题发表意见。这种双向互动的信息沟通方式提高了消费者的参与性和积极性,更重要的是能使企业的营销决策有的放矢,从根本上提高消费者满意度。

(4)网上调研结果的客观性。由于企业站点的访问者一般都对公司产品有一定的兴趣,所以这种基于客户和潜在客户的市场调研结果是客观和真实的,它在很大程度上反映了消费者的消费心态和市场发展的趋势。但现在网上调研的普及还有一定的难度,消费者对这种新型市场调研方式尚不适应,现在网络的软、硬件方面的欠缺导致调研流程不畅,专业的网上调研人员欠缺。但随着互联网的普及、应用和人们传统思想观念的转变,网络市场调研将逐渐成为一种趋势。

2. 实施网络市场调研时需要注意的问题

(1)实施前应制定调研提纲。网上调研是企业在网上营销全过程的第一步。一个调研项目常包含高度精练的理念。这种理念是无法触及的"虚",而调研提纲可以将其具体化、条理化。调研提纲是将企业(调查者)与客户(被调查者)两者结合的工具。良好的沟通可以减少或消除将来出现的问题。例如,企业产品是医疗器械,他们的目标客户应该是医院里的医务人员。与医务人员沟通时,应围绕健康主题。调研提纲应当由企业的市场总监或产品经理来草拟,他们应当清楚调研的时间、框架、问题、格式要求、题目。一旦企业需要委托专业网上调研公司进行网络市场调研工作,他们就是直接负责人。

（2）调研的根本目的是了解市场需求。设计问卷的主要理念就是要从客户的角度来了解客户需求。调研对象可能是产品直接的购买者、提议者、使用者，要对他们进行具体的角色分析。例如，关于某时尚品牌休闲男装的调研，调查的目标对象应当是年轻男性，但实际的客户市场不仅仅是这部分人群，还包括他们的母亲、妻子、女友等女性角色。这就要求调查时，将调研对象进行角色细分，充分了解市场需求，使调查结果更有针对性、准确性。

（3）调研时需考虑竞争对手的影响。利用各种方式搜集竞争对手信息，如利用导航条、锁定具体区域、设定与自己产品相同或相似的关键词来寻找竞争对手；仔细查看竞争对手的网址，注意竞争对手的网站有哪些特色值得借鉴，有什么疏漏或错误需要避免；竞争对手是否作过类似的市场调研等。

（4）可以设置适当的奖品激励。互联网毕竟是虚拟世界，一般的网络访问者可能担心个人站点被侵犯而发回不准确的信息。为此企业可根据实际情况给访问者一定的奖品或购买商品的折扣优惠，企业就可获得比较真实的访问者的姓名、住址和电子邮件。同时，当访问者按要求回复了调查问卷，企业应对其进行公告，访问者会在个人计算机上收到证实企业收到问卷的信息，被公告的访问者在一定期间内还可以进行抽奖。

（5）应通过网站与客户建立情感的纽带。在企业站点上不仅需要展示产品的图片、文字等，而且有针对性地提供公众感兴趣的专业或消费（如时装、音乐、电影乃至幽默、科普）等有关话题，以有价值的与企业产品相辅相成的信息和免费软件吸引大量的访问者，促使访问者乐于告诉有关企业与个人的真实情况。这样调研人员可以较方便地进入访问者主页，逐步与访问者在网上建立友谊和感情，达到网络市场调研的目的。

（6）尽量减少无效问卷。除了问题易于回答之外，大部分在线调查都利用 JavaScript 等电脑程序在问卷提交时给予检查，并提醒被调查者对遗漏的项目或者明显超出正常范围的内容进行完善。当然，这只能起到提醒作用，对刻意不配合的被调查者所填写的信息尚需综合分析，判断是否为有效问卷。

（7）注意保护个人信息。无论哪个国家，人们对个人信息都有不同程度的自我保护意识。要让用户了解调研目的并确信个人信息不会被公开或者用于其他任何场合，这一点不仅在市场调研中很重要，在网站推广、电子商务等各个方面都是非常关键的。

（8）多种网上调研手段相结合。在网站上设置在线调查问卷是最基本的调研方式，但并不限于这种方式，常用的网上调研手段除了在线调查表之外，还有电子邮件调查等方式，可以作为调查问卷的有益补充。

3. 数据库在网络市场调研中的应用

在网络环境下，数据库是沟通企业与消费者之间的重要内容与手段，是整个信息系统的基础，也是网络营销市场调研定量分析工作的基础。企业站点要充分利用这些数据库功能，分类保存有用的商务信息，为各种类型的经营分析提供支持。

网络市场调研人员建立和使用数据库。一般有两种措施和途径，即利用互联网上已有的数据库和建立企业自己的数据库。

（1）充分利用网络上已有的数据库在互联网上，企业可以将网络服务商已有的数据库连接到企业的网页上，这样不论是谁访问过企业的主页，都能进入已连接的数据库。企业营销人员根据市场调研的目的、内容，选择适当的搜索引擎，查找所需要的数据库，并经常查看每个已连接的数据库以保证数据库信息的及时和准确。很多综合性的商务网站都免费提供某些产品的市场行情。另外,也可以免费订阅一些电子邮件列表,了解市场行情。

(2)建立企业自己的数据库。建立企业自己的数据库无疑要投入大量的人力和资金,但一个能及时提供有关信息,并使用户开阔眼界、娱乐身心、打破地域和交通局限的数据库必然会吸引更多的访问者,企业也会得到准确、客观、及时的市场信息。

建立企业自己的网络数据库,主要有以下几种形式:

①基于浏览器的数据库。基于浏览器的数据库,包括简单的文本文件字段和复杂的附有图表和格式化文本的主页。浏览器一般会下载整个数据库文件来搜索目标对象。为了网络用户使用方便,这种数据库文件应该有合理的大小。如果数据库超过 100KB,就应该将其按照逻辑顺序分成几个组成部分,并在每个部分的开始附上内容提要,以便访问者选择自己感兴趣的有关内容。

②链接型数据库。这种数据库一般使用 HTML 编辑器来建立,像其他文本文件一样,数据库文件能被写入链接。通过往数据库中写入链接,提供 HTML 文本格式和运用逻辑方式组织数据库资料和信息,就可以建立高质量的数据库。

由于数据或资料会不断调整、随时改变,也可提供链接到非 HTML 文本文件中,这样只需删除旧的文本文件,再用包含最新信息数据的文本文件来代替之。除了在文件开始部分进行链接到其他章节中外,还可以从这些章节重新链接到文件开始部分或者链接到任何章节的开始部分。这种类型的数据库需要企业营销人员投入更多的时间和精力,但这种数据库对访问者而言是极其方便的,能够高效率地利用数据库资料信息。

③基于服务器的数据库。如果数据库需要提供的信息量巨大或者需要及时地更换、充实信息,则最好选择使用基于服务器的数据库。这种数据库使用 HTMI 表单,不仅能够显示日常的主页信息,而且其中的文本盒还允许使用者键入新信息,控制盒和按钮可使使用者作出自己的选择。例如,如果使用者在使用一个有关产品系列零售价格目录的数据库,他可以用控制盒引导访问者来查看每个产品目录,输入待查看日期的范围。当访问者进入本企业的数据库主页点击申请服务区时,网络服务器就会接收到访问者发出的请求信息,并会搜索访问者申请数据的区域,进而将搜索结果格式化传送到访问者所在的计算机上。为了安装、储存和保留这种数据库,企业需和有关的网络服务商达成相关的协议。

4.网络市场调研可能存在的问题

(1)参与调查群体的代表性。被调查的网上样本对企业希望调查的群体是否有足够代表性是进行网上市场调研首先要考虑的问题。例如,目前在网上调查"空巢家庭"的情况可能就不合时宜,因为老年人中上网比例很低。网民的构成决定着预定的被调查者是否构成群体规模,如果被调查对象规模不够大,就意味着不适合在网上进行调查。因此,网上调研要看具体的调查项目和被调查者群体的定位。

(2)被调查者的参与性。与传统方式不同,网民可以在不面对调查者的情况下,在一种相对轻松和从容的气氛中填写问卷,达到面对面提问无法比拟的效果。但如被调查者不愿意回答问卷,即使他对所调查的问题感兴趣也可能不填写问卷,因为这会花费他的时间,特别是在调查内容较多的情况下。

(3)调查结果的可靠性。如果调查结果不涉及利益或情感冲突,调查结果可靠性可能较高,但如涉及利益冲突,调查的客观性就成问题了。现在有很多网上调查数据就存在调查舞弊问题。

(4)要遵循网上行为规范和文化准则。不能用轰炸式的邮件调查方式,因为不经受众允许就发给调查表是一种侵犯隐私权的行为。此外,网络是一种非正式场合,问卷应轻松诙谐一些,以增加调查的趣味性。

6.2.2 网络广告

1.网络广告概述

广告是确定的广告主以付费方式运用大众传媒劝说公众的一种信息传播活动。网络广告就是广告主以付费方式运用互联网络劝说公众的一种信息传播活动。有人将其列在电视、报纸、广播、杂志后面,称之为第五大广告媒体。

在上述网络广告的定义中,蕴涵了网络广告的五大要素:

(1)广告主是指发布网络广告的企业、单位或个人。任何人都可以自行上网或通过他人在网上发布各类广告,当然要在广告法律、法规许可的范围之内。

(2)广告费用指上网发布广告所需的资金投入。

(3)广告媒体对网络广告而言,就是网络,由于 WWW 是建立在超文本传输协议上的,超文本传输协议允许通过网络传输图形、音频或视频文件,提供了彩色的多媒体界面。

(4)广告受众是网络广告指向的广告对象或称网络广告的接受者。所有在网上活动的人都是网络广告的广告对象。在世界范围内,网民人数迅猛增长,至今已高达 22 亿人。国内网民也已猛增至 5.64 亿人。网络广告的受众已经是相当大的群体了。在这个意义上讲,网络完全称得上是大众传媒。

(5)广告信息是指网络广告的具体内容,即网络广告所传达的具体的商品或服务信息。它可能是很多文字,也可能只是一句话、一个横幅或一个图标。

2.网络广告的形式

(1)文字链接广告。在互联网的网页上出现的文字广告,一般是企业或产品的名称,点击后链接到相关的页面上。

(2)图标广告(button)。这种广告是出现在网页任何地方的一个图标。这个图标可能是企业的标志,也可能是一般的象形图标,点击它可链接到广告主的站点上。图标广告的尺寸一般为 120×90、120×60、125×125、88×31 像素。

(3)横幅广告(banner)。横幅广告也称旗帜广告、网幅广告,是在页面的顶端或其他地方出现的长条状广告。它可以是静态图片,也可以是动态的画面。点击它可链接到广告主的站点上。横幅广告的尺寸一般为 468×60 像素,但大的横幅广告可达 760×100 像素。

(4)弹出窗口式广告。在打开一个网页时,会自动弹出一个小窗口用于展现广告。这个新窗口可大可小,窗口内可展现文字、图片或动画。

(5)跑马灯式广告。跑马灯是在网页上出现的不断移动的小图片。运用跑马灯来进行广告宣传可以吸引浏览者的注意力,浏览者可以通过点击链接到广告主的站点上。

(6)电子邮件广告。电子邮件广告是根据搜集到的用户 E-mail 地址,通过电子邮件形式散发广告。电子邮件广告包括邮件列表广告以及新闻讨论组等。

3.网络广告的特点

网络广告运用了互联网络新型载体,从而具有了一些新的特点。

(1)强烈的交互性与感官性。网络广告的载体基本上是多媒体、超文本格式文件。只要受众对某样产品感兴趣,仅需轻按鼠标就能链接到广告主的站点上,从而进一步了解更为详细、生动的信息,它可以让消费者看到产品,通过双向交流了解其性能。在运用虚拟现实等新技术后,消费者还可以试看、试听(音像产品),当消费者产生兴趣后可立刻在网上交易,效率很高。

(2)广泛性。网络广告的传播范围广泛,不受时空限制。广告主可以通过国际互联网络把广告信息24小时不间断地传播到世界各地,这是传统媒体所无法达到的。

(3)针对性。广告主可以有针对性地将广告放在目标受众喜欢浏览的网站的特定页面上。有些搜索引擎可以根据搜索关键词在网页上显示相关广告。目前已经出现了可以分析网站访问者的喜好、精确定位投放广告的技术。

(4)形式的多样性。网络广告在技术上还可以用动画、Flash、游戏的方式,在形式上可以集各种多媒体形式的精华,从而达到传统媒体无法具有的效果。

(5)一对一模式。大部分广告媒体采用的是面向大众的单向传播方式,即一对多模式,广告受众只是被动接受信息,很少有选择的余地和自由;网络广告传播采用的却是一对一的方式,即广告信息一次只涉及一个广告对象,广告受众可以自主选择和访问卖方站点,因此处于主动地位。网络是唯一一种能使消费者可以自主选择广告、要求和接受想要的产品信息的传播媒体。

(6)非强迫性。传送信息众所周知,电视广告、广播广告具有强迫性,将广告信息强行灌输到观众的头脑中;而网络广告则属于按需广告,具有报纸分类广告的性质却不需要观众彻底浏览,通过自由查询,将要找的信息集中呈现出来。

(7)受众数量可准确统计。利用传统媒体做广告,很难准确地知道有多少人接受到广告信息。以报纸为例,虽然报纸的读者是可以统计的,但是刊登在报纸上的广告有多少人阅读过却只能估计推测而不能精确统计。至于电视、广播等广告的受众人数就更难估计。而在互联网上可通过权威公正的访客流量统计系统精确统计出每个广告被多少个用户浏览过,以及这些用户查阅的时间分布和地域分布(IP地址或域名),从而有助于广告主正确评估广告效果,审定广告投放策略。

根据选择广告媒体所参考的主要指标,如收视率、受众群体、影响力和成本等,可以将各种广告媒体的优缺点进行比较,各种广告媒体的优缺点见表6-1所示。

表6-1　各种广告媒体的优缺点

媒体	优点	缺点
报纸	灵活、快速、本地市场覆盖面大、广为接受、可信度高、成本低	寿命短、再现质量差、广告传播受报纸地理覆盖面的限制
电视	综合视听与动作、有感染力、受众注意力集中、收视率高	成本高、展露时间短、播出的时间段安排直接影响收视率
广播	地区和人口选择性强、成本低	只有声音效果、展露时间短、收费不标准
杂志	可信度高、有权威性、再现质量好、寿命长、受公众传阅多如地区和人口选择性强	广告前置时间长、版面位置无保证
邮寄	受众选择性好、灵活、同一媒体没有竞争、个性化	相对成本高、有滥寄邮件的形象
网络	受众不受时间和空间限制、受众选择好、形式生动活泼、制作速度快、方便修改、个性化、可以精确统计收看率、双向传播方式	被动传播多于主动传播、网络普及率低

4.网络广告的计价方式

由于网络广告是近几年才发展起来的新型媒体广告,许多站点仍无统一收费模式,尤其是在我国。当国外厂商已在发展每行动成本、每购买成本等计价模式时,国内网站的收费模式还处于比较混乱的状态。这里简单介绍一些常用的网络广告的收费模式。

(1)千人印象成本(cost per mille,CPM)。千人印象成本取决于"印象"尺度,通常理解为一个人的眼睛在一段时间内注视一个广告的次数。例如,一个横幅广告的单价是10元/CPM,意味着每一千个人次看到这个广告就收10元,以此类推。反过来,如果广告主花300元买了30个CPM,这就意味着他所投放的广告可以被访问 $30×1000=30000$ 次。

$$千人印象成本 = 广告购买成本/广告页面的访问次数×1\,000$$

和其他形式的广告收费形式相比,采用 CPM 收费具有以下三个优点:首先,可以保证客户所付出的广告费用和浏览人数直接挂钩,它只按实际的访问人数收费;其次,可以鼓励网站尽量提高自己网页的浏览人数;第三,可以避免客户只愿意在主页上做广告的情况,因为按照CPM 的计价方式,在主页做广告和在其他页面做广告的收益和付出比是一样的。一般来说,媒体提供商比较偏爱 CPM 这种计费方式。

(2)每次点击成本(cost per click-through,CPC)。每次点击成本是以广告被点击并链接到相关网址 1 次为基准的网络广告收费模式。这种的方法加上点击率限制可以防止作弊,是广告主比较喜欢的方式。但是不少经营广告的网站觉得不公平,因为浏览者虽然没有点击,但是他已经看到了广告,对于这些看到广告却没有点击的流量来说,网站成了白忙,很多网站不愿意做这样的广告。

(3)每行动成本(cost per action,CPA)。每行动成本是指按广告投放实际效果,即按回应的有效问卷或定单来计费,而不限广告投放量。CPA 的计价方式对于网站而言有一定的风险,但若广告投放成功,其收益也比 CPM 的计价方式要多得多。

(4)每购买成本(cost per purchase,CPP)。每购买成本是广告主为规避广告费用风险,只有在网络用户点击广告并进行在线交易后,才按销售笔数付给广告站点费用的网络广告收费模式。

(5)按业绩付费(pay for performance,PFP)。今后的趋势是从目前的广告收费模式 CPM 转变为按业绩收费的模式。基于业绩的定价计费基准有点击次数、销售业绩、导航情况等,不管是哪种,可以肯定的是,这种计价模式将被广泛采用。

(6)包月方式。很多国内网站的广告收费是不管效果好坏,不管访问量多少,一律一个价,按照"一个月多少钱"这种固定收费模式来收费的,这对客户和网站都不公平,无法保障广告客户的利益。

无论是 CPA、CPP 还是 PFP,广告主都要求发生目标消费者的"点击",甚至进一步形成购买后才肯付费;CPM 则只要求发生"目击"(或称"展露"、"印象"),就产生广告付费。相比而言,CPM 和包月方式对网站有利,而 CPC、CPA、CPP 或 PFP 则对广告主有利。

5.网络广告的运作步骤

和传统的广告一样,网络广告也要明确目的,制定预算,精心设计广告,选择合适的投放站点并对效果进行评价。

(1)确定广告目标。网络广告目标是指特定时期内,针对特定目标受众所要完成的信息传播任务以及达到的沟通效果。网络广告目标服从于企业的营销目标和有关市场、定位、营销组合等策略。

（2）制定广告预算。制定广告预算是指计算为完成广告目标所要投入的广告活动费用支出。制定广告预算时不仅要了解不同网站对各种形式广告的收费情况，还要结合产品特点、市场特点、销售额、竞争对手等相关情况。

（3）设计广告信息。广告词要精炼、简单、明了、直接，让受众目光一瞥就能立即明白广告的意思；使用如"免费"、"大奖"之类具有吸引力的词汇，好的广告要能够引起受众点击的欲望；协调文字与图形、色彩、动态，观众对于富有创意的动态广告都会禁不住看一眼；采用动态旗帜广告比静态旗帜广告更具优势，但要注意不影响下载速度。

（4）选择投放站点。在界定目标受众的基础上，还需要选择合适的广告服务商。首先，对站点进行分析，了解该站点是否具有广告定向能力。其次，了解该站点对网络广告的评估、监测、收费情况。第三，对投放的广告，还要监测其是否正常出现，广告的版本以及超链接是否正确等。

（5）评价广告效果。网络广告评估的目的是通过检查广告投放后产生的效果和执行的质量来指导以后的作业。广告效果指广告发布后在经济、社会、心理方面产生的作用。衡量网络广告效果主要有浏览量、点击次数、交互次数、销售收入等指标。企业可以通过访问统计软件、客户反馈情况以及权威的第三方公告测评机构来对这些指标进行测评。

➤ 6.2.3 网络营销传播

网络营销传播是利用现代化的网络技术向虚拟市场发布有关产品和服务的信息，以激发消费者的购买欲望，刺激消费者购买产品和服务，扩大产品销售而进行的一系列宣传介绍、广告、信息刺激等活动。网络促销实际上是厂家利用网络技术和市场进行沟通的过程，其主要目的是树立企业形象、沟通商品信息和促进产品销售。

网络营销的促销手段主要有网络广告、网络销售促进、网络信息发布、网络公共关系等。

1. 网络促销信息发布策略

信息发布是网络营销的基础和前提，也是网络促销的主要内容。只有认真研究促销对象、精心设计促销内容、科学搭配促销组合、审慎选择发布站点并掌握一定的发布技巧，才能达到理想的促销效果。

（1）盯准对象。促销要有针对性，网络促销对象主要是在网上寻求相关产品或服务的使用者、购买者和决策影响者。网络促销要紧紧抓住这些人，提高产品或服务在目标群体中的影响力。

（2）优选站点。仅仅在自己的站点举行促销活动，促销效果会受到站点访问量的限制。企业要针对目标促销对象的上网特点，将促销信息发布到相关的站点，扩大促销范围，提高促销效果。

（3）精炼内容。虽然网上信息量不受限制，但是上网者浏览信息的时间有限。因此，想在网上吸引促销对象更多的注意，就要紧紧围绕产品或服务的亮点，把握产品的卖点，科学地提炼信息主题，艺术地设计所要发布的内容。不仅让促销对象对促销活动感兴趣，还要让他们浏览后留下印象，主动去购买产品或为企业作宣传。

（4）巧妙组合。由于促销产品的不同和促销对象的差异，企业应该设计不同的促销组合（包括网下促销）。只有促销形式多样化，密切与促销对象的感情沟通，才能加深促销给目标客户带来的影响,提高产品的知名度、美誉度以及忠诚度。

(5)掌握技巧。在将有关企业广告等宣传信息通过自己或他人的站点往外发布时,在发布的时间、发布方式、发布软件的选择等方面要掌握一定的知识和技巧。

(6)衡量效果。对网络促销的每一个阶段,都要对有关项目进行统计,及时评估促销效果,调整下一步的促销策略。

2.网络促销策略

销售促进是指利用短期性的刺激工具,刺激客户对某一商品的大量购买,巩固或提高市场占有率。

(1)有奖促销。奖品对许多客户有异乎寻常的吸引力,网上的抽奖活动可以带来比平时高出许多的访问流量,促进产品的销售。

(2)赠品促销。在新产品推出试用、产品更新、对抗竞争品牌、开辟新市场等情况下利用赠品促销可以达到较好的促销效果。网上促销的赠品一般是可免费下载的游戏软件或与产品关系较密切的非卖品。

(3)积分促销。网上应用积分促销比传统营销方式要简单和容易得多,很容易通过编程和数据库等来实现。积分促销一般设置价值较高的奖品,消费者通过多次购买或多次参加活动来累积积分以获得奖品。

(4)虚拟货币。当客户申请成为会员或参加某种活动时可以获得网站发给的虚拟货币,用来购买本网站的商品或获赠免费的上网时间,如酷必得的"酷币"、东方网景的"网元"等,相当于传统促销的优惠卡。

(5)折扣促销。通过打折降价销售来吸引客户是不少网站常用的促销方式,如当当网推出的"30万册图书5~7折,音像3~5折"活动等。

(6)免费资源与服务促销。免费资源与服务促销是互联网上最有效的法宝,通过这种促销方式取得成功的站点很多,有的提供免费信息服务,有的提供免费贺卡、音乐、软件下载,从而扩大站点的吸引力。

3.网络公共关系策略

网络公共关系指充分利用各种网络传媒技术,宣传产品特色,树立企业形象,唤起公众注意,培养人们对企业及其产品的兴趣、好感和信心,提升知名度和美誉度,为后续营销活动准备良好的感情铺垫。其基本的职能是利用网络来树立企业形象、建立信誉、协调各方面的关系和提高企业营销效率。据研究表明,在产品销售前期,良好的公共关系促销会比广告更有效。网络公共关系策略有以下六种:

(1)网络新闻。互联网已经成为人们获得新闻的重要来源,甚至杂志编辑和报纸记者也都积极地从网上搜索时事新闻、时事评论等信息。企业除了在自己的站点发布新闻外,还应该到一些知名的网络新闻服务商的网站去发布企业或产品信息,发布之前可以用 E-mail 通知相关的新闻记者。

(2)网络礼仪。网络礼仪是在网络上人们相互之间交往的礼仪,其基本的原则是自由、公正和自律。例如,在使用 E-mail 宣传时,开头要表示歉意,语言要客气、礼貌,格式要规范,要方便收件人删除;在网上论坛、公告栏等地,不刻意发布与讨论主题无关的商业广告;网页要易于导航和搜索信息、内容丰富、链接快捷等。

(3)网络社区。网络社区是在同一个网站按一定兴趣或利益形成的网民群体。由于社区成员是以虚拟身份加入,因此管理员要对社区成员之间的交流制定相应的规则。社区管理的目的首先是保证社区成员的安全感,树立网站良好的形象,吸引更多的成员加入进来,提高网站乃至企业的知名度;其次是要有意识地引导成员对企业及其产品展开讨论活动,培养一些活跃成员,了解他们的反馈意见,取得他们的信任和好感。

(4)危机处理。一旦企业或产品所涉及的地区和行业发生危机,企业要充分发挥网络传播速度快的优势,及时将处理结果或事件真相告白于公众,取得公众的谅解和信任。

(5)事件路演。安排一些特殊的事件来吸引网上公众对新产品和该企业其他事件的注意。

(6)公益活动。这里的公益活动指网络企业向体育、文化、教育等公益事业捐赠一定数额的财物或频道,以提高其公众信誉的行为。

6.3　网络营销的创新方式

➤ 6.3.1　搜索引擎营销

搜索引擎营销的主要工作是扩大搜索引擎在营销业务中的比重,通过对网站进行搜索优化,挖掘企业更多的潜在客户,帮助企业实现更高的转化率。搜索引擎营销的基本思想是让用户发现信息,并通过(搜索引擎)搜索点击进入网站/网页进一步了解他所需要的信息。一般认为,搜索引擎优化设计的主要目标有两个层次:被搜索引擎收录;在搜索结果中排名靠前。

1.搜索引擎营销的基本流程

完整的搜索引擎营销过程包括下列五个步骤,这也是搜索引擎营销得以最终实现所需要完成的基本任务。

(1)构建适合于搜索引擎检索的信息源。信息源被搜索引擎收录是搜索引擎营销的基础,这也是网站建设之所以成为网络营销基础的原因。企业网站中的各种信息是搜索引擎检索的基础,由于用户通过检索之后还要来到信息源获取更多的信息,因此这个信息源的构建不能只是站在搜索引擎友好的角度,应该包含用户友好,这就是我们在建立网络营销导向的企业网站中所强调的,网站优化不仅仅是搜索引擎优化,而是包含三个方面,即对用户、对搜索引擎、对网站管理维护的优化。

(2)创造网站或网页被搜索引擎收录的机会。网站建设完成并发布到互联网上并不意味着自然可以达到搜索引擎营销的目的,无论网站信息多么完备,如果不能被搜索引擎收录,用户便无法通过搜索引擎发现这些网站中的信息,当然就不能实现网络营销信息传递的目的。因此,让网页尽可能多的被搜索引擎收录是网络营销的基本任务之一,也是搜索引擎营销的基本步骤。

(3)让网站信息出现在搜索结果中的靠前位置。网站或网页仅仅被搜索引擎收录还不够,还需要让企业信息出现在搜索结果中靠前的位置,这就是搜索引擎优化所期望的结果。因为搜索引擎收录的信息通常都很多,当用户输入某个关键词进行检索时会反馈大量的结果,如果企业信息出现的位置靠后,被用户发现的机会就大为降低,搜索引擎营销的效果也就无法保证。

(4)以搜索结果中有限的信息获得用户关注。通过对搜索引擎检索结果的观察可以发现,并非所有的检索结果都含有丰富的信息,用户通常不会点击浏览检索结果中的所有信息,而是需要对搜索结果进行判断,从中筛选一些相关性最强,最能引起用户关注的信息进行点击,进入相应网页之后获得更为完整的信息。要做到这一点,需要对每个搜索引擎收集信息的方式进行针对性的研究。

(5)为用户获取信息提供方便。用户通过点击搜索结果而进入网站或网页,是搜索引擎营销产生效果的基本形式,用户的进一步行为决定了搜索引擎营销是否可以最终获得收益。在网站上,用户可能为了了解某个产品的详细介绍成为注册用户。在此阶段,搜索引擎营销将与网站信息发布、顾客服务、网站流量统计分析、在线销售等其他网络营销工作密切相关,在为用户获取信息提供方便的同时,与用户建立密切的关系,使其成为潜在顾客,或者直接购买产品。

2.搜索引擎优化

搜索引擎优化(search engine optimization,SEO),简单的解释就是,通过人为的调整和设计,让你的网站在搜索引擎(主要以 google 为主,baidu 因为有竞价排名,人为对搜索结果的干扰很大)的搜索结果中排名靠前。搜索引擎优化的主要工作是通过了解各类搜索引擎如何抓取互联网页面、如何进行索引以及如何确定其对某一特定关键词的搜索结果排名等技术,来对网页进行相关的优化,使其提高搜索引擎排名,从而提高网站访问量,最终提升网站的销售能力或宣传能力的技术。

SEO 需要耐心和细致的脑力劳动。大体上,SEO 优化主要分为以下八个步骤:

(1)关键词分析(也叫关键词定位)。这是进行 SEO 优化最重要的一环,关键词分析包括关键词关注量分析、竞争对手分析、关键词与网站相关性分析、关键词布置、关键词排名预测。

(2)网站架构分析。网站结构符合搜索引擎的爬虫喜好则有利于 SEO 优化。网站架构分析包括剔除网站架构不良设计、实现树状目录结构、网站导航与链接优化。

(3)网站目录和页面优化。SEO 不止是让网站首页在搜索引擎有好的排名,更重要的是让网站的每个页面都带来流量。

(4)内容发布和链接布置。搜索引擎喜欢有规律的网站内容更新,所以合理安排网站内容发布日程是 SEO 优化的重要技巧之一。链接布置则把整个网站有机地串联起来,让搜索引擎明白每个网页的重要性和关键词,实施的第一步的是关键词布置,友情链接也是这个时候展开的。

(5)与搜索引擎对话。向各大搜索引擎登陆入口提交尚未收录的站点。在搜索引擎看 SEO 的效果,通过企业网站域名(site)知道站点的收录和更新情况。通过企业网站域名(domain)或者企业网站域名(link)知道站点的反向链接情况。更好地实现与搜索引擎对话,建议采用搜索引擎网站管理员工具。

(6)建立网站地图。根据自己的网站结构,制作网站地图,让自己的网站对搜索引擎更加友好化。让搜索引擎能通过网站地图就可以访问整个站点上的所有网页和栏目。企业最好有两套网站地图,一套方便用户快速查找站点信息(html 格式),另一套方便搜索引擎得知网站的的更新频率、更新时间、页面权重(xml 格式)。所建立的网站地图应和企业网站的实际情况相符合。

(7)高质量的友情链接。建立高质量的友情链接,对于 SEO 优化来说,可以提高网站的 PR 值(网页级别)以及网站的更新率,这些都是非常关键性的问题。

(8)网站流量分析。网站流量分析不仅从 SEO 结果上指导下一步的 SEO 策略,同时对网站的用户体验优化也有指导意义。流量分析工具,建议采用 Google analytics 分析工具和百度统计分析工具。

3. 关键词与搜索引擎营销

关键词的研究和选择是搜索引擎营销活动中至关重要的一步,大多数人在网上寻找信息都是从搜索引擎开始。因此,选择恰当的关键词对于优化网页内容变得越来越重要。因为搜索引擎主要提供与关键词有关的内容,比起那些没有用适当的关键词来描述其产品或服务的网站,网页上如果有相关的关键词,该网站的排名会更靠前。

选择最佳关键词的常见技巧有以下八种。

(1)站在客户的角度考虑。潜在客户在搜索企业产品时使用的关键词是企业选择关键词的核心依据。这可以从众多资源中获得反馈,包括客户、供应商、品牌经理和销售人员。

(2)将关键词扩展成一系列短语。选择好一系列短语之后,用网络营销软件对这些关键词组进行检测,统计企业关键词在其它网页中的使用频率,以及在过去一定时间内各大搜索引擎上有多少人在搜索时使用过这些关键词。最好的关键词是那些没有被滥用而又很流行的词。对关键词好坏的判断可以使用有效关键词指数(keyword effectivnees index,KEI),它是通过企业所使用的关键词在数据库中出现的次数和同类竞争性网页的数量来计算得到的。

(3)进行多重排列组合。可通过改变短语中的词序来创建不同的词语组合,或者使用不常用的组合,包含所卖产品的商标名和品名,将关键词组合成一个问句,以及包含同义词、替换词、比喻词和常见错拼词等。

(4)使用专业概念词汇以限定来访者。企业应明确其关键词组的概念,如电子商务软件。要做到能够明确专业以使词组不至于太宽泛,如电子商务软件解决方案、电子商务安全解决方案、B2B 电子商务软件之类的表述等。

(5)如果是品牌企业,则可使用公司名做关键词。

(6)回顾竞争者使用的关键词。查寻竞争者的关键词可使企业找到那些可能漏掉的词组。寻找别人的关键词只是对自己已经选好的关键词进行补充。

(7)不宜使用意义太泛的词或短语,而应使用修饰词将普通词汇和短语意义变得更为精确。如提供保险服务的站点可以使用健康保险报价、自动保险报价、人寿保险报价等关键词组。为了预先限定来访者,关键词和短语应明确企业的利基。

(8)不宜使用单一词汇。多词短语比单一词汇更适宜,因为单一词汇搜索会产生太多结果,难以实现搜索者的需求。

▶ 6.3.2　电子邮件营销

电子邮件营销(E-mail direct marketing,EDM)是在用户事先许可的前提下,通过电子邮件的方式向目标用户传递价值信息的一种网络营销手段。电子邮件营销有三个基本因素,即用户许可、电子邮件传递信息、信息对用户有价值,三个因素缺一不可,都不能称之为有效的E-mail 营销。电子邮件营销是利用电子邮件与受众客户进行商业交流的一种直销方式,同时也广泛的应用于网络营销领域。电子邮件营销是网络营销手法中最原始的一种,可以说电子邮件营销比绝大部分网站推广和网络营销手法历史都要久远。

1. 电子邮件营销的实施方法

营销实施的逻辑起点是 EDM 营销的目的,通常来讲,EDM 营销可以实现的功能包括新销售线索挖掘、老客户关系维护、高价值客户的品牌忠诚度提高、老客户交叉销售、渠道管理与沟通、通知或客户培育、市场调查与测试(目标客户、产品、广告、文案、设计和奖励等)、品牌推广、媒体投放计划制定、客户细分与客户行为分析等。实施 EDM 营销的方法有以下几方面:

(1)要明确实施的目的,不同的目的要求不同的要素,要求不同的工具,要求不同的管理流程以及相应的实施策略与之相配合。

(2)针对不同的实施目的,配置相应的 EDM 营销工具。EDM 营销有两个关键要素,一是工具,即软硬件工具,二是管理流程。

从工具的通讯手段上看,有 EDM 系统、SDM(SMS DM)系统、TDM(Telephone DM)系统三个基本系统,EDM 系统以 E-mail 电子邮件为主要沟通手段,SDM 以手机短信息为主要通讯手段,TDM 以电话为主要通讯手段,如呼叫中心系统设备。

任何一种 EDM 营销工具,都必须具备几个功能套件或者要素,即数据库管理基础软件、通讯套件、用户追踪与行为分析套件、用户沟通内容管理套件。只有这四种套件能够整合为一体配合使用的系统才能称之为一个合格的数据库营销系统工具。

(3)针对不同的实施目的,准备相应的管理流程与之相配合。基本的流程包括数据获取方法与流程、数据库更新维护标准与流程、用户分类标准与流程、用户内容友好标准与用户内容管理流程、用户行为分析标准与流程、等与不同的目的相应的管理流程。

2. 电子邮件营销的邮件设计原则

(1)邮件的内容应与企业目标一致。邮件营销的目标应与企业总体营销战略相一致,营销目的和营销目标是邮件内容的第一决定因素。因此,以用户服务为主的会员通讯邮件内容中插入大量的广告内容会偏离预定的顾客服务目标,同时也会降低用户的信任度。

(2)邮件的内容应具有独特的个性化特征。利用 EDM 进行营销与一般的营销方式最大的区别是:EDM 是一对一的沟通,让企业的用户感觉到被尊重,让他感觉到这是为他所建立并且是他所独享的沟通方式。但是,在各种条件的制约下,往往很难彻底实现一对一沟通。营销者必须通过技术手段,让用户感觉这个 EDM 是专门给他发的,而不是群发的。这个要求是对 EDM 营销的一个挑战。

(3)邮件的内容应能引起用户的兴趣和关注。用户对企业的关注对用户的购买行为有重要影响,而用户喜欢的内容对于吸引用户的注意力有着非常重要的作用,有时候用户的喜好与企业的产品重叠度非常高,发现并利用用户喜好的资料对企业的销售有着直接的作用。有时候用户的喜好和企业的产品重合度相对较低,但是通过用户喜好的内容吸引了用户的目光,之后再辅以相应的营销措施也是不错的选择。

例如,某品牌的汽车制造商组织了一个车友会,他的目的在于与用户建立一种长期的、互动的关系,培养用户的忠诚度。该车友会每周都举办活动,通过长期的数据积累并结合用户的基本资料,准备举办一次汽车驾驶技巧挑战赛。驾驶技巧比赛,对于那些喜欢驾驶的客户来讲是一件天大的好事,将这些内容制作成 EDM 发送给喜好的客户,得到这些用户的热烈反馈,这次营销活动取得了完满的成功。

总之,个性化的、值得关注的、针对嗜好的内容都是用户友好的内容,在坚持用户友好的前提下传播企业信息是 EDM 营销实施中一个重要的原则,只有这样企业才能与客户建立长久的良性的互动关系,培养客户忠诚度,为企业创造永续的利润来源。

(4)邮件的内容应具有系统性和稳定性。邮件广告的内容不宜过多,也不宜内容匮乏,更不能过于随意或没有一个特定的主题。不同时间段的邮件内容放在一起,应具有一定的关联,这样才能使用户对邮件内容产生整体印象。缺乏系统性的邮件内容很难培养起用户的忠诚性,会削弱电子邮件营销对于品牌形象提升的功能,并且影响电子邮件营销的整体效果。

电子邮件营销是一项长期任务,需要持续的邮件才能产生效果。因此,必须有稳定的内容来源,以确保按照一定的周期发送邮件。邮件内容可以是自行撰写、编辑、或者转载,无论哪种来源,都需要保持相对稳定性。应注意的是,邮件是一个营销工具,并不仅仅是一些文章或新闻的简单汇集,应将营销信息合理地安排在邮件内容中。

(5)内容精简性。尽管增加邮件内容不需要增加信息传输的直接成本,但从用户的角度考虑,邮件的内容不应过分庞大,过大的邮件不会受欢迎。首先,是由于用户邮箱空间有限,字节数太大的邮件会成为用户删除的首选对象;其次,由于网络速度的原因,接收或打开较大的邮件耗费时间也越多;最后,太多的信息量让读者很难一下子接受,反而降低了 E-mail 营销的有效性。因此,应该注意控制邮件内容数量,不需要过多的栏目和话题,如果确实有大量的信息,可充分利用链接的功能,在内容摘要后面给出一个 URL,如果用户有兴趣,可以通过点击链接到网页浏览。

(6)内容灵活性。前面已经介绍,邮件营销的目的,主要体现在顾客关系和顾客服务、产品促销、市场调研等方面,但具体到某一个企业、某一个网站,可能侧重点有所不同,在不同的经营阶段,邮件营销的作用也会有差别,邮件营销的内容也会随着时间的推移而发生变化,因此邮件营销的内容策略也不是一成不变的,在保证整体系统性的情况下,应根据阶段营销目标而进行相应的调整,这也是邮件内容目标一致性的要求。邮件的内容毕竟要比印刷杂志灵活得多,栏目结构的调整也比较简单。

3.电子邮件营销的特点

(1)精准直效。可以精确筛选发送对象,将特定的推广信息投递到特定的目标社群。

(2)个性化定制。根据社群的差异,制定个性化内容,根据用户的的需要提供最有价值的信息。

(3)信息丰富、全面。文本、图片、动画、音频、视频以及超级链接都可以在 EDM 中运用。

(4)具备追踪分析能力。根据用户的行为,统计打开邮件,点击数并加以分析,获取销售线索。

(5)费用低廉。E-mail 营销的突出优点,就是费用低廉。编辑和寄发一份 E-mail 所花费的代价只是时间和电话通讯费而已。这一优越性在国际通讯联系方面尤其突出。如与一位英国客人联系时,采用传统的信件邮寄方式,往往要花费几元甚至上百元的代价。

(6)较高回应率。不仅网络营销对 E-mail 情有独钟,很多消费者也愿意接受有用的 E-mail。

(7)快捷性。电子邮件的传递时间是传统直邮广告等方式无法比拟的。根据发送邮件数量的多少,需要几秒钟到几个小时就可以完成数以万计的电子邮件发送。同样,无法送达的邮件也可以立即退回或者在几天之内全部退回,一个营销周期可以在几天内全部完成。而直邮信函的送达时间通常要 3 天甚至更久,即使在同一个城市,通常也需要一天左右才可以到达,从发信函开始到回收全部退信,可能需要一个月以上的时间。

(8)保密性。当企业希望通过互联网给顾客发送信件时,只需把要发送的信件与收件人的电子邮件地址发给电子邮件系统。电子邮件系统就会自动地把用户的信件通过网站——送到目的地。不容易引起竞争对手的注意,具有较好的保密性。

(9)方便性。E-mail营销没有任何的时间限制,一天24小时,一年365天任何时间都可以发送电子邮件。同时,完成一项E-mail信息的发送非常方便。打完字,只需点击"发送"按钮,信息即刻发送出去,而且对方几乎是在发送者发送信息的同时就可以收到信息。此外,电子邮件系统可以像留言电话一样,在自己方便的时候处理记录下来的请求。通过电子邮件还可以方便地传送文本信息、图像文件、报表和计算机程序。

(10)反馈迅速。非常适合期待有客户直接反应的营销目标。E-mail营销不仅是一种交互式的营销工具,而且具有迅速传播和易于反馈的特性,目标客户在通过E-mail得到信息后,可以根据自己的喜好立即作出反应,而客户的直接反应对于企业往往是非常重要的。

阅读材料

微营销时代下的邮件营销

邮件将灭亡?NO!

从1971年发出第一封电子邮件到现在的42年间,邮件不但没有死,反而活得越来越好。这是为什呢?现代各大电商、社交网络以及各种应用的出现,使得邮件已经不单单是作为单独个体存在,我们上网买东西要用邮箱注册,玩微博、微信也要用邮箱注册,它现在作为中间传媒应用到各个网络领域里面,就好像一种网络通行证,一种中间载体,我们进行许多网络活动都需要它。

因此现在所谓的"邮件灭亡论"根本就不存在,反之在相当长的时间里,邮件营销会发展的更好。根据7月份的调查显示,在线零售商通过邮件营销吸引的新客户占其总客户数的7%,比4年前增长了4倍多,邮件广告带来的收益甚至超过了直接在网上投放广告带来的收益。与传统邮件广告相比,在社交网站像Facebook、Twitter上投放广告的效果并不明显,而且这种趋势短期内不会发生改变。

邮件营销与新媒体营销怎么结合?

事实上,目前越来越多的企业也在尝试将邮件营销与新媒体营销结合。因为,邮件营销可以达到分析客户行为的目的,其他方式可能就做不到,比如微博营销、微信营销,无法了解用户的喜好以及属性。

将邮件营销与其他新媒体营销方式结合,就能同时实现营销精准性以及发散性。例如,可以组织一场主题营销活动,通过邮件告知你的目标用户,然后号召你的用户进行微博分享;也可给用户中已确定其特性的用户发一封营销邮件,激励他们进行微信朋友圈分享,如此实现精准营销以及信息发散。当然,邮件营销与新媒体营销的结合怎么去做,还有待我们深入去探讨。

尤其值得注意的是,移动互联网的高速发展,为邮件营销与新媒体营销的结合提供了非常好的契机。越来越多的用户在手机、平板上刷微博、上微信、看邮件,试想一下,用户在手机上看到邮件,顺手就可以分享到微博、微信,那这个营销效果将是怎样的一种倍增!

➤ 6.3.3 病毒性营销

病毒式营销(viral marketing)也称为病毒性营销,是一种常用的网络营销方法,常用于进行网站推广、品牌推广等。病毒式营销利用的是用户口碑传播的原理,在互联网上,这种"口碑传播"更为方便,可以像病毒一样迅速蔓延,因此病毒式营销成为一种高效的信息传播方式,由于这种传播是用户之间自发进行的,因此几乎是不需要费用的网络营销手段。

1.病毒式营销的基本特点

病毒式营销是通过利用公众的积极性和人际网络,让营销信息像病毒一样传播和扩散,营销信息被快速复制传向广大受众。它存在以下四方面区别于其他营销方式的特点。

(1)有吸引力的病源体。天下没有免费的午餐,任何信息的传播都要为渠道的使用付费。之所以说病毒式营销是无成本的,主要指它利用了目标消费者的参与热情,但渠道使用的推广成本是依然存在的,只不过目标消费者受商家的信息刺激自愿参与到后续的传播过程中,原本应由商家承担的广告成本转嫁到了目标消费者身上,因此对于商家而言,病毒式营销是无成本的。

(2)几何倍数的传播速度。大众媒体发布广告的营销方式是"一点对多点"的辐射状传播,实际上无法确定广告信息是否真正到达了目标受众。病毒式营销是自发性的、扩张性的信息推广,它并非均衡地、同时地、无分别地传给社会上每一个人,而是通过类似于人际传播和群体传播的渠道,产品和品牌信息被消费者传递给那些与他们有着某种联系的个体。例如,目标受众读到一则有趣的 Flash,他的第一反应或许就是将这则 Flash 转发给好友、同事,"转发大军"就构成了成几何倍数传播的主力。

(3)高效率的接收。大众媒体投放广告有一些难以克服的缺陷,如信息干扰强烈、接收环境复杂、受众戒备抵触心理严重。以电视广告为例,同一时段的电视有各种各样的广告同时投放,其中不乏同类产品"撞车"现象,大大降低了受众的接受效率。而对于那些可爱的"病毒",是受众从熟悉的人那里获得或主动搜索而来的,在接受过程中自然会有积极的心态;接收渠道也比较私人化,如手机短信、电子邮件、封闭论坛等(存在几个人同时阅读的情况,这样反而扩大了传播效果)。

(4)更新速度快。网络产品有自己独特的生命周期,一般都是来的快去的也快,病毒式营销的传播过程通常是呈 S 形曲线的,即在开始时很慢,当其扩大至受众的一半时速度加快,接近最大饱和点时又慢下来。针对病毒式营销传播力的衰减,要在受众对信息产生免疫力之前,将传播力转化为购买力,方可达到最佳的销售效果。

2.病毒式营销的实施步骤

病毒式营销一直是网络营销人员津津乐道的话题。病毒式营销的价值是巨大的,一个好的病毒式营销计划的效果远远胜过投放大量广告所获得的效果,病毒式营销并不是随便可以做好的,有些看起来很好的创意,或者很有吸引力的服务,最终并不一定能获得预期的效果,如何才能取得病毒式营销的成功呢? 通过对许多病毒式营销案例进行的跟踪研究发现,尽管每个网站具体的病毒式营销方案可能千差万别,但在实施病毒式营销的过程中,一般都需要经过方案的规划和设计、信息源和传递渠道的设计、原始信息发布、效果跟踪管理等基本步骤,认真对待每个步骤,病毒式营销才能最终取得成功。

(1)病毒式营销方案的整体规划,确认病毒式营销方案符合病毒式营销的基本思想,即传播的信息和服务对用户是有价值的,并且这种信息易于被用户自行传播。进行营销方案规划时需要确定营销目标、识别目标用户、挖掘兴趣点以及选择合适的途径去进行推广。

(2)设计营销方案。病毒式营销需要独特的创意,并且精心设计病毒式营销方案(无论是提供某项服务,还是提供某种信息)。最有效的病毒式营销往往是独创的,独创性的计划最有价值,跟风型的计划有时也可以获得一定效果,但要做相应的创新才更吸引人。病毒式营销之所以吸引人之处就在于其创新性。在方案设计时,一个特别需要注意的问题是,如何将信息传播与营销目的结合起来? 如果仅仅是为用户带来了娱乐价值(如一些个人兴趣类的创意)或者实用功能、优惠服务而没有达到营销的目的,这样的病毒式营销计划对企业的价值就不大了,反之,如果广告气息太重,可能会引起用户反感而影响信息的传播。

(3)信息源和信息传播渠道的设计。虽然说病毒式营销信息是用户自行传播的,但是这些信息源和信息传递渠道需要进行精心的设计,例如,要发布一个节日祝福的 Flash,首先要对这个 Flash 进行精心策划和设计,使其看起来更加吸引人,并且让人们更愿意自愿传播。仅仅做到这一步还是不够的,还需要考虑这种信息的传递渠道,是在某个网站下载(相应地在信息传播方式上主要是让更多的用户传递网址信息)、还是用户之间直接传递文件(通过电子邮件、IM 等),或者是这两种形式的结合,这就需要对信息源进行相应的配置。

(4)原始信息的发布和推广。最终的大范围信息传播是从比较小的范围内开始的,如果希望病毒式营销方法可以很快传播,那么对于原始信息的发布也需要经过认真筹划。原始信息应该发布在用户容易发现,并且乐于传递这些信息的地方(如活跃的网络社区),如果必要,还可以在较大的范围内去主动传播这些信息,等到自愿参与传播的用户数量比较之后,才让其自然传播。

(5)营销效果的跟踪和管理。当病毒式营销方案设计完成并开始实施之后(包括信息传递的形式、信息源、信息渠道、原始信息发布),对于病毒式营销的最终效果实际上是无法控制的,但并不是说就不需要进行营销效果的跟踪和管理。对于病毒式营销的效果分析是非常重要的,不仅可以及时掌握营销信息传播所带来的反应(如对于网站访问量的增长),也可以从中发现这项病毒式营销计划可能存在的问题,以及可能的改进思路,将这些经验积累为下一次病毒式营销计划提供参考。

3. 病毒性营销的战略要素

下面是病毒性营销战略的六个基本要素,一个病毒性营销战略不一定要包含所有要素,但是,包含的要素越多,营销效果越好。

(1)提供有价值的产品或服务。病毒性营销计划一般都需要提供有价值的免费产品或服务来引起注意,例如,免费的 E-mail 服务、免费信息、免费"酷"按钮、具有强大功能的免费软件。"便宜"或者"廉价"之类的词语也可以使用户产生兴趣,但是"免费"通常可以更快引人注意。病毒性营销具有盈利滞后的特征,他们今天或者明天不能盈利,但是如果他们能从一些免费服务中刺激高涨的需求兴趣,他们将在"不久和余生"获利。

(2)提供无须努力的向他人传递信息的方式。病毒只在易于传染的情况下才会传播,因此,携带营销信息的媒体必须易于传递和复制,如 E-mail、网站、图表、软件下载等。病毒性营销在互联网上得以极好地发挥作用是因为即时通信变得容易而且廉价,数字格式使复制更加简单,从营销的观点来看,必须把营销信息简单化,使信息容易传输,越简短越好。

(3)信息传递范围容易从小向很大规模扩散。为了能够快速扩散,传输范围必须从小到大迅速改变。若采用免费 E-mail 服务来促进病毒式营销,则需要有自己的邮件服务器来传送信息,只有强大的邮件服务器才能保障传播范围的快速扩大。

(4)利用公共的积极性和行为。巧妙的病毒性营销计划利用公众的积极性。通信需求的驱动产生了数以百万计的网站和数以十亿计的 E-mail 信息,因而以此为基础的的营销战略可以取得成功。

(5)利用现有的通信网络。与现实世界中一样,互联网上的人们也发展各种关系网络。他们收集电子邮件地址以及喜欢的网站地址,会员程序开发这种网络作为建立允许的邮件列表。如果企业能把自己的信息置于人们现有通信网络之中,将会迅速地把信息扩散出去。

(6)利用别人的资源。最具创造性的病毒性营销计划是利用别人的资源达到自己的目的。例如,会员制计划,在别人的网站设立自己的文本或图片链接,提供免费文章的作者,试图确定他们的文章在别人网页上的位置,一则发表的新闻可能被数以百计的期刊引用,成为数十万读者阅读的文章的基础。别的印刷新闻或网页转发营销信息,耗用的是别人的而不是自己的资源。

4. 病毒式营销实施的注意事项

(1)病毒式营销的"病毒"有一定的界限。没有人喜欢自己的电脑出现病毒,可见病毒并不是受人欢迎的东西。病毒式营销中的核心词是"营销","病毒性"只是描述营销信息的传播方式,其实和病毒没有任何关系。病毒式营销的基本思想只是借鉴病毒传播的方式,本身并不是病毒,不仅不具有任何破坏性,相反还能为传播者以及病毒式营销的实施者带来好处,因此病毒式营销和病毒之间并没有任何直接的联系。但在病毒式营销的实际操作中,如果没有认识到病毒式营销的本质是为用户提供免费的信息和服务这一基本问题,有时可能真正成为传播病毒了,尤其利用一些技术手段来实现的病毒式营销模式,如自动为用户电脑安装插件、强制性修改用户浏览器默认首页、在聊天工具中自动插入推广信息等,这些其实已经不能称之为病毒式营销,而是传播病毒了。

(2)病毒式营销的实施过程通常是无需费用的,但营销方案设计是需要成本的。病毒式营销通常不需要为信息传递投入直接费用,但病毒式营销方案不会自动产生,需要根据病毒式营销的基本思想认真设计,在这个过程中是需要一定资源投入的,因此不能把病毒式营销理解为完全不需要费用的网络营销,尤其在制定网站推广计划时,应充分考虑到这一点。此外,并不是所有的病毒式营销方案都可以获得理想的效果,这也可以理解为病毒式营销的隐性成本。

(3)网络营销信息不会自动传播,需要进行一定的推广。病毒式营销信息不会实现自动传播,需要借助于一定的外部资源和现有的通信环境来进行,这种推广可能并不需要直接费用,但需要合理选择和利用有效的网络营销资源,因此需要以拥有专业的网络营销知识为基础。

➢ 6.3.4 虚拟社区营销

虚拟社区又称在线社区(online community)或电子社区(electronic community),作为社区在虚拟世界的对应物,虚拟社区为有相同爱好、经历或者专业相近、业务相关的网络用户提供一个聚会的场所,方便他们相互交流和分享经验。从营销的角度,可以把虚拟社区粗略地理解为在网上围绕着一个大家共同感兴趣的话题交流的社群,这些人对社区有认同感并在参加社区活动时有一定的感情投入。

1. 虚拟社区营销的方法

整体而言,虚拟社区营销需要两大步骤,即创建社区和推广社区。

开展虚拟社区营销首先需要在企业的网站上创建一个虚拟社区。当然,也可以利用他人的虚拟社区开展营销,但是这样会受到他人制定的各种条条框框的约束,不能充分发挥虚拟社区的潜力。

创建虚拟社区的步骤如下:①确立创建社区的目标;②确定潜在客户群;③确定社区的主

题和类型;④社区的前期推广工作。

发展和推广虚拟社区的方法有:①向社区附予价值;②建立激励机制,形成讨论组的核心;③培养社区文化;④保证社区的稳定和安全;⑤组织会员的见面会。

2. 虚拟社区营销的分类

按照功能不同可以大致分为三类,即市场型、服务型、销售型。

(1)市场型社区,主要是推广企业的产品。但是因为消费受众追求生活和文化,而不是某一个产品,因此社区应注重文化传播和市场推广。

(2)服务型社区,主要是提供专业售后服务和技术支持。例如,西门子的社区,拥有本地化工程师的支持,社区不仅回答顾客的问题,也提供信息源。根据顾客常常提出的问题给出解决方案,经多次筛选和精练后定期发给在线用户。偏技术性和专业性的企业比较适合建设此类社区。这样可以很大程度降低服务成本,提高效率和顾客满意度。

(3)购买型社区,以销售企业产品为目标。这类社区目前成功的很少,因为消费者越来越理性,到了社区只会浏览售前讨论和售后评论,不太会直接消费。

3. 虚拟社区营销的主要作用

网站社区的主要作用有以下几方面:

(1)可以与访问者直接沟通,容易得到访问者的信任。如果网站是商业性的,可以了解客户对产品或服务的意见,访问者很可能通过和企业的交流而成为真正的客户,因为人们更愿意从了解的商店或公司购买产品;如果是学术性的站点,则可以方便地了解同行的观点,收集有用的信息,并有可能给自己带来启发。

(2)为参加讨论或聊天,人们愿意重复访问的网站,因为那里是跟他志趣相投者聚会的场所,除了相互介绍各自的观点之外,一些有争议的问题也可以在此进行讨论。

(3)作为一种顾客服务的工具,利用 BBS 或聊天室等形式在线回答顾客的问题。作为实时顾客服务工具,聊天室的作用已经得到用户认可。

阅读材料

相宜本草的网络社区营销

相宜本草是一家国产天然本草类化妆品品牌,其产品进入市场化运作时间较短,市场认知度较低。虽然产品拥有良好的品质和口碑,但对该品牌了解的消费者相对较少。相宜本草总部在上海,公司调查数据显示,相宜本草在上海地区产品美誉度达70分,而知名度只有30分,这与这几年发展的整体策略有关,市场投入相对较少,将更重要的资源及资金投入于产品研发及销售渠道。在有限的市场投入情况下,如何能够针对现阶段的发展达到最好的营销效果,经过多方咨询与沟通,相宜本草采用了网络社区口碑营销的策略,借助互联网社区营销新媒介,展开精准迎合群体心理的营销策略,利用网络快速传播的特点,实现低成本的广泛传播效应。

相宜本草选择了唯伊网作为核心传播载体,以唯伊社区为营销传播中心,整合浙江本地社区及线下高校资源,实现了线上线下互动整合营销。

唯伊网(www.weyii.com)是国内一家新兴的化妆品品牌口碑社区,社区以品牌俱乐部、试用达人为特色,汇集化妆品品牌的消费者、粉丝和意见领袖,用户人群以年轻态人群为主,年龄层在20~30岁之间居多,品牌消费习惯不稳定,有较大的热情尝试新鲜品牌、新鲜产品,因此唯伊社区还形成了特有的"小白鼠"氛围。

相宜本草是化妆品领域的年轻品牌,其市场价格也非常适合年轻态群体,唯伊社区的用户群体与相宜本草的定位相互吻合,这为最终的营销效果奠定了坚实的基础。

➤ 6.3.5 博客营销

博客营销是利用博客这种网络应用形式开展网络营销的活动。它是公司、企业或者个人利用博客这种网络交互性平台,发布并更新企业、公司或个人的相关概况及信息,并且密切关注并及时回复平台上客户对于企业或个人的相关疑问以及咨询,并通过较强的博客平台帮助企业或公司零成本获得搜索引擎的较前排位,以达到宣传目的的营销手段。

1. 博客营销的基本策略

(1)选择博客托管网站、注册博客账号。选择博客托管网站、注册博客账号即选择功能完善、稳定,适合企业自身发展的博客营销平台,并获得发布博客文章的资格。选择博客托管网站时应选择访问量比较大而且知名度较高的博客托管网站,可以根据全球网站排名系统等信息进行分析判断。对于某一领域的专业博客网站,不仅要考虑其访问量,还要考虑其在该领域的影响力,影响力较高的博客托管网站,其博客内容的可信度也相应较高。

(2)选择优秀的博客。在营销的初始阶段,用博客来传播企业信息的首要条件是拥有具有良好写作能力的博客,博客在发布自己的生活经历、工作经历和某些热门话题的评论等信息的同时,还可附带宣传企业,如企业文化、产品品牌等,特别是当发布文章的博客是在某领域有一定影响力的人物,所发布的文章更容易引起关注,吸引大量潜在用户浏览,通过个人博客文章内容为读者提供了解企业信息的机会。这说明具有营销导向的博客需要以良好的文字表达能力为基础。因此企业的博客营销需要以优秀的博客为基础。

(3)创造良好的博客环境。企业应坚持长期利用博客,不断的更新内容,才能发挥其长久的价值和应有的作用,吸引更多的读者。因此进行博客营销的企业有必要创造良好的博客环境,采用合理的激励机制,激发博客的写作热情,促使企业博客们有持续的创造力和写作热情。同时应鼓励他们在正常工作之外的个人活动中坚持发布有益于公司的博客文章,这样经过长期的积累,企业在网络上的信息会越积越多,被潜在用户发现的机会也就大大增加了。可见,利用博客进行营销是一个长期积累的过程。

(4)协调个人观点与企业营销策略之间的分歧。从事博客写作的是个人,但网络营销活动是属于企业营销活动。因此博客营销必需正确处理两者之间的关系,如果博客所写的文章都代表公司的官方观点,那么博客文章就失去了个性特色,也就很难获得读者的关注,从而失去了信息传播的意义。但是,如果博客文章只代表个人观点,而与企业立场不一致,就会受到企业的制约。因此,企业应该培养一些有良好写作能力的员工进行写作,他们所写的东西即要宣传企业,又要保持自己的观点性和信息传播性,这样才会获得潜在用户的关注。

(5)建立自己的博客系统。当企业在博客营销方面开展的比较成功时,则可以考虑使用自己的服务器,建立自己的博客系统,向员工、客户以及其他外来者开放。博客托管网站的服务是免费的服务,服务方不承担任何责任,所以服务是没有保障的,一旦中断服务,企业通过博客积累的大量资源将可能毁于一旦。如果使用自己的博客系统,则可以由专人管理,定时备份,从而保障博客网站的稳定性和安全性。而且开放博客系统将引来更多同行、客户来申请和建立自己的博客,使更多的人加入到企业的博客宣传队伍中来,在更大的层面上扩大企业影响力。

2.撰写营销博客的基本法则

(1)遵循基本的语言法则。写作是有一定的基本法则的,然而我们会发现许多博客文章不太遵循拼写和语法。当然博客不需要拘泥于传统的出版形式,但如果博主希望读者能够轻松阅读,最好还是遵循这些基本法则。

(2)简明扼要。博客写作虽然不需要像出版物那样考虑文章篇幅限制,但读者的时间是宝贵的。网友们通常会阅读许多内容,如果博主不直接说出自己的观点,他们不会再看博主的博客。

(3)新闻价值。博客需要有新闻价值、有趣、有用和幽默。一些博主没有注意这些,所以宣传效果不理想。

(4)有用内容。有新闻价值但"有用"是最重要的。人们喜欢滑稽的东西,但如果博主不是专业的,人们是不会订阅其博客的,仅仅因为好玩再次会来。如果博主可能还有其他特长,比如善于讲故事,这也是一个有利因素,但不足以让人们订阅。人们订阅或者经常看博主博客的主要原因是博主的内容对他们的日常工作生活有用。

(5)便于浏览。人们订阅了大量的博客,没有时间每天阅读。所以博主得能让他们快速浏览,很快抓住文章主旨。如果博主的文章里全是大段大段的文字,谁也不愿意阅读。文章便于快速浏览的最好方法是列表,人们可以扫一眼就了解了主要观点,另一个好方法是高亮自己的主要观点。

(6)好的标题。标题需要简练并且具有吸引力。没有一个好标题,文章没人去看。有太多的文章在他们的 Feed 阅读器里,他们只关注吸引他们的标题。当然,博主的文章内容要和标题相符。

(7)第一人称。这可能是博客写作与其他写作的最大区别。在一般的出版物中,惯例是保持作者中立。但博客不同,你就是你,带着千万个偏见,越表达出自己的观点越好。网上有上百万的博客,你很难做到很特别,除非你写出了独一无二的内容,那就是你自己。

(8)延续链接。博客虽然在网络门户里是独立并自成体系,但也是互联网的一部分,应该充分利用这个好处。让其他文章为你的大作提供知识背景,让读者通过链接继续深入阅读,尽量为他们提供优秀的链接。

(9)做好编辑。满篇错别字,排版不工整 很令人厌恶。和其他写作不同,写博客需要自己校对。应该认真的逐字、逐句校对,甚至重写。

(10)关注好博。不但要关注和自己话题相近的博客,还要看看另外一些优秀博客。好的博客会随着时间推移逐渐显露出来。看看他们哪些地方做的好,错在哪里。坚持不懈地学习,不久自己也会成为别人学习的楷模。

本章小结

为了开展网络营销,企业必须至少识别两个方面的基本信息。一方面是,企业应该了解互联网和其他媒体的区别。新技术的支持可以让企业获得比传统营销方式更有效的结果,因为网络营销活动能更有针对性地面对目标客户,也能更有效地吸引顾客的注意力。

另一方面,更为重要的是,企业还应该知道互联网上营销沟通的性质。企业网站的访问者有多种不同的期望,掌握的知识和技能也不同,采用的技术设备也存在差异。企业应该了解这些因素对访问者的影响,并利用 IT 技术识别和发展更多目标客户。

思考题

1. 传统营销的 4P 在网络营销中是否适用？需要作什么改进？
2. 企业网络营销的 5 个层次是什么？
3. 在进行网络市场调研时需要注意哪些问题？
4. 制约消费者网上消费的心理因素有哪些？
5. 网络广告有哪些形式？
6. 网络促销包策略包含哪些内容？
7. 病毒性营销的战略要素是什么？
8. 博客营销的基本策略有哪些？

案例分析

低成本航空的数字营销实践

3 月 19 日，小王早早拿着手机打开微信，开始第一次通过微信"秒杀"机票。他经常乘坐的春秋航空，首次在微信上开展"0 元自由飞"活动，所有机票均以零元对外销售，仅收取相关税费。

"0 元自由飞"的活动持续了 3 天，推出约 1000 张零元机票，效果比想象的还要好，这次活动为春秋航空的微信粉丝增长了 4 万人。

与国内同行相比，"年龄"不大的春秋航空在数字营销方面却做得比较超前，不管是在网站销售，还是对社交媒体的运用，甚至是基于会员资源建立数据库的精准营销，都已经取得了不错的成效。

从 2005 年成立开始，以低成本模式运营的春秋航空，就没有像传统的航空公司一样加入中航信的系统，依靠代理销售机票，而是鼓励消费者通过春秋航空自己的网站购买机票。

因此，与国内其他航空公司比较，春秋航空首先在数字化销售渠道上就已经占据了先机。2012 年，春秋航空总的 B2C 销售占比约 87%，其中手机销售占比约 4.4%，而其他航空公司主要依靠各种分销渠道、自身网站或手机直销的占比不足 30%。

由于消费者与公司网站的黏性更高，通过网站进行的营销活动也就可以更加频繁。2012 年，春秋航空就在网站上进行了四次大型的秒杀活动，共投入约 1 万张机票，秒杀成功率为 51%，同比 2011 年提高了 20%；点击量 35 万，点击转化率约 1.4%。

而除了网站，追求"时尚、年轻、活泼"品牌形象的春秋航空，在社交媒体的应用上也已经逐步打造了呼叫中心、微博、微信三位一体的客户服务渠道。

春秋航空公司利用的社交媒体主要有新浪微博、微信、人人网等，通过这些社交媒体的发展，春秋航空公司不仅将其成为一个营销平台，更让它们成为公司向消费者提供服务的平台。比如建立了客服账号@春航小叮当为旅客答疑，基本上 10 分钟以内响应，每月要回复近 4000 个旅客的问题。

在 2010 年微博兴起之后，春秋航空在当年 9 月份就率先开始注册了新浪微博官方账号，在 2 年多运营的过程中，微博已成为聆听旅客的声音、及时与消费者对话的重要平台。

凡是绑定春秋航空新浪微博的粉丝还可以收到春秋航空官方微博推送的私信，内容包含航班时间、航班信息、天气提醒。同时购买成功的粉丝还可以在航班起飞前一天收到航班提示的私信,提醒他起飞时间及航班具体信息、当地的天气提醒等。

在 2012 年中,春秋航空的新浪微博增长了近 100 万粉丝,目前有 137 万的粉丝,在所有航空公司内粉丝数最高,活跃用户占比也最高。通过微博带来的营收约占公司总销售营收的5%,同时为公司的官方网站每月带来 1 万多新浪微博的会员。同时,公司还在日本、泰国、英国、中国香港市场也建立了 Facebook 的账号,便于与不同国籍的消费者对话。

进入 2013 年,已经开通官方微信账号的春秋航空,又首家推出了微信的订票服务、航班动态查询及机器人客服答疑。现在每天有近 2000 条信息通过微信向公司提问,咨询机票、产品、活动及客服等相关问题。截至 2013 年 1 月,微信的账号注册用户量已经突破 3 亿,而春秋航空也在微信上开始争取更多的用户。

而在全面运用数字营销平台的基础上,春秋航空还在通过逐渐增加的客户资源进行数据挖掘,以更好地服务和开拓客户。

凭借大量的订购用户数据分析和常年自主问卷调查积累,目前,公司已经积累了上千万的数据库会员样本,每个会员都被归纳入了不同的组别。

先根据订票人的用户资料,比如年龄、性别、职业、收入、证件等数据初步分类;然后再根据用户消费行为细分,如:从事××职业的女性,收入较高,而且提前购买高品质旅游产品的用户归为女性白领;多次购买商务航线,且购买提前期短的用户归为公务出差;在中国境内登录英文、日文等外文网站的用户为在华外籍人士。

有了对客户的精准统计分析,就可以更有针对性地进行营销推广,从而为企业带来最大的营销收益和客户忠诚度。

目前春秋航空每月发送的短信约有 200 万条,除了注册、激活、修改密码验证、找回密码、订票成功确认等服务性内容,以及发送如目的地天气情况、旅客行李携带情况、出发前重要提示等温馨提示内容,一些重要的营销活动也会通过短信的方式发出,这类推广短信就可以根据用户的所在地、历史消费行为数据分析进行分类帅选,从而提高了数据精准度,也提升了用户的满意度,减少用户拨打呼叫中心电话咨询的可能性,也就降低了公司的人力成本。

此外,春秋航空还拥有百万级邮箱数据信息库,并建立了 EDM 平台,可以迅速找出更精准的营销目标群,在邮件的到达率上,春秋航空与其他同行基本持平,但是邮件的打开率以及点击率,相比同行要高出 20% 以上。

EDM 的营收也在用户数据不断分类以及航线丰富的情况下,每月大幅提升,预计 2013 年度的 EDM 营收相比 2012 年会翻一番。

春秋航空公司认为,未来数字化营销的主要方向将是基于大数据下的定制化营销,而公司对自身用户的挖掘要进一步提升,做更加精准的营销。要在大规模生产销售的基础上,将市场细分到极限程度,把每一位顾客视为一个潜在的细分市场,并根据每位顾客的特定要求,单独设计生产,并快速交货的营销方式。

案例讨论:
1. 春秋航空主要采取了哪些网络营销推广方式?
2. 网络营销给春秋航空公司带来了哪些价值?
3. 此案例为我们开展网络营销提供了哪些有价值的信息?

第7章

电子商务物流管理

学习目标

了解我国企业物流存在的问题;理解物流的概念和分类、电子商务物流配送中心的管理;熟悉电子商务物流的作用和特点,掌握电子商务物流的特点,运作模式和电子商务物流管理的主要内容

基本概念

物流　核心企业　配送　配送中心　第一方物流　第二方物流　整合物流　第三方物流
电子商务物流配送　条形码　POS 系统　电子地图　无线识别　EPC

导入案例

京东商城的物流模式:把轻资产变成了重资产

目前,国内销售额排名第一的 B2C 网站京东商城,为突破物流瓶颈,主要采用了"垂直一体化"模式。

2009 年,京东商城获得了 2100 万美元的外部投资,其中 70% 用于自建物流体系(包括建立自有快递公司)。2010 年 2 月,京东商城又获得老虎环球基金 1.5 亿美元的投资,计划拿出50% 用于提升仓储、配送和售后等服务。

京东商城期望通过"直接控制物流环节"来提高服务能力、降低服务成本。但这一模式的必然后果是,以"轻资产"著称的电子商务行业,将背上越来越重的物流资产负担:以往,B2C模式下的周转速度一般在 2 倍的水平,国际大型物流企业的周转速度在 1.4 倍,国内则普遍不到 1 倍,而经营仓储中心的物流地产公司则仅为 0.1 倍。

因此,垂直一体化必然会导致周转速度的减缓和不断增加的资本金需求。当当网上市前,十年间总计募集了 3 亿元,资产周转速度保持在 2 倍左右,亚马逊也在 2 倍的水平。然而京东商城当前已经募集资金 10 亿元以上,加上存货占压资金,资产周转的压力更大。而且,以当前销售扩张速度测算,即使在建的物流体系落成,预计两年后公司将再次面临物流发展的瓶颈。

总之,自建全套物流体系的"垂直一体化"模式,将彻底改变电子商务公司的"轻资产"模式。以现金高周转著称的电子商务公司,最终会发现越来越多的资金被沉淀在固定资产上。

7.1　物流概述

➤ 7.1.1　物流中的"物"

物流中的"物",可能是制成的商品,也可能是制造商品的原料,甚至可以是一切物质资料。

通过电子商务销售的所有具有实物形态的商品,都属于物流中的"物"。同样,在生产领域中流转的一切原材料、零部件、半成品等,也都属于物流中的"物"。

我们可以把这些"物"笼统地分为两大类,以生产成品为分界线,之前的"物"主要是原材料(包括零部件和半成品等),而之后的"物"主要是制成品(成品以及进入销售环节的成品——商品)。

➤ 7.1.2 物流中的"流"

显然,商务活动的中的诸多"物"会发生各种各样的"流"。这些"流"是怎样"流动"的呢?为了解答这个问题,我们首先需要清楚企业上下游的概念。

理解企业上下游并不困难,举一个简单的例子,你想为家人做一顿丰盛的晚餐以庆祝自己的生日。于是你会一大早到市场或者超市中购买原料,然后在家里的厨房中进行准备,最后把美味可口的饭菜端上桌让自己的家人享用。那么,你购买原料的市场或者超市,就是你的上游,而你则是一个"生产"饭菜的企业,享受你的饭菜的家人则是你的下游。这个过程中你购买的原料以及你生产出的可口的饭菜都是物流中的"物"。

企业的上下游肯定要比上面的例子复杂,但意思是类似的。一个商品最终被消费者购买并消费之前,"物"要经过很多个不同的企业,如果从最开端开始查看,一般是下面的过程。

供应商提供生产产品的"物"——原料——给产品制造商(也称为产品生产商),产品制造商利用原料生产产品(注意:产品也是"物"),并把生产好的成品转移给经销商,经销商再把产品转移给分销商,分销商继续把产品分配到各个销售终端(销售终端就是我们常逛的零售商场等卖场或零售商),最后,消费者在销售终端购买到产品。这样一个过程是前后相继并且衔接紧密的,如同一个环环相扣的链条。供应商、产品制造企业、经销商、分销商、销售终端和消费者都是这根链条上的环,每一个环之前的环节,都是这个环的上游,反之则是它的下游。而作为各个环节的企业则被称为这条链条上的节点。例如,分销商的上游节点是供应商、产品制造商和经销商,下游节点是终端和消费者。不过,由于每个环节的上游节点都是原料或者产品的提供者,因此有时候人们并不做特别的区分,统称上游节点为供应商。图7-1所示为企业上下游的一个典型链条。

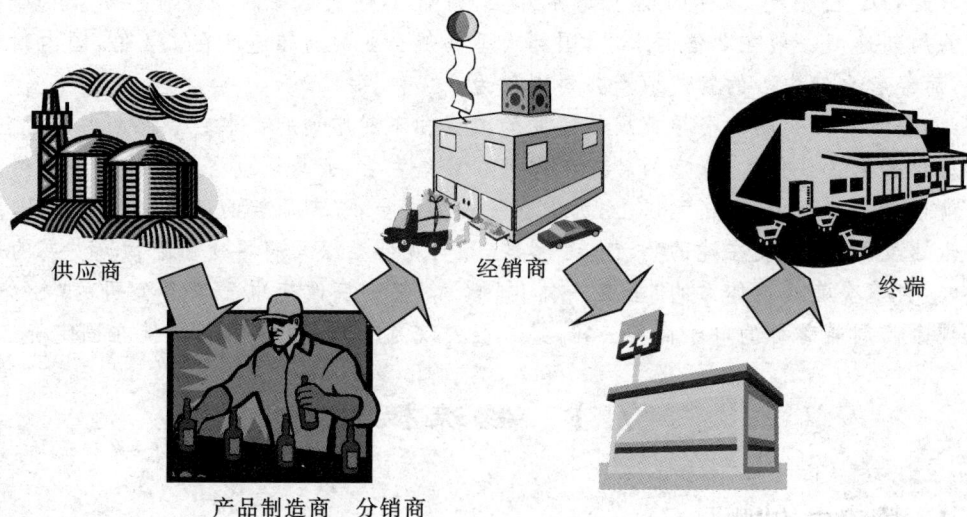

图7-1 企业上下游的一个典型链条

在产品从原料到最终销售给消费者的整个上下游的链条中,一定有一个节点企业是处于关键性位置的,人们把这个企业称为核心企业。很多时候,核心企业都是制造企业,例如,生产宝马牌轿车的通用汽车公司;但也并不完全如此,例如,人们在分析包含沃尔玛的上下游链条(Wal-Mart)的时候,常常把沃尔玛作为核心企业。

"流"实际上就是"物"在企业的上下游中的流转,这种流转通常是从上游到下游的逐级过程,但也有从下游到上游的反向运动(被称为逆向物流),原因是商品出售后可能会有返回销售商或者制造商的情况,例如,生产的产品在质量保证期内出现了问题。因此,物流研究的问题,就是如何让"物"在上下游的各个环节中"流"得更有效率和效益。

7.1.3 物流的含义

我们明白了"物"和"流",那么"物流"就很容易理解。通俗的讲,物流就是物质资料在企业上下游的流转。

到目前为止,关于物流仍然没有一个公认的权威性定义,但下面的定义可以帮助我们对物流进行理解。物流领域的权威机构——美国物流管理协会在 1998 年对物流的定义是:物流是为了满足客户需求而对商品、服务及相关信息从原产地到消费地的高效率、高效益的正向和反向流动及储存进行的计划、实施与控制过程。更具体地讲,物流就是物品从供应地向接收地的实体流动过程,根据实际需要,将运输、储存、装卸、搬运、包装、流通加工、配送、信息处理等基本功能有机结合。

从这个定义中,可以归纳出物流所包括的五个主要要素,即品质、数量、时间、地点和价格。品质是指物流过程中,物料的品质保持不变;数量是指符合经济性要求的数量;时间是指以合理费用及时送达为原则做到的快速;地点是指选择合理的集运地及仓库,避免两次无效运输及多次转运;价格是指在保证质量及满足时间要求的前提下尽可能降低物流费用。

物流的一个重要作用,是在物流的过程可以为整个企业的上下游产生利润。物流是作为"第三利润源"而引起重视的,所谓第三利润源,是针对企业的利润来源而言的,企业第一利润源来自企业销售额的增加,第二利润源是生产成本(针对制造业而言)或者进货成本(针对流通业而言)的降低,而由物流降低成本所得的利润则成为企业第三利润源。在这里,作为对物资的流通配置,物流包括制造商和流通商的装卸、运输、仓储、搬运等一系列的过程,对物流的重视被提高到降低成本、增加利润的高度,成为物流定义的第一个转折。

阅读材料

物流的来历

物流最早的英语用词是"distribution"。"Distribution"一词最早出现出美国。1921 年,阿奇·萧在《市场流通中的若干问题》(Some Problem in Market Distribution)一书中提出"物流是与创造需要不同的一个问题",并提到"物资经过时间或空间的转移,会产生附加价值"。这里,"Market Distribution"指的是商务流程,时间和空间的转移指的是销售过程的物流。

在第一次世界大战的 1918 年,英国犹尼里佛的利费哈姆勋爵成立了"即时送货股份有限公司"。其公司宗旨是在全国范围内把商品及时送到批发商、零售商以及用户的手中,这一举动被一些物流学者誉为有关"物流活动的早期文献记载"。

30 年代初,在一部关于市场营销的基础教科书中,开始涉及物流运输、物资储存等业务的实物供应(physical supply)这一名词,该书将市场营销定义为"影响产品所有权转移和产品的实物流通活动"。这里所说的所有权转移是指商务流程,实物流通是指物流。

1935年,美国销售协会最早对物流进行了定义:"物流(physical distribution)是包含于销售之中的物质资料和服务,与从生产地到消费地点流动过程中伴随的种种活动"。

上述历史被物流界普遍认为是物流发展的初期阶段。

现代意义上的物流,最早是在二战中,围绕战争物资供应,美国军队建立的"后勤"(logistics)理论为原型的。当时的"后勤"是指将战时物资生产、采购、运输、配给等活动作为一个整体进行统一布置,以求战略物资补给的费用更低、速度更快、服务更好。后来,将"后勤"体系移植到现代经济生活中,才逐步演变为今天的物流,英文也开始使用"logistics"这个词表示物流。

然而,到目前为止,物流始终没有一个权威性的定义。目前关于物流的定义有很多,除我们教材中的定义外,以下几个是较常见的。

物流是一个控制原材料、制成品、产成品和信息的系统。

物质资料从供给者到需求者的物理运动,是创造时间价值、场所价值和一定的加工价值的活动。

物流是指物质实体从供应者向需求者的物理移动,它由一系列创造时间价值和空间价值的经济活动组成,包括运输、保管、配送、包装、装卸、流通加工及物流信息处理等多项基本活动。

➤ 7.1.4 配送

配送(distribution and delivery)是物流中一种特殊的、综合的活动形式,是商流与物流紧密结合,包含了商流活动和物流活动,也包含了物流中若干功能要素的一种形式。所谓商流,是指商务活动中发生所有权转变的过程或流程。因此,配送是物流活动中发生所有权转变的那部分。

从物流角度看,配送几乎包括了所有的物流功能要素,是物流的一个缩影或在某小范围中物流全部活动的体现。一般的配送集装卸、包装、保管、运输于一身,通过这一系列活动完成将货物送达的目的。特殊的配送则还要以加工活动为支撑,所以包括的方面更广。在物流中,配送更偏重于强调运输及分拣配货的部分。分拣配货是配送的独特要求,也是配送中较具特点的活动,以送货为目的的运输则是最后实现配送的主要手段。从这一主要手段出发,常常将配送简化地看成运输中之一种。从商流来讲,配送是商业中所有权转变和物流合一的产物,配送本身就是一种服从于商业交易(所谓交易就是商品或资金的所有权的变化)的形式。虽然配送具体实施时,也有以"商物分离"形式实现的,但从配送的发展趋势看,商流与物流越来越紧密的结合,是配送成功的重要保障。

配送的关键执行单位是配送中心。配送中心是从事货物配备(集货、加工、分货、拣选、配货)并组织对用户的送货,以高水平实现销售和供应服务的现代流通设施。它很好地解决用户多样化需求和厂商大批量专业化生产的矛盾,因此,逐渐成为现代化物流的标志。配送中心是上下游企业商流、物流、信息流的交汇点,承担着各企业所需商品的进货、库存、分拣、加工、运输、送货、信息处理等任务。

7.2　物流的模式

➤ 7.2.1　早期的物流模式

最初的物流模式是我们常说的"第一方物流"和"第二方物流"。

1. 第一方物流

第一方物流（first party logistics，IPL）是由生产者或供应方组织的物流，这些组织的核心业务是生产和供应商品，为了自身生产和销售业务需要而进行物流自身网络及设施设备的投资、经营与管理，也叫生产性物流，如图 7-2 所示。

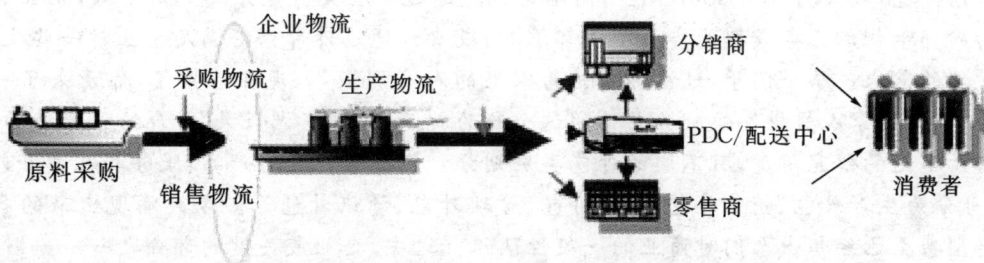

图 7-2　以生产者或供应方组织的物流模式——第一方物流模式

2. 第二方物流

第二方物流（second party logistics，2PL）是由销售商（常常以大的经销商，如 Wal-Mart）组织的物流，这些组织的核心业务是采购并销售商品，为了销售业务的需要而投资建设物流网络、物流设施和设备，并进行具体的物流业务运作组织和管理，也被称为供销物流，如图 7-3 所示。

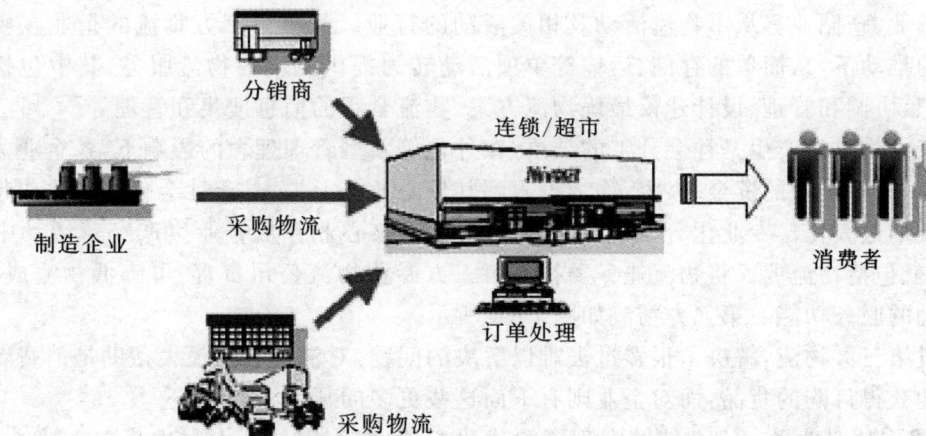

图 7-3　以销售商组织的物流模式——第二方物流

➤ 7.2.2　现代物流模式

1. 整合物流

整合物流就是生产者、销售者在自营物流的基础上,即在第一方物流和第二方物流的基础上将其供应商和客户的物流整合到自身的物流体系中再将其进行优化,以降低供需双方的物流成本。可以说整合物流是初始物流模式向现代物流的探索和过渡,当企业的主营业务受到影响或企业的战略重点只是主营业务时,物流外包或第三方物流的出现就将成为必然。

📚 阅读材料

什么是外包?

所谓外包,英文为"out sourcing",简单讲就是通过一些交易媒介或交易形式,企业将一些原来由内部承担的业务或职能委派给外部承担;或者说通过外部供给满足企业对一些生产、经营或管理的需求。举个例子,过去你都是为家里的人烹调饭菜,现在你累了,你请来了一个专业厨师,为你的家人提供餐饮服务。你的这个行为就是把你"烹调饭菜"外包给了专业的厨师。

基于不同的研究角度,有不同的外包类别划分。例如可以分为产品、服务和人力外包三大类;也可分为生产外包、销售外包、研发外包、管理外包、资讯外包等。今天涌现出来的各种外包的类型甚至已经超出人们对商业的一般性认识。过去,企业最关键的部分之一————财务,现在甚至也可以被外包出去。

2. 第三方物流

将外包引入物流管理领域,就产生了第三方物流的概念。所谓第三方物流(third party logistics,3PL)是指生产经营企业为集中力量保证核心业务,把原来属于自己处理的物流活动,以合同方式委托给专业物流服务企业,同时通过信息系统与物流服务企业保持密切联系,以达到对物流全程的管理和控制的一种物流运作与管理方式。因此第三方物流又叫合同制物流(contract logistics)。提供第三方物流服务的企业,常被称为"集成物流供应商",其前身一般是运输业、仓储业等从事物流活动及相关活动的行业。从事第三方物流的企业在委托方物流需求的推动下,从简单的存储、运输等单项活动转为提供全面的物流服务,其中包括物流活动的组织、协调和管理、设计建议最优物流方案、物流全程的信息搜集和管理等。

第三方物流的产生是社会分工的结果,在外包等新型管理理念的影响下,各企业为增强市场竞争力,而将企业的资金、人力、物力投入到其核心业务上去,寻求社会化分工协作带来的效率和效益的最大化。专业化分工的结果导致许多非核心业务从企业生产经营活动中分离出来,其中就包括物流业。将物流业务委托给第三方专业物流公司负责,可降低物流成本,完善物流活动的服务功能。第三方物流如图7-4所示。

通过第三方物流,解决了很多过去难以解决的问题,对消费者的最大帮助是消费者能够安全快速的获得订购的货品,而对企业则有下面这些更多的帮助。

(1)集中核心业务。企业能够实现资源优化配置,将有限的人力财力集中于核心业务,进行重点研究,发展基本技术,开发出新产品参与世界竞争。

(2)节省费用,减少资本积压。专业的第三方物流提供者利用规模生产的专业优势和成本优势,通过提高各环节能力的利用率实现费用节省,使企业能从分离费用结构中获益。根据对工业用车的调查结果,企业解散自有车队而代之以公共运输服务的主要原因就是为了减少固

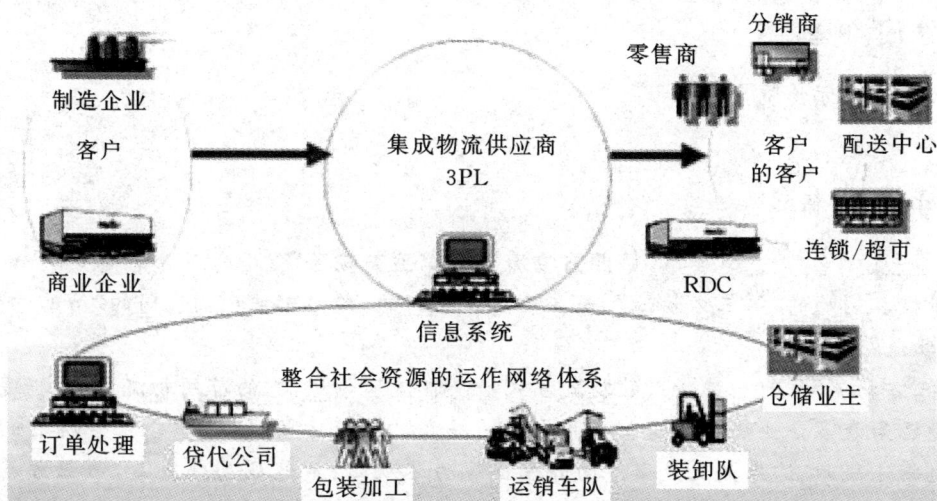

图 7-4 第三方物流

定费用,这不仅包括购买车辆的投资,还包括和车间仓库、发货设施、包装器械以及员工有关的开支。

(3)减少库存。企业不能承担多种原料和产品库存的无限增长,尤其是高价值的部件要被及时送往装配点,实现零库存,以保证库存的最小量。第三方物流提供者借助精心策划的物流计划和适时运送手段,最大限度地减少库存,改善了企业的现金流量,实现成本优势。

(4)提升企业形象。第三方物流提供者与顾客不是竞争对手,而是战略伙伴,他们为顾客着想,通过全球性的信息网络使顾客的供应链管理完全透明化,顾客随时可通过互联网了解物流的情况;第三方物流提供者是物流专家,他们利用完备的设施和训练有素的员工对整个物流过程实现完全的控制,减少物流的复杂性;他们通过遍布全球的运送网络和服务提供者(分承包方)大大缩短了交货期,帮助顾客改进服务,树立自己的品牌形象;第三方物流提供者通过"量体裁衣"式的设计,制订出以顾客为导向,低成本高效率的物流方案,使顾客在同行者中脱颖而出,为企业在竞争中取胜创造了有利条件。

(5)货主企业采用第三方物流方式对于提高企业经营效率具有重要作用。首先,可以使企业专心致志地从事自己所熟悉的业务,将资源配置在核心事业上。其次,第三方物流企业作为专门从事物流工作的行家里手具有丰富的专业知识和经验,有利于提高货主企业的物流水平。第三方物流企业是面向社会众多企业提供物流服务,可以站在比单一企业更高的角度,在更大范围的感知市场外部环境的变化。企业的生产经营活动变得越来越复杂,要实现物流活动的合理化仅仅将物流系统范围局限在企业内部已远远不够,建立企业间跨行业的物流系统网络,将原材料生产企业、制品生产企业、批发零售企业等生产流通全过程上下游相关企业的物流活动有机结合起来,形成一个链状的商品供应系统,是构筑现代物流大系统的要求。第三方物流企业通过其掌握的物流系统开发设计能力,信息技术能力,成为建立企业间物流系统网络的组织者,完成个别企业,特别是中小企业所无法实现的工作。以上种种原因,极大地推动了第三方物流的发展,使第三方物流成为 21 世纪国际物流发展的主流。

即问即答

什么是第三方物流?

阅读材料

"第四方物流"和"第五方物流"

除了极具影响的"第三方物流",现在又出现了新的,趋向于被人们认同的"第四方物流"和"第五方物流"。

"第三方物流"作为一种新兴的物流方式活跃在流通领域,它的节约物流成本、提高物流效率的功能已为众多企业认可。随着企业要求的提高,"第三方物流"在整合社会所有的物流资源以解决物流瓶颈、达到最大效率方面开始出现力不从心;虽然从局部来看,第三方物流是高效率的,但从一个地区、一个国家的整体来说,第三方物流企业各自为政,这种加和的结果很难达到最优,难以解决经济发展中的物流瓶颈,尤其是电子商务中新的物流瓶颈。对此有人提出,必须密切客户和第三方物流的关系并进行规范化管理。于是"第四方物流"便应运而生。

"第四方物流"(fourth party logistics,4PL)是在"第三方物流"的基础上产生的。它是一个调配和管理组织自身的及具有互补性服务提供商的资源、能力与技术,来提供全面的供应链解决方案的供应链集成商。具有供应链管理/再造功能;从战略层面上借助外界的力量,提供"更快、更好、更廉价"的物流服务。

"第五方物流"(fifth party logistics,5PL)指从事物流业务培训的一方,即物流人才的培养。要实现物流的现代化,物流人才的培养是关键,而物流人才的培养,实际上就是对物流现代化的教育。

7.3 电子商务下的物流服务

物流配送经历了和正在经历的三次革命,初期阶段就是送物上门,即为了改善经营效率,国内许多商家较为广泛地采用了把货送到买主手中的方式,这是商务的物流配送的第一次革命;第二次物流革命是伴随着电子商务的出现而产生的,这是一次脱胎换骨的变化,不仅影响到物流配送本身,也影响到上下游的各体系,包括供应商和消费者;第三次物流革命就是物流配送的信息化及网络技术的广泛应用所带来的种种影响,这些影响是有益的,将使物流配送更有效率。以计算机网络为基础的电子商务催化了传统物流配送的革命。

➤ 7.3.1 电子商务物流配送的特征

电子商务物流配送,就是信息化、现代化、社会化的物流配送。它是指物流配送企业采用网络化的计算机技术和现代化的硬件设备、软件系统及先进的管理手段,针对社会需求,严格地、守信用地按用户的订货要求,进行一系列分类、编配、整理、分工、配货等理货工作,定时、定点、定量地交给没有范围限度的各类用户,满足其对商品的需求。新型物流配送能使商品流通较传统的物流配送方式更容易实现信息化、自动化、现代化、社会化、智能化、合理化、简单化,使货畅其流,物尽其用,既减少生产企业库存,加速资金周转,提高物流效率,降低物流成本,又刺激了社会需求,有利于整个社会的宏观调空,也提高了整个社会的经济效益,促进市场经济的健康发展。

电子商务物流配送除具备传统物流配送的特征外,还具备以下基本特征:

(1)信息化。通过网络使物流配送由信息武装起来,实行信息化管理是新型物流配送的基本特征,也是实现现代化和社会化的前提保证。

(2)现代化。传统的物流配送虽然也具备相当的现代化程度,但要求并不是十分严格,与电子商务下的新型物流配送相比,无论在水平、范围、层次等各个环节上都有很大的不足和欠缺,现代化程度的高低是区别新型物流配送和传统物流配送的一个重要特征。

(3)社会化。社会化程度的高低也是区别新型物流配送和传统物流配送的一个重要特征,很多传统的物流配送中心往往是某一企业为给本企业或本系统提供物流配送服务而建立起来的,有些配送中心虽然也有为社会服务的,但同电子商务下的新型物流配送所具备的真正社会性相比,具有很大的局限性。

➤ 7.3.2 电子商务对传统物流配送的革新

传统的物流配送企业需要置备大面积的仓库,而电子商务系统网络化的虚拟企业将散置在各地的分属不同所有者的仓库通过网络系统连接起来,使之成为"虚拟仓库",进行统一管理和调配使用,服务半径和货物集散空间都放大了。这样的企业在组织资源的速度、规模、效率和资源的合理配置方面都是传统的物流配送所不可比拟的,相应的物流观念也必须是全新的。

(1)实时控制。网络对物流配送的实时控制代替了传统的物流配送管理程序。一个先进系统的使用,会给一个企业带来全新的管理方法。传统的物流配送过程是由多个业务流程组成的,受人为因素影响和时间影响很大。网络的应用可以实现整个过程的实时监控和实时决策。新型的物流配送的业务流程都由网络系统连接,当系统的任何一个神经末端收到一个需求信息的时候,该系统都可以在极短的时间内作出反应,并可以拟定详细的配送计划,通知各环节开始工作。这一切工作都是由计算机根据人们事先设计好的程序自动完成的。

(2)物流配送的实效性更高。物流配送的持续时间在网络环境下会大大缩短,对物流配送速度提出了更高的要求。在传统的物流配送管理中,由于信息交流的限制,完成一个配送过程的时间比较长,但这个时间随着网络系统的介入会变得越来越短,任何一个有关配送的信息和资源都会通过网络管理在几秒钟内传到有关环节。

(3)更简化的物流配送过程。网络系统的介入简化了物流配送过程。传统物流配送整个环节极为繁琐,在网络化的新型物流配送中心里可以大大缩短这一过程:①在网络支持下的成组技术可以在网络环境下更加淋漓尽致地被使用,物流配送周期会缩短,其组织方式也会发生变化;②计算机系统管理可以使整个物流配送管理过程变得简单和容易;③网络上的营业推广可以使用户购物和交易过程变得更有效率、费用更低;④可以提高物流配送企业的竞争力;⑤随着物流配送的普及和发展,行业竞争的范围和激烈性大大增加,信息的掌握、信息的有效传播和其易得性,使得用传统的方法获得超额利润的时间和数量会越来越少;⑥网络的介入,使人们不再是机器、数字和报表的奴隶,人的潜能得到充分发挥,自我实现的需求成为多数员工的工作动力。

7.4 电子商务物流技术

➤ 7.4.1 条形码

条形码(barcode),就是我们常称的条码,是一种借助光电扫描识读设备,自动识读并实现信息自动输入计算机的图形标记符号,是由不同粗细的平行线(或黑白相间的色块)按特定格式安排间距的条码符号和字符组成的一种标记。

由于在物流中,实物的流转次数很多,因此如何保证实物的相关关键信息能够在流转的过程中始终能够被人们方便的获取就是非常关键的,过去,人们总是利用手工记录的单据来达成这个目的,但现在则普遍采用更方便的条形码用于对物流中实物物品的识别。条码至少有以下七方面优点:

(1)可靠准确。一般而言,键盘输入平均每 300 个字符出现一个错误,而条码输入平均每 15000 个字符一个错误。如果加上校验位,出错率是千万分之一。

(2)数据输入速度快。键盘输入,一个每分钟打 90 个字的打字员 1.6 秒可输入 12 个字符或字符串,而使用条码,做同样的工作只需 0.3 秒,速度提高了 5 倍。

(3)经济便宜。与其他自动化识别技术相比较,推广应用条码技术,所需费用较低。

(4)灵活、实用。条码符号作为一种识别手段可以单独使用,也可以和有关设备组成识别系统实现自动化识别,还可和其他控制设备联系起来实现整个系统的自动化管理。同时,在没有自动识别设备时,也可实现手工键盘输入。

(5)自由度大。条码通常只在一维方向上表达信息,而同一条码上所表示的信息完全相同并且连续,这样即使是标签有部分缺欠(只要不是某些黑线完全缺损),仍可以从正常部分输入正确的信息。

(6)设备简单。条码符号识别设备的结构简单,操作容易,无需专门训练。

(7)易于制作。可印刷,称作为"可印刷的计算机语言"。条码标签易于制作,对印刷技术设备和材料无特殊要求。

条形码的一个问题在于它能够包含的信息量比较有限,不过对于物流中的实物流转而言,实物本身所包含的关键性信息的信息量也并不巨大,因此利用条形码既经济又快捷。

📚 阅读材料

条形码是如何被发明的

条码技术最早产生在风声鹤唳的 20 世纪 20 年代,诞生于 Westinghouse 的实验室里。一位名叫 John Kermode 的性格古怪的发明家"异想天开"地想对邮政单据实现自动分检,那时候对电子技术应用方面的每一个设想都使人感到非常新奇。

他的想法是在信封上作条码标记,条码中的信息是收信人的地址,如同今天的邮政编码。为此 Kermode 发明了最早的条码标识,设计方案非常的简单(注:这种方法称为模块比较法),即一个"条"表示数字"1",二个"条"表示数字"2",以次类推。然后,他又发明了由基本的元件组成的条码识读设备:一个扫描器(能够发射光并接收反射光);一个测定反射信号条和空的方法,即边缘定位线圈;使用测定结果的方法,即译码器。

Kermode 的扫描器利用当时新发明的光电池来收集反射光。"空"反射回来的是强信号，"条"反射回来的是弱信号。与当今高速度的电子元气件应用不同的是，Kermode 利用磁性线圈来测定"条"和"空"。Kermode 用一个带铁芯的线圈在接收到"空"的信号的时候吸引一个开关，在接收到"条"的信号的时候，释放开关并接通电路。因此，最早的条码阅读器噪音很大。开关由一系列的继电器控制，"开"和"关"由打印在信封上"条"的数量决定。通过这种方法，条码符号直接对信件进行分拣。

此后不久，Kermode 的合作者 Douglas Young，在 Kermode 码的基础上作了些改进。Kermode 码所包含的信息量相当的低，并且很难编出十个以上的不同代码。而 Young 码使用更少的条，但是利用条之间空的尺寸变化，就像今天的 UPC 条码符号使用四个不同的条空尺寸。新的条码符号可在同样大小的空间对一百个不同的地区进行编码，而 Kermode 码只能对十个不同的地区进行编码。

直到 1949 年的专利文献中才第一次有了 Norm Woodland 和 Bernard Silver 发明的全方位条码符号的记载，在这之前的专利文献中始终没有条码技术的记录，也没有投入实际应用的先例。Norm Woodland 和 Bernard Silver 的想法是利用 Kermode 和 Young 的垂直的"条"和"空"，并使之弯曲成环状，非常像射箭的靶子。这样扫描器通过扫描图形的中心，能够对条码符号解码，不管条码符号方向的朝向。

在利用这项专利技术对其进行不断改进的过程中，著名的科幻小说作家 Isaac-Asimov（艾萨克·阿西莫夫）在他的《裸露的太阳》一书中讲述了使用信息编码的新方法实现自动识别的事例。那时人们觉得此书中的条码符号看上去像是一个方格子的棋盘，但是今天的条码专业人士马上会意识到这是一个二维矩阵条码符号。虽然此条码符号没有方向、定位和定时，但很显然它表示的是高信息密度的数字编码。

直到 1970 年 Interface Mechanisms 公司开发出"二维码"之后，才有了价格适于销售的二维矩阵条码的打印和识读设备。那时二维矩阵条码用于报社排版过程的自动化。二维矩阵条码印在纸带上，由今天的一维 CCD 扫描器扫描识读。CCD 发出的光照在纸带上，每个光电池对准纸带的不同区域。每个光电池根据纸带上印刷条码与否输出不同的图案，组合产生一个高密度信息图案。用这种方法可在相同大小的空间打印上一个单一的字符，作为早期 Kermode 码之中的一个单一的条，定时信息也包括在内，所以整个过程是合理的。当第一个系统进入市场后，包括打印和识读设备在内的全套设备大约要 5000 美元。

此后不久，随着 LED（发光二极管）、微处理器和激光二极管的不断发展，迎来了新的标识符号（象征学）和其应用的大爆炸，人们称之为"条码工业"。今天很少能找到没有直接接触过即快又准的条码技术的公司或个人。由于在这一领域的技术进步与发展非常迅速，并且每天都有越来越多的应用领域被开发，用不了多久条码就会像灯泡和半导体收音机一样普及，将会使我们每一个人的生活都变得更加轻松和方便。

7.4.2 POS 系统

POS 系统（point of sale），即销售点信息管理系统，它被普遍用于零售业对物品的流转过程中。

过去零售业常规收银机只能处理收银、发票、结账等简单销售作业，得到的管理信息极为有限，仅限于销售总金额，部门销售基本统计资料。对于一般零售卖场少则上千多则上万种商品的基本经营情报,如营业毛利分析、单品销售资料、畅滞销商品、商品库存、回转率等却无法获得。而利用POS系统主要是解决上述零售业管理盲点。

POS系统基本作业原理是先将商品资料创建于计算机文件内,并能够通过计算机收银机相互连接进行网络传送。商品上的条码通过收银设备上光学读取设备直接读入后(或由键盘直接输入代号)马上可以显示商品信息(如单价、部门、折扣等),加速收银速度与正确性。每笔商品销售明细资料(售价、部门、时段、客层)会自动记录下来,再由计算机网络传回计算机,经由计算机计算处理后生成各种销售统计分析信息,并成为经营管理的依据。

POS系统除能提供精确销售信息外,还能通过销售记录掌握卖场上所有单品库存量供采购部门参考,它是现代零售管理必备工具。

➤ 7.4.3 电子地图和定位技术

简单地说,电子地图就是利用成熟的网络技术、通信技术、地理信息系统(geography information system,GIS)技术,实现一种新的地图服务方式。电子地图没有了纸的质感,却重新诠释了人们心目中地图的概念,图7-5所示为一种在汽车内使用的电子地图系统。

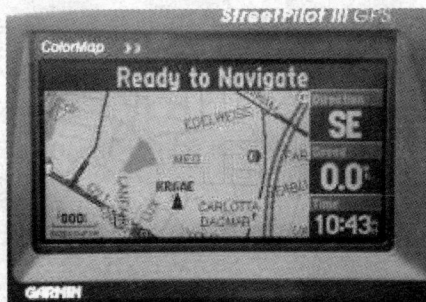

图7-5 一种在汽车内使用的电子地图系统

与纸地图、光盘地图相比,网上电子地图具有信息无限、可随意添加的特点。它不受比例尺、图形样式的限制,抽象化更低,对象化更好,可以根据用户的意图智能化的显示用户需要的信息。

通过专门人员搜集各种数据,网上电子地图可以随时更新,新开通的道路、规划中的小区、暂时缓行的路段等都可以在网上地图中及时得到反映。电子地图为物流实现动态的、实时的交通情况与应变提供了极大的方便。当道路信息反应到物流配送部门时,物流管理人员可以将探求到的交通情况、道路情况、气象状况和交通环境等数据,结合电子地图对全地区或部分地区的交通状况进行分析预测,实行动态管理。

随着全球定位系统(global positioning system,GPS)、移动终端技术的成熟,地理信息系统(GIS)作为一个重要的组成部分,可以直观、实时地显示与实物位置有关的信息,是提供GPS应用服务的重要保证。通过GPS定位,任何货物在物流的任何位置都可以精确的进行跟踪,如图7-6所示。

电子地图服务系统充分运用GIS技术和网络技术,能将空间信息与属性信息的处理完美地结合起来,以直观的方式显示所有移动目标、固定目标的位置和状态,并直接在地图上对受控目标进行管理,系统具备界面友好、操作便捷、实时性强、信息量大、稳定可靠的特点。目前国外已广泛应用于车辆智能导航系统、GPS定位服务系统和GPS型便携式信息终端产品。

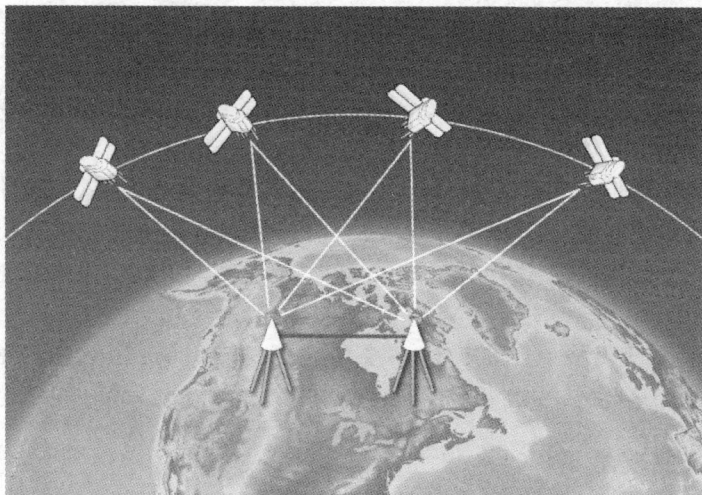

图 7 - 6 利用卫星进行定位的 GPS

随着无线互联协议的制定与实施,移动设备的联网已经逐步普及。移动与互联网的融合将带来潜力无限的应用前景,手机、掌上电脑等各种手持终端设备都能够承载与互联网实时连通的电子地图。例如,已可以为物流提供"最佳路径"的设计并显示在地图上,查询出用户正寻找的目的地的准确方位,指引运输通过复杂的立交桥,通报前方的路况信息或是对出现问题的路况提前预警,告知"离你最近"的加油站、汽车维修点,帮助测量两地之间的距离……所有这些,都能在物流领域起到极大的作用。

阅读材料

GPS

全球定位系统(global positioning system,GPS)是一个中距离圆型轨道卫星定位系统。它可以为地球表面绝大部分地区提供准确的定位和高精度的时间基准。该系统是通过太空中的 24 颗 GPS 卫星来完成的。最少只需其中 3 颗卫星,就能迅速确定用户在地球上的位置,所能收接收到的卫星数越多,译码出来的位置就越精确。用户在确定位置时,仅需要一台像手机大小的"卫星定位仪"就可以了。这可比传统的测量定位、罗盘定位等先进多了。

该系统是由美国政府建设和维护的。目前有民用和军用两类。民用讯号精确度大概在 100 米左右,军用的精度在十米以下。用户只需拥有 GPS 接收机,使用时不需要另外付费。GPS 有 2D 导航和 3D 导航之分,在卫星信号不够时无法提供 3D 导航服务,而且海拔高度精度明显不够,有时达到 10 倍误差。但是在经纬度方面经改进误差很小。卫星定位仪在高楼林立的地区扑捉卫星信号要花较长时间。

为了使民用的精确度提升,科学界发展出另一种技术,称为差分全球定位系统(differential GPS,DGPS)亦即利用附近的已知参考坐标点(由其它测量方法所得)来修正 GPS 的误差,再把这个即时(real time)误差值加入本身坐标运算进行考虑,便可获得更精确的值。

目前正在运行的卫星系统有美国的 GPS 系统和俄罗斯的 GLONASS 系统。欧洲正在实施"伽利略"计划,部署新一代定位卫星。

中国是伽利略计划的参与者之一。中国还研制了导航定位卫星系统——北斗导航系统。

该系统的三颗卫星——北斗导航试验卫星1a、1b及1c已分别在2000年10月31日和12月21日以及2003年5月25日发射升空,系统已经于2001年底开通运行。

GPS的功能非常广泛,最常用的功能如下:①精确定时:广泛应用在天文台、通信系统基站、电视台中;②工程施工:道路、桥梁、隧道的施工中大量采用GPS设备进行工程测量;③勘探测绘:野外勘探及城区规划中都有用到;④武器导航:精确制导导弹、巡航导弹;⑤车辆导航:车辆调度、监控系统;⑥船舶导航:远洋导航、港口/内河引水;⑦飞机导航:航线导航、进场着陆控制;⑧星际导航:卫星轨道定位;⑨定位:车辆防盗系统、儿童及特殊人群的防走失系统,等等。

全球定位系统的六大特点:①全天候,不受任何天气的影响;②全球覆盖(高达98%);③三维定速定时高精度;④快速、省时、高效率;⑤应用广泛、多功能;⑥可移动定位。

➤ 7.4.4 无线识别技术

美国军方早在20世纪后半叶就开始研究无线射频识别(radio frequency identification,RFID)技术,目前这项技术已经广泛使用在武器和后勤管理系统上。美国在两次"伊拉克战争"中利用RFID对武器和物资进行了非常准确的调配,保证了前线弹药和物资的准确供应。

一般无线射频识别系统包括几个要件,即天线、内含译码器的无线电收发器,以及内含存储元件或无线射频元件的电子标签。电子标签分为两类,一类是被动式的,它不主动发出射频信号,另一类是主动式的,它主动发出射频信号。天线是电子标签和无线电收发器之间的联系,它掌控信息的传递。天线射出的无线电讯号也可以激活标签,并读写资料。

RFID的工作原理其实并不复杂:电子标签一旦进入目标电磁场后,被动式标签则会接收无线电收发器发出的射频信号,凭借感应电流所获得的能量发送出存储在标签芯片中的产品信息;主动式标签则会主动发送出某一频率的电信号,由解读器提取出其中的数据后送至计算机控制系统。图7-7是一种RFID的电子标签。

图7-7 一种RFID的电子标签

全世界现已安装了大约5000个RFID系统,实际年销售额约为9.64亿美元,但主要用于宠物、野生动物跟踪、公路、停车收费和汽车加油站等有限的几个领域。事实上,未来RFID大展身手的领域远远不止这些。目前,已经有为数众多的企业试验性地将其运用到一些新的领域,如雀巢、丰田汽车、吉列、贝纳通和麦德龙等公司。无独有偶,世界零售业巨头沃尔玛的100家最大的供应商,在2005年1月前已经把RFID标签打在自己的货盘和货箱上。在沃尔玛10万种常见的仓储货品中,7家在达拉斯的分店和一个配送中心目前只追踪其中21种产品从仓库发货到售出结账的过程。

阅读材料

新加坡鼓励中小企业试用RFID系统

新加坡商品编号理事会鼓励中小型企业参与无线射频识别(radio frequency identification,RFID)系统的试用计划。参与该计划的中小型企业都可以获得标准、生产力与创新局(SPRING)的资助。资金将会超过参与计划总开销的50%。

新加坡商品编号理事会执行董事陈仁顺受访时透露,该试用计划将会在今年9月开始实行,预计会长达9个月。试用计划之后,理事会将会做出检讨,之后再作适当的回应。

陈仁顺表示,这个系统将会让使用的企业在人力、存货、行政方面减低成本。

据职总平价合作社货仓与物流助理总经理杨全樑解释,无线射频识别系统利用无线射频科技来辨认货品。只要货品挂上有无线射频识别功能的牌子,处理货品的管理员不需要看见货品,利用无线射频识别机就可以辨认出货品的位置和资料。这能够减少货仓管理员的工作,方便他们辨认出货品。

杨全樑举了几个该系统可以方便公司的例子。他说,利用无线射频识别系统,货仓可以更容易地辨认出哪一些货物已经过期。此外,这个系统也能方便管理员找出零售商店所需要的货物,让他们更快地将货物送至商店。通过识别机,货仓管理员不需要像以往那样一盒一盒的翻找。

陈仁顺说,使用该系统需要大约160万至200万元的费用。不过,他表示,有兴趣的中小型企业不必担心,因为职总平价合作社"标准、生产力与创新局"将会从他们的企业生产基金(domestic sector productivity fund,DSPF)中拨出款项来帮助他们应付超过一半的费用。

7.4.5 EPC

EPC(electronic product code,EPC),即电子产品代码。EPC系统是在全球统一标识系统(即EAN·UCC系统,是一个全球公认的标示物品关键信息的标准)和计算机互联网的基础上,利用RFID、无线数据通信等技术,给每一个实体对象一个唯一的代码,构造的一个覆盖世界上万事万物的实物互联网(通常简称为"物联网"),可以提高物流管理水平,降低成本,被誉为具有革命性意义的新技术。

作为一项物流信息新技术,EPC系统的提出源于射频识别技术的发展和计算机网络技术的发展。EPC标签是这一代码的载体,当EPC标签贴在物品上或内嵌在物品中的时候,即将该物品与EPC标签中的唯一代码("产品电子代码"或"EPC代码")建立起了一对一的对应关系。EPC系统充分利用了射频识别技术和网络技术的优点,很好地解决了对全球每一件产品的唯一标识问题以及同时识别多个商品和"非可视"识别问题。

EPC是在全球广泛使用的EAN·UCC全球统一标识系统的重要组成部分,是条码的拓展和延续。全球已有90多个国家和地区的上百万家企业和公司加入了EAN·UCC系统,上千万种商品应用了条码标识。EAN·UCC系统在全球的推广加快了全球流通领域信息化、现代物流及电子商务的发展进程,提升了整个供应链的效率,为全球经济及信息化的发展起到了举足轻重的推动作用。但 EPC 不会取代条码技术,在相当长的时期里,EPC 系统将与条码技术并存,共同打造物流的完美管理。

EPC 系统可以实现物流供应链的可视化管理,实现全程跟踪和追溯。在物联网的构想中,RFID 标签中存储的 EPC 代码通过无线数据通信网络,把它们自动采集到中央信息系统,实现对物品的识别,进而通过开放的计算机网络实现信息交换和共享,实现对物品的透明化管理。当物联网的构想成为现实的时候,世界上的万事万物(包括人)无论何时何地都能够彼此相联,互相交流,整个世界的面貌将会为之焕然一新。

目前在国际上,EPC 尚处于早期测试应用研究阶段。全球目前正积极开发低成本的 EPC 标签,完善 EPC 系统的整体环境(包括网络、安全、硬件设备等),并从标准和应用方面积极推进。在应用和实施方面,随着 EPC 试点项目的进行,EPC 将逐渐广泛应用到包括零售业、生产控制、物流和供应链管理、文档和图书馆事业、医药保健品、重要物资流向控制和定点跟踪、身份识别等各个领域。

当然,要在全球范围内顺利推动和发展 EPC,首先要解决一系列基础问题,包括 EPC 数据标准、EPC 标签标准的制定和实施,以及 EPC 频段的全球统一,物联网网络架构的具体技术实现等等,这些都是 EPCglobal(国际官方的 EPC 机构)及其各国分支机构在今后几年要重点解决的问题。

本章小结

物流是电子商务在网络之下、现实生活之中的重要支持,通过优良的物流作业,能够将正确的产品,在正确的时间,按正确的数量交付到正确的地点,从而完成电子商务中实物流转的重要环节。

物流有多种模式,现在最流行的模式是第三方物流。通过第三方物流,解决了很多过去难以解决的问题,它对消费者的最大帮助是消费者能够安全、快速地获得订购的货品,而对企业则有其他更多的帮助。

物流是电子商务的重要支持,同样电子商务也在不断改造着物流活动。物流信息技术是现代信息技术在物流各个作业环节中的综合应用,也是物流技术中发展最快的领域,尤其是计算机网络技术的广泛应用使物流信息技术达到了较高的应用水平,进一步促进了物流产业的信息化进程,从真正意义上提高了现代物流技术和管理水平。

思考题

1. 什么是企业的上下游,你认为这个名词能够很好地体现它的内涵吗? 如果你购买了一部 BenQ 手机,你能说说在你购买之前,这部手机都经历了哪些过程吗?

2. "第一方物流"、"第二方物流"和"第三方物流"各自指的是什么? 其中,你能否谈谈"第三方"物流为什么引起了人们的广泛关注?

3. 配送和物流是两个紧密联系的事物,有很多人并不区分它们。你能否找到相关的资料,更深入地研究它们之间的不同?

4. 电子商务物流技术有哪些? 哪些是你常常见到的,哪些不常见的,你能否搜集些资料说说它们各自的特点?

案例分析

沃尔玛的物流

1.成功的奥秘——物流现代化

(1)沃尔玛是全球第一个发射物流通信卫星的企业。物流通信卫星使得沃尔玛产生了跳跃性的发展,很快就超过了美国零售业的龙头——凯玛特(K-Mart)和西尔斯。沃尔玛从乡村起家,而凯玛特和西尔斯在战略上以大中小城市为主。沃尔玛通过便捷的信息技术急起直追,终于获得了成功。

(2)建立全球第一个物流数据的处理中心。沃尔玛在全球第一个实现集团内部24小时计算机物流网络化监控,使采购库存、订货、配送和销售一体化。例如,顾客到沃尔玛店里购物,然后通过POS机打印发票,与此同时负责生产计划、采购计划的人以及供应商的电脑上就会同时显示信息,各个环节就会通过信息及时完成本职工作,从而减少了很多不必要的时间浪费,加快了物流的循环。

2.物流如何借助电子商务

20世纪70年代沃尔玛建立了物流管理信息系统(management information system,MIS),这个系统负责处理系统报表,加快了运作速度。

80年代与休斯公司合作发射物流通讯卫星,1983年的时候采用了POS机。1985年建立了EDI,即电子数据交换系统,进行无纸化作业,所有信息全部在电脑上运作。1986年的时候它又建立了QR,称为快速反应机制,快速拉动市场需求。凭借这些信息技术,沃尔玛如虎添翼,取得了长足的发展。

3.物流使用的IT手段

沃尔玛物流应用的信息技术主要有以下方面:

(1)射频技术(radio frenquency,RF),在日常的运作过程中可以跟条形码结合起来应用。

(2)便携式数据终端设备(PDF)。传统的方式到货以后要打电话、发E-mail或者发报表,通过便携式数据终端设备可以直接查询货物情况。

(3)条形码。

(4)配送中心。设立在100多家零售店的中央位置,也就是配送中心设立在销售主市场。这使得一个配送中心可以满足100多个附近周边城市的销售网点的需求。另外运输的半径基本上比较短,比较均匀。

(5)以320公里为一个商圈建立一个配送中心。

4.配送中心的作业方式

沃尔玛配送中心采用的作业方式有以下几方面:

(1)配送中心就是一个大型的仓库,但是概念上与仓库有所区别。配送中心的一端是装货的月台,另外一端是卸货的月台,两项作业分开。看似与装卸一起的方式没有什么区别,但是运作效率由此提高很多。

(2)交叉配送(Cross Docking,CD)。交叉配送的作业方式非常独特,而且效率极高,进货时直接装车出货,没有入库储存与分拣作业,降低了成本,加速了流通。

(3)800名员工24小时倒班装卸搬运配送。沃尔玛工人的工资并不高,因为这些工人并没有接受过高等教育,只是经过了沃尔玛的特别培训。

(4)商品在配送中心停留不超过48小时。沃尔玛要卖的产品有几万个品种,吃、穿、住、用、行各方面都有。尤其像食品、快速消费品这些商品的停留时间直接影响到使用。

5.不断完善其配送中心的组织结构:

(1)每家店每天送1次货(竞争对手每5天1次)。一天送货一次意味着可以减少商店或者零售店里的库存,这就使得零售场地和人力管理成本都大大降低。要达到这样的目标就要通过不断的完善组织结构,使其建立一种运作模式能够满足这样的需求。

(2)1990年的时候在全球有14个配送中心,发展到2001年一共建立了70个配送中心。沃尔玛作为世界500强企业,到现在为止它只在几个国家运作,只在它看准有发展前途的地区经营,沃尔玛在经营方面十分谨慎,在这样的情况下发展到70个,说明它的物流配送中心的组织结构调整做得比较到位。

(3)配送成本占销售额2%,是竞争对手的50%(而对手只有50%货物是集中配送)。沃尔玛的配送成本占它销售额的2%,而一般来说物流成本占整个销售额一般都要达到10%左右,有些食品行业甚至达到20%或者30%。沃尔玛始终如一的思想就是要把最好的东西用最低的价格卖给消费者,这也是它成功的所在。另外竞争对手一般只有50%的货物进行集中配送,而沃尔玛百分之九十几是进行集中配送的,只有少数可以从加工厂直接送到店里去,这样对手与成本就相差很多了。

案例分析:

沃尔玛的物流和供应链系统给现代企业哪些启示?

第8章
电子商务网站建设

学习目标

了解电子商务网站的创建目的;理解电子商务网站的特点及作用,建立良好的网站导航系统的目的;熟悉电子商务网站的策划,常用建站技术及工具,掌握电子商务网站的构成要素

基本概念

HTML DHTML Java ActiveX CGI ASP PHP JSP 网站定位

导入案例

德国 S 公司的销售网站优化设计

一个网站的自生营销能力是非常重要的。在许多中小企业电子商务的运用和开展中,存在着某些相当严重的认识误区,其中之一就是所谓重渠道,轻源头。这里的渠道是指各类网络推广类的渠道,比如搜索引擎、B2B 平台等;源头是指企业自身的网站。这种忽视或者轻视网站,单单重视渠道的思维其实是错误的,就好比你造了一家店面,修好了东南西北能到达这家店的路,却突然发现,店里的货还没到齐,或者装修太差根本不吸引人,或者还没有找好营业员,有人想要买你的货,却找不到服务员。

规划网站格局

2006 年初,翼帆企业营销公司接受了为德国某工业金属探测器制造商进行整体网络营销策划及执行的任务,该项目总共包括了企业 CI 系统的调整,统一的国际企业营销性网站的建设以及针对不同市场、多语区的多渠道网络推广等三大部分。

该德国企业(下文简称为 S 公司)在工业金属检测分离以及回收分选和分拣技术方面具有世界领先的水平,并分别在法国、英国、美国和新加坡建有分公司。但是,在打算启用电子商务作为新的主要销售渠道之前,该公司的产品仍然主要通过展会进行宣传,通过传统的代理商渠道在全球开展业务。

2006 年前,S 公司拥有四个完全不同的域名(不包括不同的国家域名),且公司不同的两类产品技术,即分选系统和金属分离系统的产品信息,分别被放在了两个完全没有关联的域名下。网站上,不仅企业产品资料不全,且缺乏管理,更新缓慢,形同虚设,无论是作为宣传渠道,还是进而成为企业的电子商务平台,都缺乏必要的功能。

在经过最初的接触后,翼帆企业营销公司和客户就网站建设方面达成两点共识。

第一,放弃同时使用的四个不同域名,仅留用一个作为企业固定域名,并同时购买分公司所在国家的域名,以及主要销售额产生国家的域名。

第二,统一企业的网络形象,取消原来独立设计的各分公司网站,采用统一的网站设计,部

分栏目可根据各分公司的实际销售重点作独立处理。

改版后的网站,所有的产品资料均由总公司网站 CMS(网站内容管理系统)统一管理,各分公司另有独立 CMS,可供其针对自己的区域性销售,作适当的服务栏目、产品推介等方面的调整。

通过以上两个统一,主要对企业运营网站作了协调和规定,明确了风格统一而各有特色的企业网站对外整体形象。然而网站最终的使用者是企业的潜在客户,如何使其无障碍地带着愉悦的心情使用网站,并且最终向客户准确地发出询盘呢? 这是进一步要为 S 企业解决的问题。

细分客户

行业竞争一般分为两类:不同级的竞争和同级之间的竞争。不同级的竞争,如果双方技术水平相差悬殊,竞争一方的法宝是高技术,另一方的法宝则是低价格,最后在市场中各取所需,高技术的独占高端市场,低价格的则在低端市场,倒也相安无事。同级之间的竞争往往是高智慧的体现,当两个企业的技术水平相同,而目标客户群也相同时,通过什么方式能够使自己优于竞争对手,被客户所青睐呢? 答案只有一个:更了解客户。

如何通过网站,反映 S 公司对客户的了解,使 S 公司比其竞争对手更能体现专业的形象呢? 这就是我们面临的任务。高手过招,大家的起步点都相当高,S 公司不可能仍然期望仅仅使用优质的图片和文案去超越对手,这些只是用于区分他和低端竞争者的伎俩。既然关键在于使网站更能反映对客户的了解,更能体贴客户的需求,首先必须对客户作全面的分析。要把客户根据不同的标准分类,然后通过适合其特征的不同的方式,引导其找到最适合他的产品。

首先,需要区分的客户有两类:了解 S 公司产品的老客户和不了解 S 公司产品的新客户。对于老客户来说,他们甚至可以清楚地记得他们想要了解产品的具体型号。所以对于这样的客户,提供给他们一个所有产品的型号索引表,他们就已经很满意了。而对于从来没有接触过 S 公司产品的新客户,产品型号索引表只会让他一头雾水,徒生厌恶。这个时候就需要有另外的引导方式去适应这一类客户。

然而这一类客户根据不同的性质又可进行细分。一般企业对某设备下询盘通常会有两种情况:第一,当前生产中遇到了问题,希望寻找能够解决这个问题的特定设备;第二,目前并没有特定的、急需解决的问题,而是听说了有这一类设备,可能将来在自己的生产中会用到,希望多了解。这两种情况,也必须分别对待。因为对于第一类客户,他更希望尽快得到最适合他的、能帮他解燃眉之急的产品,如果把一堆产品推到他眼前,反而添乱。而对于第二种客户来说,他需要的则是一个广泛的选择空间,因为对他来说,他并没有针对性很强的目标。一个广泛的产品组,甚至可以帮助他为自己下决定。针对这两种情况,翼帆企业营销公司为第一类新客户制作了一个问卷表,客户通过回答三四个问题,最适合他的产品数据信息就会跳出来。针对第二类新客户,翼帆企业营销公司采取纵向按行业细分,横向将产品分为三大类的方法,设立了一个矩阵,来自食品、化工、医药和回收行业的客户,可以分别找到适合其行业运用的三大类(金属检测、金属分离和分拣分选)中的所有产品。

通过对 S 公司客户的细分,翼帆企业营销公司一共为其制作了三种不同的产品搜索系统,细心体贴每一位客户的需求,真正为客户所想,想在客户之前。这个系统的制作过程,同时需要企业内部销售人员和工程技术人员的紧密合作,为每个产品的运用范围、数据参数作定义,想单靠网站制作人员独立完成这项工程,是无法想象的。

还需要特别指出的是,由于每个行业的产品性质不同,产品服务的对象性质不同,所以不同企业的目标客户分类可能又是完全不同,适合他们的产品搜索方式也会不同。如果企业真正希望好好利用网站为其产品销售助力,就必须学会独立思考,而网站制作服务商也决不可将A企业搜索系统拿来给B或者C企业生搬硬套。配合这套产品的搜索系统,翼帆企业营销公司还为每个产品数据页面添加了产品资料下载功能,以及产品功能运行的动画演示。不仅使客户能够通过网站静态以图片数据形式、动态以动画形式,对产品有一个全面、理性的了解,也满足了客户下线后,继续对产品参数作进一步研究的需求,也方便了客户企业中不同岗位工作人员的信息传递(在很多国家,企业中不是所有工作人员上班的时候都能接触电脑和网络)。

就是这样一个具有极强营销能力的网站,最终配合多语种、多渠道的网络推广,每月的高质量询盘数量可过百,真正成为了企业除展会、代理商之外又一个高效的销售渠道。

8.1　电子商务网站概述

➤ 8.1.1　电子商务网站的创建目的

建设电子商务网站对网站的计划和实施会有决定性的作用,所以在建设网站前就应重视起来。网站大体包括个人网站、企业网站、学术机构及政府团体网站等,不同网站的建站目的不完全相同。

个人网站的建站目的很多,如进行信息交流、学习、娱乐、留言、校友录、论坛等。

学术机构、政府团体网站的建站目的主要是使网友了解科研动态、行业规章、政策法规等。

企业网站一般是指以企业自身的产品、服务等为主要内容和服务对象的网站。根据不同需要,网站的功能会有很大的不同,有的纯粹是发布公司信息,有的还开展网上购物等商务活动,其目的基本上都是为企业自身服务。企业建网站首先应该以营销为基本目的。与传统媒体相比,网站的营销作用有明显的时间、地域、互动和成本优势,网站发布产品和服务信息的主要目的还是营销宣传。一般企业建站的目的主要有:①发布企业产品、服务信息;②介绍企业历史、辉煌成就;③收集客户反馈意见;④网上市场调查;⑤开展网络营销;⑥网上客户服务;⑦逐渐实施电子商务等。

➤ 8.1.2　电子商务网站的类型

网站一般分为政府网站、企业网站、商业网站、教育科研机构网站、个人网站、其他非盈利机构网站,以及其他类型等。在中国,企业网站数量所占比例最大,占整个网站总体的70%左右,其次为商业网站和个人网站。

商业网站指业务主要在网上进行的电子商务网站,如新浪(www.sina.com.cn)、搜狐(www.sohu.com)等网站;企业网站是相对于商业网站而言的,指业务主要在网下的企业所建立的网站,如联想集团的网站(www.lenovo.com)。

与电子商务的分类一样,电子商务网站分类也有多种方式。

(1)按站点拥有者的职能可以将电子商务网站分为生产型商务网站和流通型商务网站。①生产型商务网站由生产产品和提供服务的企业来提供,旨在推广、宣传其产品和服务,实现在线采购、在线产品销售和在线技术支持等商务功能。生产型企业要在网上实现在线销售,必须与传统的经营模式紧密结合,分析市场定位,调查用户需求,制定合适的电子商务发展战略,设计相应的电子商务应用系统架构。②流通型商务网站由流通企业建立,旨在宣传和推广其销售的产品与服务,使顾客更好地了解产品的性能和用途,促使顾客进行在线购买。流通企业要在网络上实现在线销售,也必须与传统的商业模式紧密结合。

(2)按照构建网站的主体可以将电子商务网站划分为行业电子商务网站、企业电子商务网站、政府电子商务网站和服务机构电子商务网站。①行业电子商务网站是以行业机构为主体构建的大型电子商务网站,旨在为行业内的企业和部门进行电子化贸易提供信息发布、商品交易、客户交流等活动平台。②企业电子商务网站以企业为构建主体,旨在为企业的产品和服务提供商务平台。③政府电子商务网站以政府机构为构建主体来实现电子商务活动,为政府面向企业和个人等的税收、公共服务提供网络化交互平台。该类型的电子商务网站在国际化商务交流中发挥着重要作用,为政府税收和政府公共服务提供网络化交流的平台。④服务机构电子商务网站以服务机构为构建主体,包括商业服务机构、金融服务机构、邮政服务机构、家政服务机构、娱乐服务机构等的电子商务网站等。

(3)按照商务目的和业务功能可将电子商务网站分为基本型电子商务网站、宣传型电子商务网站、客户服务型电子商务网站和完全电子商务运作型网站。①基本型电子商务网站的目的通过网络媒体和电子商务的基本手段进行公司宣传和客户服务,适应于小型企业以及想尝试网站效果的大中型企业。②宣传型电子商务网站通过宣传产品和服务项目,发布企业的动态信息,提升企业的形象,扩大品牌影响,拓展海内外市场,适合于各类企业,特别是已有外贸业务或意欲开拓外贸业务的企业。③客户服务型电子商务网站通过宣传公司形象与产品,达到与客户实时沟通及为产品或服务提供技术支持的效果,从而降低成本、提高工作效率,适应于各类企业。④完全电子商务运作型网站通过网站展现公司整体形象、推广产品及服务,着力实现网上客户服务和产品在线销售,从而直接为企业创造效益,提高企业的竞争力,适用于各类有条件的企业。

还有按照产品线宽度和深度分类以及根据受众对象的性质与特点分类等多种分类方式,在这里我们就不一一赘述了。

➤ 8.1.3　电子商务网站的组成

1. 电子商务网站的基础设施组成

(1)CA 安全认证系统。在网络上进行商务活动,用户首先遇到的就是安全问题。目前,电子商务的安全主要是通过 CA 证书来达到的。CA(certificate authority)即"认证机构",是负责签发证书、认证证书、管理已颁发证书的机构。CA 认证中心为每一位参与电子商务的用户签发一个采用了非对称加密算法的 CA 证书,确保每一位参与电子商务的用户在公网上传输信息时的安全。CA 证书相当于用户的"网络身份证",它包含用户的个人信息,当用户在网络上进行商务活动时,互不认识的双方就可以用 CA 证书来确认对方身份的真实性和可靠性。

(2)支付体系。尽管电子商务的范围很广,但绝不可能离开支付来谈电子商务。支付体系作为电子商务中的重头戏,得到了广泛关注。支付体系在公网和传统的银行网络之间架起了一座桥梁,它把用户需要在公网上传输的支付信息(银行账号、密码等)采用 CA 认证系统进行加密,发给银行内部网络;同时接收的银行系统响应消息加密后,发送给最终用户,确保了用户支付信息在公网上传输的安全性和可靠性。

（3）综合接入平台。综合接入平台为参与电子商务的各方提供了安全、方便、快捷的接入手段。接入平台解决了目前中国因为网络和计算机普及率低下的现实状况造成的用户参与电子商务的困难。中国电信电子商务综合接入平台支持计算机、电话、简易终端、智能终端等多种接入方式。用户可以通过计算机、电话等多种方式参与到电子商务中来,电子商务不再需要高深的计算机知识,用户只要会用电话或进行简单的计算机操作,就可以享受电子商务给学习、生活、工作带来的巨大便利。

（4）业务系统。不管电子商务基础设施的建设有多完善,能让用户切身感受到电子商务好处的还是电子商务业务系统。目前,中国电信联合银行、证券、商业、医疗、交通、教育等多个部门,共同开发了电子缴费、电子银行、电子证券、网上购物、网上医疗、网上订票、网上订房、网上寻呼、安全 E-mail 等多种电子商务应用系统,为广大用户开放多种电子商务业务。

2.典型电子商务网站的主要功能模块组成

以"校园手机网"为例,一个电子商务网站可以分为以下几个模块。

在介绍"校园手机网"各模块之前,先来了解一下"校园手机网"的整体框架,其前台和后台框架如图 8-1、8-2 所示。

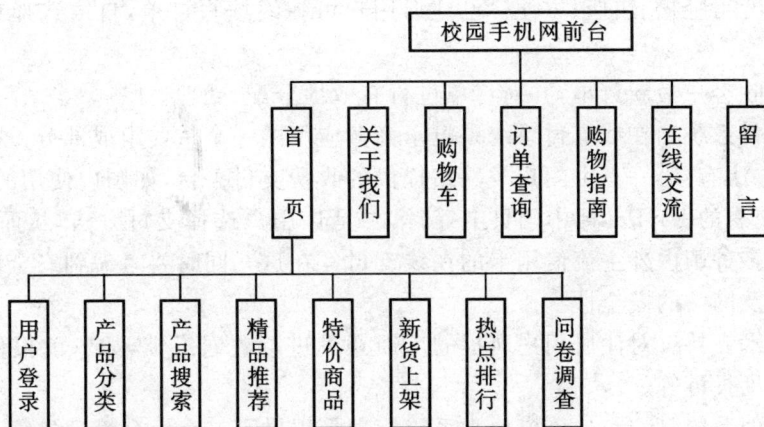

图 8-1 "校园手机网"前台框架

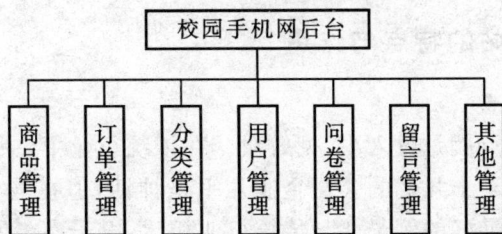

图 8-2 "校园手机网"后台框架

（1）会员系统。

①前台:用户可以在网站上登记注册成为会员,并提交到用户管理数据库,享有网站提供的相应服务。

②后台:系统管理员可以查看注册用户资料、给用户留言、修改用户密码、禁止用户登录及

删除用户等。

(2)产品系统。

①前台:宣传自己的产品,将自己的产品展现给客户,让客户通过网站便能自由选择购买企业的产品。

②后台:对产品进行分类管理,可以增加、删除、修改产品。

(3)新闻发布系统。

①前台:把网站上需要经常变动的信息,如公司动态、企业新闻、新产品发布、促销活动和行业动态等更新信息发布到网站上。

②后台:可以增加、删除、修改相应的新闻信息。

(4)站内信息检索系统。

前台:提供方便、高效的查询服务,查询可以按照分类、关键字等进行,也可以是基于全文内容的全文检索,用户可在站内搜索到想要的产品或信息。

(5)网上购物系统。

①前台:网上购物系统是在网络上建立一个虚拟的购物商场,避免了挑选商品的繁琐过程,使购物过程变得轻松、快捷、方便。已注册用户可在线填写订单,自由选择预订产品,并管理预订。

②后台:接收客户最新订单,并对订单进行有效地分配、处理。

(6)在线支付系统。在线支付系统是电子商务应用的一个重要组成部分,现在我国普遍使用的几种支付方法有:第一是由门户类网站提供的收费支付平台,如国内使用的阿里巴巴的支付宝或与国外交易的 PayPal 即中国贝宝等;第二是让用户选择支付方法,从而降低企业的风险;第三是支持多种国内外主流信用卡的在线支付。在这儿同时要考虑到安全性问题,即数据库的安全性,以及网站的安全性。

(7)在线技术支持。对注册用户所提的反馈意见进行查看反馈,如售前报价咨询、相关意见提交、用户意见投诉等。

(8)在线管理系统(后台)。该模块为系统管理员提供了一个后台管理的统一界面,可对整个网站进行全面管理。

(9)其他模块。如留言板、在线交流、反馈表单、网上调查等。

➢ 8.1.4　电子商务网站的特点与作用

1. 电子商务网站的特点

互联网经营的显著特点就是投入少、见效快。在传统行业中,一个几十万资产的公司企业在几年内发展成为上亿以至十几亿的公司企业几乎是神话,但在当代互联网时代这样的例子却很多,网易、百度等就是最好的例子。与传统行业相比,电子商务网站具有如下特点。

(1)信息传输速度快。用户在网站上刚刚发表的信息,可能转眼就被成千上万的人所看到;在网站上刚推荐的产品,可能转眼就被成千上万的人所咨询、购买。

(2)信息资源广泛。目前上互联网的人越来越多,据统计,2012 年全球使用互联网的用户在 18 亿以上,仅中国用户就有近 6 亿人。可以想象,发出一个信息,潜在的读者就超过 10 亿人,同样,需要查询的信息,可能已被众多网民发表。

(3)资源投入少。电子商务网站的投入是非常少的,办互联网企业需要投入的只有服务器、计算机及一个技术人员的工资。就是上亿元的互联网企业一年所有的投入也不过百万,对于其他种类的上亿元的企业,根本就不可能有这样少的投入。初期办互联网企业只要十几万到几十万就能完成别的企业上千万、上亿的投入效果。

(4)见效快。互联网企业从小规模的企业发展到上亿元资产的企业,只需要短短的几年时间,从互联网企业成功者身上可看出,没有一家上亿元互联网企业是用几十、几百年发展起来的,都是短短的几年时间就发展起来的。

(5)品牌优势更明显。树立一个品牌对一家企业而言是攸关成败的大事,可以说品牌成功,互联网企业就成功了,品牌失败,互联网企业也就失败了。一个成功的品牌意味着被大多数人所接受,成千上万的人在等待着其产品、信息,所以,不赚钱、不成功都不可能。

(6)头脑、眼光、决策比金钱更重要。互联网企业也可以说是一种具有无形资产的企业,领导者的决策显得更为重要。先看一个失败的例子——www.263.com,曾经的263网站风光一时,比新浪、网易更有发展优势,为什么失败了? 因为263网站领导者的决策错误,对免费邮箱进行收费的行为得罪了广大的用户,一夜之间用户跑了九成九,因为几万元的收益而失去了几亿元的品牌。

(7)免费客户和收费客户显得同等重要。免费客户是水,收费客户是鱼,有多少水就能收获多少鱼,只把眼光盯在鱼上看不到水的作用,是不可能养活鱼的。互联网企业经营与传统企业经营相比有一个显著的特点,就是免费客户与收费客户显得同等重要,免费客户可以增强企业的品牌优势,而品牌优势就是钱,就是成功,没有品牌优势的互联网企业就如同在树上找鱼一样可笑。因为眼前的一点点利益失去以后的长远利益是得不偿失的,而往往眼前利益和长远利益并非完全是鱼与熊掌不可兼得,只是不能贪得无厌。

2. 电子商务网站的作用

(1)树立全新企业形象。对于一个企业而言,企业的品牌形象至关重要。特别是对于互联网技术高度发展的今天,大多数客户都是通过网络来了解企业产品、企业形象及企业实力的,因此,企业网站的形象往往决定了客户对企业产品的信心。建立具有国际水准的网站能够极大地提升企业的整体形象。

(2)优化企业内部管理。企业网站的建设将会为企业内部管理带来一种全新的模式,网站是实现这一模式的平台,在降低企业内部资源损耗、降低成本、加强员工与员工、企业与员工之间的联系和沟通等方面发挥着巨大作用,最终使企业的运营和运作达到最大的优化。

(3)增强销售力。销售力指的是产品的综合素质优势在销售上的体现。现代营销理论认为,销售亦即传播。销售的成功与否,除了决定于能否将产品的各项优势充分地传播出去之外,还要看目标对象从中得到的有效信息有多少。由于互联网所具有的“一对一”的特性,目标对象能自主地选择对自己有用的信息,这本身就决定了消费者对信息已经有了一个感兴趣的前提,使信息的传播不再是主观地强加给消费者,而是由消费者有选择地主动吸收。同时,产品信息通过网站的先进设计,既有报纸信息量大的优点,又结合了电视声、光、电的综合刺激优势,可以牢牢地吸引住目标对象。因此,产品信息传播的有效性将大大提高,同时也提高了产品的销售力。

(4)提高附加值。许多人知道,购买产品不仅买的是那些看得见的实物,还有那些看不见的售后服务,也就是产品的附加值。产品的附加值越高,在市场上就越有竞争力,就越受消费者欢迎。因此,企业要赢得市场就要千方百计地提高产品的附加值。在现阶段,传统的售后服务手段已经远远不能满足客户的需要,为消费者提供便捷、有效、即时的 24 小时网上服务,是一个全新体现项目附加值的方向,世界各地的客户在任何时刻都可以通过网站下载自己需要的资料,在线获得疑难解答,在线提交自己的问题。

8.2 电子商务网站的总体设计

➢ 8.2.1 常用的建站技术及工具

1. 常用的建站技术

目前流行的建站技术多种多样,本节主要介绍常见的几种。

(1)HTML。HTML(hyper text markup language,HTML)即超文本标记语言,是 WWW 的描述语言,利用它可以生成超文本文件。设计 HTML 语言的目的是为了把存放在一台计算机中的文本或图形,与另一台计算机中的文本或图形方便地联系在一起,形成有机的整体,从而使人们不用考虑具体信息是在当前计算机上还是在网络的其他计算机上。这样,用户只要使用鼠标左键在某一文档中单击一个图标,Internet 就会马上转到与此图标相关的内容上去,而这些信息可能存放在网络中的另一台计算机中。

HTML 文本是由 HTML 命令组成的描述性文本,HTML 命令可以说明文字、图形、动画、声音、表格、链接等。HTML 文档的结构包括头部(head)、主体(body)两大部分,头部描述浏览器所需的信息,主体包含所要说明的具体内容。

(2)DHTML。DHTML(dynamic HTML,DHTML)即动态 HTML,它是建立在传统 HTML 基础上的客户端动态技术。DHTML 实现了当网页从 Web 服务器下载后无需再经过服务器的处理,而在浏览器中直接动态地更新网页的内容、排版样式和动画的功能。例如,当鼠标指针移至文章段落中时,段落能够变成蓝色,或者当鼠标指针移至一个超链接上时,会自动生成一个下拉式的子链接目录等,这是近年来网络飞速发展进程中最具实用性的技术之一。

(3)Java 与 Java Applet。Java 是新一代的编程语言,由 Sun 公司开发,具有很多优点;而 Java Applet 小程序则是目前颇受网页爱好者及编程者欢迎的一项应用技术。

Java 作为新一代编程语言,具有众多优点,它学习简单,完全面向对象而且跨平台可移植,且支持分布性、多线程、数据库等操作,还具有动态特性的支持,因而特别适合于 Internet 上的应用程序开发。

Java Applet 是一种特殊的 Java 程序,它嵌入在 HTML 中,随页面一起发布到 Web 上。利用它,用户可以非常简单地实现 Web 程序的编写,从而实现多媒体的用户界面和动态交换功能。

(4)ActiveX。ActiveX 控件是网页编制中的又一动态交互技术。随着 ASP 动态网页技术的迅速发展,为了避免源代码泄漏造成的损失,ActiveX DLL 技术实现的代码封装也在 Web 开发中得到应用,目前只有 IE 浏览器支持 ActiveX。

(5)CGI。CGI(common gateway interface,CGI),即公共网关接口,它可以称为一种机制,主要是让 WWW 服务器调用外部程序来执行相关指令。在 ASP、PHP、JSP 等技术出现以前,要处理浏览器输入的窗体数据或访问数据库,就必须使用 CGI。

目前 CGI 在 WWW 上的各种计数器方面最为常用,但是由于 CGI 开发困难,现在已经很少有人使用，已逐渐被 ASP、PHP、JSP 等技术取代。

（6）ASP。ASP（active server page，ASP），即动态服务器页面，是 Microsoft 开发的动态网页技术标准，它类似于 HTML、Script 与 CGI 的结合体，但是运行效率比 CGI 更高，程序编制也比 HTML 更方便、灵活，程序安全及保密性也比 Script 好。

ASP 的原理是：在原来的 HTML 页面中加入 JavaScript 或 VBScript 代码，服务器在送出网页之前首先执行这些代码，完成如查询数据库一类的任务，再将执行结果以 HTML 的形式返回浏览器。

（7）PHP。ASP 虽然功能强大，但是只能在微软的服务器软件平台上运行，而大量使用 UNIX/Linux 的用户要制作动态网站则首选 PHP 技术。

PHP（personal home page，PHP）是一种跨平台服务器解释执行的脚本语言，与 ASP 类似，它也是基于服务器端用于产生动态网页而且可嵌入 HTML 中的脚本程序语言。PHP 用 C 语言编写，可运行于 UNIX/Linux 和 Windows 9x/NT/2000 下。

（8）JSP。同 Java 一样，JSP 也是由 Sun 公司开发的，它是一种新的 Web 应用程序开发技术，是 ASP 技术强劲的竞争者。

JSP（java server pages，JSP）是由 Java 语言的创造者 Sun 公司提出、多家公司参与制定的动态网页技术标准。它通过在传统的 HTML 网页".htm"、".html"中加入 Java 代码和 JSP 标记，最后生成后缀名为".jsp"的 JSP 网页文件。

JSP 和 ASP 的不同之处在于以下两方面：

①JSP 技术基于平台和服务器的互相独立，采用 Java 语言开发。

②ASP 技术主要依赖于 Microsoft 的平台支持，采用 VBScript 和 JavaScript 语言开发。

JSP 作为当今流行的动态网页制作技术，得到了许多商业网站的支持。

（9）Flash。Flash 是目前颇受欢迎的一款优秀的网页设计软件，因而各种 Flash 作品在网上也极为流行。

2. 常用建站工具

（1）Dreamweaver CS6。

①Dreamweaver CS6 简介。Dreamweaver CS6 是世界顶级软件厂商 adobe 推出的一套拥有可视化编辑界面，用于制作并编辑网站和移动应用程序的网页设计软件。由于它支持代码、拆分、设计、实时视图等多种方式来创作、编写和修改网页，对于初级人员，可以无需编写任何代码就能快速创建 Web 页面。其成熟的代码编辑工具更适用于 Web 开发高级人员的创作。CS6 新版本使用了自适应网格版面创建页面，在发布前使用多屏幕预览审阅设计，可大大提高工作效率。改善的 FTP 性能，更高效地传输大型文件。"实时视图"和"多屏幕预览"面板可呈现 HTML5 代码，更能够检查自己的工作，如图 8-3 所示。

②Dreamweaver CS6 的主要功能。

A. 建立网上业务。通过与 Adobe Business Catalyst 平台（需单独购买）集成来开发复杂的电子商务网站，无需编写任何服务器端编码，建立并代管免费试用网站。

B. 提高工作效率。利用高速 FTP 传输和改良的图像编辑功能，有效地设计、开发、发布网站和移动应用程序。利用对 jQuery Mobile 和 Adobe PhoneGap 框架的更新支持，建立移动应用程序。

C. 可响应的自适应网格版面。使用响应迅速的 CSS3 自适应网格版面，来创建跨平台和

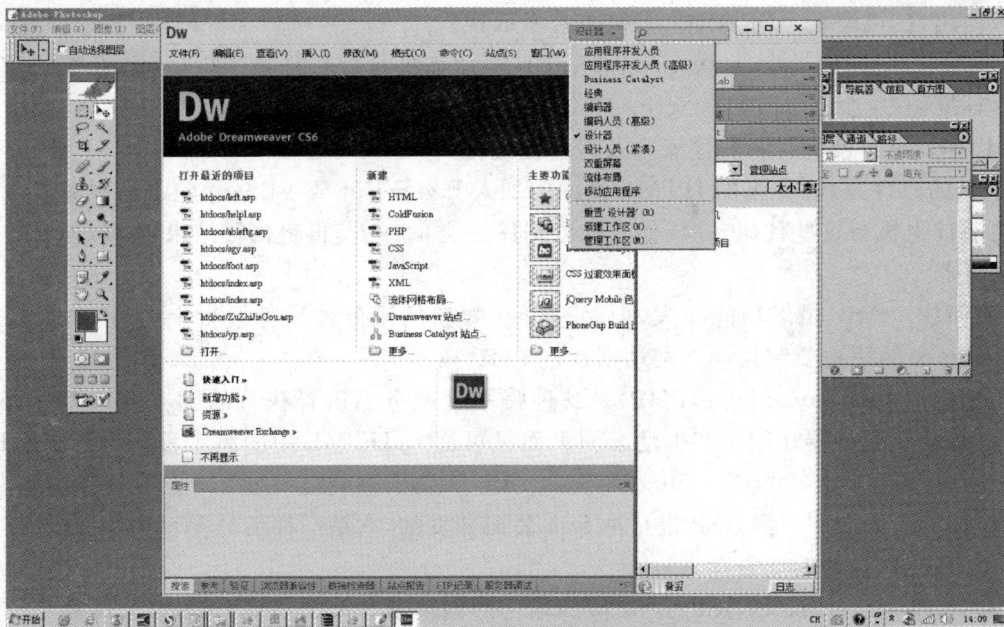

图 8 - 3   Dreamweaver CS6

跨浏览器的兼容网页设计。利用简洁、业界标准的代码为各种不同设备和计算机开发项目,提高工作效率。直观地创建复杂网页设计和页面版面,无需忙于编写代码。

D. 改善的 FTP 性能。利用重新改良的多线程 FTP 传输工具节省上传大型文件的时间。更快速高效地上传网站文件,缩短制作时间。

E. Adobe Business Catalyst 集成。使用 Dreamweaver 中集成的 Business Catalyst 面板连接并编辑利用 Adobe Business Catalyst(需另外购买)建立的网站。利用托管解决方案建立电子商务网站。

F. 增强型 jQuery 移动支持。使用更新的 jQuery 移动框架支持为 iOS 和 Android 平台建立本地应用程序。建立触及移动受众的应用程序,同时简化移动开发的工作流程。

H. 更新的 PhoneGap 支持。更新的 Adobe PhoneGap 支持可轻松为 Android 和 iOS 建立和封装本地应用程序。通过改编现有的 HTML 代码来创建移动应用程序。使用 PhoneGap 模拟器检查设计。

I. CSS3 转换。将 CSS 属性变化制成动画转换效果,使网页设计栩栩如生。在处理网页元素和创建优美效果时保持对网页设计的精准控制。

J. 更新的实时视图。使用更新的实时视图功能在发布前测试页面。实时视图现已使用最新版的 WebKit 转换引擎,能够提供绝佳的 HTML5 支持。

K. 更新的多屏幕预览面板。利用更新的多屏幕预览面板检查智能手机、平板电脑和台式机所建立项目的显示画面。该增强型面板现在能够把检查 HTML5 的内容呈现出来。

(2)Microsoft SharePoint Designer。

①Microsoft SharePoint Designer,简称 SPD,是一款由微软公司推出的网页制作软件,前身是 Microsoft FrontPage。目前最新版本是 Microsoft SharePoint Designer 2010。2006 年,微软公司宣布 Microsoft FrontPage 将会被本软件和 Microsoft Expression Web 两款新产品

替代。这两款软件都是部分基于 Microsoft FrontPage 的。SharePoint Designer2007 在 FrontPage2003 后作了几方面改变：无法在 SharePoint Designer 中预览，用户需要在网页浏览器中预览；对制成 HTML 作出更改，使其更符合 XHTML 标准；取消了插入快取图案及文字艺术师等功能，须从其他 Office 软件复制，如图 8 - 4 所示。

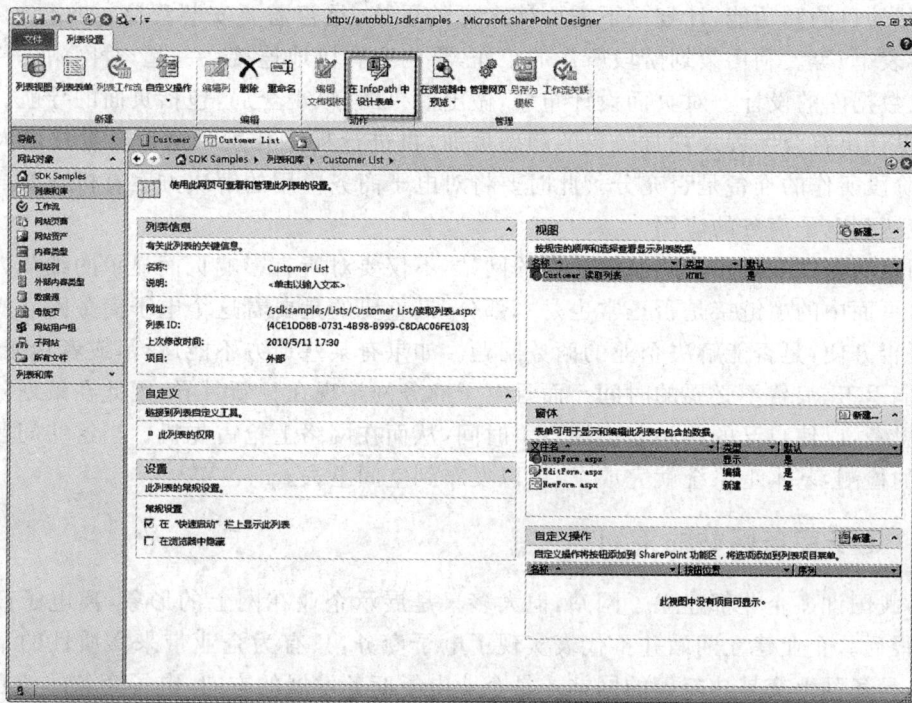

图 8 - 4 Microsoft SharePoint Designer

②Microsoft SharePoint Designer 的主要功能有以下方面：所见即所得；集成了编辑、代码，也可以使用"分割"排版同时查看两种；与 Microsoft Office 各软件无缝连接；表格控制能力。

➤ 8.2.2 电子商务网站的创建流程

电子商务网站的建设和所有普通网站的建设步骤相似，电子商务网站更注重网站功能的定位，网站所有的规划设计都必须为网络交易服务，所以更需提出实用、准确的解决方法和网站应用的全面解决方案。

（1）网站策划工作。网站策划工作主要包括明确建站目的、网站域名、空间使用、网站目标定位，以及网站目标用户和潜在用户对网站的需求，确定网站的总体风格。需要注意的是：①域名注册。域名可以说是企业的"网上商标"，所以域名的选择要与注册商标相符合，以便于记忆。②虚拟主机。虚拟主机是网页的存放空间，虚拟主机的优劣和稳定性直接影响网站的访问速度，不要使用太过便宜的主机，空间适量即可，主要考察标准是带宽、主机配置、CGI 权限、数据库、服务和技术支持。

另一个重要的因素是要考虑网站需要什么样的解决方案，即网站的功能定位。现在的电子商务网站基本的系统有会员系统、在线支付系统、商品检索、商品采购、订单系统等几部分。

在上述工作基本做好后应该写出正式的网站规划书。网站规划书可以保证网站建设顺利进行,作为网站建设管理监督的参考,同时可以提交给专业制作公司,以指导网站的设计。

当完成第一步的所有策划后,就可以进入网站的设计阶段。

(2)网站的设计(程序开发)。网站设计要和公司的企业形象识别(VI)相符合,主要是根据建设网站的目的和功能,计划一下需要什么样的风格、是否需要安装程序,如论坛、社区、留言簿(反馈表单)等。利用策划阶段所作的工作,将内容有机地连接在一起,对网站进行包括前台、后台及数据库的设计。对页面设计布局,做出效果图,纵观全局,包括页面的导航、文本、图像、程序,设计出符合编程及视觉效果的静态页面,再进行程序开发。这就要看技术人员的水平及策划阶段所作的准备是否充分。此时要将对电子商务应用的解决方案有机地融合在页面之中,才能达到电子商务的应用。

(3)网站的测试和发布。测试设计好的网站,不仅要对所有影响页面显示的细节因素进行依次测试,页面中的超链接是否正常也是一部分,最重要的是要看这个电子商务网站的功能是否可用,是否方便,是否能解决企业的商务问题。如果有某些地方不能运行,或者功能不实用,那么就可能返工,浪费不必要的时间。而且电子商务网站现在日新月异,因此在策划阶段就要进行这些思考,以使自己的网站能把握竞争时间,从而在网络上抢占先机。当这些问题都经过三次以上的检测,基本上系统就完成了,可以发布到空间上去。

➤ 8.2.3 电子商务网站的策划

目前,我国许多企业都建立了网站,但大多只是展示企业在网上的形象,离电子商务的真正内涵还很远。企业建立网站并不代表实现了电子商务,只有为企业带来实质性的帮助和显著的效益,具备网上交易功能等的网站才是企业电子商务发展的方向,电子商务的核心应是商务,电子是一种手段。在互联网时代,企业应充分利用互联网的手段,洞察消费者的需求,冲破销售服务的限制,扩大市场机会,早日进行电子商务的实践,感受电子商务的博大魅力,把握机会,建立一个以服务客户为中心、满足消费者及合作伙伴全方位需求,吸引众多浏览者,增强企业品牌辐射效应的电子商务网站。

1. 网站定位

任何一个网站,首先必须具有明确的建站目的和目标访问群体,即网站定位。目的应该是明确的,而不是笼统地说要做一个平台。要搞电子商务,应该清楚主要希望谁来浏览、具体要做到哪些内容、提供怎样的服务、达到什么效果?网站是面对客户、供应商、消费者还是全部?主要目的是为了介绍企业、宣传某种产品还是为了试验电子商务?如果目的不是唯一的,还应该清楚地列出不同目的的轻重关系。建站包括类型的选择、内容功能的筹备、界面设计等各个方面都受到网站定位的直接影响,因此网站定位是企业建立营销网站的基础。对企业网站的定位,大体可以包括以下几个方面。

(1)网站类型定位。尽管每个企业网站的规模不同、表现形式各有特色,但从经营的实质上来说,不外乎以下几种。

①信息发布型:此类属于初级形态的企业网站,不需要太复杂的技术,而是将网站作为一种信息载体,主要功能定位于企业信息发布,如众多的中小型企业网站。

②网上直销型:在发布企业基本信息的基础上,增加网上接受订单和支付的功能,网站就具备了网上销售的条件。一些较大型企业网站常采用此类型,典型代表如 DELL 计算机等。

③电子商务型:此类网站要基于较高的企业信息化平台,不仅具有前两类网站的功能,而且集成了包括供应链管理在内的整个企业流程一体化的信息处理系统,运行费用较高,如思科、通用电气等。

不同形式的网站,其内容、实现的功能、经营方式、建站方式、投资规模也各不相同,资金雄厚的企业可能直接建立一个具备开展电子商务功能的综合性网站,一般的企业也许只是将网站作为企业信息发布的窗口。

(2)网站目标用户定位。一个企业网站的目标用户一般可包括企业的经销商、终端消费者、企业的一般员工及销售人员、求职者等。企业要加强对网上消费者的行为进行研究,这是提高客户服务的基础。注重对企业目标顾客的年龄、性别、学历、职业、个性、行为、收入水平、地理位置分布等各种资料的分析,还应该看到网站的目标用户是基于产品销售的目标顾客,但两者之间不能完全画等号。如波音公司的网站,其目标用户中包括世界各地的航空、航天、空中军事爱好者和各国的学者及研究人员等,显然这些访问者购买波音产品的能力有限,因此企业网站建设应更多考虑企业整体经营战略。

(3)网站诉求点定位。对于企业网站诉求点的确定,一般来说有理性诉求和感性诉求及综合型三种。理性诉求强调说理及逻辑性,以事实为基础,以介绍性文字为主,突出公司的实力、产品的质量和优质的服务,如 TCL 集团的网站(www.tcl.com),可以近似看成以理性为诉求。网站的各个栏目都有鲜明的标语,整个网站向人们展示的是企业实力、进取和开拓精神。而感性诉求则强调直觉,以价值为基础,以企业的形象塑造为主。通用电气旧版的企业网站(www.ge.com)以"我们将美好的事物带给人生(We bring good things to life)"为网站的主题,为配合该营销题材,其每期首页均在兴趣中心处换上一帧图片,内容都是些活泼可爱、无忧无虑、直面观众的孩童,这些画面虽小,却是该网站的亮点。至于综合型的网站,是上述二者兼而有之。企业网站的诉求点应与企业的营销宣传理念相符合。

(4)网站 CI 定位。网站 CI(corporate identity,CI),这里是借用营销概念作为企业网站的形象设计。一个网站如果能够进行成功的 CI 设计定位,便可增强用户对该网站的识别。CI设计重要的是 LOGO(标志)设计。设计制作一个网站的 LOGO,就如同给产品设计商标一样,是网站最醒目的标志,看见 LOGO 就让大家联想起站点。例如,新浪用字母 sina 加上一个大眼睛作为 LOGO;国际商用机器公司则是用它蓝色的 IBM 图标作为网站的 LOGO。

2. 网站导航

(1)网站导航的目的。许多网站缺乏具有针对性和方便的导航系统,难以找到链接到相关网页的路径,也没有提供有助于让浏览者找到所需信息的帮助,而是把所有的导航信息都放置在杂乱的按钮和文本链接上,以至于浏览者很难找到所需内容。因此,建立一个便于浏览者识别和操作的网站导航系统是必不可少的。设计网站的导航系统,其目的如下:

①通过分类为浏览者提供友好的路径,从而使他们能尽快找到所需要的内容。

②告诉浏览者,目前在网站所处的位置,即历史轨迹导航。

③告诉浏览者,已经访问过哪些内容。在很多网页上,被单击过的链接会用不同的颜色标示出来。

④为浏览者提供上下文和相关资源链接。

⑤为浏览者推荐网站的最新内容、特色内容及重点内容等。

(2)网站导航的原则和技巧。网站导航系统在设计上通常要遵循一些基本的原则。

①尽可能多地提供相关资源的链接。在一个企业网站上会有很多信息，但研究表明，访问者往往并不能明确他需要哪些信息，网站可以帮助用户搜集一些相关资源放置在页面上，以提醒浏览者注意。当进入戴尔计算机的网站，打算购买一台笔记本电脑时，却不能明确喜欢哪一种类型，网站的首页导航会引领用户进入笔记本电脑栏目，详细地介绍戴尔的产品线。然后用户可以选择戴尔 Inspiron 计算机，在 Inspiron 主页上会向用户提供各种机型的配置、价格、外观图片，以及 Intel 公司和 Microsoft 公司的相关资源链接。

②一致性原则。网站的导航元素与设计风格要一致，以便于操作。具体包括：页面整体设计风格的一致性，整体页面布局和用图用色风格前后一致；界面元素命名的一致性，同样的元素应该用同样的命名，同类元素命名满足一致性，做到即使某个元素的表述不清楚也能从上下文推断其义；功能一致性，同样的功能应该尽量使用同样的元素；元素风格一致性，界面元素的美观风格、摆放位置在同一个界面和不同界面之间都应该是一致的。

③网站板块和层次划分合理。板块的划分应该有充分的依据并且是容易理解的。不同板块的内容尽量做到没有交叉重复内容，共性较多的内容应尽量划分到同一板块，在最表层尽量减少划分的板块数量，通常控制在 4～6 之间比较合适，划分后的结构层次不宜过深，通常不超过 5 层为佳。在安排层次的时候要充分考虑用户操作，比较常用的信息内容、功能服务应尽量放到更浅的层次，以减少用户的点击次数。在网站结构的安排上，应考虑到信息内容的获取和功能服务的过程，应尽量将需要进行的步骤控制在 3～5 步以内，不得不需要更多的步骤时应该有明确的提示。

④整体导航设计技巧。在设计网站的整体导航时，需要在每一张页面上加有"首页(Home)"链接，以便及时回到网站的主页；同时也应该提供"关于我们(About Us)"链接，介绍公司的概况及产品经营状况；还需要提供"联系方式(Contact Us)"，公布企业的电子邮箱、电话、传真、联系人及公司所在地点等。

⑤设计好辅助导航。网站通常会提供文件下载的服务，需要注明下载文件的大小及格式，同时要提供执行软件的下载链接（如 Adobe Acrobat Reader、RealPlayer 等软件）。页面中插有声音和动画文件时，需要提前告知访问者。另外，内容较多的网站还需提供信息查询服务。

⑥常用的导航技巧。网站的导航元素如果是图片，应将相应的文字设置到图片的 ALT属性中（该属性的文字在网页浏览器装载图片或图片丢失时显示，搜索引擎可以根据图片的ALT 属性查找图片和网页）。所有页面的 LOGO 标志都应有指向首页的链接。在网页的页脚处一般应提供整体链接，如联系方式、使用条款、版权信息及隐私保护等。网站设计的惯例是用蓝色来表示该文本有链接，用紫色表示该链接已被访问过。

3. 其他要素

网上购物自身具备的 24×7 的模式与即时互动方式已经吸引了很多购物者的注意力。这类购物网站能够随时让顾客参与购买，更方便、更详细、更安全。要达到这样的网站水平，就要将网站中的产品进行秩序化、科学化的分类，便于购买者查询；要把网页制作得有指导性和美观性，以此来吸引大批的购买者。

(1)网站设计风格。确定网站设计风格时，首先要参看一些网站的样板，并了解几家提供网站设计公司的意见，更重要的是向目标顾客询问，了解他们对购物网站的感觉，如喜欢什么样的风格，并考虑怎样的设计才能更加有效地吸引顾客。通过以上的参考，确定与顾客之间的交互程度、购物车和结算提交方式等，从而构造一个具有自身特色的购物网站。

（2）分类体系。一个好的购物网站除了需要销售好的产品之外，更要有完善的分类体系来展示产品。所有需要销售的产品都可以通过相应的文字和图片来说明。可以运用根目录和子目录相配合的形式来管理产品，顾客通过单击产品的名称来阅读它的简单描述和价格等信息。

（3）购物车。对于很多顾客来讲，当他们从众多的产品信息中结束采购时，可能已经不清楚自己采购的东西了，所以他们更需要能在网上商店的某个地点存放所采购的产品，并能计算出所有产品的总价格。购物车就是用来完成帮助顾客存放购买产品的信息，将所买产品列在一起，并提供产品的总数目和价格等功能的，从而方便顾客进行统一的管理和结算。

（4）网上支付方式。既然在网上购买商品，自然就希望能够通过网络直接进行货款的支付。这种电子现金是被经常讨论的话题，也是受到人们更多关注的话题。国外最流行的网上支付方式是信用卡支付，它具有方便、快捷、安全、可靠等优点，很多网站都是利用自动的电子转账来管理信用卡支付。还有一种方式是通过银行的转账支票进行支付，它也是随着银行业的发展与联合而逐渐形成的一种比较成熟的方式。

从国内购物网站的现状来看，以京东为例，存在着多种支付方式并存的现象，包括信用卡支付、银行转账、货到付款、自提点支付等多种方式，这些支付方式都是暂时应用的措施，最佳的方法还有待于全社会来协助解决。只有从银行对信用卡的管理，到人们头脑中对电子支付的认识逐步地改善和提高，最终才能得到一个最适合中国网上支付的方法。

（5）安全问题。网上购物涉及很多安全性问题（如密码、信用卡号码及个人信息等），如何将这些问题处理得当是十分重要的。从国外的发展情况来看，有许多公司或机构能提供安全认证，如国外的 SSL(secure soclcets layer, SSL)证书。通过这样的认证过程，可以使顾客认为比较敏感的信息得到保护。但经过比较长期的实际运作发现，国外的网站对于安全问题已经基本达成一个良性的共识，安全已经不再是困扰网站发展的瓶颈。

（6）顾客跟踪。在传统的产品销售体系中，对于顾客的跟踪是比较困难的，如果希望得到比较准确的跟踪报告，则需要投入大量的精力。然而网上购物网站解决这些问题就比较容易了，通过顾客对网站的访问情况和提交表单中的信息，可以得到很多更加清晰的顾客情况报告。谁访问了网站？从哪里访问的？访问了哪些网页？最为重要的是顾客对什么产品感兴趣？他们到底购买了什么产品？这些问题都对产品的进一步销售有巨大的影响力。

（7）产品促销。在实际的购物过程中，人们更关心的是正在销售的商品，尤其是价格。网上购物时，网站可以将产品进行管理和推销，利用网页的安排和设计技巧，使顾客很容易地了解产品的信息。对于一些复杂的产品可以采用交叉式的促销策略，针对不同的客户群采用不同的服务方式。

（8）配送。很多国外的商务网站都与著名的联邦快递和 UPS 等大型快递公司存在合作关系，为他们的产品进行物品流动的运送工作。由于网上购物网站所销售的产品大多以小巧精致的为主，最适合通过快递的方式进行运输，所以也得到了广大顾客的认同。另一种方式是通过邮递，但产品要受到一定的限制。

国内的网站主要还是通过邮递发售商品，但并不十分理想。由于受以前邮购商品留下的不良影响，顾客对这种运送方式仍然抱有戒心。目前最佳的方式是直接利用商家现有的传统销售网络进行运送，使顾客能够放心地购买。但这并不是所有商家都能办得到的，也不符合网上购物的特点，只能是一种暂时的替代行为。

4.电子商务网站资料搜集

网站制作在目录、导航、链接等策划后,需要搜索、准备网站资料,为动手进行网站设计作准备。

个人网站的大多数内容除了源于自己的独创外,还需要依赖于资料搜集,资料搜集的不完整,可能设计一半就得停下来。同时,在搜集资料时,主要搜集的是其他经典网站的页面布局技巧、导航设计技巧、链接设计技巧、网站色彩处理技巧及网站具体内容等。商业网站虽然不完全像个人网站那样从网上搜集内容,但是可以吸取其他同类网站的设计风格精华,如布局风格、导航技巧、色彩处理、同类产品的宣传技巧等,有比较才有鉴别。在搜集时不能照搬其他网站的风格,应该有自己的独创。

本章小结

随着互联网的发展和普及,电子商务已经渗透到各行各业。电子商务网站作为企业的窗口,不仅能够实现产品的展示和企业形象的宣传,而且通过网站在线交易,能够降低企业经营成本,拓宽发展空间,提高企业内部的生产、管理和服务水平。电子商务网站建设由三大部分组成,第一部分是电子商务网站的基础理论;第二部分为网站建设的实现工具,包括最新的Dreamweaver网页实现工具的使用;第三部分是网站的规划与设计及建站流程的相关知识。三大部分形成了一个完整的电子商务网站建设体系。

思考题

1.简述建立电子商务网站目的。
2.简述电子商务网站的设计要求。
3.简述电子商务网站开发的基本原则。
4.网站建设需经历哪几个步骤?

案例分析

"淡蓝的天空"个人网站的栏目规划

网站定位:极具个性化的个人网站,根据个人兴趣爱好,分享资源,以期通过网络平台结识更多的同好者。

网站访问群体定位:所有志趣相投的朋友,共同交流和资源共享

为了表达一种心境,凸现自己的个性,将要建立的网站取名为"淡蓝的天空"

案例讨论:
请结合网站要求,设计网站栏目以及逻辑架构。

第三篇

电子商务应用实践

第9章

移动电子商务

学习目标

了解移动电子商务的应用现状及存在的问题,理解移动电子商务的概念和优势,掌握移动电子商务的支撑技术、价值链及商务模式,以及移动电子商务的安全技术

基本概念

移动电子商务　无线应用协议　通用分组无线业务　蓝牙技术　移动 IP 技术　第三代移动通信系统　旅游移动电子商务　移动电子商务安全

导入案例

二维码:无处不在的生意经

北京,CBD,国贸三期旁,一幅巨大的地产广告上吸引了来往人群的驻足围观。然而,吸引用户停留的并不是 10 分钟直达城市中心等直白的广告文案,而是一幅硕大的二维码。通过手机读取该二维码,地产商为用户准备的丰富营销信息将即刻传递到手机终端上。

现在,这些看似奇怪的由黑白两色组成的方形条码也以"商品墙"的形式出现在了京沪的部分地铁站里,用户仅需预装软件在手机里,便能利用手机扫描商品图片下方的二维码,了解到商品信息、评价,喜欢的话还可以利用手机直接完成支付。实际上,它是"1 号店"力求打造"身边超市",借力移动营销的又一实践。据了解,这种"虚拟超市"已出现在了申城 9 条地铁线的 70 多个站点,在北京乃至全国都有大量的二维码广告出现,主要以公交站点灯箱广告的形式出现。而淘宝聚划算的"小白专团"也尝试了二维码的应用,实现了 1 分钟内 200 台 iPhone 瞬间抢空的团购奇迹。

二维码近来是真火了,当然,是"火"得有理由的,因为它输入速度快、准确率高、成本低,可靠性强,而且能容纳大量的信息,动静皆宜,可谓是人们网上购物、网上支付、网上浏览商品的方便入口,为移动商务的发展开拓了新的天地。与此同时,二维码的形态往往能激发消费者的好奇感和浏览欲,当消费者闯入到这个神奇的世界里,离订单的生成也就靠近了一步。

图 9-1 所示为用手机扫描二维码购物。

9.1 移动电子商务概述

➤ 9.1.1 移动电子商务的概念

移动电子商务(mobile business,MB)或(mobile commerce,MC)是通过手机、个人数字助

194

图 9-1　手机扫描二维码购物

理等移动通信设备与无线网络技术有机结合而构成的电子商务体系。从互联网电子商务的角度看,移动电子商务是电子商务的一个新的分支。但是从应用的角度来看,它的发展是对有限电子商务的整合与扩展,是电子商务发展的新形态,也可以说是一种新的电子服务。

移动电子商务不仅能提供因特网上的直接购物,还是一种全新的销售与促销渠道。它全面支持移动因特网业务,可实现电信、信息、媒体和娱乐服务的电子支付。移动电子商务不同于目前的销售方式,它能充分满足消费者的个性化需求。因特网与移动通信技术的结合为服务提供商创造了新的机会,使之能够根据客户的位置和个性提供多样、快捷的服务,并能频繁地与客户互通信息,从而加强与客户的联系。

目前,移动电子商务主要提供包括移动支付、移动网络购物、移动股市、移动娱乐、移动票务、移动医疗等系列服务。此外,随着移动电子商务发展环境的不断成熟,很多新的移动电子商务形式和内容将相继出现。

▷9.1.2　移动电子商务的特点和优势

1.电子商务的特点

移动电子商务的主要特点是灵活、简单、方便。移动电子商务不仅仅能提供在因特网上的直接购物,还是一种全新的销售与促销渠道,它全面支持移动因特网业务,可实现电信、信息、媒体和娱乐服务的电子支付。移动电子商务能完全根据消费者的个性化需求和喜好定制,设备的选择以及提供服务与信息的方式完全由用户自己控制。通过移动电子商务,用户可随时随地获取所需的服务、应用、信息和娱乐。

2.电子商务的优势

与传统电子商务相比,它具有明显优势,其主要表现在以下几个方面:

(1)不受时空限制。同传统电子商务相比,移动电子商务的一个最大优势就是移动用户可随时随地获取所需的服务、应用、信息和娱乐。用户可以在方便的时候,使用智能电话或 PDA 查找、选择及购买商品和服务,更可以在旅途中利用可上网的移动设备从事商业交互活动,如商务洽谈、下订单等。

(2)更好的个性化服务。移动电子商务的提供者可以更好地发挥主动性,为不同顾客提供定制化的服务。例如,向戴尔公司定制个性化的电脑,向某服装生产商订购符合自己需要衣物。

（3）交易安全认证级别提高。与 PC 机的匿名接入不同的是，移动电话利用内置的 ID 来支持安全交易。并且，通过 GPS 技术，服务提供商可以十分准确地识别用户。一个内置用户身份信息的 SIM 卡移动电话，就相当于人们在移动网络中的身份证，可以唯一地确定一个用户的身份，对于电子商务来说，这就有了认证安全的基础。因此比互联网更适合电子商务。

（4）信息的收发将会变得更加及时。在固定网络的电子商务中，必须具备网络环境，设备环境，进行商务活动更多的受到时间、地点及硬件设备的限制。而在移动电子商务中，移动终端用户随时随地携带、使用，移动用户可以随时随地访问信息，发布信息，基本上不受太多外界环境的限制，这就意味着用户获取，发布信息的及时性。

（5）可实现准确的定位服务。移动通信网能获取和提供移动终端的位置信息，与位置相关的商务应用成为移动电子商务领域中的一个重要组成部分。不管移动电话在何处，GPS 都可以识别电话的所在地，从而为用户提供相应的个性化服务，这给移动电子商务带来有线电子商务无可比拟的优势。利用这项技术，移动电子商务提供商将能够更好地与某一特定地理位置上的用户进行信息的互交。人们可以更方便地找到需要的人和物。

（6）支付更加方便、快捷。在移动电子商务中，用户可以通过移动终端访问网站，从事商务活动。服务付费可以通过多种方式进行，通过手机银行可以直接转入自己实体的银行账户，进行购买、支付、转账等各项商务活动。从移动电子商务的特点来看，移动电子商务非常适合大众化的应用。

9.2　移动电子商务的应用现状

➤ 9.2.1　移动电子商务在国内的应用现状

经过十多年的发展，我国的移动电子商务已经取得了一定的成就，主要体现在以下方面：

（1）我国拥有庞大的移动客户群体。据工信部发布 2013 年 7 月份通信业经济运行情况数据统计，移动互联网用户总数达到 8.20 亿户，渗透率达到 69.2%。2013 年 1—7 月，全国移动电话用户总数达到 11.85 亿户。其中 3G 用户总数达到 3.34 亿户，在移动用户中占比 28.2%，预计三季度末将突破 30%。这表明我国拥有巨大的移动电子商务市场发展空间，增长潜力充分。

（2）国家大力支持移动电子商务实践与创新。移动电子商务被列入《电子商务"十一五"规划》的重点引导工程，标志着国家移动电子商务试点示范工程正式启动。"十一五"计划以来，国家对电子商务发展的科研投资达 20 个亿，并且提出要加大对移动电子商务的支持力度。这表明移动电子商务建设得到国家重视，宏观政策环境有利于移动电子商务良性发展。

（3）我国拥有良好的移动电子商务平台基础。2013 年，全球潜在市场最大的 4G 市场在中国开启，这表明中国电信基础设施在不断地升级。电子商务平台不断得到改进，使其更快捷、安全、有效。同时，无线宽带频通信技术属于《国家中长期科学和发展纲要（2006—2020）》中确定的 16 项重大科技专项之一，这无疑为移动电子商务的发展奠定了坚实的物质基础。

➤ 9.2.2　国内移动电子商务存在的主要问题

尽管我国移动电子商务随着移动通信技术的进步取得了长足的发展但和发达的国家相

比，我国的移动电子商务还正处于发展的初级阶段，还有很长的路要走。在当前时期，我国移动电子商务中还存在一些亟需解决的问题，具体内容如下：

（1）移动电子商务的安全保障存在的问题。我国移动电子商务的发展处于初级阶段，对安全问题的考虑和保证尚需进一步完善。就目前而言，移动电子商务的安全问题主要表现在移动通信安全、移动终端安全、手机病毒的威胁和移动运营商的商务平台的安全等。

（2）移动电子商务相关法律法需要完善。目前，几乎没有移动电子商务方面的法律法规，而传统的商务和电子商务的法律、法规不能完全适用移动电子商务。为保证电子商务系统安全和有法可依，尽快完善相关的法律、法规是移动电子商务发展的重要工作。

（3）信用问题阻碍移动电子商务的发展。与传统电子商务一样，信用仍是制约移动电子商务发展的一大难题。艾瑞咨询调研数据显示，中央电视台 2009 年"3·15 晚会"对网上银行和网上支付安全隐患的曝光影响最大，认同率达到 36％。如何建立用户移动交易安全性的信心，需要进一步改善环境、提升技术保障能力和培养消费者观念。

（4）移动终端的丢失问题。移动终端的丢失意味着别人将会看到电话、数字证书等重要数据，拿到移动终端的人就可以进行移动支付、访问内部网络和文件系统。所以，应该努力减少移动终端丢失的概率，并最小化移动终端丢失后带来的风险。通过技术手段实现身份认证，从而降低移动终端丢失后带来的损失，是移动电子商务健康发展的重要因素。

（5）移动支付体系仍然不完善。目前我国移动支付市场主要有两种形式：一是通过手机话费直接扣除，因受到金融政策管制的限制，目前只能提供小额支付解决方案；二是通过手机将信用卡与银行卡进行绑定，支付过程中直接从用户的银行账户扣款，以中国移动的"手机钱包"和中国联通的"手机银行"提供服务为主。移动支付对于移动运营商而言仅相当于一般移动数据业务，移动运营商对于培养用户的动力不足，积极性不高；而第三方支付厂商培养用户的能力受限，用户应用场景严重不足，主要业务集中在查缴手机话费、购买数字点卡、电子邮箱付费、公共事业缴费等，距离真正的移动电子商务尚有很大差距。

（6）移动支付机存在问题，构建安全灵活的移动支付机制是完善商业模式的关键环节。根据中国银联公布的数据显示，截至 2008 年 12 月，手机钱包注册用户超过了 5000 万。但是从中国网民用户群和互联网的支付量以及手机支付的发展模式来看，手机支付业务模式仍在探索阶段。安全性问题是移动支付发展的关键瓶颈，产品服务单一是移动支付缺乏用户基础的主要原因。

（7）移动电子商务人才培养不能满足企业的实际需求。在传统的电子商务中，企业在面对 B2B 电子商务仍存在人才缺口，尤其是中小企业。虽然每年有大量电子商务专业毕业生走出校园，但企业电子商务人才需求往往是有一定行业背景和营销经验的复合型人才。人才不足也是影响中小企业移动电子商务应用的一个重要因素。

9.3 移动电子商务的基础

9.3.1 移动电子商务的支撑技术

电子商务即使用计算机网络以电子信息交换的方式进行余融交易。而移动电子商务就是利用移动通信手段来完成电子商务，它为电子商务的发展创造了更为广阔的发展空间。可以这么说,移动电子商务是未来电子商务发展的趋势。

因特网、移动通信技术和其他技术的完美结合创造了移动电子商务,随着科学的发展,实现移动电子商务的技术(协议)有以下几种。

1.无线应用协议(WAP)

移动电子商务的实施当然离不开无线通信技术的支持,而目前无线通信技术中最为成熟的一种技术就是 WAP 技术,所以 WAP 技术的发展在很大程度上就决定了移动电子商务的发展,因此 WAP 技术将成为移动电子商务的发展基础。

WAP 是一个用于向无线终端进行智能化信息传递的,无需授权、不依赖平台的协议,它的提出和发展是基于在移动中接入 Internet 的需要。WAP 提供了一套开放、统一的技术平台,用户使用移动设备很容易访问和获取以统一的内容格式表示的 Internet 或企业内部网信息和各种服务。它定义了一套软硬件的接口,可以使人们像使用 PC 机一样使用移动电话收发电子邮件以及浏览网络。同时,WAP 提供了一种应用开发和运行环境,能够支持当前最流行的嵌入式操作系统。WAP 是开展移动电子商务的核心技术之一,通过 WAP,手机可以随时随地、方便快捷地接入互联网,真正实现不受时间和地域约束的移动电子商务。WAP 的特点在于,它将因特网上的图片、声音和录像全部删除,只向手机显示屏幕输送文字信息。简单点讲,WAP 手机从因特网获得的是经过"量身定做"的文字信息,因而避免了无线上网速度较慢的弱点。

WAP 可以支持目前使用的绝大多数无线设备,目前它已经成为数字移动电话、因特网或其他个人数字助理机(PDA)、计算机应用之间进行通讯的全球统一的开放式标准。WAP 技术将移动网络和 Internet 以及公司的局域网紧密地联系起来,提供一种与网络类型、运行商和终端设备都独立的移动增值业务。所以,移动互联网的实现需要以下三个环节:①WAP 网关,由移动网络运营商提供;②WAP 服务器,内容网站,由 ICP 建立,并提供内容;③WAP 移动终端,手机厂商提供终端设备。

2.通用分组无线业务(GPRS)

通用无线分组业务(gerneral paeket radio service,GPRS),是基于 GSM 系统的无线分组交换技术,它突破了 GSM 网只能提供电路交换的思维定式,将分组交换模式引入到 GSM 网络中,通过仅仅增加相应的功能实体和对现有的基站系统进行部分改造来实现分组交换,从而提高资源的利用率。因此,GPRS 技术可以令手机上网省时、省力、省花费。GPRS 与 WAP 组合是当前令"手机上网"迈上新台阶的最佳实施方案:GPRS 是强大的底层传输,WAP 则可以实现高层应用。

GPRS 无线电子商务解决方案是建立在 GPRS/Intemct 基础网络平台上的,主要产品技术包括:①GPRS 无线 Modem,或其他 GPRS 无线数据传输终端;②VPN 虚拟专网安全技术;③安全中间件;④嵌入式操作系统。

根据 GPRS 服务的成本和传输速率特点,GPRS 业务开通后早期用户将主要是行业、企业、集团公司用户,这些用户将首先采用 GPRS 无线公网快速构建 Internet 开展电子商务。GPRS 无线电子商务解决方案是专门为社会保险、银行、税务、交通、证券、公安等行业用户开发电子商务设计的无线电子商务平台。该解决方案采用 GPRS 实现无线 IP 接入,满足业务点的远程接入,通过 VPN 技术在 GSM GPRS/Internet 公网上构建企业虚拟专网,而中间件的作用在于在建立一种新的业务时不必重新开发上层的应用。GPRS 无线电子商务平台目标就是把行业用户的终端装置、企业网络、公共网络和数据连接在一起,以实现电子交易、电子采购、CRM、消息服务、协作、内容发布、定单管理、库存管理、工作流和资产管理等,同时充分保障网络安全,推动行业和企业电子商务应用的发展。

3. 移动 IP 技术

移动 IP 通过在网络层改变 IP 协议,从而实现移动计算机在 Internet 中的无缝漫游。移动 IP 技术使得节点在从一条链路切换到另一条链路上时无需改变它的 IP 地址,也不必中断正在进行的通信。移动 IP 技术在一定程度上能够很好地支持移动电子商务的应用。移动 IP 技术为移动节点提供了一个高质量的实现技术,可应用于用户需要经常移动的所有领域。如通过无线上网,使用手提电脑的用户可以随时随地上网,通过 IP 技术还可以与公司的专用网相连;扩展移动 IP 技术,还可以使一个网络移动,即把移动节点改成移动网络。

移动 IP 不是移动通信技术和因特网技术的简单叠加,也不是无线语音和无线数据的简单叠加,它是移动通信与 IP 的深层融合,也是对现有移动通信方式的深刻变革。为适应快速增长的数据型业务需求,人们需要的是一个以包交换为基础的无线网络,这种新型网络结构正是移动 IP 未来的结构。移动 IP 将是移动技术和 IP 技术的深层融合,它将真正实现语音和数据的业务融合,移动 IP 的目标是将无线话音和无线数据综合到一个技术平台上传输,这一平台就是 IP 协议。移动通信的 IP 化进程可分为三个阶段:首先是移动业务的 IP 化,之后是移动网络的分组化演进,最后是在第三代移动通信系统中实现全 IP 化。

4. 蓝牙技术

蓝牙(bluetooth)是一种短距离无线连接技术,目的是提供一个低成本、高可靠性、支持高质量的语音传输和数据传输的无线通信网络。通过蓝牙可以使不同厂家生产的设备间形成无线连接状态下的信息交换和交互操作的网络,在消费电子、办公设备、计算机外设、家用电器、医疗设备、汽车等领域具有广泛的应用前景。蓝牙技术是一种无线数据与语音通信的开放性全球规范,其实质内容是为固定设备或移动设备之间的通信环境建立通用的无线空中接口,将通信技术与计算机技术进一步结合起来,使各种 3C 设备在没有电线或电缆相互连接的情况下,能在近距离范围内实现相互通信或操作。简单地说,蓝牙技术是一种利用低功率无线电在各种 3C 设备间彼此传输数据的技术。

5. 第三代移动通信系统(3G)

一般地讲,第三代手机是指将无线通信与国际互联网等多媒体通信结合的新一代移动通信系统。它能够处理图像、音乐、视频流等多种媒体形式,提供包括网页浏览、电话会议、电子商务等多种信息服务。为了提供这种服务,无线网络必须能够支持不同的数据传输速度,也就是说在室内、室外和行车的环境中能够分别支持至少 2Mbps、384kbps 以及 144kbps 的传输速度。第三代移动通信系统最吸引人的地方并不在于话音质量与通信稳定性的提高,而是数据传输速率的大幅提升,这将大大促进移动多媒体业务的发展。

➢9.3.2 移动电子商务的价值链及商务模式

1. 移动电子商务产业价值链

一般来说,电信和移动通信行业价值链的形成方向是从消费者到运营商到制造商。但是,移动电子商务却有一个完全倒置的产业价值链,从移动运营商和服务提供商等开始发端,直到逐步形成一个完善的移动增值服务运营模式和体系,最后打通到消费者,从根本上影响和改变了消费者原有的消费模式。移动电子商务各参与方为了最大限度地获取自己的商业利益,以移动用户的需求为中心在开展电子商务的过程中担当着不同的商业角色。

(1)移动用户:在移动电子商务价值链上所有商务活动的利润都来自于移动用户。移动用户的最大特点是随时随地在变化自己的位置,在不同的时间、不同的地点、不同的移动终端下接收不同的商品和服务。移动用户是移动电子商务价值链的终端环节,通过移动电子商务交易平台获取自己所需要的需求和服务,从事商务交易活动。

(2)移动网络运营商:为移动用户提供各种通信业务,实现对运营商网络的接入,也提供各种网络相关的业务。移动网络运营商介于内容服务提供商与移动用户之间,提供传输通道和相关个性化服务。在我国,当前主要是由中国移动、中国联通和中国电信三家企业发挥该项功能。它们掌握着庞大的用户资源,完善的移动通信基础设施和手机业务门户,在移动电子商务行业有着举足轻重的作用,在开展移动支付、选择服务提供商、SP 商家(内容提供商)等都有着主导地位。

(3)基础设备提供商:一方面负责开发、制造、推广移动用户终端设备(包括手机、PDA、掌上电脑、笔记本电脑、POS 终端机等),保证移动用户能更好地进行移动电子商务活动,另一方面为终端制造商提供所需的零配件、终端平台、操作系统、应用程序、芯片等。除此之外,部分基础设备提供商提供核心网基础设施(包括无线接口、基站、路由器、交换机等),网络运营维护设施(包括网络管理系统、计费系统、应用和业务平台等),也提供网络演进、规划、优化、集成等服务。

(4)内容提供商:直接地或通过移动门户间接地为移动用户提供相关的数据和信息产品(天气、音乐、购物信息等),并通过移动网络进行分发,拥有内容的版权,是信息创造的源头。

(5)移动门户提供商:向移动用户提供个性化和本地化的服务,最大程度地减少用户的导航操作,使信息、商品、服务最终到达消费者手中,实现价值转移的最终过程。

(6)支付服务机构:为移动用户提供移动支付服务或移动支付平台,作为与用户信息关联的银行账户管理者,拥有一套完整灵活的安全支付体系,确保用户支付过程的安全和用户信息的安全。支付机构在资金流中起着举足轻重的作用,确保资金安全快速地流通。支付机构不仅拥有以现金、信用卡及支票为基础的支付系统,还拥有个人用户、商家资源。

2.移动电子商务运作模式

移动电子商务商业模型是由移动电子商务交易的参与者相互联系的。根据移动电子商务价值链上各参与企业的力量对比、主导情况分析,移动电子商务价值链主要存在三种形式:以运营商为核心的移动电子商务价值链、以内容服务提供商为核心的移动电子商务价值链以及以平台提供商为核心的移动电子商务价值链。

(1)以移动运营商为核心的移动电子商务价值链。移动电子商务价值链的发展初期是以移动运营商为核心的。以移动运营商为核心的移动电子商务价值链是完全封闭的,移动网络运营商完全掌控着移动电子商务新兴业务中内容与应用服务的产生、聚集和对外公布,对终端移动用户基本上具有垄断优势,并且移动运营商不对内容和应用服务开发商开放服务业务,内容和应用服务提供商只是单向地对移动运营商提供服务,从而形成封闭格局。运营商自己创建的门户网站上的资源,内容和应用服务开发商并不能与其共享。内容和应用服务开发商不能直接面向最终用户为其提供服务,只能成为移动运营商的单向供应商,并受其严格掌控。移动用户所需求的内容和应用服务只能通过移动网络运营商单渠道获取,内容和服务的范围有限,种类有限。因此,移动用户享受服务支付的费用将由移动网络运营商收取,移动用户的信息也完全被运营商所掌控。

以运营商为核心的价值链的优点在于:对于移动运营商而言,对价值链具有绝对的控制权,始终具有选择内容服务提供商的权利,构建自己的移动电子商务品牌,在利润分成中处于优势地位,而且移动运营商可以很容易了解、掌握顾客的需求,确保移动电子商务提供的服务能被用户接受;对于内容服务提供商而言,移动电子商务价值链的发展为内容服务提供商提供了良好的机遇,移动运营商在选择内容服务提供商的同时,加速了他们之间的竞争,从而促进了内容服务提供商的发展;对于用户而言,移动运营商可以为用户提供更加丰富、个性化的服务。

以运营商为核心的价值链的缺点则是:对于移动运营商而言,为了集成整合价值链上的资源,构建和谐的价值链,移动运营商要付出巨大的财力、物力、人力,同时还要对移动电子商务品牌进行宣传与推广,对于未来移动电子商务发展情况无法预测,这将增大运营商承担的成本和风险;对于内容服务提供商而言,始终受移动运营商的控制,内容服务有限,利润分成比较少,而且竞争激烈;对于用户而言,所能选择的产品服务比较单一。

(2)以内容服务提供商为核心的移动电子商务价值链。随着网络技术、商业经济的发展,用户需求多样化,移动电子商务价值链上的各参与方的作用逐渐在发生着变化,价值链上最具增值的环节转向内容服务提供商,技术的推动、用户需求的拉动使得内容服务提供商快速发展。内容服务提供商掌握着用户需求的许多资料,在移动电子商务应用具有重要地位,因而内容服务提供商可以构建一条价值链为用户提供产品和服务,移动运营商在这种价值链模式下对价值链的掌控权并不是完全垄断的,给予了内容服务提供商充分的机会,内容服务提供商从价值链的价值增值中可以分到一杯羹。

以内容服务提供商为核心的移动电子商务价值链的优点如下:对于内容服务提供商而言,对于价值链有绝对的控制权,在利润分成中占有很大的比重;此外,内容服务提供商的服务更加贴近用户,能为用户提供更加快速、贴心、新鲜的服务;内容服务提供商在选择接入服务的网络提供商时,促进了运营商之间的竞争,使得运营商的服务质量有所提高;对于移动运营商而言,为内容服务提供商提供无线接入服务,降低了运营成本和风险;对于用户而言,用户选择的服务种类、服务质量有极大的提升。

以内容服务提供商为核心的移动电子商务价值链的缺点如下:对于内容服务提供商而言,要开发具有创新的服务和产品,需要投入巨大的成本,同时面对市场环境的不确定性,内容服务提供商面临极大的成本风险;对于移动运营商而言,由于只是提供网络接入服务,对于用户的需求越来越不了解,失去了用户核心资源,而且随着内容服务提供商的实力增强,有可能受控于内容服务提供商。

(3)以平台提供商为核心的移动电子商务价值链。我国移动电子商务的快速发展,促进了有实力的企业自主开发移动电子商务平台,于是出现了以平台提供商为核心的移动电子商务价值链。在这种移动电子商务价值链模型中,一些具有较高技术实力的信息产业公司在自主研发的前提下,建立与维护移动电子商务技术平台,自主发展商业服务商,同时向多个运营商提供业务接入服务,多个运营商利用此平台向移动用户提供服务。

以平台提供商为核心的移动电子商务价值链的优点如下:对于平台提供商而言,搭建统一的移动电子商务平台,容易被移动电子商务市场接受,有利于促进移动电子商务产业发展;对于移动运营商而言,与平台提供商合作,不必承担额外的开发成本和风险,同时能获取利润;对于用户而言,可以享受更多的服务。

以平台提供商为核心的移动电子商务价值链的缺点如下:对于平台提供商而言,移动电子商务平台的开发、建设、运营,在不确定性的环境中具有很大的成本风险;对于移动运营商而言,失去了价值链中的主导地位,随着竞争的加剧,所得的利润会越来越少;对于用户而言,由于平台提供商对内容和服务的控制,用户所能接受的内容服务受到限制。

在这三种价值链中,为了获得更多的利益,为了掌控价值链上更多的参与者,无疑每个参与者都想在整个移动电子商务交易活动中起到核心地位。对于移动电子商务发展比较成熟的韩国、日本等国主要是以移动运营商、内容服务提供商、平台提供商的竞争。对于中国而言,移动电子商务发展之初到现阶段,虽然现在有很多竞争者出现,但移动运营商的核心地位仍没有动摇,并预计今后相当一段时间内其核心地位仍难以被动摇。

9.4　移动电子商务的行业应用

➤ 9.4.1　移动电子商务的主要服务

由于便携式电脑、手机、PDA 等各种各样移动终端的大量出现,人们可以随时随地地获取所需的信息、服务和娱乐,移动电子商务的发展能够满足消费者在手机支付、指纹识别、医疗、旅游、订票等方面应用的需求,提供其所需的各种服务。移动电子商务不仅提供电子购物环境,还提供一种全新的销售和信息发布渠道。

(1)银行业务。移动电子商务使用户能随时随地在网上安全地进行个人财务管理,进一步完善因特网银行体系。用户可以使用其移动终端核查其账户、支付账单、进行转账以及接收付款通知等。

(2)订票。通过因特网预订机票、车票或入场券已经发展成为一项主要业务,其规模还在继续扩大。因特网有助于方便核查票证的有无,并进行购票和确认。移动电子商务使用户能在票价优惠或航班取消时立即得到通知,也可支付票费或在旅行途中临时更改航班或车次。借助移动设备,用户可以浏览电影剪辑、阅读评论,然后订购邻近电影院的电影票。

(3)购物。借助移动电子商务,用户能够通过其移动通讯设备进行网上购物。即兴购物将是未来一大增长点,如订购鲜花、礼物、食品或快餐等。传统购物也可通过移动电子商务得到改进,例如,用户可以使用"无线电子钱包"等具有安全支付功能的移动设备,在商店里或自动售货机上进行购物。

(4)娱乐游戏。移动电子商务将带来一系列娱乐服务。用户不仅可以从他们的移动设备上收听音乐,还可以订购、下载或支付特定的曲目,可以观看多媒体节目、新闻,并且可以在网上与朋友们玩交互式游戏,还可以游戏付费,并进行快速、安全的博彩和游戏。

(5)移动即时通讯。移动即时通讯是在传统通讯系统的基础上,把手机的短信和手机移动互联网完美的结合起来,使用户通过手机终端,也能够方便地与他人以短信、移动互联网来进行即时的信息交流。如移动 QQ、移动 MSN、移动微信等。随着 3G 商用进程的全面推进,在一些主要移动网络营运商大力的推动下,移动即时通讯业务必将步入快速增长期。

➢ 9.4.2　手机订票服务

运用手机订票服务,可以随时通过手机进行交易,实现购票、支付、取票全过程,大大简化了用户购票流程。

1. 手机订票的方式

手机订票服务主要应用于汽车客运站汽车票的预订、航空飞机场飞机票的预订以及铁路火车站火车票的预订等。乘客运用手机订票主要可以选用以下几种方式:

(1)SMS 方式。这种方式主要是以网站提供的相关短信代码为基础而实现。用户可通过发送代码到端口号进入主菜单进行查询和订票,或者直接进入订票和查询。用户发送的指令有误时,也可直接进入主菜单进行指引。通过短信查询和订票,订票成功的同时,也成功扣掉车票费用,该业务为免费短信业务。以短信方式进行手机订票,可实现用户随时随地订票,即使正在路途中,或候车都可以立即订票,并即时获取到电子票,节省了大量时间,同时短信方式的业务实现对手机终端无限制,任何手机都可以使用。

(2)USSD 方式。使用 USSD 方式订票的用户,主要是通过拨打特殊指令与系统进行交互,手机用户不需要输入指令或文字,仅需要按键选择菜单即可。用户先要查询并找到自己的目标车站,再直接选择订票即可。为了避免用户繁琐的选择流程,也可以选择一些热门订票点在菜单上让用户实现最短时间快速订票。USSD 方式手机订票,可实现用户随时随地订票,并即时获取电子票,节省了大量时间,非常适合需要紧急订票者,以及无上网条件时,需要查询票务和订票的商务人士以及不会使用短信的用户。

(3)WAP 方式。使用 WAP 方式订票的用户,主要是通过手机上网方式来进行。页面的操作同 Web 界面,较易操作,可实现随时随地订票、取票,无需记忆复杂的短信指令,操作界面简单方便。

(4)客户端下载方式。用户可以通过客户端下载方式进行查询、订票、支付和取票全过程。要求使用者的终端设备支持客户端软件,使用的终端需要开通 GPRS 上网功能,用户需要提前下载本系统的客户端软件,才可以使用服务。

2. 手机订票的付款方式

手机订票的付款方式当前有四种:手机银行、运营商支付平台接口、手机话费直接扣费以及自行发卡方式扣费。

(1)手机银行支付方式。在手机上使用银联支付服务,主要应用于 WAP 以及客户端下载的用户操作过程中,用户可以通过输入自己的银联账号及密码进行支付。

(2)运营商支付平台接口。目前部分运营商已经启动了手机支付平台的开发和使用。主要是通过与手机号码捆绑一个专用的支付账号,用作手机支付使用,该账号与手机话费账号分别独立,互不干涉;也可以直接与运营商的支付平台接口,用户使用时,直接扣除该用户支付平台的费用用作支付。

(3)直接扣手机话费费用。手机话费的收取有预付费和后付费两种。预付费用户的手机一般都会实时存一定的费用;后付费用户的手机一般是通过月结、交费或银行代扣方式,但大部分用户一般都会按时缴纳,否则会遭遇停机。而这种支付方式将订票费用和手机本身的通话费合为一体,主要优点是扣费最方便。但是如果扣费数额过大,可能会对手机用户的通话服务造成影响。

（4）自行发卡扣费方式。客运公司自行发行专用的统一交通支付卡，主要用于用户支付交通费用。交通卡分为两大类：交通充值卡、交通卡。交通充值卡可以不断充值用于购买车票，每张充值卡有唯一的卡号，默认密码相同，用户可以在自助终端上修改充值卡密码。提供从银行卡、现金等渠道充值，输入卡号和密码就可以支付；事先指定手机号码进行捆绑，输入手机号码也可以支付。交通卡是指根据票务情况，事先发行一些具有一定票额的交通卡，用户可以提前购买这类交通卡，随时用于购买车票。每张卡具备卡号和密码，密码刮开并支付后，此卡变为无效卡。

3.手机订票的取票方式

手机订票成功后，乘客到车站乘车时，如何确认呢？运用手机订票后可以根据个人的需要进行取票上车。

（1）条码电子票。若用户成功订票，系统会即时发送电子票据凭证，用户可以凭证上车，电子票据主要以条码方式实现。若用户无需报销，则直接持手机条码凭证到入站口验票上车。若用户需要报销，则可以凭订票的手机号码和密码到车站进行票据打印服务。票据打印可以分为人工和自动终端两种方式。

（2）自助终端打印电子票。手机订票的用户可以到车站的自助终端进行办理。用户只需要输入手机号码及服务密码，即可打印出当天该手机用户所订的票据。

（3）人工打印电子票。提供人工服务主要是为了前期帮助用户进行业务的咨询和解决，具体业务实现，也可以根据当时的情况处理。用户可以到人工"打印电子票窗口"进行办理。用户只需要提供手机号码，按键输入服务密码，工作人员就可以提供当天该手机用户所订的票据。

▶ 9.4.3 移动娱乐服务

1.移动数字娱乐市场的特征

（1）移动数字娱乐消费者特征。信息技术的早期使用者，喜欢尝试新东西，了解各种技术知识并可使用很多不同的娱乐技术设备；使用过程以娱乐为导向，非常频繁地使用短信、QQ、聊天室和电子邮件；用户习惯于把大量可支配的钱投入在娱乐和移动通信中，把使用移动服务作为一种身份的象征。

（2）移动数字娱乐市场特征。手机的核心特点是具有移动性、沟通性、随时可达性。大多数人会随时带着手机，而不是游戏机。在一段时间内，手机将继续作为当其他娱乐平台不可获得时的最后选择。所有这些移动技术的特性都可能成为未来具有竞争力的亮点。成功的创新将使手机的移动娱乐切入其他媒介不能使用的中间地带，突破原有娱乐工具在时间或场所的限制。

2.移动数字娱乐服务内容

移动数字娱乐业务大致涉及如下范围：

（1）沟通服务：包含短消息、图片短信、电子邮件、聊天室及视讯会议，包括一对一、一对多及多对多服务。

（2）信息服务：其所涵盖的范围相当广泛，包括媒体业者、内容提供商等。如短信、彩信、手机广播、电子邮件、商业信息、交通信息、新闻、天气预报。

（3）交易服务：主要定义为使用者可通过手机执行下单、订位或购买行为的服务。如小额手机支付、信用卡支付、预订、银行、购物等。

(4)纯娱乐服务:包含短信、在线游戏、WAP 游戏、文字、下载音乐、影像传输等。

(5)GPS:包括方位追踪、提供 LBS 服务、物流、交通工具服务等。

(6)通信监控:在不久的未来,通过技术方式实现手机等移动设备与家庭安全装置、数码电子产品、电子仪表等行网络联系并进行控制与联系。

3. 移动娱乐业务时应注意的问题

(1)企业应强调建立良好的用户体验体系。以无线音乐为例,企业应建立以客户为中心的整曲体验,提供高保真音质,同时在终端上设计良好的用户界面和方便易用的操作方式,提升终端设备的海量存储,通过高质量的服务来吸引用户的关注。

(2)加强内容的整合。内容是影响移动娱乐业务发展的最关键的因素之一。娱乐内容的制定应该以市场细分为基础,不同的人群,对于娱乐所关注的内容不同。因此,企业应积极加强移动娱乐的内容。移动娱乐的内容整合包括两个方面,第一是垂直整合,即与拥有内容的组织联盟整合。这中间包括同传统媒体的合作,整合产业链上下游,在整个价值链上发挥主动性。第二是横向整合。这包括市场的精确细分,把握消费习惯,建立全业务的产业链模式。

(3)注重市场细分。企业娱乐内容的制定应该以市场细分为基础。从内容创作模式上看,移动娱乐的内容包含以下三种模式:娱乐信息内容的获取,娱乐角色的参与,娱乐内容的再创作。尤其是娱乐内容的再创作,用户可以自己来进行娱乐资源的创作,比如在互联网领域广泛流传的 Flash 创作就是这种内容模式的一种代表。

▶ 9.4.4 旅游移动电子商务

1. 旅游移动电子商务概述

在旅游服务领域,服务对象(旅游者)的移动性决定了旅游服务供应商选择移动电子商务比其他行业商家更为有利可图。通过应用移动电子商务,旅游服务供应商可以找到更多的方法来增进顾客忠诚度、降低运营成本、获取附加利润。

同一般意义的电子商务相比,移动电子商务在旅游业中的应用能使旅游者在旅游行程的每一个阶段都受益。随着旅游业的发展,旅游者的成熟度不断增强,对个性化的旅游服务要求愈来愈多,大多数旅游者不再选择参团旅游,而是以散客方式旅游,而旅游市场上地位举足轻重的商务游客几乎都是以散客方式旅行的。

2. 旅游移动信息业务流程

移动电子商务的优势更多地体现在对散客旅游者的服务上,其应用已超越了仅仅为旅游者提供行前帮助,而是扩展到旅游活动链的每一个环节。

(1)行前服务:在行前阶段,旅游者搜索、计划和预订旅程的每一部分。他们最需要的是详尽的信息和方便预订及购票的交易服务。尽管有着高速互联网接入的个人电脑比移动通讯设备在为旅游者提供预订机票、设计行程或浏览报价产品方面表现更胜一筹,然而,移动旅行服务却能提供更好的机会。如果旅游者在行前计划阶段对他所感兴趣的目的地信息作了标注,那么在途中他们可以通过移动设备随时查询这些内容。在典型的旅游移动电子商务应用中,旅行社可以通过桌面互联网接入设备捕捉和整合某一个性化线路所需的旅行内容,并将这些信息同步传递给已在旅游者手机和 PDA 预设的个人信息管理系统(PIM)中。这样可以扩大旅游代理商和旅游信息供应商对于整个行程的影响。当然为了使提供的信息更为有用,不管是桌面应用还是移动界面都必须高度个性化。

（2）途中服务：旅游者在途中将会和一切固定互联网旅游服务资源隔离开，在这一阶段，旅游者将会大大受益于移动数据接入，特别是在实时航班预报、机场情况介绍等方面。在旅行过程中，旅游者的旅途安排总会受到偶然因素的影响，比如航班因天气原因被取消或延误、火车晚点、汽车中途抛锚等。遇到这些意外情况，旅游者的原定日程将不得不改变，他们被迫换乘较晚的航班，需要重新安排对旅途中其他城市的游览。一般来说，商务游客受途中意外变故的影响更大，然而正是商务游客构成了旅游业最忠诚且最有价值的客户基础。调查表明商务游客在旅途中更愿意携带移动电话而不是膝上电脑，他们也更乐于接受技术进步引起的服务手段创新。

如果一个商务游客在途中由于航班延误导致不能按时到达目的地，错过了一个重要的会议，这时游客最需要的是可替换的航班信息，以及是否可迅速的重新预订。所有这些都可以通过航空公司的移动电子商务应用来解决，游客不需要再排队换票，机场方面也减轻了柜台人员和其他服务人员应付这种偶发情况的负担。

3. 旅游移动电子商务的未来发展

移动电子商务将成为一个新的切入点，结合智能网络技术，真正实现以人为中心的旅游电子商务应用。未来对旅游业最重要的移动电子商务技术包括：移动支付——顾客无论在何时何地，通过移动电话等终端就能完成对企业或对个人的安全的资金支付；短信息服务——以低成本高效率的信息交流方式，随时随地把顾客、旅游中间商和旅游服务企业联系在一起，预订的结果、航班的延迟等信息皆可随时通知旅游者；"基于位置的服务"——这是专门针对流动的旅游者的服务。新技术的应用将使移动旅游信息服务功能更加完善，应用更加普及。

9.5　移动电子商务安全

➤ 9.5.1　移动电子商务的安全威胁

移动电子商务是传统电子商务和无线互联网技术的结合，所以分析移动商务存有的安全威胁，必须从电子商务和无线网络所存有的安全问题进行分析。传统电子商务交易双方通过网络开展业务，其安全性需要计算机安全网络和安全交易过程来保障。商户主要是采用防火墙技术来保护商务交易系统，防火墙是软硬件相结合的系统，在内部网和外部网之间、专用网与公共网之间构造一种保护屏障，保护内部网免受非法用户的侵入，起到一个安全网关（security gateway）的作用。但是防火墙有时会被黑客通过非法手段进入内部系统，计算机病毒也可以通过防火墙感染计算机。

除了电子商务系统一般会存在的安全问题外，移动电子商务还可能面临以下几种威胁。

1. 终端威胁

目前手机等终端的安全威胁主要来自于病毒，手机病毒通过蓝牙、手机多媒体信息服务和利用手机缺陷等方式在手机间传播。它们以手机网络和计算机网络为感染途径，以手机为感染对象和攻击目标，通过发送病毒短信等形式使手机系统得到破坏，造成手机状态异常。手机病毒可能会自动拨打电话并产生金额庞大的电话账单，也可能盗取电话本名单或者删除手机上的资料，致使用户损失巨大。

另外,由于相比传统的依托于互联网的电子商务来说,移动终端具有移动性,因此,移动终端很容易出现使用故障,损坏率较高,也容易发生丢失,而这些问题都有可能对移动终端持有者带来安全影响,甚至带来安全威胁,也无法依托第三方实施保护。例如假冒攻击者和终端窃取者有可能使用窃取的移动终端或 SIM 卡,假冒合法用户进行非法的商务交易活动,给用户和系统和造成损失。

2. 网络系统威胁

无线网络因其开放性,安全性与有线传输网络相比有所欠缺。与网络服务系统威胁类似,无线网络所存在的安全威胁也分为三种情况:对于数据的非授权访问,对于无线传输信息的完整性威胁和拒绝服务。非授权数据访问是指系统入侵者没有访问权限,非法访问或是窃听系统数据信息;或是伪造身份冒充合法用户进行系统网络接入,对系统进行访问。完整性威胁是指系统入侵者通过相关手段修改或是删除系统数据信息,对系统完整性形成破坏。破坏服务器正常服务则是通过向服务器发送大量垃圾信息或干扰信息的方式,导致服务器无法向正常用户提供服务。除此之外,用户可对业务费用和数据来源进行否认,否认发出信令或者否认接收到了其他数据信息。

系统攻击者还可以进行插入攻击,布置一些非授权的设备或创建新的无线网络,这种部署或创建往往没有经过安全过程或安全检查。有些用户可以通过临近无线网络访问互联网,占用大量网络带宽,影响网络性能。另外,还有一些其他隐患,如客户端对客户端的攻击,对加密系统的攻击或是进行错误的配置等,都会对无线网络带来风险。

3. 移动电子商务运营平台威胁

随着移动通信技术的发展,移动电子商务也得到了飞速的发展,移动商务平台更是多如牛毛,良莠不齐,鱼龙混杂,这使得移动电子商务用户很难分别和甄别这些运营平台的真伪和优劣。另一方面,移动电子商务使手机的功能不断丰富,已从最初的通话功能扩展到电子邮件等网络互动沟通形式,这大大方便了用户的信息交流,同时也对用户的信息保密管理带来了难度,增加了不安全性。

面对市场上众多的移动运营平台,政府还缺乏科学、统一、合理的规范来对其进行管理。

对于移动电子商务而言,如何充分利用和整合各种资源,形成一个完整、增值的安全防御体系,确保用户的安全,还是一个任重道远的工作。

▶ 9.5.2 移动电子商务安全的控制要求

从安全性上讲,一个完整并且安全的移动商务系统应该能够实现以下要求。

(1)数据机密性需求。数据机密性要保证数据在传输过程中不被泄露,并不能被未授权访问,更不能对信息进行修改。可以使用加密技术或是采用安全信道来实现数据保密性;加密技术分为对称密钥和非对称密钥技术,一般采用对称密钥算法。对于移动商务还需要在传输层和应用层上进一步采用加密措施。

(2)数据信息完整性。保证数据信息在传送和存储过程中免受非法更改、删除或是重放,防止非法入侵者伪造信息替代正常合法信息。这可以使用消息摘要技术和加密技术(HASH函数)来实现,而支付信息的完整性可由支付协议来保证实现。

(3)防抵赖性。保证接收方对于自己已接受的信息内容不能进行否认,发送方对于已经发出的信息不能进行抵赖否认;保证交易数据的正当保留,维护双方当事人的合法利益。这可以通过数字签名技术来实现。

(4)身份认证。系统要确保使用者是合法用户,具有授权权限,确定信息接收方或是发送方的真实身份,防止身份被伪造。可采用一些认证技术来实现,包括公钥技术、数字签名技术和口令等,常用的是口令技术。

(5)重传攻击检测功能。重传攻击是对网络信息安全有很大威胁的攻击方式,系统要能够识别接收方所收到信息的状态,确定是否是信息重传。

(6)容错能力。信息在网络中传输,设备和线路可能会发生故障,要保证在故障产生时,系统不会长时间处于停滞状态,要有备用方案去处理,还要保证更新系统时对于原有软硬件的兼容能力。

另外,移动商务对于系统的经济性也得适当考虑,在增强系统安全性的同时,企业还需要尽量降低所花费用。合理的加密技术是增强安全的最有利措施,而当前已有不少加密算法可以实现,要从算法的可实践性上来适当选择。

➤ 9.5.3 移动电子商务安全技术

移动电子商务是电子商务技术的继承和发展,作为电子商务和移动互联技术的结合,移动商务安全实现技术包括了电子商务安全技术,还有移动接入安全性需求。其主要的安全技术包括以下具体内容。

1. 识别技术

随着移动端手机、平板电脑的硬件发展和软件进步,有些手机或平板电脑已经实现了生物识别功能,如 iPhone5S/C 基于摄像头指纹识别技术微软的基于摄像头的人脸识别技术以及常用的手势加密等方式以最简单快捷的形式完成身份识别。在移动端计算能力不断提升、摄像头普及的前提下,已经有很多 ios 和 Android 的应用软件能够在不增加硬件设施的情况下实现指纹识别,这类技术的使用能够极大地提高移动设备的私密性和抗破解能力,做到了即使丢失也很难被破解。

2. WEP2 协议

在 RSA 公钥加密技术上发展而来的有线等效保密(wired equivalent privacy,WEP)是第一代的移动安全技术,而后针对 WEP 的缺陷发明了 WPA 技术,在 WPA 技术的基础上进一步优化算法做出了 WPA2 技术。目前 WPA2 技术是无线网络加密的最高等级,使用计数器模式密码块链消息完整码协议(counter CBC-MAC crotocol,CCMP)算法和高级加密标准(advanced encryption standard,AES)算法。但是近年来有日本学者破解了该套算法的较简单密码,不过随着硬件技术的提升,完全可以采用设置更复杂密码加关闭 WPS/QSS 的方式提高安全性,至少在目前来说是无线的最高安全技术。

3. WPKI 管理系统

无线公开密钥体系(wireless public key infrastructure,WPKI)是公钥基础设施(public key infrastructure,PKI)技术的升级,是 PKI 技术的无线版,它针对无线连接的特点重新设置了算法。PKI 系统即公钥体系,是利用非对称加密理论提供的公钥管理系统,是一种信息安全服务的基础第三方机构。具体来说是集中管理和认证交易双方的公钥,与交易双方取得联系后,交换双方的公钥系统,然后交易双方以公钥对信息加密,再以自己的私钥解密对方发来的信息。WPKI 针对 PKI 系统进行了优化,最大的进步是采用优化的 ECC 椭圆曲线加密(ECC

是"elliptic curves cryptography"的简称,即椭圆曲线密码编码学)和压缩的 X.509 数字证书。这种改进非常重要,因为移动端设备的计算能力参差不齐,总体来看比计算机的运算能力差很多。PKI 系统用的 RSA 算法计算量很大,而 WPKI 的 ECC 技术在同等密码强度下,密码长度要比前者小 9 倍,这样移动端的计算解密计算量会小很多,能够在保证安全性的同时大幅度降低计算时间。

4. CA 认证

CA 系统(certiflcate authority,CA)是结合 WPKI 系统使用的第三方证书管理系统,CA总体来说是一种公钥及 CA 签名的管理机构,为交易的双方提供证书认证,这种证书中含有交易双方的基本资料、加密的数字签名、公钥信息以及 CA 自身的数字签名。为交易的双方提供身份验证同时赋予移动电子商务交易的不可否认性。

本章小结

移动电子商务就是利用手机、PDA 及掌上电脑等无线终端进行的 B2B、B2C 或 C2C 的电子商务。它将因特网、移动通信技术、短距离通信技术及其他信息处理技术完美地结合,使人们可以在任何时间、任何地点进行各种商贸活动,实现随时随地、线上线下购物与交易、在线电子支付及各种交易活动、商务活动、金融活动和相关的综合服务活动等。

移动电子商务是移动信息服务和电子商务融合的产物,与传统电子商务相比,移动电子商务具有独有的优势。但是,由于基于固定网的电子商务与移动电子商务具有不同特征,移动电子商务不可能完全替代传统电子商务,两者相互补充、相辅相成。移动通信所具有的灵活、便捷的特点,决定了移动电子商务应当定位于大众化的个人消费领域,应当提供大众化的商务应用。

思考题

1. 移动电子商务和基于个人电脑的电子商务在开展营销活动时有哪些相通的地方?又有哪些不同之处?

2. 移动电子商务价值链上的企业应如何处理彼此的关系?

3. 分析移动电子商务的优点与弊端,并提出自己的看法和建议。

案例分析

三大互联网巨头移动端布局之战

阿里、腾讯、百度在移动互联的布局时代各自摆出了阵法。相比于阿里和腾讯将社交、移动支付作为加强点,百度仍然像互联网时代一样扼守着移动互联的入口。但是不管如何,三家的招数都是对自身非常好的补充和扩展。

一系列现象表明,PC 端用户数趋向饱和,PC 端大格局已难改变。2012 年作为移动互联网爆发元年,意味着互联网巨头们第二轮竞赛拉开帷幕,而他们如何落棋子变得格外有看头。

1. 阿里:以大消费概念为轮轴

2013 年中央将经济发展的大方向从投资转向拉动内需,加上大消费的方式升级,貌似是对马云十年布局金融领域送来的一阵春风。从社交到地图再到小微金融,从 PC 端到移动端,阿里系的移动布局可谓稳扎稳打。

落子一:投资新浪微博

2013 年 4 月 29 日,阿里以 5.86 亿美金(占股 18%)投资新浪微博。新浪微博虽然在走下坡路,但不可否认它仍然是重要的移动流量入口,而新浪微博上很多短链接都导向电商。这其中 20 多万的企业微博,餐饮美食等本地化生活服务排第一,对于阿里打造移动互联网本地化生活平台来说,也将会是重要资源。

落子二:入股高德地图

移动端较之 PC 端的优势之一是其可以实现线上线下的快速转换,而地图产品(LBS)被视为未来 O2O 的最佳入口。2013 年 5 月 10 日,阿里以 2.94 亿美元入股高德,成为高德地图的第一大股东(占股 28%),迅速弥补了自身在电子地图上的短板。然而为线下提供服务所产生的毛利率对互联网公司来说其实非常小,所以总体来看,阿里此棋的战略意义大于营收利益。换言之,是防守意义大过进攻。

落子三:"余额宝"火速推向移动端

6 月 13 日,阿里集团旗下支付宝推出"余额宝",用户在支付宝网站内就可以直接购买货币基金等理财产品并获得收益。除了购买理财产品,"余额宝"内资金仍可以同时用于网上购物、转账和缴费。以电子商务起家的阿里系,这一子同样抓牢大消费概念,除去搅乱了银行系池水,更为重要的是增加了用户对于支付宝的忠诚度,而其趁热打铁,打通"余额宝"移动端通道,支持手机购物支付,更是为手机端消费、理财带来支撑。

2.腾讯:打好微信这张牌

微信对于中国移动,如同 360 对于金山毒霸,从根本上颠覆规则,为自己杀出一条康庄大道,更像是金庸笔下的吸星大法,将对手的用户群一下子吸收过来,无所谓红蓝海的战略思维,彻底革了对手的命。很显然,腾讯借助微信拿到了移动互联网船票,而且是 VIP 级别。

落子一:移动社交撬动新浪微博

从 2010 年开始,新浪微博的发展势如破竹,而其对一系列公共事件的关注令新浪微博声名鹊起。但成也萧何败也萧何,恰恰是因为其媒体属性强过社交属性,给了社交老大哥腾讯翻盘的机会,于是微信来了,并一直极度保护该社交圈的私密闭合。最为关键的是,社交化的属性显然更加适合在移动端生长。

落子二:搭建手游平台

2013 年 7 月 3 日腾讯在北京举行合作伙伴大会,正式对外公布腾讯新的移动游戏平台,腾讯将旗下包括微信、手机 QQ、手机 QQ 游戏大厅、手机 QQ 空间、应用宝等在内的各个移动平台资源进行了整合。而其中,已经有 3 亿用户的微信平台则是这个新平台中的焦点。

《水果忍者》《神庙逃亡 2》成为腾讯移动游戏平台上首批以专属定制版的形式正式发布的热门移动游戏,定制版依据微信的社交关系链展开,提升移动端游戏的社交体验。既锁定手游利润爆发点,又保持了微信的社交特性,可谓相得益彰。

落子三:微信 5.0 将推微信支付

互联网金融的概念愈演愈烈,阿里重构金融逻辑的勇举不但挑战了传统金融机构,也刺激了腾讯的神经。作为腾讯旗下的一员新生猛将,微信已经吸引了大量企业进驻微信公众平台,里面不少是电商,而财付通作为腾讯金融的重要窗口,有消息称腾讯微信 5.0 将联手财付通正式上线"微信支付",因此微信极有可能成就一个移动互联网电商次平台。

3. 百度：锁住移动用户关键入口

作为互联网三大巨头之一，在腾讯和阿里频频落子布局移动端的时候，百度显然跑慢了，但百度奋起直追，打蛇打七寸，外加财大气粗的气势正迎面扑来。

落子一：收购 PPS 视频业务

2013 年 5 月 7 日，百度宣布以 3.7 亿美金收购 PPS 视频业务，并将 PPS 视频业务与爱奇艺进行合并。数据显示，我国手机视频用户超过 1 亿户，且呈高速增加趋势。移动视频客户端作为用户基数最大的互联网应用，成为吸收移动用户流量的极佳入口。

值得注意的是，相关报告显示，截至 2013 年 3 月，PPS 移动端日活跃用户 1500 万，用户平均观看视频时长近 100 分钟，其 iOS 用户使用时长仅次于 QQ、新浪微博和微信。因此，百度花 3.7 亿美元收购 PPS 更多是看好 PPS 在移动互联网方面的硬实力。

落子二：收购 91 无线，锁住移动端用户第一站

之前有传闻百度要并购 UC，让人不解于百度完全不明白移动端的玩法，毕竟浏览器已不是移动端的宠妃了。好在百度最终悟道，为自己抢下了进入移动端的有力席位。类似 91 助手的 APP 分发平台显然是锁住移动用户流量的第一站，因为移动端新用户一般都会利用 APP 分发平台来进行手机程序的安装和更新。

而 91 无线主要从事开发和营运智能手机应用分发平台等产品，通过该平台下载应用的下载量至今已逾 100 亿次。根据艾瑞 2011—2012 年报告，依据活跃用户数和累计下载次数，91 无线是国内最大的第三方应用下载渠道。此次百度收购 91 无线后，将大大巩固其移动互联网入口的地位。不仅将百度搜索流量导入 91 无线，同时可以将百度旗下众多应用产品导入该平台，全面布局基于搜索和基于应用商店的复合入口。

案例讨论：

请结合所学知识分析三大互联网巨头的移动电子商务战略。

第 10 章
电子商务与法律

学习目标

了解电子商务发展中遇到的法律问题,电子商务交易中的税收问题以及推广电子商务的法律对策

基本概念

电子商务法　电子合同　知识产权　税收　税收管辖权　属地原则　属人原则　常设机构　交易自由原则　平等待遇原则　中立性原则　保护消费者的正当权益原则　安全性原则

导入案例

网上拍卖纳粹物品　雅虎公司遭起诉

2004 年 6 月 9 日,美国著名的互联网门户巨头雅虎公司发布消息称,该公司将努力争取法院的许可,在美国国内的网站上拍卖法律许可的物品,包括《纳粹大事记》等引起广泛争议的物品。目前,美国联邦法官已经驳回了法国一个人权组织"将纳粹物品从雅虎网站上彻底清除"的要求,这使得雅虎公司在这场倍受瞩目的官司中先赢得了一分。

据报道,由于雅虎在其拍卖网站上出售《纳粹大事记》等"令人憎恶的物品",法国某法庭已于去年勒令雅虎公司清除所有的此类物品,否则将面临每天 1.4 万美元的罚款。在接到法庭的判决书后,雅虎公司被迫将这些拍卖物品收回,但同时向美国法院递交了一份诉讼书,要求法院宣布法国的法律在美国无效,公司有权在美国的网站上继续拍卖这类物品。

这个案件最终的判决结果尚不清楚,但雅虎的行为在其他国家,尤其是曾经遭受纳粹严重伤害的国家已经引起了强烈的反感。法国一些市民高呼"雅虎滚出去",并要求法国政府在国家内完全禁止雅虎的经营活动。在欧洲,雅虎因自己的行为而损害了自己的声望。

10.1　电子商务发展中遇到的法律问题

现行法律调控的主要是比较传统的民事关系、商事关系、行政关系以及刑事关系等法律关系。随着电子商务的出现和发展,打破了由传统法律来调整社会关系所形成的平衡状态,出现了许多法律调控的盲点。它们涉及民商法、行政法、经济法、刑法等各个法律部门。

10.1.1　电子商务对现行法律的冲击

1.在民商法方面

电子商务具有区别于传统商业的突出特点,其交易主体的虚拟性和商品销售形式的无形

化、信息化,尤其是电子商务过程的无纸化、无记录性决定了它具有不可追踪性。这些特点从根本上动摇了传统民商法对平等主体当事人之间,在"面对面"情况下所发生的法律关系进行调整的根基。另外,消费者通过网络进行商品或服务的消费,这势必要求其暴露某些受到现行法律所保护的个人信息,诸如往来信件、收支账目、职业与教育情况、健康与医疗情况、婚姻家庭情况、出生时间、身份证号码等,传统认为这其中的相当一大部分是属于消费者的个人隐私信息的。而在电子商务中,消费者不得不通过披露自己的个人隐私来接受所需的产品和服务。保护好这些脱离了本人控制的隐私具有重要的法律意义。

2. 在刑法方面

其最主要的问题是对电子商务中出现的犯罪的认识以及如何适用刑罚和适用什么样的刑罚。电子商务中出现的犯罪可以分为三大类:一类是利用计算机和网络工具所实施的传统的刑事犯罪。比如通过网络进行诈骗、洗钱等犯罪。对于这类犯罪,原则上应适用传统的刑事法律,但对其中诸如管辖等问题也要作出进一步的明确。第二类是与计算机有关联的犯罪。如对计算机数据进行修改,假冒他人身份并窃取计算机信息流的犯罪。第三类是在电子商务中特有的犯罪。如通过互联网终端非法进入他人的计算机设施、破译他人密码、使用他人的计算机资源、利用互联网向他人的计算机系统散布计算机病毒等犯罪。现行的刑事法律对电子商务中特有的犯罪的调整还处在一种"灰色"或"黑色"状态之中。

3. 在行政法方面

其主要问题是关于发生在电子商务活动中具有违法性却又未达到应受刑罚处罚程度的行为。比如在计算机信息系统安全、有害数据防治、安全专用产品销售许可等制度中所涉及的行政违法行为,以及在电子商务中出现的违反税收征管、侵犯知识产权和消费者隐私权的违法行为的行政责任问题。传统法律在电子商务中行政责任的监控上还有诸多漏洞。

4. 在经济法领域

由于计算机网络的出现,人们进行经济交往的习惯方式发生了改变,这就为国家对经济进行调控提出了新的课题。比如电子银行、电子货币的出现,使得经济往来形式和传统的付款方式受到了冲击。再如现代税收制度中的商品流转税的征收主要依赖于销售发票,所得税的征收则主要依赖于现代会计簿记制度,这种簿记制度又依赖于进货、销货和支出的单据凭证,由于网上交易的无纸化和无单据性,使得建立在交易和会计簿记制度上的税收征管制度无法正常运转。另外,计算机网络的出现对现行的知识产权制度也提出了同样严峻的挑战,电子商务这种新型的交易方式一方面使得知识产权能以更快的速度、更廉价的成本进行传播,以利于社会的发展与进步;另一方面也使得知识产权进行保护的难度加大。

面对不断变化着的社会关系,现行法律表现出诸多盲区,将这些亟待解决的问题纳入到法律的调控之中,已成为当务之急。

➢ 10.1.2 电子合同的有效性

电子合同是电子商务交易的主要工具和方式。电子合同的要约、承诺以及传递都是通过因特网进行,合同的成立、变更和解除不再使用传统的书面形式,合同的成立也不需经过传统的签字。因此,作为电子商务交易中的最基本法律因素,电子合同的有效性成为当前法律工作者研究的焦点之一。

电子合同的有效性主要涉及合同订立程序中的几个因素。

1.意思表达的真实性

意思表达真实主要是指行为人的内心意思与外部的表示行为相一致的状态,是合同生效的要件之一。订立合同应当反映当事人的真实意思。由于电子商务合同的订立是双方利用计算机,使用预先编制的程序,通过计算机网络自动发出的要约或表示承诺,从而订立合同。这就可能造成发出的合同订立信息不反映或不完全反映当事人的意图,这样往往要到合同已被执行后才能发现其中的差错。目前,法学界正寻求解决这一新的法律问题的方法。

2.缔结电子合同的时间和地点

由于电子商务合同的订立是在不同地点的计算机系统之间通过计算机网络自动完成的,从法律角度应该明确订立合同的时间和地点,即合同生效成立的时间和地点。这方面不同国家的相关法律中已做出相应规定。

3.合同缔结形式问题

传统法律中规定必须以书面形式作为交易的有效单证和证据,交易单据必须有签字予以确认。为此我国的《合同法》和《电子商务示范法》已做出相关解释和规定。规定指出,合同的书面形式可以是数据电文,签字形式可以是通过某种方式鉴定当事人身份,并表明当事人认可该相应信息。此外,该问题还涉及到数据电文在法律举证中的证据效力问题。

➤ 10.1.3 网上知识产权的保护

网上知识产权的保护问题主要集中在以下两方面:

(1)在电子商务活动中,交易的客体及交易的行为所涉及的传统知识产权法律保护问题,即电子商务中的版权问题,如电子商务服务性行为中对传统出版物版权和数据库的保护问题等。由于电子商务运行在虚拟市场中,其版权保护问题也较传统版权保护问题复杂得多。

(2)传统知识产权法律体系能否适用于在网络环境下产生的智力劳动成果和商业标识的问题。如域名与知识产权的冲突等。由于当前域名的法律地位还不明确,域名的注册机制还没有与知识产权的法律保护制度建立有效的沟通和协调渠道,这就导致域名与姓名权、厂商名称权、商标权以及知识产权之间的冲突。

目前对数据库和版权的保护还主要依靠现有的知识产权法律体系,对于域名与知识产权冲突的协调主要参照世界知识产权组织 WIPO 有关"因特网域名与网址的管理"的有关条款。我国专门的法律法规正在制定中。

📕 阅读材料

"Viagra"(中文名"伟哥")域名抢注案

2000 年 12 月 13 日,在北京市第二中级人民法院做出一审判决:驳回美国辉瑞公司诉讼请求。

原告辉瑞公司是世界著名制药企业,1995 年开始生产新药"Viagra",1997 年 11 月,辉瑞公司在中国注册了"Viagra"的英文商标。2000 年 4 月,经中国政府主管部门批准,该药被许可作为医师处方药出售,中文正式商品名称为"万艾可"。

被告万用信息有限公司是一家网络公司,1998 年 7 月,在中国域名注册管理机构注册了 viagra.com.cn 域名。

据中央电视台报道,2000 年 4 月原告辉瑞公司以商标侵权及不正当竞争等理由对万用信息公司提起诉讼,要求对方停止侵权并赔礼道歉。北京市第二中级人民法院经审理认为,"viagra"作为注册商标,其合法的权利在中国应依法受到保护。但是,域名区别于商标,离开商务环境,它只能是技术代码,而且"Viagra"尚不具备驰名商标的条件,所以不能要求给其跨商品类别的特殊保护。万用信息公司注册的"viagra. com. cn"域名自注册之初就未开通,因此没有构成对原告商标权的侵害和不正当竞争。法院驳回原告美国辉瑞公司的诉讼请求。

➤ 10.1.4 电子商务争端的解决机制

电子商务在现代贸易中占有举足轻重的地位,并从很大程度上影响着整个贸易形式的发展方向。而在电子商务中存在的各种争端成为限制电子商务发展的主要障碍,因此研究确立电子商务中各种争端的解决机制成为当务之急。必须通过完善立法来规范电子商务活动,以保障我国社会主义市场经济健康发展,促进科学技术的提高,保护计算机信息系统的安全以及维护电子商务交易主体的合法权益。

电子商务法作为规范调整电子商务活动的法律规范,是在新兴的贸易形式下产生的新的法律。它具有其特有的调整对象,即电子商务活动中由信息流、物质流、资金流所产生的社会关系。电子商务法作为一切电子商务主体均应遵循的行为准则,它贯穿于整个电子商务立法之中,对各项电子商务制度和法律规范起着统帅和指导的作用,是解释电子商务法律法规的依据,也是对法律漏洞的必要补充。制定并完善电子商务法势在必行。

10.2 电子商务交易中的税收问题

电子商务是基于因特网的商务活动,其贸易的形式、途径和手段均与传统的交易形式有本质的差别,其税收问题也有其自身的特点。随着电子商务的迅猛发展,新兴的贸易形式为企业带来了巨大的经济效益。同时,也对传统货物交易方式中形成的税收理论和税收原则提出了新的挑战。

税收是国家为了满足一般的社会共同需求,按照国家法律规定的标准,并强制地、无偿地征收实物或货币而形成的特定的分配关系。税收是国家财政收入的主要来源,也是国家进行宏观经济管理和市场调控的主要手段之一。税法是税的唯一表示形式,是税收制度和税收规则的体现,是国家凭借政权力量利用税收工具的强制性、无偿性和固定性的特征参与一部分社会产品和国民收入的分配以及组织、掌管财政收入的法律规范的总和。它从法律上反映了国家财政政策。

传统税收的种类有多种划分方式,例如:①按征收对象的属性划分为所得税、流转税、财产税和行为税;②按国家行使税收的管辖权划分为国内税收、涉外税收、国际税收及外国税收;③按一个国家各级政府对税收管辖权限划分为国家税和地方税;④按支付税金的法定义务人与税金的实际负担者之间的关系划分为直接税和间接税。

➤ 12.2.1 国际税收管辖权问题

在国际税收法律制度中,税收管辖权是一个重要的概念。它是指一个国家政府对一定的对象征收税的权力。税收管辖权即主权国家对本国税收立法和税务管理具有的独立管辖权力,它意味着主权国家在税收方面行使权力的完全自主性。税收管辖权的范围是一个国家的政治权力所能达到的范围。

1. 税收管辖权原则

在国际税收法律制度中,税收管辖权原则有两个:属人原则和属地原则。

(1)属地原则。即国家对来源于该国境内的全部所得以及存在本国领土范围内的财产行使征税的权力,而不考虑收入者和财产所有者是否为该国的居民或公民。

(2)属人原则。即国家对该国居民(包括自然人和法人)在全世界范围的全部所得和财产行使征税权力,而不考虑该纳税居民的所得是来源于国内还是国外。

2. 税收管辖权面临的挑战

对于电子商务,不管选择哪种原则,在确定谁拥有课税的管辖权时都遇到了难题。外国企业利用因特网在一国开展贸易活动,很多情况下已经不需要在该国境内设立常设机构,而只需装入事先核准软件的智能型服务器,便可买卖数字化产品;并且通过该服务器还可与世界各国的网上企业进行网络贸易,服务器的营业行为就很难统计和分类,交易行为主体也很难认定,这使该国失去了作为收入来源国对该类交易的所得征税的基础。如果按"属人原则"征税,一个智能服务器能否算作"居民",现行的法律没有规定。目前判定法人居民身份一般以管理中心为标准,而每个服务器的实际管理控制中心均可分布于世界各地或迁移至避税地,这使得"属人原则"征税也失去了依据。

世界各国实行的税收管辖权并没有一个统一的标准,但都坚持收入来源地管辖权优先的原则。电子商务出现后各国对收入来源地的界定发生了争议。网络空间的广泛性和不可追踪性以及网络交易行为和环境的虚拟化等原因,使得收入来源地很难确定,其管辖权也很难界定。由于大多数国家都并行行使来源地税收管辖权和居民(公民)税收管辖权,就本国居民的全球所得以及本国非居民来源于本国的所得课税引起的国际重复征税,通常以双边税收协定的方式来免除。即通过双边税收协定,规定居住国有责任对国外的、已被来源国课税的所得给予抵免或免税待遇,从而减轻或免除国际重复课税。然而,在电子商务交易中,往往提供数字化产品的供应商与提供网络服务的服务器以及购买者分别位于不同的国家或地区。在这样的电子商务交易中,应向数字化产品供应商的所在地缴纳税款,还是向提供网络服务的服务器的所在地征税,或者是向购买者所在地缴纳税款,现行的税收制度还无法予以解决。随着电子商务的发展,来源地管辖权必将被弱化。即使以上问题通过国家或地区之间的协商得到解决,电子商务的税收管辖权依旧难以界定。

国际电子商务使来源地税收管辖权原则显得软弱无力,对居民税收管辖权也提出严峻挑战。虽然居民身份通常以公司的注册地标准判定,但是许多国家还坚持以管理和控制地标准来判定居民身份。管理和控制中心可能存在于多个国家,也可能不存在于任何国家,这使得居民税收管辖权也形同虚设。

随着电子商务的发展,公司更容易根据需要来选择交易发生地,其结果是电子商务的交易活动将会普遍转移到管辖权较弱的地区进行。

➤ 10.2.2 "常设机构"原则受到挑战

所谓"常设机构"是指企业进行全部或部分经营活动的固定场所。其形式包括管理机构、分支机构、办事处、工厂、车间、矿场等开采自然资源的场所、建筑工地及专职代理机构等。现行的国家税收制度下,对营业利润的征税一般以是否设置常设机构并通过常设机构从事生产经营为标准。然而,通过因特网运作的公司往往无需在各国设立传统意义上的"常设机构"。试想一下一个可以进行销售的网络地址算不算常设机构？因此,建立在传统现实的交易纳税原则的常设机构在电子商务中变得虚拟化,这就使得所得来源国难以对外国经销商在本国的销售和经营征税。

"常设机构"原则是当今国际税收领域的通行原则,也是联合国和经合组织为了协调各国税法上关于营业所得来源的判别标准不统一而设定的原则。联合国范本和经合组织范本认为,缔约国一方居民经营的企业取得的营业利润仅在该国征税,但该企业通过设在缔约国另一方的常设机构所取的经营利润除外。如果该企业通过设在缔约国另一方的常设机构进行营业,其利润可以在另一国征税,但其利润应仅以属于该常设机构为限。缔约国一方居民在缔约国另一方境内从事营业活动,通常是基于物与人的因素设定常设机构,即以物的存在构成常设机构或以人的因素构成常设机构。

然而,电子商务使得非居民能通过设在来源国服务器上的网址进行销售活动,此时该非居民拥有常设机构吗？如果该网址不用来推销、宣传产品和提供劳务服务,它是否就能被认定为非常设机构而得到免税待遇呢？

即使上述问题都解决了,常设机构的概念似乎也不能为电子商务的来源国税收管辖权提供足够的保证。因为,一旦由于某个设备的存在而被认定为常设机构从而需要纳税,那么该设备马上就会搬迁到境外。另外,如果客户从销售商的网址中输入数据和信息,这会引起常设机构的认定吗？按照现行国际税收协定的解释,这应该被认定为常设机构。但是,如果通过设立销售机构与网址销售,从税收角度看,其二者效果是一样的话,那么税收的中性原则又该如何体现呢？税收中性要求不同销售方式引起的税收结果是不一致的,这才不会扭曲各种销售方式的关系。电子商务引起的关于常设机构的法律问题还涉及有关代理商的特殊争议。

10.2.3　电子商务税务管理问题

在税务管理方面,电子商务这一新事物也给税务征收带来许多新问题。

(1)由于计算机网络的贸易形式具有很大的流动性,对从一个国家的市场获得收入的能力与可能不断增加的交易行为难于追踪。

(2)如果认定计算机服务器构成一个常设机构,应否申报纳税报表？如需申报,哪些所得应归属这个常设机构？哪些类额可以减除？

(3)电子商务的无纸化交易和纳税的无纸化申报,使账簿、凭证无纸化,而这些电子凭证又可以不留痕迹被轻易修改。随着电子银行的出现,一种非记账的电子货币可以在税务机关毫无察觉的情况下完成纳税人之间的付款结算业务,这就使以传统凭证为根据的税务征管失去基础。这些都给税务征管、稽查增加了难度。

(4)利用因特网进行的产销直接交易,导致了商业中介作用的削弱,从而使依赖中介代扣税款的作用也随之削弱。

(5)印花税是各国普遍开征的传统税种,其征税对象为交易各方面提供了书面凭证。而因特网的无纸化交易不但使传统的凭证追踪审计失去了基础,而且也令印花税的凭证贴花无从下手。

➢ 12.2.4 所得税性质的界定问题

在多数国家的税法中,对有形商品的销售、劳务的提供和无形财产的使用分为经营所得、劳务所得、投资所得等,并且规定了不同的课税依据。比如,对销售商品的课税可能取决于商品所有权在何地转移或销售合同在何地商议并签订;对劳务的课税取决于劳务的实际提供地;特许权使用费则适用预提所得税的规定。著作权和专有技术等交易在以前的税务处理中,销售方要就其来源于购买方所在国的所得缴纳预提税。而电子商务提供的商品为数字化产品。因特网中成长最快的领域就是网上信息和数据的销售业务。原来购买书籍、画册、报纸和 CD 的客户,现在可以通过电子商务直接取得所需信息。然而政府对这种以数字形式提供的数据和信息应视为提供服务所得还是销售商品所得就很难判定,这必然引起税收的一系列争论。比如,原来通过购买国外报纸而获得信息的顾客,现在可以通过上网服务获得相同的信息。在传统销售渠道下,来源国政府能从报纸的销售中取得税收收入,但是现在来源国政府却不能对网上销售征收流转税从而取得税收收入。如果仍将网上销售视同销售产品,那么这些销售是在未使用来源国任何公共设施的情况下取得收入的,此时能说外国商人逃避税收吗?也许将网上销售视为提供劳力更合理,但是,又该如何判断劳务的提供地呢?电子商务打破了劳务的提供地与消费地间的传统联系,虽然劳务的消费地在本国,但劳务的提供地并不在本国,这同样也限制了将网上销售视为劳务征税。

在电子商务中预提税的课征已成为各国普遍面临的问题。由于因特网的广泛应用,著作权和专有技术等在国际贸易中所占的份额越来越大。然而,征税却成了问题。例如,A 国的软件公司把软件销售给 B 国的用户或公司,A 国的软件公司不需要有任何人员在 B 国出场,B 国的用户或公司可以通过因特网直接接近 A 国的软件公司的服务者,以可再用的格式从 A 国的软件公司服务者那里把软件下载到自己的计算机里。这种方法,由于媒体不是实际实物的转移,税务局对它征收预提税似乎理由不足。

除以上问题外,由于电子商务具有高度的隐蔽性和流动性,严重侵蚀了现行税基,并直接导致了各国新的避税形式,这方面问题也随着电子商务的发展显得日益突出。

10.3 推广电子商务的法律对策

电子商务在现代贸易中已占有举足轻重的地位,也必将取代原有的贸易形式,并主导整个贸易形式的发展。然而电子商务的发展也带来了很多新的法律问题,并涉及各个法律部门。对此传统的法律法规显得软弱无力。仅仅通过对原有的法律进行修订无法实现对电子商务中出现的各种新的法律问题的解决,并且一些新的法律问题至今还没有相关的法律规定。为适应并推进电子商务的发展,就必须有对电子商务活动进行系统、全面、规范的电子商务法律规范。制定专门的法律来规范电子商务活动已势在必行,这也是社会发展的必然趋势。当前,世界范围内的电子商务立法活动正在广泛开展。

➢ 10.3.1 电子商务法的基本原则

为保证电子商务法有效合理地调整规范电子商务活动,电子商务法要具备以下基本原则:

1. 电子商务主体的交易自由原则

参加电子交易的各方应当能够以电子方式选择交易方式,应当能够按双方的意愿确定交易协议的条款,不应含有被强迫的成分和由国家强制来执行。电子商务活动主体有权决定自己是否进行交易、和谁交易。这完全体现电子商务主体的意思自治。

2. 电子交易证据的平等待遇原则

电子签名和文件应当与书面签名和书面文件具有同等的法律地位。电子商务的电子文件包括电子商务合同以及电子商务中流转的电子单据。电子文件的形式与传统书面文件大相径庭。传统的书面文件包括书面合同和各种书面单据,以有效的形式和文字表现出来,具有有形物的特点,因而,书面文件长久以来被各国法律认可为可被采纳的证据。而电子文件的表现形式是通过调用存储在磁盘上的数据信息,其实质是一组电子信息,这突破了传统法律对文件的界定。在电子商务中,这些电子文件就应当是证据法中的电子证据。各国法律中都将逐渐加入有关电子证据的规定,运用法律和技术上的手段使电子证据取得与传统书面证据同样的法律地位。

3. 中立性原则

电子商务法的基本目标就是在电子商务活动中建立公平的交易规则,这是商法的交易安全原则在电子商务法上的反映。参与电子商务活动的主体有很多,这些主体的利益追求各不相同,为了达到各方利益的平衡,实现公平的目标,就必须确立电子商务法的中立原则。中立原则包括以下几个方面:①技术中立;②媒介中立;③实施中立;④同等保护。

4. 保护消费者的正当权益原则

随着市场经济的发展,经营者越来越处于优势地位,在利用计算机网络进行电子商务交易中,传统法律对消费者权益的保护显得更加力不从心。电子商务活动的新特点要求对消费者的权益进行更为有力的保护。因此,电子商务法必须为电子商务建立适当的保护消费者权益的规定,还必须协调制定国际规则,让消费者可以明确对某一贸易如何操作以及其所使用的消费者权益。还需要制定出具有预见性的法规,以便明确解决争端的方式及负责部门。

5. 安全性原则

由于电子商务的应用必须通过计算机信息系统进行,而现在社会上有关计算机信息系统的安全事故时有发生,计算机病毒、黑客攻击、自然灾害都会给电子商务的用户造成难以弥补的损失。因此,维护电子商务活动的安全成为电子商务法的主要任务之一。

电子商务法作为一切电子商务主体均应遵循的行为准则,将贯穿于整个电子商务立法,对各项电子商务制度和法律规范起着统帅和指导的作用,是解释电子商务法律法规的依据,也是对法律漏洞的必要补充。

➤ 10.3.2 《电子商务示范法》概述

联合国国际贸易法委员会 1996 年 6 月提出《电子商务示范法》蓝本,为各国的电子商务立法提供了一个范本。1996 年 12 月联合国大会决议通过了《电子商务示范法》,它是迄今为止第一个关于电子商务的世界性法律,使电子商务中的许多主要法律问题得以解决。

《电子商务示范法》共分为两部分四章,共 17 条。

1. 一般条款

(1)关于《电子商务示范法》的适用范围。该法第一条规定:《示范法》适用于在商业活动方面使用的、以一项数据电文为形式的任何种类的信息。

（2）对一些技术术语的定义。该法第二条解释了包括数据电文、电子数据交换、发端人、收件人、中间人、信息系统等概念的含义。《示范法》首次提出数据电文发端人的概念并对其进行了界定。其指出所谓"发端人"是指可认定是由其或代表其发送或生成该数据电文然后获许予以储存的人，但不包括中间人。

（3）对《电子商务示范法》的解释原则和方法。对该法作出解释时，应考虑到其国际渊源以及促进其统一使用和遵守诚信的必要性；对于由该法管辖的事项而在该法内并未明文规定解决方法的问题，应按该法所依据的一般原则解决。

（4）经由协议的改动。该法遵循了当事人合同自由原则，赋予当事人协议以最高效力。

2. 对数据电文的适用法律要求

（1）数据电文的法律承认。规定了数据电文的法律效力。即不得仅仅以某项信息采用数据电文形式为理由而否定其法律效力、有效性或可执行性。赋予数据电文同其他法律行为形式同等的法律地位。

（2）关于对书面形式的要求。该法规定：无论法律是否要求信息须采用书面形式，或仅仅规定了信息不采用书面形式的后果，则假若一项数据电文所含信息可以调取以备日后查用，即满足了该项要求。

（3）关于签字的要求。该法规定：无论法律是否要求由一个人签字，或仅仅规定了无签字时的后果，则对于一项数据电文而言，当能通过使用一种方法鉴定该人身份且该人认可了数据电文内涵的信息或者从各种情况看，包括根据任何相关协议，所用方法是可靠的，对生成或传递数据电文的目的来说也是适当的，即满足了该项要求。

（4）关于原件的要求。无论法律是否要求信息须以原始形式展现或留存，或仅仅规定了不以原始形式展现或留存信息的后果，倘若有办法可靠地保证自信息首次以其最终形式生成，作为一项数据电文或充当其他用途之时起，该信息就保持了完整性，如要求将该信息展现，可将该信息显示给观看信息的人，即满足了该项要求。

（5）关于数据电文的可接受性和证据力。在任何法律诉讼中，证据规则的适用在任何方面均不得以它是一项数据电文或它尽管是举证人按合理预期所能得到的最佳证据却并不是原样为由，否定一项数据电文作为证据的可接受性；对于数据电文为形式的信息，应给予应有的证据。

（6）关于数据电文的留存。如法律要求某些文件、记录和信息需预存，则此种要求可通过保存数据电文的方式予以满足，但要符合下列条件：其中所含信息可调取，以备日后查用；按其生成、发送或接收时的格式保存了该数据电文或以可证明能准确重现信息的格式保存了该数据电文；保存可据以查明该数据电文来源、目的地以及被发送或接收的日期时间的任何信息。

3. 关于数据电文的传递

（1）关于合同的订立和有效性。就合同的订立而言，除非当时各方另有协议，一项要约以及对要约的承诺均可通过数据电文的形式表示。

（2）当事各方对数据电文的承认。就一项数据电文的发端人和收件人之间而言，不得仅仅以意旨的声明或其他陈述采用数据电文形式为理由而否定其法律效力、有效性或可执行性。

（3）关于数据电文的归属。该法规定：下列情况下，数据电文属于发端人：①凡一项数据电文，如果是由发端人自己发出的；②就发端人与收件人之间而言，数据电文是由有权代表发端人行事的人发送或由发端人设计程序的一个自动运作的信息系统发出,应视为发端人的数据电文;③为了确定该数据电文是否为发端人的数据电文,收件人正确地使用了一种事先经发端人同意的核对程序,或者收件人收到的数据电文是由某一个人的行为而产生的,该人由于与发端人或与发端人的代理人的关系,得以动用本应由发端人用来鉴定数据电文确属原自其本人的某一种方法,收件人有权将所收到的数据电文视为发端人所要发送的电文,并按此推断行事。

(4)关于确认收讫。该法规定:发端人发送一项数据电文之时或之前,或通过该数据电文,要求或与收件人商定该数据电文需确认收讫时的处理办法。如发端人未与收件人商定以某种特定形式和方法确认收讫,可通过任何自动化传递或其他方式和行为来表明该数据电文已收到;如发端人已声明数据电文须以收到该项确认为条件,则在收到确认之前,数据电文可视为未送达;若发端人未声明数据电文须以收到该项确认为条件,则在一段合理时间内,发端人并未收到确认时,可向收件人发出通知,定出确认的时限,在时限内仍未收到则视为从未发送数据电文;如发端人收到收件人的收讫确认,即可推定有关数据电文已由收件人收到。该条主要涉及要约能否撤回的问题。

(5)关于发出和受到数据电文的时间和地点。该条主要涉及合同成立的时间与地点问题,《示范法》原则上采用了到达生效的原则。

4.关于特定领域的法律问题

该部分是《电子商务示范法》的第二部分,主要规定了电子商务的特定领域的法律问题,仅货物运输一章两条。内容主要有以下两方面:

(1)关于与货运合同有关的行动。该法规定:在不减损该法以上各项条款的情况下,该法适用于与货运合同有关或按照货运合同采取的任何活动。

(2)运输单据。除非须将一项权力授予一人或使一项义务由一人获得,则必须传送或使用一份书面文件;否则如法律要求以书面或用纸面文件来执行与货物合同有关的行动,则可使用一项或多项数据电文来执行有关行动;在一项法律规程强制适用于做成书面文件或以书面文件为证据的货运合同的情况下,此种数据电文仍可作为其证据。

10.3.3 我国推广电子商务的法律对策

1.我国电子商务立法现状

中国政府已经敏锐的意识到信息化及电子商务对经济增长和企业竞争力的巨大影响。我国正在促进国民经济从粗放型向集约型转变,信息产业部的组建为迎接这一挑战创造了有利条件。

1999年3月,第九届人大二次会议颁布了新《合同法》,其中合同形式条款部分涉及数据电文这一新的电子交易形式。新《合同法》将合同的订立方式由传统意义上的书面形式扩充到数据电文形式,并明确了以数据电文形式订立合同的到达时间,此外还对电子商务合同的生效地点进行了规定。虽然新《合同法》的规定还不够细致与完善,但增加的"数据电文"条款,为电子商务立法奠定了良好的基础,对电子商务活动的开展具有积极的意义。

2000年年初,在全国人大九届三次会议上,张仲礼提交《关于制定我国"电子商务法"的议案》,将电子商务立法问题提上了议事日程。自此,我国电子商务立法发展到新的阶段,成为众所瞩目的问题。

2004 年 8 月,十届全国人大常委会十一次会议通过的《中华人民共和国电子签名法》,是我国电子商务立法史上具有划时代意义的一部法律,标志着我国电子商务法制建设进入新阶段,是电子商务发展的里程碑。这一法律的出台扫除了电子签名在电子商务及其他领域中应用的法律障碍,推动了我国电子商务的迅速发展。

此外,有关部门还相继出台了一系列政策法规,以规范电子商务活动。2005 年 1 月 8 日,为贯彻落实党的十六大提出的信息化发展战略和十六届三中全会关于加快发展电子商务的要求,国务院办公厅发布了《关于加快电子商务发展的若干意见》。2010 年 5 月 31 日,国家工商行政管理总局依据《合同法》、《侵权责任法》、《消费者权益保护法》、《产品质量法》、《反不正当竞争法》、《商标法》、《广告法》、《食品安全法》和《电子签名法》等法律,制定发布了《网络商品交易及有关服务行为管理暂行办法》。2010 年 6 月 24 日,商务部为进一步规范我国网络购物市场,发布了《关于促进网络购物健康发展的指导意见》。

电子商务催生了在线交易和第三方交易平台的产生和发展,在线交易金额的日益膨胀,使规范支付机构运营、统一交易流程、设定行业入门标准等成为当务之急。2010 年 6 月 14 日,中国人民银行发布了《非金融机构支付服务管理办法》,意在促进支付服务市场健康发展,规范非金融机构支付服务行为,防范支付风险并保护当事人的合法权益。此外,为规范支付机构客户备付金的管理,央行分别于 2011 年 11 月 4 日和 2012 年 1 月 5 日发布了《支付机构客户备付金存管暂行办法》和《支付机构互联网支付业务管理办法》。

可以说,这些已出台的政策法规分别就不同方面对电子商务的主体、行为等进行了规范,但这些大多属于规章办法,缺乏可操作性与全面性,我国仍缺少一部系统性的电子商务监管法律。

2012 年 6 月,由国家工商总局牵头发起《网络商品交易及服务监管条例》的立法工作全面启动,并已被列入国务院"二类立法"计划。这意味着我国首部电子商务监管立法已进入制定阶段。

此前,在杭州召开的《网络商品交易及服务监管条例》立法工作方案研讨会上,国家工商总局有关官员指出此次立法以《网络商品交易及有关服务行为管理暂行办法》为基础,全面拓展延伸,坚持发展优先、权利保护优先、自律优先,从市场准入、信用体系建设、消费维权、案件管辖、网上知识产权保护、新兴业态、跨境交易、网络不正当行为、秒杀等网络新兴行为等九大方面进行落实。

此次立法被明确列入 2012 年度国务院"二类立法"计划,涵盖了电子商务市场中的 C2C 与 B2C 网络零售、O2O 网络团购消费、移动电子商务、虚拟商品交易、B2B 网络贸易、大宗品电子交易、跨境电子商务(海外代购、小额外贸)等诸多细分领域,是我国目前针对电子商务交易监管层面的首次立法,其意义重大,不仅关系到广大网络消费者,而且涉及网络经营者、服务提供者、交易平台等市场主体的切身利益。

据悉,受国家工商总局委托,全程参与此次《网络商品交易及服务监管条例》立法调研与起草工作的是中国电子商务研究中心。此次立法的焦点主要集中在网络经营者的主体(如淘宝网店)准入与界定、网络经营者是否征税、虚拟商品交易规范、跨境网络交易监管、平台经营者监管、网络促销规范以及网络消费纠纷管辖权等方面。

电子商务立法涉及的范围比较广,需要政府部门及立法机关的相互配合。《网络商品交易及服务监管条例》的制定和出台不仅可以填补我国在这一领域的空白,还将治理我国电子商务行业中存在的种种乱象,保障电子商务的健康发展。

我国还先后制定了《计算机软件保护条例》、《计算机软件著作权登记办法》、《实施国际著作权公约的规定》、《计算机信息网络国际联网管理暂行规定》、《中国公众多媒体通信管理办法》、《国际联网安全保护管理办法》等一系列法律法规。另外,在一些相关的法律中也进行了有关规定。同时,我国制定了 20 多项 EDI(电子数据交换)国家标准,建立了 EDI 标准体系,并开发了中国的 EDIFACT 系列标准电子文本系统。

由于电子商务涉及计算机信息系统管理、金融结算、法律法规的制定等方面,是一项复杂的系统工程。因此,为了保障社会主义市场经济的健康发展,促进科学技术的顺利发展,规范电子商务活动,保护计算机信息系统的安全和电子商务交易主体的合法权益,保证电子商务在我国的顺利发展,就必须建立一套完备的行业综合保障体系。该体系包括以下四个方面:

(1)加强对网络工作者和用户职业道德和网络安全意识教育。

(2)制定电子商务的法律和实施条例,规范电子商务操作流程以维护交易各方的合法权益。世界各国都在为电子商务的发展提供法律保障,我国也不例外。现行法律法规中涉及电子商务的问题,如《合同法》、《刑法》、《计算机信息系统安全保护条例》、《计算机信息网络国际联网安全管理办法》、《商用密码管理条例》等,但这是远远不够的,制定专门的保护电子商务活动的法律非常必要。2001 年 8 月,由武汉大学法学院教授黄进发起,联合中国人民大学、暨南大学、北京邮电大学共同完成的《中华人民共和国电子商务法》(示范法)第一稿正式成形,正面向全国专家学者征求意见。据悉,这份初稿借鉴了欧美等发达国家的电子商务立法,从而减少了我国与国外电子商务立法的冲突,利于跨国电子商务的运行。

(3)借鉴国外先进的技术和平台,利用我国独创的关键技术,针对不同用户的实际情况和不同侧重点,设计适应我国用户的网络安全方案,开发出不同层次的计算机信息系统安全产品。

(4)政府在加强管理的同时,切勿盲目规范指导。政府鼓励自我规范和自我管理,为电子商务活动创造和维护一个良好的法律环境。

2. 目前我国电子商务发展中需要通过立法解决的突出及紧急的问题

(1)对电子商务相关基本环节的确认问题,如数字签名、书面文件、证据力等;

(2)CA 认证机构的建立、权限、职责、工作范围等问题;

(3)电子商务交易的安全性的法律保障问题;

(4)电子商务经营者的合法性问题;

(5)电子商务的市场准入及持股比例问题;等等。

3. 我国电子商务立法的指导思想与对策

(1)遵循国际惯例,做到与国际接轨。目前一些国家普遍认为,在电子商务的管理上,政府应设法减少和消除不必要的贸易障碍,政府的干预是有节制的、透明的、技术上有限的。政府应致力于创造公平有序的竞争环境,建立用户和消费者的信任,建立数字化市场的基本原则,并充分发挥企业自保和市场推动的作用。这些原则也应成为我国进行电子商务立法时参考的原则。

(2)充分考虑我国实际情况。美国等一些发达国家的交易习惯、信用制度等本身可以较快地与电子商务适应,而我国刚从计划经济向市场经济转型,其基础设施落后,管理水平、信息化水平低下,同时还存在信用卡使用不普遍,网络建设参差不齐,送货系统不完善,上网成本高,企业信息化水平低下等发展电子商务上的诸多问题。因此,要建设我国的电子商务市场,还要有自己的原则与立场,推出适合我国国情的总体方案。

(3)从实际出发,分阶段发展,重点突破,不断完善。正是因为考虑我国目前上网成本高、信用卡使用不普遍、运营环境不完善等原因,所以企业间电子商务,即 B2B 电子商务的发展更容易取得突破,达到改善经济结构的效果。

为此,国家经贸委与信息化领导小组共同启动了企业信息化工程,其目的就是要建立以500 家国家重点企业为核心的企业电子平台,选择以物资采购、产品营销、技术交易、人才流动为起点的电子商务,改善企业结构、实现产业升级。

相应的安全性问题,交易主体的合法化和信用问题,电子签名、电子合同的有效性问题等相关法律问题,就自然成为了我国目前发展电子商务的当务之急。

(4)充分利用已有的法律体系,保持现有法律体系的完整性与稳定性。虽然电子商务对法律体系的挑战是全面的,我们在开展好电子商务立法研究的同时,要充分利用好已有的法律体系。现有的法律体系一般情况下都适用于网络世界,并不会因其虚拟化而有所不同。正是有着这样的原则,我们才裁判了六作家状告北京在线等案例,使相关权益得到了保护。对现有法律没有完全涵盖的内容,尽量通过修改法律或发布司法解释的方式来解决,比如通过修改著作权法、商标法来涵盖电子商务的知识产权问题,通过修改税法来适应电子商务的要求,通过修改广告法来规范网上广告,等等。

(5)在电子商务的立法过程中,要充分发挥各部门规章及地方政府立法的作用。因为一方面电子商务本身就是一项社会系统工程,需各行各业共同治理;另一方面,电子商务中的相关问题变化较快,所以以地方立法等局部规章相对灵活的方式尝试解决,也不失为一种较好的渠道。比如证监会最新出台的《网上证券委托暂行管理办法》、公安部出台的《计算机信息系统国际联网安全管理规定》及上海、广州出台的一些地方法规等。

(6)在立法的同时,还应注意充分发挥司法、行政执法、仲裁及国际组织的作用。虽然我国作为成文法国家,但在电子商务相关案例的审判中,适当加大司法运用法律的自由度,还是非常必要的。北京市第一中级人民法院知识产权庭在近年来审理知识产权案中,就在证据认定、赔偿数额、举证责任等方面创立了许多新的原则,有效地保护了知识产权。

在行政执法方面,版权、工商、公安等部门的执法就已在处理盗版软件、VCD、CD 上起到过重要的作用,在用法律手段保护电子商务发展中,这一经验也值得借鉴。由于仲裁的灵活性、专业性与国际协调性,使其在新技术引发的各类法律问题中的作用得到了国际社会的认同。例如,在我国的首例跨国网络域名纠纷中,南京的信息空间公司就在世界知识产权组织的国际仲裁中获胜,保护了自身的合法权益。

(7)充分发挥产业政策的推动作用,促进电子商务的发展。在产业政策中,提供各种优惠政策,为企业发展电子商务提供相对宽松的环境,从资金、税收、投融资、技术创新、人才培养、装备与采购等方面促进我国电子商务的发展。比如,在技术创新方面,目前我国还非常落后,电子商务中的一些关键技术,如万维网技术、浏览器、BBS、Email、iPhone 等无一是我国发明的。

(8)及时调整政府职能,适应电子商务的发展。如各种信用卡的统一,以及实现财税金融的联网等对电子商务的发展都非常关键。美国 1999 年的金融电子商务在现代化体系中,就取消了对银行、证券、保险业间跨业经营的限制。

(9)加强信息基础设施的建设与电子商务的基础环境建设,通过发展解决一些发展中的问题。如在网络支付系统不完善、安全可靠性不强的情况下自然会引发一些其他方式的电子商务交易行为,对这些行为因没有系统的监管,自然会在税收管理上存在一定的难度,而这些问题的根本解决有赖于电子商务基本环境的完善。

此外,注重鼓励技术创新,及时掌握电子商务中的最新技术与关键技术;积极发展电子商务立法与实践中的国际协调;加强电子商务信用制度的建设;发展电子商务中也要注重国家安全与信息安全,以保证文化特色与独立性;在立法技术上保持技术独立和权责平衡的原则、市场推动及企业自律的原则等这些也是我国电子商务立法中应遵循的原则。

总之,鼓励和发展电子商务是立法的前提,规范电子商务交易行为及相应的经营活动是立法的内容,适度规范、留有空间、利于发展是立法的技术要求。

本章小结

电子商务的法律是一个前沿性的问题,各国都为如何把电子商务纳入到明确的法律范畴中进行了许多努力。总体来看,既有的法律已经对电子商务的行为进行了很多有效的约束,但有时也必须要为电子商务制定新的专门性的法律。

电子商务的税收比较复杂,各国的主张不尽相同。我们国家在电子商务的税收上也仍然具有需要完善的空间。

思考题

1.为什么把电子商务纳入法律的管辖是非常必要的,困难又在哪里呢?

2.根据你能找到的资料说明,你认为采取什么样的措施,能够最大程度地避免进行电子商务时自己的隐私不被侵害。

3.目前,我国电子商务发展中需要通过立法解决的突出及紧急的问题是什么?

4.简述我国电子商务立法的指导思想与对策。

案例分析

消费者权益保护法 20 年首修　消费者多了哪些权益?

2013 年 10 月 25 日上午,十二届全国人大常委会第五次会议表决通过了关于修改消费者权益保护法的决定。在修改后的"消法"中,对消费者在网购等新的消费方式中的保护,对消协的职能、政府的监管职责的加强,对维权难的解决方案以及加大经营者惩罚性赔偿力度等,为消费者带来了许多新权益。

据悉,这是自 1993 年全国人大常委会制定消费者权益保护法以来,对这部法律的首次大修改。修改后的"消法"将于 2014 年 3 月 15 日起施行。

网购维权有法可依

全国人大常委会法工委民法室主任贾东明说,与 20 年前相比,如今消费方式已经发生了变化,网络销售、购物已成为重要的交易方式之一。

针对网上消费的规定成为新消法的亮点。按照新规定,消费者通过网络等方式购买产品可"七日内无理由退货",且无需说明理由。贾东明表示,这一规定,是通过与淘宝网的几位店主面对面交流等调研后,经过多次修改才完善的。

尽管可以无理由退货，但是消费者也需要为"反悔"埋单，承担退货运费。淘宝网店"香优特产"店主刘先生告诉记者，他认为这一规定有利于买卖公平。"产品不是买着玩的，如果到手了发现不喜欢就免费退，卖家岂不白白吃亏。"

针对消费者个人信息的保护，是本次修改的另一大亮点。国家工商总局副局长刘俊臣表示，新消法对于收集和使用消费者信息规定非常严格，"必须正当，必须有必要，必须明示，必须经本人同意，必须严格保密，必须承担法律后果。"

经营者义务被强化

贾东明表示，在新消法中，对于经营者的义务进行了强化。这其中包括将举证责任转移给经营者，加大惩罚性赔偿力度，对如何约束合同的格式条款进行规定，以及对经营者应何时召回产品进行规定等。

正如全国人大常委会法工委民法室副主任杜涛所言，维权难的问题历来都是消费者权益受损的"重灾区"，而在维权难中消费者反映较多的问题就是举证难。此前，按照法律的一般原则，"谁主张谁举证"，需要消费者进行举证、证明和鉴定等。

而在修改后的消法中规定，对于耐用商品或者装饰装修的服务，消费者自接受商品或者服务之日起六个月内发现瑕疵，发生争议的，由经营者承担有关瑕疵的举证责任。

除此之外，对于经营者的惩罚性赔偿力度也加大了。如果商品和服务有欺诈行为，需对消费者增加赔偿的金额为消费者购买和接受服务价格的三倍；如经营者明知商品或服务有缺陷，仍提供给消费者，造成生命健康严重损害的，除需承担赔偿损失的责任外，另外再加两倍赔偿性惩罚。

消协可提公益诉讼

新消法对于消费者协会的身份、职能等方面也进行了修改。

据介绍，中国消费者协会和在省、自治区、直辖市设立的消费者协会可针对"侵害众多消费者合法权益"的行为提起公益诉讼。

之前，如果消费者权益受到损害，运用得比较多的途径有两种，消费者个人或推选的代表可以向法院提起诉讼；或者由政府有关部门主导解决和处理，对经营者进行行政处罚或提出赔偿方案等。公益诉讼则是针对"众多且不特定的消费者"受到侵害而设定的。

贾东明表示，消费者比较关注的事情，如"不公平、不合理的格式条款、格式合同"等都可以由消协提起公益诉讼。另外，一些虚假广告和虚假宣传侵害的对象也可以列入其中。

案例讨论：

1. 你觉得在电子商务活动中应该如何保障消费者和商家的利益？

2. 目前一些典型的电子商务企业为保障消费者和商家的利益采取了哪些措施？成效如何？

第11章
电子商务案例分析模型及方法

学习目标

掌握电子商务案例分析的一般性模型、电子商务模式的定义、电子商务案例的写法、电子商务案例分析的常用方法,运用分析方法对电子商务案例进行分析。

基本概念

电子商务模式　收入模式　转移成本　电子商务案例　电子商务案例分析模型　逻辑思维方法　个案研究法与并案研究法　比较分析与归纳分析

导入案例

造富凶猛　IT神话继续

有一则笑话说:"每天早上起床都要看一遍《福布斯》富翁排行榜,如果上面没有我的名字,我就去上班。"但在互联网界,这不是一个笑话。一夜之间,穷小子可变身亿万富翁,灰姑娘能穿上水晶鞋,这就是互联网最大的魅力。

近日,《理财周报》发布2012年3000中国家族财富榜,三一集团梁稳根家族以406.80亿元身家蝉联中国首富。值得一提的是,此次上榜名单前十名中(如表11-1所示),45岁以下的有四人,除一人是继承家族产业外,其余三人——李彦宏、马化腾、丁磊都是靠互联网发家的。

李彦宏、马化腾、丁磊,均是互联网发展之初就入行的,他们白手起家,凭借互联网这一"造富机"成为年轻新贵。在互联网市场格局已经稳定的当下,IT造富神话还在继续。

互联网造富凶猛

在这次的榜单中,虽然与2011年相比财富缩水近200亿元,三一集团董事长梁稳根仍以406.8亿元的身家蝉联第一。

不过,要说起富豪榜上45岁以下的年轻新贵,还是非IT界莫属。除了排名第六的碧桂园控股董事会副主席杨惠妍是自父亲手中继承家业,李彦宏、马化腾与丁磊都是在互联网业白手起家的。

互联网的一夜暴富已不是什么新鲜事。自从2003年网易创始人丁磊被福布斯杂志评为中国首富后,中国富豪排行榜中,逐渐开始出现来自IT界的名字。到今天,百度创始人李彦宏、腾讯CEO马化腾等巨头早已为大众所熟知。

在这次的榜单中,李彦宏及其家族以386亿元的身家,成为IT界第一人,排在榜单的第三位;马化腾及其家族以354.15亿元的身价紧随其后;而丁磊及其家族则以213.54亿元排名第八。

神话还在继续

互联网的造富神话还在继续。眼下,不少 IT 新秀凭借着一个创意、一种服务,迅速累积财富。

80 后的咸阳姑娘韩华,一次突发奇想创办的"我爱打折网",成为了中国第一个女性消费门户。后被 CNET 以 5500 万元价格收购,韩华一度成为 80 后互联网界的女首富。

刚过而立之年的途牛网 CEO 于敦德,于 2006 年创立旅游产品电子商务网站。随后的三年间,该网站以每年 300% 的速度成长,在他 29 岁时,公司年销售业绩已接近 4 亿元。2011年,公司完成了一轮约 5000 万美元的融资。

2007 年,大学还未毕业的舒义找到腾讯公司西南区域总监,以免除保证金为条件,提出免费为腾讯做成都地方站的外包。第一桶金就赚了 500 万元。而此前一年,他连拿出 5000 元的学费都感到吃力。现在,其资产已有几千万。

不同于腾讯、百度这些巨头的多方位发展,80 后 IT 界的领军人物基本都在专一踏实地做业务。

比如大二辍学的彭海涛,专心做游戏开发,制作出国内第一款玄幻 3D 网游,被盛大收购后,年仅 23 岁的他成为中国最年轻的亿万富翁之一。

武汉互联网联盟的股东何萌认为,互联网从 1996 年进入中国开始,已经逐步走向成熟。腾讯、网易等崛起的时候,很多东西没有人做,很多规则也不健全,有很多空子可以钻。但是现在各种规则和利益团体的链条已经形成,创业需要一定的资金,现在一夜暴富的可能性很小。"现在能在互联网淘到金的人,都是非常懂用户需求的人。将用户体验放在第一位并持续地以此为目标研发改进产品,才是最关键的。"何萌说。

武汉电子商务协会常务副秘书长许强则对互联网创业抱有比较乐观的态度:"互联网是爆发性、革命性行业,来势非常凶猛,才刚发展十几年,还是新兴的行业,会出现各种商机各种噱头,一夜暴富仍是很正常的现象。"

建立规则者成功

细看上述 IT 界富豪的发家史,不难看出其成功的奥秘,即发现先机。互联网 1996 年进入中国,1999 年,身在美国的李彦宏因看到中文引擎的发展潜力而回国,百度从最初的员工不足十人,发展到现在万人以上,在互联网搜索引擎方面,已确立了其龙头老大的地位。1997 年,马化腾感受到一款国外即时通讯软件 ICQ 的魅力后,希望做出中文的 ICQ。以 QQ 起步的腾讯,如今仅此一项,就在国内拥有 6 亿活跃用户,并依靠后来逐步开发的各类产品,成为中国市值最大的互联网公司。

网易也获得了中国互联网的多项第一,比如国内第一家免费电子邮件服务和免费域名系统,第一个免费的网络相册,第一个国内成功运营的国产网络游戏等。这些第一使得网易的年营业额达到 50 多亿元,成为中国四大门户网站之一。

这些巨头的盈利模式都不是照搬来的。有业内人士分析,互联网的盈利在于革命。这些优秀产品的成功是因为他们革新了整个行业。比如淘宝网改变了人们的购物习惯,QQ 影响了人们的聊天方式。一流企业做标准,当消费者认同了这个标准的时候,就盈利了。

何萌认为,除了个人因素,互联网成"造富机"跟其行业特点分不开。这个特点是由这个行业消费者的特点决定的。互联网的消费者没有人数和区域的限制,而对于传统企业来说,为一个客户服务的成本是比较高的,互联网行业与传统行业的本质区别在于,随着消费者数量增加,互联网的成本增加要比传统企业缓慢。

表 11 - 1　2012 年榜单排名前 10 位的家族

排名	财富家族	公司名称	持股比例	财富(万元)
1	梁稳根家族	三一重工	36.61%	4067985
2	吴亚军家族	龙湖地产	75.78%	4046895
3	李彦宏家族	百度	16.00%	3860011
4	马化腾家族	腾讯控股	10.37%	3541529
5	许家印家族	恒大地产	68.11%	3396582
6	杨惠妍家族	碧桂园	59.83%	2773791
7	许荣茂家族	世茂房地产	63.78%	2683851
8	丁磊家族	网易	44.50%	2135433
9	陈卓琳家族	雅居乐地产	63.21%	1926577
10	张近东家族	苏宁电器	31.67%	1922106

11.1　电子商务案例分析模型

2013 年 9 月 16 日,腾讯早盘报收 417.60 港元,市值高达 7761 亿港币,按当时汇率换算,约为 1001.17 亿美元,成中国首家市值过千亿美元的互联网公司。腾讯早就超过百度成为中国市值最高的互联网企业了,它的市值是搜狐、网易、新浪市值总和的四倍。此外,从 2004 年腾讯上市 10 年来,腾讯股价已经累计上涨超 100 倍。是哪些因素造就了其网络造富神话,为何其能拥有如此高的市值?

现在就让我们来分析一下腾讯公司的案例。

➤ 11.1.1　案例——腾讯的成长与发展

腾讯是中国最早的互联网即时通信软件开发商,是中国的互联网服务及移动增值服务供应商,并一直致力于即时通信及相关增值业务的服务运营。

腾讯于 1998 年 11 月在深圳成立。1999 年 2 月,正式推出腾讯第一个即时通信软件——"腾讯 QQ";并于 2004 年 6 月 16 日在香港联交所主板上市(股票代号 700)。

成立 16 年多以来,腾讯一直以追求卓越的技术为导向,并处于稳健、高速发展的状态。腾讯 QQ 庞大的用户群体现了腾讯公司对强负载大流量网络应用和各类即时通信应用的技术实力。

作为中国领先的互联网科技企业和中国先进的服务提供商(SP)之一,腾讯以满足用户的需求为导向,不断创新,依托庞大的用户资源,利用本地化优势,将即时通信整合进互联网、移动网络和固定通讯网络,以及手持设备等多种通信终端。

用户可利用腾讯的即时通信平台,以各种终端设备通过互联网、移动与固定通讯网络进行实时交流。不仅可以传输文本信息、图像、视频、音频及电子邮件,还可获得各种提高网上社区体验的互联网及移动增值服务,包括移动游戏、交友、娱乐信息下载等各种娱乐资讯服务。

腾讯已形成个人即时通信、企业实时通信和娱乐资讯等三大战略发展方向,正逐步实现"创一流互联网企业"的远景目标。

1. 产品

腾讯公司的主营业务可分为四大类,按照目前收入贡献比例依次为:非游戏互联网增值(即网络虚拟形象和小区增值服务)、网络游戏、电信增值、网络广告。以下为最成功的十大产品:

(1)QQ 客户端(与之相关联的还有微信客户端):作为腾讯的产品基础和核心,QQ 客户端的地位无法替代。它拥有二十亿注册账号,八亿的活跃用户,2014 年 4 月 11 日 21 点 11 分在线人数突破两亿,以至于比尔盖茨也不得不承认,"世界上做的最成功的 IM 是 QQ"。

(2)QQ 邮箱系列:作为目前国内邮箱提供商中的佼佼者,QQ 邮箱提供了绿色清爽的界面、便捷强大的功能,这个受到一致好评的产品正逐渐深入人心。如果加上腾讯公司的 fox-mail 客户端及邮箱、邮箱阅读空间、WebQQ 等产品,QQ 邮箱系列几乎趋于完美。

(3)QQ 文件中转站:得益于 QQ 邮箱优秀的服务和使用的便捷,又加之 QQ 提供了超一流的速度,3G 到无限容量的存储空间,30 天的保存期,一经推出立刻风靡网络硬盘市场。

(4)QQ 游戏:从欢乐斗地主、连连看到 QQ 炫舞、地下城与勇士,从跟风模仿到研发独创,QQ 游戏作为腾讯四大网络平台之一,目前已成为中国最大的网络游戏社区。

(5)QQ 群:曾经风行于网络的聊天室几近消失,每个明星都拥有自己的粉丝 QQ 群,每个行业有拥有各自的行业交流 QQ 群。而伴随 QQ 群的群共享、群空间也都成为了交流分享必不可少的方式。

(6)QQ 秀:提供一个与真实生活相仿又相对独立的网络生活方式,不断增加对用户的黏着力。它使用户拥有的酷炫发型和英俊外表,在真实世界可能永远无法实现,但在 QQ 秀里可以做到。

(7)手机 QQ:通过手机用 QQ 聊天,让 QQ 脱离电脑,满足用户随时随地聊天的欲望,真正方便 QQ 用户。手机 QQ 一经推出,便立刻风靡手机用户。在方便了用户的同时,腾讯公司也保持了 QQ 的活力和生命,可谓创意独特,一举两得。

(8)QQ 图标:QQ 图标本不是一个产品,但 QQ 图标的影响却很深远。任何一项腾讯公司推出的服务,只要是能够点亮 QQ 面板上的一个图标,便有万千青年趋之若鹜。正是在这趋之若鹜中,腾讯的一项项产品赢得了令人艳羡的用户数量,获得了一个个的成功;而腾讯也在这种 QQ 图标带来的效应中一次次赚得盆满钵盈。

(9)QQ 影音:简洁清爽的画面,提供多种先进功能,无广告纯绿色版本,QQ 影音一经推出,便彻底将暴风影音推入了太平洋。

(10)QQ 音乐:高清正版音乐,发布速度一流,还有简洁的 QQ 音乐客户端,播放音乐实时显示在 QQ 客户端上,开通绿钻还能第一时间免费下载高清歌曲,QQ 音乐一经推出便迷倒了万千青年。

除了以上比较有名的产品外,腾讯公司还腾讯与广东东利行合作,推出了 Q-Gen 品牌服饰系列。如今,Q-Gen 已有 200 多家品牌连锁店,每月营业额超过 3000 万。

其产品还有旋风下载,QQLive,C2C 电子商务平台拍拍网,财付通等。

2. 服务

腾讯公司的服务非常多,也普及各个方面,即时通讯、门户、游戏、电子商务、搜索等无所不做。从以前的只是做实时通讯的服务,发展到现在进行 C2C 电子商务服务,腾讯公司的服务已经从以前的提供单纯的实时通信服务进化到提供全方面的互联网服务。

3. 市场推广策略

(1)腾讯 SoSo 搜索广告特点——四维精准、以客为尊。

①覆盖精准——在最大的网民群体中锁定目标客户。腾讯 SoSo 整合腾讯平台 8 亿活跃、忠诚度高的用户,其中 18 岁以上的占 85%,非学生用户占 77%,无论从年龄和职业角度看均涵盖了中国最主流、最活跃、最具商业价值的人群,加上日均 2 亿次搜索请求,让客户的广告被最多的目标客户看到,即搜即 Q,无限商机即时获得。

②定位精准——让广告信息直达目标客户。腾讯旗下拥有沟通、信息、娱乐、商务四大互联网服务平台,每个平台下都有众多在同类产品中数一数二产品,并积累形成一个具有巨大营销价值的海量用户数据库。通过对海量用户的分析,腾讯搜索推广可深入了解用户搜索行为特征,让客户的广告信息直达目标客户。

③投资精准——让客户的投入物有所值。搜索广告按效果付费,每次点击费用 0.30 元起,低成本高效的广告性价比,客户可以根据营销需求,自主选择不限数量的关键词、推广区域、推广时段,随时调整广告内容、关键词单价、广告预算,推广节奏完全由客户决定,只有潜在客户点击才计费,进一步降低获得客户的成本。

④服务精准——让客户的营销全程无忧。精准的推广服务全程与客户陪伴,专业推广顾问全力满足客户个性化的推广需求,为客户提供业务咨询服务(本地+总部双重服务体系)、开户服务、帐户管理服务、统计报告服务(消费和点击数据为优化搜索营销效果提供数据依据)、优化服务(对营销现状分析、优化方案、持续加强推广效果)等服务。

(2)腾讯 SoSo 产品多方位的搜索入口和搜索推广的广告展示方式。它的广告展示方式主要有:①在“www.soso.com”搜索上展示;②在腾讯门户网站 QQ.com 搜索上展示;③在 TT 浏览器地址栏输入中文的搜索上和 soso 工具栏搜索上展示;④在 QQ 对话框、QQ 主面板、QQ 迷你网页的搜索上展示。

4. 盈利模式

腾讯探寻盈利模式是从网络广告开始,在 2000 年 7 月 25 日新一版软件中,一个广告条就被塞在消息接收端中。尽管随后腾讯的网络广告销售开展得很不错,但是,相对于每天新增注册用户几十万(最高时一天新增用户达 80 万)、一个月就要新加两台服务器的投入而言,网络广告有点杯水车薪。

腾讯的盈利模式主要有互联网增值服务(包括会员服务、社区服务、游戏娱乐服务)、移动及通信增值服务(包括移动聊天、语音聊天、短信铃声等)和网络广告。①互联网增值服务的内容主要包括会员服务、社区服务、游戏娱乐内容服务、聊天室、交友服务、休闲游戏及大型多用户在线游戏等。②移动及通信增值服务内容具体包括移动聊天、移动游戏、移动语音聊天、手机图片铃声下载等。当用户下载或订阅短信、彩信等产品时,通过电信运营商的平台付费,电信运营商收到费用之后再与 SP 分成结算。移动 QQ 聊天是腾讯真正走向盈利的第一步,是即时通信业务平台的一次拓展。通过网络注册的 QQ 号码与手机号码的绑定,手机成了移动的 QQ,可以随时接收线上好友的信息,从原来单纯的“PC 对 PC”聊天模式发展到“PC 对手机”及“手机对 PC”的互动模式,短信业务量大增。移动 QQ 有三大类服务,具体业务包括电子邮箱、娱乐及资讯。③网络广告主要是通过在即时通信的客户端软件(登入 Flash、即时通信视窗和系统信息）及在 qq.com 的门户网站的广告栏内提供网络广告盈利。

除此之外，QQ 卡通品牌的外包则成为腾讯的一个特殊收入来源。1999 年腾讯与原本生产和销售服饰、礼品和玩具的广州东利行合作，依靠东利行固有的渠道和制造优势，结合 QQ 品牌优势，推出了 QQ 品牌专卖店，这成为我国互联网文化在线下的一种创新发展模式。除了 QQ 卡通玩具、服饰之外，腾讯还推出了独立的衍生品牌"Q-Gen"，放大 QQ 的品牌外延，纵深发展服装业。腾讯不但可以扩大自己的品牌影响力，而且还可以分享 10％以上的代理费分成。

5. 资本运作

2000 年初，凭借 OICQ 仅半年就占领的市场地位，腾讯幸运地拉来 IDG 和李泽楷旗下盈科数码 220 万美元的投资，占股 40％。

2004 年 6 月 16 日，在香港主板上，股票代号为 700HK 的新股亮相，新股全称为腾讯控股有限公司(Tencent Holdings Limited)。

2011 年 5 月 9 日，腾讯控股有限公司 4.5 亿元入股华谊兄弟传媒股份有限公司。

2011 年 5 月 17 日，腾讯投资金额为 8440 万美元，对艺龙股份占 16％，成为艺龙网第二大股东，第一大股东仍为美国旅行预订公司 Expedia。

2011 年 7 月 7 日，腾讯控股以 8.92 亿港元购得金山软件 15.68％的股份，成为金山第一大股东。

2012 年 8 月，腾讯、阿里巴巴、中国平安，联手试水互联网金融，合资成立上海陆家嘴金融交易所。

2012 年 8 月 16 日，深圳亚太传媒股份有限公司与腾讯联合打造"腾讯网亚太家居"。

2013 年 09 月 16 日，搜狐公司及搜狗公司与腾讯共同宣布达成战略合作。腾讯向搜狗注资 4.48 亿美元，并将旗下的腾讯搜搜业务和其他相关资产并入搜狗，交易完成后腾讯随即获得搜狗完全摊薄后 36.5％的股份。

2013 年 9 月 16 日，腾讯与今日股价上涨，报 417 港元，市值约 7749.82 亿港元，约合 1000 亿美元，成为中国首家市值超 1000 亿美元互联网公司。

2014 年 2 月 19 日，腾讯在港交所发布公告，称入股大众点评，占股 20％，但没有公布具体入股金额。

在腾讯入股后，大众点评的商户信息、消费点评、消费优惠、团购、餐厅在线预订、餐饮外卖等将与 QQ 和微信等产品深度结合。

2014 年 3 月 10 日，腾讯港交所公告，称同意约 2.15 亿美元收购京东 3.5 亿多股普通股股份，占上市前在外流通京东普通股的 15％。同时京东、腾讯还签署了电商总体战略合作协议，腾讯将旗下拍拍 C2C、QQ 网购等附属关联公司注册资本、资产、业务转移予京东。

2014 年 3 月 22 日，腾讯以 1.8 亿美元从易居中国旗下全资子公司乐居购买全面摊薄后 15％的乐居股份。该交易于 2014 年 3 月底完成。

2014 年 3 月 26 日，腾讯发布公告称，斥资 5 亿美元收购韩国游戏公司 CJ Games 的 28％股份。

2014 年 4 月 14 日，据深圳金融办消息，腾讯公司已经拿到银监会关于民营银行的批文，正在聘请高管人员，制订银行的定位战略。腾讯公司对外披露，与百业源共同发起的民营银行，正在资质审查阶段。据了解，银监会确定了 5 个试点，深圳是其中之一，腾讯是深圳试点的民营银行主要发起人之一。腾讯表示,响应银监会推动民营银行试点政策,腾讯将在深圳牵头成立民营银行,相关方案仍在准备阶段。

2014 年 4 月 29 日,四维图新与深圳市腾讯产业投资基金有限公司签署了股份转让协议,协议转让其所持有的四维图新 7800 万股无限售条件流通股,占公司总股本的 11.28%。

2014 年 6 月 27 日,58 同城与腾讯控股有限公司共同宣布,腾讯投资 7.36 亿美元获得 58 同城完全摊薄后 19.9% 的股份。

▷ 11.1.2 案例分析

根据以上案例材料,我们可以得出以下成功要素:

1. 商业模式的创新

QQ 的成功,在于其在国内首创的商务模式。

在人们还不了解即时通讯的时候,腾讯就把"网络寻呼机"这个概念传播开来。然而,随着使用即时通讯软件的用户增多,以及企业本身对新的盈利模式的需要,即时通讯的更多功能和个性化配置也显得更为重要,所以腾讯公司围绕 QQ 开发了一系列新产品并且提供增值服务来满足用户日益增长的各种需求。

中国电子商务的发展,在经历了早期的迅速成长到 2000 年的低迷,现阶段已从复苏转向务实发展。随着各类基础设施的进一步完善,电子商务发展的环境逐渐成熟,移动网络的兴起,各类厂商将迎来新的发展机遇和挑战。

由于互联网的出现在很大程度上改变了企业联系顾客的方式、定价方式和对交易过程的体验,人们的眼光都集中在企业所能向顾客提供的新价值、新渠道组合和新收入模式等方面。

商务模式(或称商业模式)及其电子商务模式。在前面第 2 章,我们已经了解了一些商业模式的相关知识,在此,我们再进一步来学习一下。我们听到的商业模式有 B2B 模式、B2C 模式、电子市场模式、拍卖模式、反向拍卖模式、"鼠标加水泥"模式、广告收益模式、会员费模式、佣金模式、社区模式等,不一而足。至今为止,无论是商务模式,还是电子商务模式,都没有一个统一的定义,不同的专家、学者和企业有不同的看法。

下面给出几种常用的观点:

(1)欧洲学者 Paul Timmers 认为,商务模式是一种关于企业产品流(服务流)、资金流、信息流及其价值创造过程的运作机制,它包括三个要素:①商务参与者的状态及其作用;②企业在商务运作中获得的利益和收入来源;③企业在商务模式中创造和体现的价值。电子商务模式则是通过电子市场反映产品流、服务流、信息流及其价值创造过程的运作机制。

(2)北卡州立大学杰出教授 Michael Rappa 认为,商务模式就其最基本的意义而言,是指做生意的方法,是一个公司赖以生存的模式——一种能够为企业带来收益的模式。商务模式规定了公司在价值链中的位置,并指导其如何赚钱。

(3)MIT 信息系统研究中心主任 Peter Weil 认为,商务模式是对一个公司的消费者、顾客、结盟公司与供应商之间关系角色的叙述,这种叙述能够辨认主要产品、信息和金钱的流向,以及参与者能获得的主要利益。

(4)美国学者 Allan Afuah 和 Christopherl. Tucci 博士认为,商务模式具体体现了公司现在如何获利,以及在未来长时间内的计划。它可以归结概括为一个系统,这个系统包括价值、规模、收入来源、定价、关联活动、整合运作、各种能力、持久性等部分以及各部分之间的连接环节和系统的"动力机制"。电子商务模式也是一个系统,它也包括了上面所说到的各个部分,而且在电子商务模式中更为突出的一点是它利用了互联网的特性来获利。

虽然以上观点有所不同,但都揭示了商务模式的一个本质,即企业获取利润的方式。电子商务模式则是关于企业如何利用网络来获取利润的问题。扩展开来讲,电子商务的商务模式是电子商务项目运作的秩序,是指电子商务项目所提供的产品、服务、信息流、收入来源以及各利益主体在电子商务项目运作过程中的关系和作用的组织方式和体系结构。

收入模式(广告收入、注册费、服务费),向客户提供的价值(在价格上竞争、在质量上竞争),组织架构(自成体系的业务单元、整合的网络能力),交易流程(拍卖、反向拍卖)等,都是商业模式的重要组成部分。

目前国内电子商务的各种既有模式产生交叉融合,同时新模式不断出现,多类厂商进入电子商务市场,各种服务内容涌现,外资也加大对电子商务市场的投资力度。

在目前的竞争环境下,没有一个厂商可以包揽所有用户,没有一种模式可以适应所有细分市场,必须有所侧重,有所放弃。在这种多元情况下,如何判断电子商务的发展状况,如何寻找合适的商业模式,如何发现最有价值的产品服务,如何更好地抓住客户,这些都将是本书的重要内容。

除了商业模式创新,通过腾讯案例,我们还可以分析以下方面内容。

2. 产品和服务组合、清晰的盈利模式、市场营销策略、资本运作

产品和服务组合、盈利模式是商业模式中重要的组成部分,因此我们单独列出来重点分析。

电子商务案例分析的一个极为重要的部分是确定公司的电子商务项目的盈利模式,即收入和利润来源。在现实的市场中,很多公司直接从其销售的产品中获得收入和利润,或者从其提供的服务中获得收入和利润。但是在电子商务市场中,因为互联网的一些特性,使公司利用互联网从事电子商务的收入和利润的来源变得更加复杂。

例如,从事网络中介电子商务模式的公司(如阿里巴巴)收入来源至少有交易费、信息和建议费、服务费和佣金、广告和发布费等。而一个采取直销模式的公司的收入则主要来自于对客户的直接销售,也可以来自于广告、客户信息的销售和产品放置费,还可以通过削减直接向客户提供服务的成本或减少配送环节来增加利润。

从向客户提供的产品或服务中获取利润非常重要的一个环节是对所提供的产品或服务正确地定价。在电子商务市场中,大多数产品和服务是以知识为基础的,以知识为基础的产品一般具有高固定成本、低不变成本的特点,更加重视产品市场占有率的提高和市场的增长。而且这种产品(如以上案例中的 QQ)还具有能够锁定消费者的特点,使许多消费者面临着较高的转移成本,使已经在竞争中占有优势的公司不断拉大与其竞争者的距离。

所以在进行电子案例的盈利模式分析的过程中,需要得到如下问题的答案:

(1)对实体企业而言,公司原有的收入来源有哪些途径,电子商务使公司收入来源产生了哪些变化?

(2)公司实施电子商务后有哪些收入来源?

(3)在公司收入来源中,哪些对公司的利润水平具有关键性的影响?

(4)哪些客户对哪些收入来源作出贡献?

(5)公司利润的决定因素有哪些?

请大家尝试根据上述腾讯案例,找出以上问题的答案。

3. 结论及建议

对案例的电子商务模式进行总结,并提出改进商务模式效果的建议,可以为进行电子商务项目设计提供借鉴。在腾讯案例中,根据以上资料和相关文献,我们可得出以下结论和建议。

(1) 成功因素。

① 准确的心理和情感定位。

调查显示,39.7%的中国网民上网做的第一件事,就是即时通信,这一比例远高于其他国家。这主要因为长期以来中国人的心理特点:a. 交往范围十分有限,基本上不与陌生人或异性交流,QQ 的出现,克服了许多当面交流的顾虑和障碍,使交往圈大大扩展;b. 现实生活中各种各样的压力,人们或多或少都有些情绪压抑,互联网创造的虚拟空间为人们提供了情感释放和精神解压的场所;c. QQ 的匿名性为人们广交朋友和倾吐心声提供了空间,许多人在聊天中得到了心灵的慰藉;d. 有时熟人和朋友间的面谈很不方便,QQ 帮人们实现了远距离的快速沟通。

QQ 给广大网民提供了一个交流的公共空间,同时又具有个性化、私密性的特点,网民在这里找到了心理上的归属感和认同感,满足了网民渴望交流的心理,很快赢得了市场。

还有一点,传统意义上的网络通信(如电话、手机)收费过高,不宜长久通话。而使用即时通信软件交流则费用低廉,只要网络在线.聊天就不用考虑电话费的问题。QQ 使用简单,稍识文字的人就可以登录聊天。如果具备话筒、摄像头等设备,还可以进行语音和视频的聊天,人们远在天涯如同近在咫尺。

② 准确的市场分析和使用者定位。

《中国互联网终发展状况统计报告》显示,中国网民中,年龄在 35 岁以下的占 79.6%,学生网民占 30%。由此可见,年轻人和学生是网民中的主力军,他们自然也就成了 QQ 的主要用户群。

QQ 把目标客户群锁定在中国这部分最具消费潜力的年轻人身上。年轻人思维活跃,观念超前并引领时尚潮流,不仅喜欢聊而且喜欢玩。新奇的网络世界给年轻网民困顿的心灵带来一个释放的空间,他们能自由发泄内心的情感和思想。

QQ 塑造了一个青年人的文化空间,建立了青年人的社区交往圈子。QQ 使他们的交友圈迅速扩大,细细的网线连通五湖四海的朋友,广大网民通过网络相识并相逢。QQ 传播的人性化使许多年轻网民产生了沟通依赖,网聊成了现实聊天的转移形式,一些人整日挂在 QQ 上。

年轻人喜欢娱乐、玩网络游戏、听音乐、看电影等,腾讯 QQ 在软件中都一一设计了这些功能,使 QQ 成了令人娱乐和狂欢的平台。于是,正像那些伴随着电视的普及诞生和成长起来的"电视人"一样,现在大批青少年深溺于网络聊天和游戏当中,成为"QQ 人"。

③ 多种功能兼融于一身,用户操作自由随意。

腾讯的定位是"在线生活的一站式平台",QQ 即时通讯软件同时兼有聊天、传输文件、游戏、博客、网络浏览器等多种功能,用户可以根据需要自由切换。作为一个高度个人化的媒介,QQ 对用户的媒介使用能力没有严格的要求,略识文字的人只要有号码就可登录使用。

QQ 具有多种强大的功能:a. 强大的聊天功能:有彩色头像、自定义表情、多种聊天场景选择等功能;b. 号码查我,好友加入,聊天或留言等,使沟通更加方便、快捷;c. 逐渐增加的"在线"、"离开"、"隐身"、"离线"、"忙碌"、"静音"等多种状态,可供用户在状态间自由切换,更加体贴和人性化；c.聊天的形式有私聊与群聊，其中 QQ 群的传播力更大，是青年人精神集合的场所。之前关于四川地震的各种信息经 QQ 群大量传送，凝聚了全国网民抗震救灾、众志成城的力量。d. QQ 游戏以传统棋牌及体闲游戏为主，便于沟通，人群广度更大，网民可以边玩边聊天；e. QQ 空间是一个用户自己的多媒体个性空间，普通用户、文体名人、知名企业和媒体纷纷开设了自己的 QQ 空间；f. 强大的文件传输功能，点对点传输压缩文件，速度快，比电子邮件传送容量更大。

另外，腾讯 QQ 还有邮箱、音乐、直播、宠物、拍拍网、网络硬盘、QQ 爱墙、发送手机信息等多种功能，可以满足用户不同的需要。QQ 以不断增强的功能和良好的中文界面形成了独特的 QQ 网络文化。

(2) 行业未来发展预测。

互联网业务每年都有新的业务出现，但从业务的产生发展到规模化盈利阶段，是整个产业链"天时地利人和"的结果。国内互联网商业化发展的十几年中，互联网广告、电信增值、互联网游戏分别扮演过阶段性刺激企业业绩快速增长的角色，赶上了这几项业务的互联网公司成为行业发展过程中的受益者，能否在未来市场规模巨大的新业务中仍旧取得一定的市场份额是维系互联网公司后续增长的关键所在。

中国互联网行业中最具实力的公司，都有向"互联网综合运营商"发展的趋势，或者称为"赢者通吃"的趋势，即不仅仅是局限于自身原有的业务，而是不断向新的领域拓展。例如，腾讯依托实时通讯领域优势，业务覆盖电信增值、综合门户、在线游戏、电子商务、搜索、数字音乐、无线门户等，互联网业务全线发展；百度以搜索引擎为核心，业务向互动小区、综合门户、实时通讯、电子商务、网络游戏等全面拓展。可见，以自身原有核心业务为依托，向新业务拓展已经成为领先互联网企业的发展之道。

腾讯是一个具有很强的"学习"和"跟进"意识及能力的企业。纵观腾讯的发展历程，可谓是一个非常成功的"行业跟从者"，从学习 ICQ 而成功推出 QQ，从 2002 年开始摸索网络游戏到如今网游收入规模跻身国内网游第一阶梯。门户网站虽晚于新浪、搜狐、网易将近 5 年，但目前网站流量位居综合门户第一。腾讯向新业务领域成功的拓展，首先归功于公司具有向新业务领域拓展的"意识"，公司丰厚的盈利也保障了公司在新领域的投入。腾讯配备较强的从事战略研究的人员，对行业中的新技术、新产品及时跟进，进行前期预研，并选择恰当的时机进入。其次，腾讯强大的及时通讯平台为新业务的推广提供了强有力的后盾。腾讯对新领域的"密切关注，低调跟进，厚积薄发"的策略有利于公司的长期稳健成长。

目前腾讯储备的未来有望进一步爆发性发展前景的业务还有：微信、WAP 门户(http://3gqq.qq.com/)、搜索引擎、Web2.0 相关产品。

腾讯 QQ 在功能和用户体验方面整体都要优于竞争对手产品。在及时通讯核心功能方面，腾讯 QQ 的群功能、文件传输、语音、视频等综合功能优于同类产品，QQ 秀与手机的结合等增值服务方面更是遥遥领先。在产品细微体验方面，QQ 也做得非常卓越，与 Skype 等国际化产品相比，本地化优势明显，同时又因为能够从用户反馈信息、用户行为分析等方面不断改进产品，进而形成良性循环。

蛋糕大了，自然会有人来分。腾讯日益增长的用户量以及在中国即时通讯上获得的不少利润导致了这个市场竞争更为激烈。由于市场门槛低，图谋国内年增长百万的实时通信用户群的飞信、阿里旺旺、陌陌、YY、来往等不断加入。

除了加强推广个性化服务之外,并购扩张也成为腾讯的必走之路。2014 年 6 月 16 日腾讯在香港主板成功上市后,腾讯利用上市募集的资金进行一系列收购扩张以维持市场份额,通过资产规模效应,奠定了与微软、谷歌等网络巨头抗衡的基础。

此外,针对所开展的众多项目,公司也在逐步平衡各个方面的策略,积极探索各个领域德发展方式并作一些扩展尝试,从现在正逐步推进的电子商务、网络游戏等,就可以看出腾讯在未来会更加重视在互动娱乐项目上的投资。

(3)腾讯公司整体存在的问题。

如果将 QQ 的成功与其他服务的兴起孰因孰果这个问题放在一边,或许还有一个更为恰当的问题:QQ 最大的危机埋藏在哪里?

正如近几年明显表现出来的 QQ 的用户群,其正态分布在一个区间内:他们通常年纪不大,以娱乐为使用 QQ 的首要目的。这些用户,也许随着年龄和身边人群的变化,会转移到其他即时通讯软件上。在这个意义上,腾讯的问题类似于一家儿童用品公司:小孩子总要长大,重要的是新生代是否依然选择你?

因此,如果说腾讯一直以来,而且也是未来要持续的工作,那就应该是通过提供新的服务,保持新鲜感,获得新的用户源,以及为那些可能转换的用户找到不换的理由。

(4)腾讯公司案例总结。

腾讯公司的主打产品是即时通信工具,但这个并不能成为其主要的盈利模式。同时,其他的副产品,虽然是主要的盈利方式,但也必须依靠 QQ 和微信这些主要的产品来进行宣传,两者相辅相成,这样才取得成功。腾讯公司的产品一直在模仿,但并不完全抄袭,其公司的产品对社会上的各类新开发的产品都是具有很大的挑战性的。因此,企业必须要重视产品的创新,不能一味地模仿、抄袭,毕竟创新才是硬道理,才是一切财富与成就的源泉。

➤ 11.1.3 案例分析模型

1870 年,哈佛大学法学院院长朗代尔对传统法律教育进行改革,引入了案例分析教学法。20 世纪初,哈佛大学洛威尔教授在创建商学院时建议向法学院学习其案例分析教学法,1908 年商学院正式成立,案例教学法正式引入其教学之中。第一次世界大战后,案例分析教学法在其工商管理教学领域获得了长足发展,成为哈佛大学商业教育的核心方法。

20 世纪 50 年代以来,案例分析教学在西方工商管理和行政管理等教育领域得到普及、完善和发展。现在,愈来愈多国家的管理教学实践证明,案例教学是一种行之有效的、具有特殊效果的教学方法。

我国工商管理教育在 20 世纪 80 年代引进了这种全新的教学方法,并得到了大力的提倡和普及。近年来,哈佛商学院的 MBA 案例在我国工商管理教育领域应用较为广泛。

对于案例,我们对这一词汇都很熟悉,但对于什么是案例,什么不是案例,似乎没做太多的深究。大部分研究者把它定义为:案例是一种描写性的研究文本,通常以叙事的形式呈现,它基于真实的生活情境或事件。案例总是试图比较客观而多维地承载事件发生的背景、参与者等信息,力求情境的真实性。该定义重审了案例的三大要素:①案例必须是真实的;②案例总是基于仔细而又认真的研究;③案例应该能够培养案例使用者形成观点多元化的能力。

像所有好故事的标准一样,一个好的案例必须要有有趣的情节。要能把事件发生的时间、地点、人物等按一定结构展示出来,当然在这其中,对事件的叙述和评点也是必要的组成部分。

电子商务案例是指对某一特定电子商务活动的内容、情景与过程,进行客观描述的教学资料。从理论研究的角度看,电子商务是一个新兴领域,传统的商务理论不足以说明网络世界出现的新情况和新问题,案例研究对于建立电子商务理论体系,揭示网络营销的实践意义,利用网络实践检验电子商务理论等方面将起到不可替代的作用。从商务活动的角度看,对于大多数人来说,没有在虚拟市场中开展商务活动的经验,好的案例分析可以提供借鉴的范例,使电子商务参与者少走弯路,节约亲身实践的学习费用,以较短的时间、较少的投资获得较大的收益。从另一方面讲,互联网的普及使全球形成了一个统一的大市场,对于企业家素质的要求越来越高,典型案例分析从企业实际运作出发,总结企业在网络环境中的成功经验,对于启发企业经营者的思路,激发经营者的创新开拓精神也具有非常重要的意义。从电子商务教学的角度看,电子商务跨学科的特殊性,使得传统课堂教学方法难以收到很好的教学效果。

而对电子商务案例分析的一个基本框架、流程、分析方法,我们称为电子商务案例分析模型。

通过以上案例的分析过程,我们可以得出电子商务案例分析的一般性模型,见图 11-1。

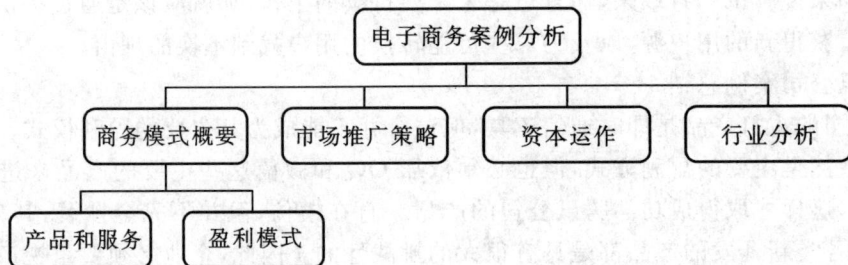

图 11-1 电子商务案例分析模型图

11.2 电子商务案例分析方法

谈到分析方法,大家脑海中就有所印象:比如在学数学时候接触到的综合法、分析法、归纳法等,这些都是我们在分析事物中常用的逻辑分析方法,它们在电子商务案例中也经常被使用。

尽管大家对不同分析方法的采用,可能会导致分析结论的差异,也可能会导致结论的主观性。但是,不同的分析方法却可以使我们多角度地对案例进行分析,从而提高分析结论的可靠性与合理性。

在案例分析中,通常采用的方法主要有逻辑思维方法、个案研究法与并案研究法、比较分析与归纳分析等。通过综合运用上述分析方法,可以使我们尽快接受正确的一般性结论。

➤ 11.2.1 逻辑思维方法

逻辑思维方法是一个整体,它是由一系列既相区别又相联系的方法所组成的,其中主要包括:归纳和演绎的方法、分析和综合的方法、从具体到抽象和从抽象上升到具体的方法、逻辑和历史统一的方法。逻辑思维方法不仅是案例分析中逻辑论证的方法,更是进行科学研究的方法。

1. 归纳和演绎的方法

归纳是由个别到一般的思维方法,即由若干个别事例里推出一个一般性的结论,或用若干个别的判断作论据来证明一个论点或论题。要从事实材料中找到事物的一般本质或规律就要应用归纳法。它是我们案例分析时经常用到的一种逻辑方法。例如,我们可以总结目前电子商务案例腾讯 QQ 的成功因素和网易泡泡的失败原因。

演绎与归纳相反,它是由一般到个别的思维方法,即用已知的一般道理作为论据来证明一个个别性的论点。比如,我们用理论指导调查研究,以至用专家的一句话来论证一个观点,用的就是这种方法。

2. 分析和综合的方法

分析是把事物分解为各个属性、部分和方面,对它们分别研究和表述的思维方法。综合是把分解开来的各个属性、部分和方面再综合起来进行研究和表述的思维方法。

3. 从具体到抽象和从抽象上升到具体的方法

从具体到抽象,是从社会经济现象的具体表象出发,经过分析和研究,形成抽象的概念和范畴的思维方法。从抽象上升到具体,是按照从抽象范畴到具体范畴的顺序,把社会经济关系的总体从理论上具体再现出来的思维方法。在案例分析的过程中,从总体上说,也要运用从具体到抽象和从抽象上升到具体的方法,即在占有资料的基础上,经过分析研究,找出论点、论据,在头脑中大体形成案例分析的体系,然后按照从抽象上升到具体的顺序,一部分一部分地把案例分析展示出来。

4. 逻辑和历史统一的方法

从抽象上升到具体的方法,就是逻辑的方法。所谓历史的方法,就是按照事物发展的历史进程来表述的方法。逻辑的发展过程是历史的发展过程在理论上的再现。

应当指出,上述各种逻辑方法,都是唯物辩证法在思维过程中的具体表现。在案例分析的过程中往往需要综合地加以运用。

➤ 11.2.2 单个案分析和多案例分析

根据研究中所包括的案例数量来区分的,案例分析分成两类:单个案例分析和多案例分析。

我们在分析中经常会思考到底是用多少案例比较好,一般考虑采用多个案例进行分析可以从中找出共性的内容,对现实问题的解答更有说服力,可是有时多个案例分析出来的结果是相互矛盾的,而有时根本找不到其他类似案例,特别是研究一个新领域的时候,而有时限于时间和资源,多案例研究不如一个案例更能深入地探讨。其实这个问题没有正确的答案,案例的数字没有上限和下限。明茨伯格说过:"一个案例有什么过错?难道物理学家要为只分裂了一个原子而道歉吗?"

1. 单个案例分析

单个案例分析的方法是指主要针对一个典型案例进行的深度研究,如分析 DELL 公司的电子商务战略,或者研究 GE 公司的多元化成功之道等。单个案例分析方法主要在以下的场合应用:

(1)研究企业在一个极端的环境或者稀有环境中特殊的运作特征可以使用单个案例分析,因为我们也不能找到其他类似的案例。

（2）研究一个以前极少被注意的环境或组织，而且这组织在本质上是独一无二的，希望从其中找到有价值的和有启发性的内容，可以用单个案例分析。

（3）已有一个理论，而且又找到一个在各方面都符合这理论的应用条件的典型案例（例如公司、个人、文化等），我们可以使用案例分析方法来检验这套理论与现实环境的符合。

（4）我们还能将单个案例分析方法应用于全新领域的开拓，从一个案例中得出几个结论，作为今后的科学研究的第一步。

2. 多案例分析

多案例分析的方法有时又称作"对比性"的案例研究，例如我们事先设定一系列研究变量，研究多个组织中的同类问题，将它们重复比较，最后得出具有一定普遍性的结论。

多案例分析方法主要应用在那些有众多类似的研究对象可以选择，研究的问题比较成熟而不是创新性的研究中。我们可以从众多候选对象中找出合适的多个案例，其中每一个案例都能为研究的特定的目的服务，也就是说我们要选择正确的案例，要能说明或证明研究命题的案例，而不是"放在篮里都是菜"；而且我们在多个案例中特别注意数据和信息收集的一致性，避免由于数据问题导致结论的不可靠甚至无法得出正确的结论。在多个案例分析研究过程中，我们还根据研究的进展和研究主题适当调整案例的数量，更换具体的案例，目的就是要得出更可靠、更有指导意义的结论。

譬如国内的 B2B 公司阿里巴巴（www. alibaba. com）和慧聪（http://www. hc360. com），对他们一起进行研究，就能更深入理解 B2B 的商业模式和各自优劣。

▷ 11.2.3 定性和定量研究方法

常用的另一种研究方法主要分为两大类，一类是定性研究方法，另一类是定量研究方法。这两种研究方法在功能、回答或解决的问题、数据收集方式等方面有着明显的区别。对于研究人员和客户而言，根据所要解决的问题和研究目的选择适当的研究方法至关重要。

定性研究和定量研究在原理和方法上有着明显的不同，定性研究回答"为什么"的问题，而定量研究回答"有多少"的问题。可以使用定性研究进行"认识、发现、判断、了解"，而不能使用它进行"测量、监控、估计、预测"，这方面的问题应当用定量研究的方法去解决。、、

1. 定性研究

定量研究方法的飞速发展，构成了 20 世纪教育研究方法中的主流，相比之下，定性研究逊色多了，它一直处于教育研究的边缘，容易被忽视，但它毕竟始终存在着、发展着。关于定性研究的定义，目前还没有一个统一的观点。国外学术界一般认为定性研究是指："在自然环境中，使用实地体验、开放型访谈、参与性与非参与性观察、文献分析、个案调查等方法对社会现象进行深入细致和长期的研究；分析方式以归纳为主，在当时、当地收集第一手资料，从当事人的视角理解他们行为的意义和他们对事物的看法，然后在这一基础上建立假设和理论，通过证伪法和相关检验等方法对研究结果进行检验；研究者本人是主要的研究工具，其个人背景以及和被研究者之间的关系对研究过程和结果的影响必须加以考虑；研究过程是研究结果中一个必不可少的部分，必须详细记载和报道"。

定性研究最鲜明的特点是：①对特定问题的研究具有相当的深度；②信息更真实、生动和详尽，尤其是人们主观性的信息（如偏好、要求、满意、评价、习惯等）；③可以发现和界定未知或模糊的问题和现象。

　　为了适应不同的研究目标,定性研究方法已经变得日益多样化。尽管一对一的访谈仍然在民意研究者心目中占有重要地位。但是,三人组访谈、成对组访谈或者多组访谈等方式都时常用来探索一些敏感的、对抗性的事件,或重大问题决策的制定。

　　在线调查则是随着互联网的发展而兴起的一种新的定性研究方法。在网络聊天室进行的90 分钟的访谈或者持续一周时间的 Email 互动式访谈,都得到日益广泛的应用。比如要研究青少年在网络中的价值观,在聊天网站里建一个"聊天室"海阔天空地进行访谈,其效果甚至会比面对面的访谈来得更有效。除此之外,多种方法还可以结合起来使用,例如在小组座谈会之前(或之后)使用生活观察法;或者把深度访谈、成对组访谈作为准备阶段放在小组访谈之前进行。

2. 定量研究

　　定量研究是指研究者事先建立假设并确定具有因果关系的各种变量,然后使用某些经过检测的工具对这些变量进行测量和分析,从而验证研究者预定的假设。西方自启蒙运动以来所产生的科学技术,使人类在征服自然、改造自然方面取得了辉煌成就。在辉煌的成就面前,人们对科学的态度由喜爱而走上了崇拜,进而形成了科学主义。在科学主义的指导下,无论是自然还是人都成了科学方法作用的对象,科学成了世界的主宰。"科学既是知识合理性的评判标准,又是知识合法性的衡量尺度,唯有进入科学之域,知识才有合理性并获得合法性"。科学主义在教育领域的盛行,导致了定量研究统辖教育研究成为必然。

3. 定性研究和定量研究的比较

　　两种研究方法在理论基础、研究目的、研究方法上存在很大的不同,我们主要应该了解其研究方法的不同。

　　定性研究大多是采用参与观察和深度访谈而获得第一手资料,具体的方法主要有参与观察、行动研究、历史研究法等。其中参与观察,是定性研究中经常用到的一种方法。参与观察的优势在于,不仅能观察到被观察者采取行动的原因、态度、努力程度、行动决策依据。通过参与,研究者能获得一个特定社会情景中一员的感受,因而能更全面地理解行动。然后通过对观察和访谈法等所获得的资料,采用归纳法,使其逐步由具体向抽象转化,以至形成理论。与定量研究相反,定性研究是基于有根据的理论。这种方式形成的理论,是从收集到的许多不同的证据之间相互联系中产生的,这是一个自下而上的过程。

　　定量研究主要用观察、实验、调查、统计等方法研究教育现象,对研究的严密性、客观性、价值中立都提出了严格的要求,以求得到客观事实。定量研究通常采用数据的形式,对教育现象进行说明,通过演绎的方法来预见理论,然后通过收集资料和证据来评估或验证在研究之前预想的模型、假设或理论。定量研究是基于一种称为"先在理论"的基础研究,这种理论以研究者的先验想法为开端,这是一个自上而下的过程。

　　这两种都是在电子商务案例分析中可以采纳的方法。

4. 电子商务案例的统计分析方法

　　对电子商务案例的认识也要经历从定性到定量的不断反复提高的认识过程。电子商务案例的统计分析是对被分析对象的科学统计,是对特定总体的定量认识。所以,电子商务案例的统计分析工作,也是一个完整的统计认识过程,符合统计认识的特点和认识规律。正确运用统计理论和方法,对案例分析质量的提高有着重要的意义。

　　在电子商务案例统计分析工作中,数据从搜集到整理都可以运用统计方法。电子商务案例统计分析数据可分为基本数据和专业数据两大类。基本数据是反映电子商务发展状况的综合统计指标，如上网人数、信道带宽、市场供求关系、速度指标、综合经济效益指标等，这些资料在分析中具有比较大的参考价值。专业数据则是反映某一方面的技术经济指标或其他有关资料，如销售价格、销售量、平均成本、利税额、平均利润率、竞争能力等。

电子商务案例分析中常用的统计分析方法有对比分析法、平均分析法、动态分析法、指数分析法、相关分析法以及统计图表等。

对比分析法和平均分析法在电子商务案例统计分析中应用较广泛。当不同电子商务网站因规模、性质、条件的差异而无法与绝对指标直接比较时，可以采用对比分析法计算相对指标进行比较分析，如销售率分析、利润率分析、市场占有率分析、无形资产分成分析等。当被分析对象需要与其他参考物进行比较时，或电子商务网站寿命、作用期、预测获利能力及估算其价值等，均可采用平均分析法，如对 B2C 网站的价值进行分析，我们可以对该网站的产品质量、价格、市场占有率、售后服务及知名度等情况与其他网站的同类产品，通过问卷调查或专家座谈的形式进行评分，然后进行加权平均分析，为进一步评估提供重要依据。

动态分析法包括发展水平分析、发展速度分析、长期趋势分析和季节变动分析。这些方法主要应用在网站的收益分析中。如采用超额收益现值法对网站进行分析时，即根据商标产品单位售价的部分，按一定的期限和折现率计算现值。

指数分析法在电子商务网站的成本法和收益法中都有具体应用。如采用成本法分析电子商务网站时，若网站资产的账面价值与其显示价值严重背离时，其重置成本即可采用物价指数法进行估算。

在电子商务案例分析工作中，很多研究内容都可以采用相关分析法来解决，并且在分析过程中，可以根据不同的分析内容进行不同形式的相关分析，如单相关分析、复相关分析、动态相关和静态相关分析、纵向分析和横向分析等。

▷ 11.2.4　电子商务案例中的比较分析方法

在电子商务案例分析方法中，比较分析方法是一种很重要的分析方法。

比较方法是在对比的基础上确定属于不同性质的问题，加以比较。比较法是通过对各种事物或现象的观察对照，分析对比，确定它们的共同点和不同点，从而揭示他们相互区别的本质特征。任何事物之间都存在异同点，只是需要对事物的各个属性逐一加以认识，才能找到。在识别了事物间相同点和相异点之后，即可把本质上相同的事物归为一类，以区别于其他的类别。比较法主要有横向比较法、纵向比较法和理想类型比较法。

（1）横向比较法是根据同一标准对同一时间的不同对象进行比较。它可以是同类事物之间的比较（如两个同类型的网站的比较），也可以是不同类型事物之间的比较（如 ISP 和 ICP 网站之间的比较）；可以是同一事物内不同部分之间的比较（如一个网站内部不同销售产品的比较）也可以是同一事物不同方面的比较（如图书销售增长情况与效益增长情况的比较）。

例如，对五款网上主流的视频搜索引擎横向比较，见下表 11-2。

表 11 - 2　外观与操作横向比较

测试引擎	外观与操作
百度视频搜索	★★★
谷歌视频搜索	★★★
搜狗视频搜索	★★☆
狗狗视频搜索	★★★☆
PPTV 视频搜索	★★★☆

通过横向比较可以得出以下结论:百度视频搜索在百度强大的依托下,视频搜索吸取了搜索的精髓,但是过于依赖百度;谷歌视频搜索在谷歌强大的搜索支持下,视频搜索整体不错;搜狗视频搜索,最近一年看到了不错的起色,但是整体需要进一步提高,相比其他家还有较长的路要走,狗狗视频搜索的视频搜索和下载做的都很不错,建议积极树立公众口碑;PPTV 视频搜索的功能和用户体验做的都相当不错,建议加强宣传力度。

(2)对不同时期的现象的异同点进行比较和分析,称之为纵向比较法。这种比较有助于发现事物的发展趋势和发展规律。纵向对比可以是对某一现象在不同历史时期的对比,也可以是一个事物在不同历史时期的成长、演化的过程分析。在进行纵向对比分析时要注意其规模、水平、贡献等外延性标准的可比性。

以微信、米聊、陌陌用户规模对比为例,如图 11 - 2 所示。

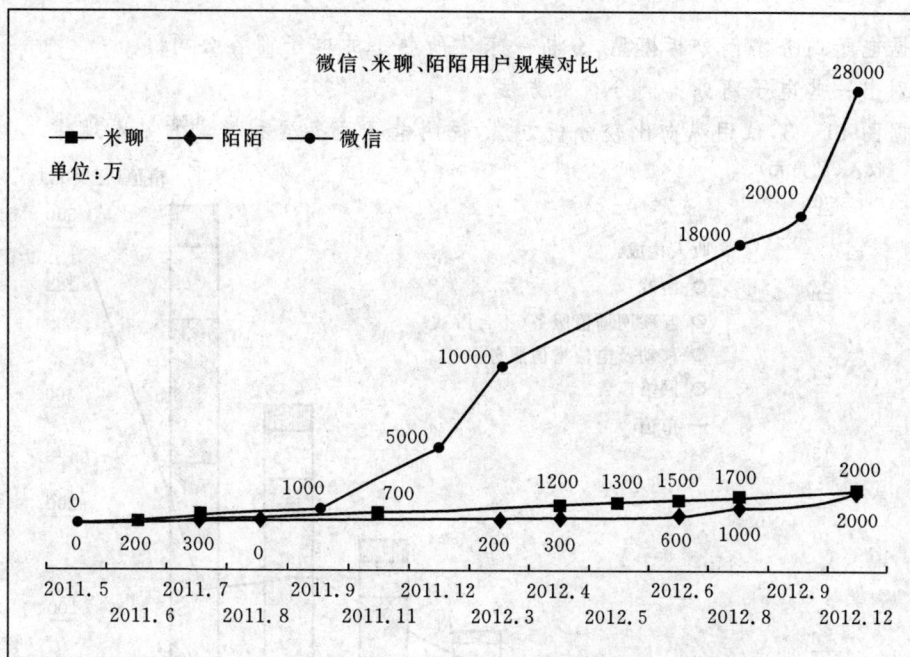

图 11 - 2　微信、米聊、陌陌用户规模对比图

从图 11 - 2 上,我们清楚地看出了马太效应:因为边际成本极低,而边际收益始终是递增的。所以,使用微信的人数是呈加速增长的。

因此对于电子商务企业,初期阶段的主要任务是尽量提高用户数,这样才能为后续的盈利提供好的平台。拥有了庞大的群体还不够,企业还应在产品和服务上使得用户满意,提高其忠诚度。

(3)理想类型比较法是指从具体独特的现象中抽取一些主要性质,舍弃其他性质而建立的典型或标本。这些理想类型存在于抽象概念中,它们与具体显示并不完全相符,但是它们又是由一定历史阶段和一定社会经济环境中的某些因素构成的,拿具体事物或抽象与理想类型相比较,便于确定它们之间相同点和相异点。由于在从具体现象到理想类型的抽象过程中常伴随着有关类型的理论产生,理想类型比较法又称为理论与事实比较法。

本章小结

电子商务案例是指对某一特定电子商务活动的内容、情景与过程,进行客观描述的教学资料。通过对电子商务案例的分析研究,能够揭示电子商务活动的内在规律,培养我们利用理论知识分析、解决实际问题的能力。

电子商务案例分析的一般性模型包括商业模式、产品和服务组合、盈利模式、市场营销策略、资本运作等方面内容。

电子商务案例分析方法主要是逻辑思维方法,这是我们分析研究案例的基础方法,而针对案例研究,常采用个案研究和并案研究、定性和定量研究、比较分析方法。

电子商务案例分析模型结合分析方法,这样可以形成一个基本的案例分析思路。

思考题

1.根据电子商务案例分析模型,分析一家你所熟悉的电子商务公司。

2.请列出一些电子商务案例分析的方法。

3.根据图11-3,试用纵向比较分析方法,说明电子商务盈利模式的基本规律。

收入(亿美元)

收入构成:
- ◎ 游戏
- ◎ 互联网增值服务(不含游戏)
- ◎ 移动及电信增值服务
- ◎ 网络广告
- — 市值

市值(亿美元)

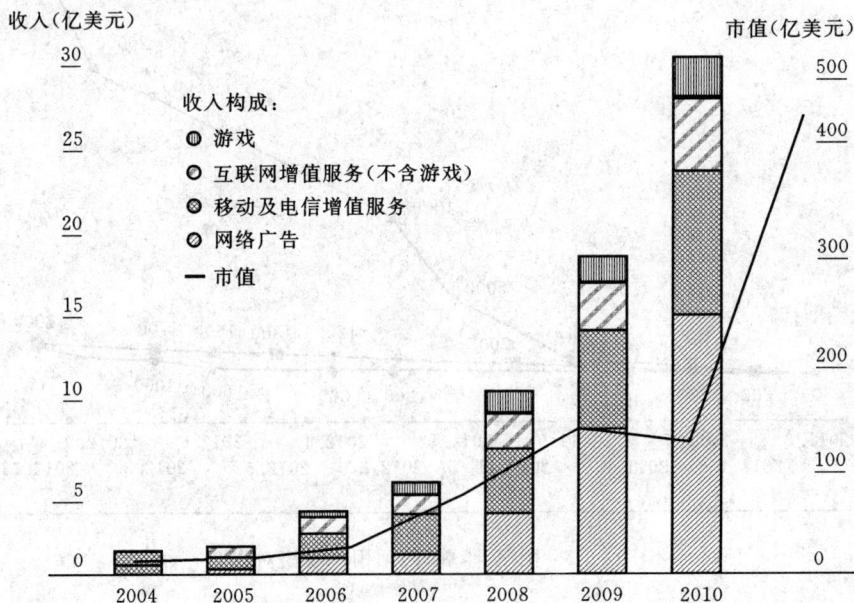

图 11-3　腾讯近年利润增长情况

244

案例分析

58 同城的发展与成长

58 同城成立于 2005 年 12 月 12 日,总部设在北京,截止至 2010 年 11 月,58 同城已在天津、上海、广州、哈尔滨、深圳、武汉、青岛、石家庄、大连、苏州、沈阳、成都、重庆、长沙、城口、南京、郑州、长春等 32 个城市成立了分公司,已经在 407 个城镇开通分站,有 6500 多名在职员工。58 同城获得软银亚州赛富基金、DCM 等机构多轮风险投资,总额高达 2500 万美元。2010 年 12 月,58 同城第三轮 6000 万美金融资到位,此次融资由华平投资领投,58 同城 CEO 姚劲波个人跟投 500 万美金。在谷歌 TOP1000 网站排名中,58 同城网已名列第 128 位,在全球分类信息领域仅次于 Craigslist,位列第二位;在艾瑞发布的中文网站排行榜名已进入 33 位。在 Web2.0 百强排名表中,58 同城网位列第 16 位。

截止到 2010 年 6 月,58 同城网注册用户 5000 万,新增用户以每日 5 万个的速度迅速增加,日 UV2850 万,每位用户平均浏览页面为 10 个,日发贴量达到 100 万。58 同城网流量已经跃升生活服务类网站第一名,访问人数和页面访问量在生活服务类行业内遥遥领先。

分类信息已成为最具生命力的一项互联网应用,它开创了全新的信息传播途径,聚合了海量个人信息和大量商家信息,为网民解决日常生活中的焦点、难点问题提供了最便捷的解决途径。

分类信息在国外已大获成功,Craigslist 创造着年收入数千万美元的巨额财富,成为全美前七大网站。2005 年开始,中国分类信息创业出现井喷,分类信息简单、实用、维护成本低廉等优点吸引着无数的投资者,很多优秀的创业者不断加入分类信息创业的热潮之中。

作为中国最大的分类信息网站,本地化、自主且免费、真实高效是 58 同城网的三大特色。其服务覆盖生活的各个领域,提供房屋租售、餐饮娱乐、招聘求职、二手买卖、汽车租售、宠物票务、旅游交友等多种生活信息,覆盖中国所有大中城市。

同时还为商家建立了全方位的市场营销解决方案,提供网站、直投杂志《生活圈》《好生活》、杂志展架、LED 广告屏"社区快告"等多项服务,并为商家提供精准定向推广的多种产品,如"网邻通"、"名店推荐"等。

其中"名店推荐"产品首次在行业内针对网络商户一直面临的信用体系问题,推出"万元先行赔付计划",在行业内开创先河。

58 同城于 2012 年 2 月启用"日租"双拼域名"rizu.com"推出新平台,网站页面仅为一张静态图片,但网站短租运营性质明显。

根据艾瑞咨询的数据显示,2012 年在中国在线分类信息市场,根据现金收入计算,58 同城的市场份额为 38.1%,居市场第一位。

2014 年 6 月,58 同城获得腾讯控股有限公司投资 7.36 亿美元,腾讯控股有限公司获得 58 同城完全摊薄后 19.9% 的股份。根据本次战略投资,58 将有机会获得来自腾讯 QQ、微信、QQ.com 以及 QQ 浏览器等各个平台的流量,进一步加强在本地服务领域的地位。此外,腾讯会在上述平台整合 58 的本地服务,令用户可以通过社交工具发现推荐商户,并与商户和其他用户更好的交流,从而帮助 58 进一步扩大用户基数,提升用户体验。

案例讨论:

1. 58 同城的利润流主要有哪几部分组成?
2. 结合案例分析,58 同城成功的关键因素包括哪些?
3. 分类信息网站可能面临的困难是什么?

参考文献

[1] （美）加里·斯奈德，詹姆斯·佩里.电子商务[M].2版.成栋,译.北京:机械工业出版社,2002.

[2] （美）特伯恩,等.电子商务:管理新视角[M].王理平,译.北京:电子工业出版社,2003.

[3] （美）James F. Kurose Keith W. Ross.计算机网络——自顶向下方法与 Internet 特色[M].陈鸣,等,译.北京:机械工业出版社,2005.

[4] （美）阿瑟·斯加利,等.B2B 交易场[M].北京:现代出版社,2001.

[5] （加）彼得·纽森.电子商务案例[M].姜锦虎译.北京:机械工业出版社,2005.

[6] （美）卡尔·夏皮罗,哈尔·瓦里安.信息规则[M].北京:中国人民大学出版社,2000.

[7] （英）查尔斯·盖伊,詹姆斯·艾辛格.企业外包模式[M].华经译.北京:机械工业出版社,2003.

[8] （美）B.约瑟夫·派恩.大规模定制:企业竞争的新前沿[M].操云甫,等,译.北京:中国人民大学出版社,2000.

[9] （美）托马斯·H·达文波特.ERP 必备指南:realizing the promise of enterprise systems.北京:机械工业出版社,2002.

[10] （美）罗纳德·H·巴罗.企业物流管理:供应链的规划、组织和控制[M].王晓东,胡瑞娟,等,译.北京:机械工业出版社,2002.

[11] （美）华伦·雷奇著.电子市场:B2B 电子商务的成功策略:strategies for success in B2B ecommerce[M].李东贤,等,译.北京:清华大学出版社,2012.

[12] 宋文官.电子商务概论[M]3 版.北京:清华大学出版社,2012.

[13] 戴建中.电子商务概论[M]2 版.北京:清华大学出版社,2012.

[14] 周曙东.电子商务概论[M]3 版.南京:东南大学出版社,2011.

[15] 仝新顺,王初建,于博.电子商务概论[M].北京:清华大学出版社,2010.

[16] 刘业政,何建民.电子商务概论[M]2 版.北京:高等教育出版社,2012.

[17] 李琪.电子商务概论[M].北京:高等教育出版社,2009.

[18] 邵兵家.电子商务概论[M]3 版.北京:高等教育出版社,2011.

[19] 韦沛文.电子商务概论[M].广州:暨南大学出版社,2012.

[20] 李洪心.电子商务概论[M]3 版.大连:东北财经大学出版社,2011.

[21] 蔡志文.电子商务安全[M].北京:北京大学出版社,2013.

[22] 李洪心.电子商务安全[M]3 版.大连:东北财经大学出版社,2012.

[23] 唐德权,王六平,苗邯军,张波云.电子商务安全[M].武汉:华中科技大学出版社,2011.

[24] 石声波.电子商务安全[M].北京:北京交通大学出版社,2011.

[25] 陈益梅,关井春.电子商务物流[M].北京:水利水电出版社,2011.

[26] 谢明,陈瑶.电子商务物流[M].北京:北京理工大学出版社,2013.7.

[27] 刘磊.电子商务物流[M].北京:电子工业出版社,2011.

［28］李钊，姜晓坤．电子商务物流［M］．北京：北京师范大学出版社，2012．

［29］蔡剑，叶强，廖明玮．电子商务案例分析［M］．北京：北京大学出版社，2011．

［30］司林胜．电子商务案例分析教程［M］．北京：电子工业出版社，2012．

［31］李晓明．电子商务案例分析［M］．北京：中国铁道出版社，2012．

［32］张仙锋，孙庆兰．电子商务案例分析与比较［M］．西安：西安交通大学出版社，2010．

［33］李晓秋．电子商务法案例评析［M］．北京：对外经济贸易大学出版社，2011．

［34］（韩）李在奎，等．电子商务典型案例：亚洲篇［M］．王晔，等，译．北京：机械工业出版社，2009．

［35］朱美芳，钱娟．电子商务网站建设完整案例教程［M］．北京：水利水电出版社，2011．

［36］宋君远，顾东晓．电子商务法原理与案例教程［M］．北京：对外经济贸易大学出版社，2009．

［37］杨坚争．电子商务网站典型案例评析［M］．西安：西安电子科技大学出版社，2010．

［38］吕廷杰．移动电子商务［M］．北京：电子工业出版社，2011．

［39］钟元生．移动电子商务［M］．上海：复旦大学出版社，2012．

［40］覃征．移动电子商务［M］．北京：清华大学出版社，2012．

［41］（法）杰拉希，（德）恩德斯．电子商务战略：通过电子商务和移动电子商务创造价值（概念与案例）［M］．2版．李洪心，译．大连：东北财经大学出版社，2012．

［42］（美）纳哈瑞，（美）克鲁兹．Web商务安全设计与开发宝典［M］．杨金梅译．北京：清华大学出版社，2012．

［43］柯林．移动商务理论与实践［M］．北京：北京大学出版社，2013．

［44］沈拓．不一样的平台：移动互联网时代的商业模式创新［M］．北京：人民邮电出版社，2012．

［45］李传军．电子政务［M］．上海：复旦大学出版社，2011．

［46］赵国俊．电子政务［M］．北京：电子工业出版社，2012．

［47］林锋．电子商务网站建设［M］．北京：电子工业出版社，2012．

［48］马涛，辛峰．电子商务网站建设［M］．上海：上海交通大学出版社，2013．

［49］张楚．电子商务法［M］3版．北京：中国人民大学出版社，2011．

［50］郭鹏．电子商务法［M］．北京：北京大学出版社，2013．

［51］郭懿美，蔡庆辉．电子商务法［M］3版．厦门：厦门大学出版社，2013．

［52］白锐．电子商务法［M］．北京：北京交通大学出版社，2013．

［53］吴伟光．网络与电子商务法［M］．北京：清华大学出版社，2012．

［54］陈孟建．网络营销与策划［M］2版．北京：人民邮电出版社，2012．

［55］许尤佳．网络营销与策划［M］．杭州：浙江大学出版社，2011．

［56］杨立军，李森．成功的网络营销：方法精选与案例解析［M］．北京：电子工业出版社，2012．

［57］米列茨基著．网络营销实务：工具与方法［M］．李东贤，等，译．北京：中国人民大学出版社，2011．

［58］冯英健．网络营销基础与实践［M］．4版．北京：清华大学出版社，2013．

［59］昝辉．网络营销实战密码：策略、技巧、案例［M］（修订版）．北京：清华大学出版社，2013．

［60］史达．网络营销［M］3版．大连：东北财经大学出版社，2013．

普通高等教育"十二五"应用型本科系列规划教材

(1)经济学基础   (2)人力资源管理概论

(3)管理学基础   (4)国际贸易概论

(5)会计学基础   (6)物流管理概论

(7)经济法   (8)公共关系学

(9)运筹学   (10)会计电算化

(11)组织行为学   (12)财务管理

(13)市场营销   (14)现代管理会计(第二版)

(15)计量经济学   (16)商务礼仪

(17)应用统计学   (18)外贸函电

(19)电子商务概论   (20)商务谈判

(21)数据库原理及应用(SQL Server 2008)

欢迎各位老师联系投稿!

联系人:李逢国

手机:15029259886   办公电话:029－82664840

电子邮件:lifeng198066@126.com   1905020073@qq.com

QQ:1905020073(加为好友时请注明"教材编写"等字样)

图书在版编目(CIP)数据

电子商务概论/万辉,魏华主编.—西安:西安
交通大学出版社,2014.4(2018.7 重印)
普通高等教育"十二五"应用型本科系列规划教材
ISBN 978-7-5605-6122-6

Ⅰ.①电… Ⅱ.①万…②魏… Ⅲ.①电子商务-高
等学校-教材 Ⅳ.①F713.36

中国版本图书馆 CIP 数据核字(2014)第 067876 号

书　名	电子商务概论
主　编	万　辉　魏　华
责任编辑	李逢国

出版发行	西安交通大学出版社
	(西安市兴庆南路 10 号　邮政编码 710049)
网　址	http://www.xjtupress.com
电　话	(029)82668357　82667874(发行中心)
	(029)82668315(总编办)
传　真	(029)82668280
印　刷	陕西元盛印务有限公司

开　本	787mm×1092mm　1/16　**印张** 16.125　**字数** 387 千字
版次印次	2014 年 8 月第 1 版　2018 年 7 月第 6 次印刷
书　号	ISBN 978-7-5605-6122-6
定　价	29.80 元